高等职业教育房地产类专业精品教材③

国家级职业教育房地产经营与管理专业教学资源库配套教材
房地产类X证书（职业技能等级证书）配套教材
“十二五”江苏省高等学校重点教材（编号：2015-1-155）
江苏省省级精品课程教材
全国应用技术型院校房地产经营管理大赛配套教材
全国房地产行业从业人员技能培训配套教材

房地产开发与经营实务

第5版

主编 陈林杰　参编 樊群

机械工业出版社
China Machine Press

图书在版编目（CIP）数据

房地产开发与经营实务 / 陈林杰主编. --5 版. -- 北京：机械工业出版社，2021.6（2025.1 重印）
（高等职业教育房地产类专业精品教材）
ISBN 978-7-111-68245-5

I. ①房… II. ①陈… III. ①房地产开发 – 高等职业教育 – 教材 ②房地产管理 – 经营管理 – 高等职业教育 – 教材 IV. ① F293.3

中国版本图书馆 CIP 数据核字（2021）第 091376 号

本书根据最新的房地产行业动态和房地产开发知识，紧扣房地产开发专业人员职业标准、房地产类 X 证书和企业实践，以房地产项目开发业务的工作过程为主线，系统设计了房地产开发与经营环境分析、地块市场分析与预测、地块开发风险分析与投资融资、地块开发定位与土地使用权获取、地块开发规划设计与项目报建管理、产品策划与项目招标、项目销售与物业经营、项目开发经营分析与后评价等环节，注重学生工匠精神的养成，每个环节由学习目标、技能要求、相关案例、经验、图表及资源库数字化资源等组成。同时，本书在理论知识学习的基础上，还设计了房地产开发综合实训和业务技能竞赛内容，重点突出了房地产项目开发业务的操作策略、操作流程以及操作技巧，注重工匠精神和双创精神的体现，有着较强的趣味性、可学性和实用性。

本书不仅可作为房地产类专业、建筑工程管理及相关专业的实训教材，也可作为房地产企业、营销代理公司岗位培训、技能竞赛、职业能力证书考试用书，还是房地产从业人员必备的工具型参考书和职业提升的实用读本。

出版发行：机械工业出版社（北京市西城区百万庄大街 22 号 邮政编码：100037）
责任编辑：黄姗姗　　责任校对：殷　虹
印　　刷：固安县铭成印刷有限公司　　版　　次：2025 年 1 月第 5 版第 7 次印刷
开　　本：185mm × 260mm　1/16　　印　　张：20
书　　号：ISBN 978-7-111-68245-5　　定　　价：45.00 元

客服电话：（010）88361066　68326294

编　委　会

前　言

《房地产开发与经营实务》是房地产专业核心课程教材，是培养“房地产开发与经营能力”的专用教材。《房地产开发与经营实务》于2017年更新至第4版，得到了同行和读者的肯定和喜爱，如今大家又在期待第5版了。第5版对第4版的内容做了部分调整，增加了新的内容，主要有如下变化。

删减的内容：①删减与房地产开发专业人员职业标准关联度不大的知识。②删减过时的技术。③删减过时的业务流程。④删减过时的案例等。

增加的内容：①增加与房地产开发专业人员职业标准关联度大的知识，符合1+X精神的课证融通。②增加行业企业发展的新知识、新技术、新工艺、新方法以及新文化，深度对接职业标准和岗位要求，推动产业文化和优秀企业文化进教材。③增加“互联网+”背景下的房地产开发相关变革创新内容。④增加房地产业务技能大赛的相关理论知识，并注重工匠精神的养成，成为房地产业务技能大赛的配套教材。⑤增加数字化教学资源。

第5版继续保留前几版已经形成的特色：①采用“基于房地产真实项目开发的工作过程”设计教学内容，系统设计了房地产开发与经营环境分析、地块市场分析与预测、地块开发风险分析与投资融资、地块开发定位与土地使用权获取、地块开发规划设计与项目报建管理、产品策划与项目招标、项目销售与物业经营、项目开发经营分析与后评价等环节，每个环节由学习目标、技能要求、相关案例、经验及图表等组成。②理论与岗位实践相结合。既考虑学生对于基本理论知识和基本技能的学习，也强调学生可持续发展的技术素质需求，并结合房地产岗位技能证书要求，注重对学生实践能力的培养。③吸收最新教研成果和房地产行业最新科技知识。适应多样化的教学需要，注重学生素质教育和创新能力的培养。④注重实务，反映岗位核心能力。体现工学结合、学做合一。⑤资源丰富、方便教学。为教师提供的教学资源库包括：课程标准、课程设计、项目、案例、习题库、模拟试卷、教学课件等。

限于编者的能力和水平，教材中的缺点和错误在所难免，敬请各位同行、专家和广大读者批评指正，以使教材日臻完善。要特别强调的是，国内各高校担任“房地产开发与经营”课程教学的同行给了我们无数的启迪和帮助，在此表示由衷的感谢。

本书还引用了网络上的一些相关资料，有可能会疏漏备注，在此表示歉意并向相关作者致以由衷的谢意。此外，我们还要感谢中国建筑学会建筑经济分会领导、南京工业职业技术学院“房地产开发与经营”精品课程团队的大力支持，以及机械工业出版社的大力支持！

编者联系邮箱：1927526399@qq.com

全国房地产经营与估价专业委员会 QQ 群：282379766

编　者

2021 年 2 月于南京

教 学 建 议

一、学时安排

学时安排如下表所示。

房地产开发与经营工作过程	章	内　　容	理论学时	实践学时	备注
第一篇 房地产开发与经营基本理论	1	房地产行业与企业	2	2	熟悉
	2	房地产开发项目与流程	2	2	掌握
	3	房地产经营与管理	2	2	掌握
第二篇 房地产开发与经营前期工作知识与技能	4	房地产开发与经营环境分析	2	2	掌握
	5	地块市场分析与预测	2	2	掌握
	6	地块开发风险分析与投资融资	2～4	4	掌握
	7	地块开发定位与土地使用权获取	2	2	掌握
	8	地块开发规划设计与项目报建管理	2～4	8	掌握
	9	产品策划与项目招标	2	4	掌握
第三篇 房地产开发与经营中期工作知识与技能	10	项目建设合同与管理组织	2	2	了解
	11	项目的建设管理与验收	2	2	熟悉
第四篇 房地产开发与经营后期工作知识与技能	12	项目销售与物业经营	2～4	8	掌握
	13	项目开发经营分析与后评价	2	4	掌握
第五篇 房地产开发综合实训与业务技能竞赛	14	房地产开发综合实训	2	另计	掌握
	15	房地产开发业务技能竞赛	2	另计	掌握
	合计		30～36	44	

注：各章根据不同专业的要求在课时浮动范围内调整课时；第五篇另行安排综合实训与竞赛课程实践学时，建议2～4周。

二、教学方式与考核方法

“房地产开发与经营实务”课程在教学方式上，采用“项目引导、任务驱动”教学法，将所要学习的新知识隐含在一个主题开发项目（复杂学习情境）或几个典型的工作子项目任务（学习情境）之中，学生通过对所提的项目（任务）进行分析、讨论，明确它大体涉及哪些相关知识，在老师的指导、帮助下，由易到难、循序渐进地完成一系列“任务”，从而得到清晰的思路、方法和知识的脉络，最后实现项目开发主题。在完成项目（任务）的过程中，学生分析问题、解决问题的能力可以得到培养，从而激发出他们的求知欲，培养他们独立探索、勇于开拓进取的自学能力。

“房地产开发与经营实务”课程不仅要传授房地产开发知识和经营理论知识，还要培养学生在房地产真实项目背景下的开发应用能力和产品策划技巧。本课程在教学中主要采用真实项目教学法，包含模拟开发公司实训教学法、任务教学法、案例教学法、情境教学法、小组研讨法等。这些方法主要充分体现了协作式、探究式的学习方式。教学方式以分组形式为主，在房地产项目开发实践过程中，学生要到企业、项目中进行大量的实际调查，并查阅大量的资料，以丰富教学内容，调动学习兴趣，激发学习热情和互动交流意识，使学生真正成为学习的主人。

“房地产开发与经营实务”课程在考核方法上，注重全面考察学生的学习状况，既关注学生对知识的理解和技能的掌握，又关注他们情感与态度的形成和发展；既关注学生学习的结果，又关注他们在学习过程中的变化和发展。评价的手段和形式应多样化，要将过程评价与结果评价相结合，定性与定量相结合，充分关注学生的个性差异，发挥评价的启发激励作用，增强学生的自信心，提高学生实际应用技能的能力。教师要善于利用评价所提供的大量信息，适时调整和改进教学过程。

1. 注重对学生学习过程的评价

对学生学习“房地产开发与经营实务”课程过程的评价，包括参与讨论的积极态度、自信心、实际操作技能、合作交流意识以及独立思考能力、创新思维能力等方面，例如：

（1）是否积极主动地参与讨论和分析。

（2）是否敢于表述自己的想法，对自己的观点有充分的自信。

（3）是否积极认真地参与模拟实践和应用实践。

（4）是否敢于尝试从不同角度思考问题，有独到的见解。

（5）能否理解他人的思路，并在与小组成员的合作交流中得到启发与进步。

（6）是否有认真反思自己思考过程的意识。

2. 恰当评价学生的理论知识与实际操作技能

“房地产开发与经营实务”课程强调对理论知识的应用，在评价学生学习效果时，侧重于对实际操作能力的考查。通过对学生参与课堂讨论的质量、分析能力、对新知识的接受和消化能力、学习迁移能力等多方面的考查，与基础理论知识考核结合评价学生的学习效果。在最终评定时，实际操作能力与理论知识考核的比例是5∶5。

3. 重视对学生的启发

“房地产开发与经营实务”课程对学生进行启发式教学。对每个模块知识点进行学习时，通过设置工作任务和学习过程，从管理者或信息使用者的角度提出问题，启发学生进行思考、分析、判断，最后教师加以归纳、总结。在学生思考和分析时，教师要注重引导和提示，最终达到学生“独立（或换位）思考—分析、推理、选择—归纳整理、深刻理解—吸收创新”逐层递进的能力目标。

4. 评价的手段和形式要体现多样化

在呈现评价结果时，应注重体现综合评价和要素评价。“房地产开发与经营实务”课程对学生学业评价突出阶段评价、目标评价、理论与实践一体化评价，关注评价的多元性。对学生的评价要区分课程考核评价（50%）和实际操作技能考核评价（50%）两份成绩。学生实际操作技能考核评价以过程评价为主、结果评价为辅。

（1）过程考核：项目教学的每一阶段根据每位学生参与完成任务的工作表现情况和完成的作业记录，综合考核每一阶段学生参与工作的热情、工作的态度，与人沟通、独立思考、勇于发言、综合分析问题和解决问题的能力以及学生的安全意识、现场卫生状态、出勤率等，给出每一阶段过程考核成绩。

（2）结果考核：根据学生提交的策划方案，按企业策划方案的实用性要求判断作品完成的质量高低，并且结合项目答辩思路是否清晰、语言表达是否准确等给出结果考核成绩。

（3）综合成绩评定：过程考核占60%，结果考核占40%。

（4）否决项：旷课一天以上、违纪三次以上且无改正、发生重大责任事故、严重违反校纪校规的，考核后不给考核结果。

目　录

前　言

教学建议

第一篇　房地产开发与经营基本理论

第 1 章　房地产行业与企业 ………… 2

学习目标 ………… 2

技能要求 ………… 2

案例 1-1　全国房地产行业形势与万科的五位一体战略 ………… 2

1.1　房地产业 ………… 4

1.2　房地产企业 ………… 13

思考题 ………… 16

第 2 章　房地产开发项目与流程 ………… 17

学习目标 ………… 17

技能要求 ………… 17

案例 2-1　金牛湖三地块综合项目 ………… 17

2.1　房地产开发项目 ………… 19

2.2　房地产开发流程 ………… 25

思考题 ………… 32

第 3 章　房地产经营与管理……33
学习目标……33
技能要求……33
案例 3-1　恒大地产的经营管理……33
3.1　房地产经营……35
3.2　房地产管理……45
3.3　房地产法律法规……47
思考题……50

第二篇　房地产开发与经营前期工作知识与技能

第 4 章　房地产开发与经营环境分析……52
学习目标……52
技能要求……52
案例 4-1　金牛湖三地块综合项目的开发与经营环境分析……52
4.1　房地产开发与经营环境的特点与分析的原则……54
4.2　房地产开发与经营环境分析……55
4.3　中国新兴地产发展前景分析……62
思考题……66
第 5 章　地块市场分析与预测……67
学习目标……67
技能要求……67
案例 5-1　金牛湖三地块综合项目的市场分析与预测……67
5.1　房地产市场调查与市场细分……70
5.2　房地产市场分析与流程……75
案例 5-2　金域蓝湾项目地块的 SWOT 分析……84
5.3　房地产市场预测与方法……84
思考题……88
第 6 章　地块开发风险分析与投资融资……89
学习目标……89
技能要求……89

案例 6-1　金牛湖三地块综合项目的投资风险与机会……89
案例 6-2　苏州 E 号地块投资风险决策……91
6.1　房地产投资特点……94
6.2　房地产开发经营的风险分析与控制手段……96
6.3　房地产项目的投资决策管理……102
6.4　房地产项目的融资管理……106
思考题……112

第 7 章　地块开发定位与土地使用权获取……113

学习目标……113
技能要求……113
案例 7-1　金牛湖三地块综合项目开发定位……113
7.1　房地产项目的市场定位与可行性研究……117
案例 7-2　金域蓝湾项目定位……119
7.2　土地使用权的获取方式与程序……124
7.3　征地及拆迁管理与程序……129
思考题……133

第 8 章　地块开发规划设计与项目报建管理……134

学习目标……134
技能要求……134
案例 8-1　金牛湖三地块综合项目规划设计……134
案例 8-2　万科金域蓝湾项目规划设计……138
8.1　地块工程勘察……140
8.2　项目规划设计的原则……141
8.3　项目规划设计的内容……144
案例 8-3　东方天郡项目规划特点……148
8.4　项目规划技术经济指标……150
8.5　项目规划设计管理与报建管理……153
案例 8-4　麒麟山庄居住区规划……156
思考题……162

第 9 章　产品策划与项目招标……163

学习目标……163

技能要求 ······ 163
案例 9-1 金牛湖三地块综合项目产品策划 ······ 163
案例 9-2 万科金域蓝湾项目产品策划 ······ 166
9.1 项目的产品策划 ······ 168
案例 9-3 上城风景的产品策划 ······ 174
9.2 项目的基础设施建设与管理 ······ 176
9.3 项目招投标管理与流程 ······ 177
思考题 ······ 182

第三篇 房地产开发与经营中期工作知识与技能

第 10 章 项目建设合同与管理组织 ······ 184
学习目标 ······ 184
技能要求 ······ 184
案例 10-1 锋尚用科技建设精品公寓 ······ 184
10.1 项目合同管理 ······ 185
10.2 项目管理的组织 ······ 193
思考题 ······ 197

第 11 章 项目的建设管理与验收 ······ 198
学习目标 ······ 198
技能要求 ······ 198
案例 11-1 碧水园项目建设管理 ······ 198
案例 11-2 阳光雅居项目验收交付标准 ······ 199
11.1 项目管理的目标 ······ 200
11.2 项目投资（费用）控制与措施 ······ 202
11.3 项目质量控制与措施 ······ 204
11.4 项目进度控制与措施 ······ 205
11.5 项目验收管理内容 ······ 207
11.6 项目验收的工作方法与分户验收管理 ······ 208
11.7 项目验收常见质量问题与对策 ······ 210
11.8 项目竣工验收监测与政府验收管理办法 ······ 213
11.9 项目竣工决算、资料与质量保证书 ······ 217
思考题 ······ 218

第四篇　房地产开发与经营后期工作知识与技能

第 12 章　项目销售与物业经营 …… 220

学习目标 …… 220

技能要求 …… 220

案例 12-1　LC 项目销售 …… 220

案例 12-2　中国物业经营领军企业——万达商业地产的招商模式 …… 223

12.1　房屋销售价格 …… 224

12.2　项目销售渠道与促销推广 …… 228

12.3　项目销售管理 …… 233

12.4　房屋买卖程序与合同 …… 236

12.5　售后服务——物业管理程序 …… 239

12.6　房屋租赁的经营与程序 …… 244

12.7　房屋的抵押与程序 …… 249

12.8　物业其他交易经营方式 …… 251

思考题 …… 252

第 13 章　项目开发经营分析与后评价 …… 253

学习目标 …… 253

技能要求 …… 253

案例 13-1　G78 号地块项目开发经营分析 …… 253

13.1　房地产经营收支分析 …… 255

13.2　房地产经营成本分析 …… 257

13.3　房地产经营资产分析 …… 261

13.4　房地产经营利润分析 …… 267

13.5　房地产开发项目整体经营分析与后评价 …… 269

思考题 …… 279

第五篇　房地产开发综合实训与业务技能竞赛

第 14 章　房地产开发综合实训 …… 282

学习目标 …… 282

技能要求 …… 282

14.1 房地产开发综合实训课程的专业定位与教学理念……282
14.2 房地产开发综合实训目标……283
14.3 房地产开发综合实训内容及流程……285
14.4 房地产开发综合实训教学方式与教学组织……287
14.5 房地产开发综合实训教学进度计划与教学控制……289
14.6 房地产开发综合实训教学文件……292

第15章 房地产开发业务技能竞赛……294

学习目标……294
技能要求……294
15.1 房地产开发业务技能竞赛的目的、意义和设计原则……294
15.2 房地产开发业务技能竞赛的依据标准与竞赛内容……296
15.3 房地产开发业务技能竞赛的规则……297
15.4 房地产开发业务技能竞赛的组织……298
15.5 房地产开发业务技能竞赛与综合实训的关系……299

参考文献……301

参考网站……304

第一篇

房地产开发与经营基本理论

本篇是房地产开发与经营基本理论模块，主要内容如下。

1. 房地产行业与企业，主要介绍了房地产行业的发展历程、现状、问题和发展趋势，介绍了房地产开发企业的资质分类、资质办理以及新常态下房地产企业的特点。
2. 房地产开发项目与流程，主要介绍了房地产开发项目的特点与房地产项目开发流程。
3. 房地产经营与管理，主要介绍了房地产经营与管理的知识与主要房地产法律法规。

第 1 章

房地产行业与企业

学习目标

1. 了解我国房地产行业的发展历程、现状、问题和发展趋势。
2. 熟悉房地产开发企业的资质分类和资质办理程序。
3. 熟悉新形势下房地产企业的特点。
4. 掌握房地产企业与行业的关系。

技能要求

1. 能够收集当地房地产行业信息。
2. 能够收集当地房地产企业信息。
3. 能够编写本地区房地产行业、企业概况报告。
4. 能有意识地培养自己的工匠精神和团队精神。

案例 1-1

全国房地产行业形势与万科的五位一体战略

2018 年以来，我国城市化过程逐渐进入了第二阶段，城市发展逐渐趋于成熟。无论从客户需求端还是土地供应端来看，房地产增量都在趋于收敛，对房地产存量价值的挖掘变得日益重要。在城市化第二阶段，我国的城市结构将从所有城市全面发展过渡到城市圈集约发展，城市能级的差距逐渐扩大，极化取代平衡成为未来主要趋势。从消费者结构和员工结构来看，新一代年轻人正在成为主流，他们的价值观和偏好更加多元化，企业从产品服务方案到组织管理方法，都必须经历一个从简单到复杂的过程。企业竞争出现升维趋势，单一产品策划的时代已经结束，综合实力比拼的全面竞争年代已经来临。企业全面竞争需要更全面的能力结构去覆盖。

新的形势给房地产行业带来了更多的挑战，也给万科带来提升竞争维度的机会。面对我国经济结构转型、城市化进程深化、人口结构变迁等中长期趋势，万科主动实施了“战略－机制－文化－组织－人”五位一体的转型升级。

- 在发展战略上，万科追求与城乡和客户同步发展，从房地产开发商向城乡建设与生活服务商转型。
- 在运行机制上，以混合所有制为基础，推进职业经理人制度向事业合伙人机制再升级，打造同心同路、合伙奋斗的事业合伙人队伍，共同迎接新时代的机遇与挑战。
- 在企业文化上，继承“大道当然”的文化品格，发展“合伙奋斗”的合伙人文化，以共识、共创、共担、共享的理念，牵引思维、行为与机制的持续创新。
- 在管理组织上全面重构，以战略方向、文化导向和事业合伙人机制为主线，打造“矢量组织＋冠军组织＋韧性组织。”
- 在人才队伍上，打造奋斗为本、劣后担当、持续创造真实价值的事业合伙人队伍，不断凝聚和激发广大奋斗者，推动事业不断发展，通过事业的发展来实现全面价值和共同成就。

转型之初，万科提出了战略检讨、业务梳理、组织重建、事人匹配的经营管理提升主线。这是一个螺旋式上升的长期连续过程。组织重建、事人匹配的基本逻辑是组织自我更新常态化。要按照“事在人先”，将以职能、层级为骨架的传统刚性组织，变革为以任务、合伙为组带的新一代柔性组织。这一工作具体分为两个阶段。第一阶段是“减脂、增肌、活血”。“减脂”不等于减人，而是优化组织、流程当中冗余的结构、环节，释放更多的组织资源；“增肌”是在实践中强化组织的能力，通过有挑战性的实践，提升个人、锻炼队伍、增强力量；“活血”是提高组织和人的流动性，打通组织与社会人才资源的连接，为每个任务匹配其所需要的能力资源，也为每个人找到更丰富的成长机会。第二阶段是建设矢量组织、冠军组织、韧性组织。矢量组织是目标一致、任务自洽、力出一孔的组织；冠军组织是分工得当、相互补位、能上能下、状态最佳、优势最强的组织；韧性组织是百折不挠、健康强健、敏锐应变的组织。

按照上述的连贯逻辑，2020年万科计划重点做三件事情：第一是对市场环境进行更深入的分析，探寻在多变环境中可以保持不变的应变方法；第二是聚焦产品力和服务力，精益运营，提升竞争能力和经营效益；第三是深化组织重建，检验组织能力与效能，完成事人匹配。但2020年春节前后暴发的新冠肺炎疫情是一个不容忽视的突变因素，万科坚信抗击疫情必将取得最终的胜利，疫情结束后，生命健康会受到更大的关注，人们的生活方式、工作方式也必然发生若干带有永久性的变化。之前蓄势待发的一些建筑技术、商业模式可能借此突破瓶颈，而一些已经习以为常的传统业态可能会面临重大挑战。患难见真情，企业在疫情常态化过程中如何关怀照顾客户、如何发现理解客户需求的变化，是培养未来竞争力的重要起点。

但企业自身的免疫力来自机体的健康，在这个过程中如何修炼自身、构筑更强大的抗冲击能力，是企业管理者必须面对的一次大考。万科乐于与全体股东共同面对无限的未来。

资料来源：万科网站，http://www.vanke.com，编者稍加整理。

案例讨论

万科是如何应对房地产行业形势的？

学习任务

考察当地房地产项目开发的行业背景。

房地产是指土地、建筑物及固着在土地、建筑物上不可分离的部分及其附带的各种权益。房地产由于其自身的特性，即位置的固定性和不可移动性，在经济学上又被称为不动产，它有三种存在形态：土地、建筑物、房地合一。房地产业是国民经济的基本承载体，为国家经济发展提供基本的物质保证，是社会一切产业部门不可缺少的物质空间条件，是在工业化、城市化和现代化过程中兴起、发展所形成的独立产业，同时又推动了工业化、城市化和现代化的进展，已经成为现代社会经济大系统中一个重要的有机组成部分。房地产业的产业链长、关联度大，其自身特性决定了这一产业的感应度系数和影响力系数在国民经济各产业部门中处于平均水平之上。在我国，房地产带动的直接相关或间接相关较大的产业有60多个，有力地促进了整个国民经济的发展。房地产发展的规模、产品结构、布局是否合理，水平的高低和发展速度的快慢，都将影响各行业的发展。房地产是构成整个社会财富的重要内容，对国民经济发展具有稳定而长远的影响。房地产业作为一个特殊的行业，既有国民经济一般行业的共性，又有其自身的发展规律。每个国家都会根据本国国情制定相关的法律法规政策并利用经济杠杆来扶持及引导房地产业的发展，有很多不确定的因素影响着房地产业。

1.1 房地产业

1. 房地产业的概念及内容

（1）房地产业，是指进行房地产投资、开发、经营、管理、服务的行业，属于第三产业，是具有基础性、先导性、带动性和风险性的产业。在实际生活中，人们习惯于将从事房地产开发和经营的行业称为房地产业。

（2）房地产业与建筑业的区别与联系。①区别：建筑业是物质生产部门，属于第二产业；房地产业兼有生产（开发）、经营、管理和服务等多种性质，属于第三产业。②联系：业务对象都是房地产。在房地产开发活动中，房地产业与建筑业往往是甲方与乙方的合作关系，房地产业是房地产开发和建设的甲方，建筑业是乙方；房地产业是策划者、组织者，承担发包任务，建筑业则是承包单位，按照承包合同的要求完成“三通一平”[1]等土地开发和房屋建筑的生产任务。

[1] 指水通、电通、路通和场地平整。

（3）房地产业的内容。①土地的开发和再开发；②房屋的开发和建设；③地产的经营（包括土地权的出让、转让、租赁、抵押等）；④房地产经营（包括房屋的买卖、租赁、抵押）；⑤房地产中介服务（包括经纪、信息、测量、律师、公证等）；⑥房地产物业管理；⑦房地产金融（包括信息、保险、金融投资等）。

2. 房地产业的分类

房地产业可分为房地产投资开发业和房地产服务业。房地产服务业又分为房地产咨询、房地产价格评估、房地产经纪和物业管理等。其中，又将房地产咨询、房地产价格评估、房地产经纪归为房地产中介服务业。

（1）房地产投资开发，是指在依法取得国有土地使用权的土地上投资，进行基础设施、房屋建设的行为。房地产业具有资金量大、回报率高、风险大、附加值高、产业关联性强等特点。

（2）房地产咨询，是指为参与有关房地产活动的当事人提供法律法规、政策、信息、技术、营销策划等方面服务的经营活动。

（3）房地产价格评估，是指以房地产为对象，由专业估价人员，根据估价目的，遵循估价原则，按照估价程序，选用适宜的估价方法，并在综合分析影响房地产价格因素的基础上，对房地产在估价时点的客观合理价格或价值进行估算和判定的活动。

（4）房地产经纪，是指向进行房地产投资开发、转让、抵押、租赁的当事人提供房地产居间、代理服务的经营活动。

（5）物业管理，是指业主通过选聘物业管理企业，由业主和物业管理企业按照物业服务合同约定，对房屋及配套的设施、设备和相关场地进行维修、养护、管理，维护相关区域内的环境、卫生和秩序的活动。

3. 房地产业在国民经济中的作用

房地产是国民经济发展的一个基本的生产要素，任何行业的发展都离不开房地产业。反过来说，任何行业都拥有一定的房地产，都是房地产业经济活动的参与者。因此，房地产业是发展国民经济和改善人民生活的基础产业之一。房地产业关联度高，带动力强，它的重要作用可以归纳如下：①可以为国民经济的发展提供重要的物质条件；②可以改善人们的居住和生活条件；③可以改善投资环境，加快改革开放的步伐；④通过综合开发，避免分散建设的弊端，有利于城市规划的实施；⑤可以为城市建设开辟重要的积累资金的渠道；⑥可以带动相关产业，如建筑、建材、化工、轻工、电器等工业的发展；⑦可以扩大就业面。所以，促进房地产业健康发展，是提高居民住房水平，改善居住质量，满足人民群众物质文化生活需要的基本需求，对全面推进我国新型城镇化具有十分重要的意义。

4. 房地产业的发展历程

中国房地产 30 多年来的变迁历程可大致分为 5 个阶段。

（1）1988 年以前称为第一阶段——计划分房时期。当时都是单位建房分房，人们只求一间遮风挡雨的房子，往往三四代同堂，刚毕业的大学生如果长时间等不到单位分房，那么结婚的事十有八九要被耽搁。那时的概念叫盖房子，房子只有共性，即满足简单的遮风挡雨的需求，没有个性，更不用说房地产业的运营效益问题了。

（2）1988～1992 年可看成第二阶段——萌芽时期。1988 年以后，中国香港及国外的房地产商开始进入中国内地，市场经济概念开始进入房地产市场。但是，国内大学依然没有房地产经营管理专业，只有工民建、结构、水暖等专业。真正的房地产运动是同城市化运动相伴随的，中国的再城市化运动直接引发了房地产运动，特别是住宅运动，但 20 世纪 90 年代初的房地产市场化具有泡沫经济的特点，那时的房地产是个炒作过程，是玩击鼓传花的游戏，人们只重视过程，不看重结果，人们只想从炒作过程中赚钱。随着 1993 年宏观调控开始，宣告了这一炒家时代的结束。

（3）1994～2000 年可看成第三阶段——发展起步时期。1993 年宏观调控后，房地产行业一度低迷，1994 年后开始重新洗牌。随着单位福利分房开始逐步减少，消费者时代开始抬头，房地产业开始重视市场，不注重房地产企业的运营效率已经不行了，房地产业发展开始起步。

（4）2001～2008 年可看成第四阶段——发展突飞猛进时期。随着单位福利分房基本结束，压抑已久的市场购买力终于释放出来，房地产业进入突飞猛进的发展时期，房价逐浪推高，房地产业一举成为国民经济的支柱产业。

（5）2009 年以后可看成第五阶段——规范发展时期。房地产业经过突飞猛进的发展，房价上涨过快，积累了一些问题，少数地区的房地产市场中存在大量泡沫，需要规范发展。中央多次出台房地产调控措施，提出了“房住不炒”的总要求，并将调控措施常态化，逐步与中长期制度相衔接，更加注重市场和法制手段，以推动房地产业实现稳定规范发展。

5. 房地产业发展现状

（1）房地产业进入以“稳”为主的新常态。房地产市场是我国经济平稳发展的重要支点之一。“稳”字当头的房地产调控方向仍将延续。中国共产党第十九次全国代表大会（简称“十九大”）后中央提出的房地产基本政策：稳定房地产市场持续健康发展；稳地价、稳房价、稳预期；房住不炒；不将房地产作为短期刺激经济的手段；一城一策等。中央定性的“房住不炒”“不将房地产作为短期刺激经济的手段”的底线是不能突破的，明确显示出中央对房地产市场的政策底线与定力。以“稳”为主的新常态下，中央强调全面落实因城施策，逐步建立稳地价、稳房价、稳预期的长效管理调控机制，促进房地产市场平稳健康发展。未来中国房地产政策逐渐走向有松有紧的“双向调控”，调控政策是“因城施策”，不再搞全国“一刀切”，不同城市可以采取不同的调控策略，但最终的目标是“稳”。“稳”是我国 2020 年乃至今后房地产市场的政策主目标。

（2）房地产业去库存仍在继续，延续转型新格局。从 2019 年整体数据来看，楼市呈现“供大于求”的态势，去库存工作仍将继续。全国范围受监测的 100 个城市新建商品住宅供应量为 60 715 万平方米，而成交量为 58 107 万平方米。由于全年供求比为 1:0.96，所以客观上带动了库存规模的上升。截至 2019 年 12 月底，一、二、三、四线 100 个城市新建商品住宅库存总量分别为 2 981 万平方米、24 668 万平方米和 20 693 万平方米，环比增速分别为6.5%、2.1%和1.4%，同比增速分别为2.4%、6.0%和5.8%。不过总体上看，无论是一二线城市还是三四线城市，去库存化周期总体上属于偏低的水平。2020年受新冠肺炎疫情影响，整体经济面临下行压力，房地产业短期难以出现“大V形”反转，房地产业继续向高质量发展转型。近年来，房地产业转型方向，一是向产业化方向转型，二是向绿色方向转型，三是向造“好房子”方向转型。房地产业出现的转型新产品有长租公寓、联合办公地产、文旅地产、养老地产、物流地产等特色地产。

（3）房地产业资金压力不断增大，投资规模增长趋缓，但占全社会固定资产的比重一直稳居高位。近20年来房地产业高歌猛进，为中国城镇化发展、经济发展立下了大功。全国仅存量住宅总资产的面积就超过300万亿平方米，其总价值相当于2019年全国GDP的两倍以上。据有关研究机构统计，普通民众的资产超过60%投在住房上，房地产对中国社会经济、百姓资产的影响起到了举足轻重的作用。2020年中央经济会议强调多渠道、多举措并举增加住房的有效供给，开发投资增速将维持在10%左右。货币从“松紧适度”调整为“灵活适度”，去杠杆政策变成“宏观杠杆率保持基本稳定”。从供给端来看，融资政策不断收紧。金融监管部门为了防范、化解金融系统性风险，不允许资金跨区域使用，限制房企继续加杠杆，严格监管违规加杠杆的行为，只允许“借新还旧”。银行贷款、房地产信托、海外ABS等各种融资渠道都相继收缩。房地产开发贷款余额同比增速降至11%左右，房地产企业融资成本上升。资金压力促进房地产部门去库存，增加回款速度，减少负债压力。

（4）租购（售）并举，销售总量仍维持中高位，同比增速显著放缓。我国出台了一系列政策强调要“加快建立多主体供给、多渠道保障、租购并举”的住房制度，将“租”列于“购”之前，充分体现了发展住房租赁市场的紧迫性和重要性，住宅租赁市场已迎来“黄金发展期”。我国每年大概有千万以上的农业转移人口和新增的800万大学毕业生进城，未来10年我国还将有2亿以上的农村人口进入城市，仍然存在一定的购房刚需。国家统计局公布的数据显示：1998年全国商品房销售1亿多平方米，随后年年攀升，2019年超过17亿平方米。但目前我国房地产市场基本接近饱和，人均住房面积已达到40平方米，住房条件得到根本性改善，城镇化率也超过60%，房地产销售量增速必然放缓。2020年全国房地产销售面积和金额会趋向平稳，房价会在高位小幅震荡，少部分地区还会缓慢上行。

（5）新开工量缓慢下行，但整体继续维持中高位。2020年新冠肺炎疫情加速了房地产市场从顶峰下行周期的来临，各能级城市土地成交同环比全面下跌。但疫情过后，全国房价不太可能大幅下跌，房地产市场会逐渐平稳，房地产市场仍然会按照原有的逻辑运行。我国目前仍处于城镇化发展的进程中，房地产市场仍然有10年以上的发展周期，新开工面积不断下滑的态势将得到缓解，但整体仍居于相对中高位。城市间的分化特征在新开工量上同样会有所体现，即一线城市和部分基本面较好的二线城市新开工量仍有上升的空间，尤其是在房价上涨的拉动下；而多数三四线城市会经历一个长期的调整过程，短期来看，在库存压力下新开工依然不足，整体新开工面积会维持低位水平。2020

年我国新开工面积会维持在12亿平方米左右。

（6）云端经济进入房地产行业。2020年新冠肺炎疫情期间，房地产项目售楼部被迫从线下搬到线上，通过互联网和大数据技术展开“线上购房模式”，并取得惊人业绩。例如：引发关注热议的恒大地产“线上购房模式”，仅3天销售总价值约580亿元；星空传媒控股“合房网”创新出许多新玩法：宅家看房直播、云上卖房服务、体验沉浸式看房、金牌置业顾问变网红主播、线上才艺秀、晒娃、红包雨……未来房地产楼盘销售，将会从“线上宣传，线下营销”为主的模式，改变为“线上是宣传推广的主战场，线下是服务营销的主阵地”的“双阵全域营销创新模式”。

6. 房地产业发展中存在的突出问题

房地产业进入新常态，中国经济形势总体向好，房地产市场从中长期来说也是向好的。但是同时我们要清醒地看到，当前的经济形势扑朔迷离，整个房地产市场形势不容乐观。

（1）房价虚高，脱离了部分居民的支付能力。商品房价格上涨过快的主要原因有以下几个：①当地政府谋利。地价的暴涨是房价虚高的直接推手，因为土地拍卖没有限定价格，没有最高限额，房价越涨，地价就应声而起，一些城市土地成本已占到房价的50%以上，直接导致房价虚高。②需求拉动，供求总量阶段性、结构性失衡直接影响价格变动，即中低价位普通商品住房刚性需求量增长快于供给，使得商品房平均成交价格上扬。③成本推动，主要来自建材（钢材、水泥等）涨价、土地取得成本增加、品质提升三个方面。④炒作带动，社会普遍对房价上涨预期偏高。市场存在一定的投机行为，以至于房产价格与居民收入越来越不相匹配，房屋价格已明显超出一部分中等收入居民的购买能力。关于房价高低的问题，从国际经验看，目前我国总体房价收入比有些离谱，京、沪、深、穗四个一线城市房价收入比超过10倍，个别城市甚至达20倍左右，总体水平高于发达国家。此外，还可用租金回报率来衡量房价高低。住房的使用价值就是居住，而租金水平集中体现了居住价值的高低。发达国家的年均住房租金回报率为5%～10%，而目前我国大城市一般只有3%左右。租金回报率如此之低，从一个角度说明很多房子的价格被明显高估。

（2）从房地产总供给和总需求是否平衡来看，目前我国的房地产市场已出现失衡现象，结构性泡沫严重，空置率高。由于供求关系失衡以及投机性买房旺盛，我国房地产泡沫化程度较高，2019年北京市的空置房率居高不下，整体接近30%，而且出租房屋数量远远低于空置房，也显示出因房租回报率过低，大部分房东并未打算通过租房赚钱，而是将希望寄托在房价上涨上。从需求市场主体消费中的实用性消费和投资性消费结构是否合理来看，目前房地产市场已暴露出很不合理的现象。按照国际上的经验，一般投资消费购房所占比例超过12%～15%时，就容易出现房地产泡沫危机。20世纪，拉美、日本、中国香港等国家和地区投资消费购房所占比例接近20%，而后发生的危机给这些国家和地区造成的影响到目前还未完全消除。据有关部门统计，上海、北京和广州的投资消费购房比例已接近20%左右。这些现象都是极不正常的，这是房地产业产生危机的深层次原因之一。供给结构严重地背离需求结构，在一些高档次住房供应量过多的情况下，就会产生结构性泡沫。

（3）政策调控难度加大。当前，国际环境受新冠疫情影响发生了深刻的变化，地缘政治冲突不断，贸易保护主义抬头，中国经济尽管恢复较快，但面临的风险挑战增多。在这种背景下，房地产政策调控力度和节奏很难把握，既要考虑保持经济持续健康发展，又要考虑维护社会大局稳定。当前中央和地方政府应该强化对固定资产投资方向、投资结构、投资比例的把握和监管，应该重点考虑对现有存量房屋的消化，而不是扩大建设规模，从而避免出现新一轮房地产投资过热问题，把房地产投资控制在一个合理区间。由于房地产业当前在国民经济中的特殊作用，政府的政策选择应当注意保持宏观经济政策的连续性、稳定性，在房地产领域要做到区别对待，有保有压。要保自住型、改善型需求，支持普通居民解决住房问题和改善住房条件；要严控投资型需求，防范信贷风险，引导资金投向实体经济。

（4）从产业与企业角度审视我国房地产市场，房地产业急需转型升级高质量发展。我国房地产业发展存在产业转型问题，要按照现代产业要求改造房地产业。当前房地产业粗放型发展模式需要加以改变，这一点应从战略上加以重视。房地产业与国民经济的关系应处理好，房地产业与其他相关产业的关系也应该处理好。对房地产企业而言，应该按照现代产业方式组建，做好战略调整，练好“内功”，更上一个台阶。

7. 房地产业发展趋势

我国社会主要矛盾已经转化为人民日益增长的美好生活需要和不平衡不充分的发展之间的矛盾。房地产行业作为承载人民群众美好生活的重要产业，随着城镇格局、产业结构、人口结构、消费结构、房地产发展阶段等内外因素的变化，其转型升级已成为必然选择。在未来的5～10年里，房地产业将出现十大趋势性变化。

（1）加快发展新兴地产。中国共产党第十八次全国人民代表大会提出了坚持走中国特色新型工业化、信息化、城镇化、农业现代化道路。新兴地产是发展新型城镇化的重要组成部分，随着信息技术快速发展，“互联网+”“供给侧结构性改革”“共享经济”“跨界合作”“轻资产”等概念层出不穷，传统的房地产已不能适应新型城镇化的需要，迫切需要“升级转型”，需要发展新兴地产。目前，养老地产、文旅地产、物流地产等新兴地产已经成为房地产行业价值新领域。在这些新兴地产领域，可以通过植入跨行业的资源、升级社群服务来打造匹配市场需求的新产品。①养老地产是适应我国老龄化加速新趋势形成的，以完善的配套设施和增值服务为理念，集餐饮、娱乐、养生、保健于一体，将住宅、服务、医疗、旅游、度假、教育等产品全方位结合起来，针对独立的养老社区提供一站式养老服务，让每个老人都能有尊严地养老。②文旅地产是适应深度体验新需求形成的，以深度体验需求为导向，包括休闲度假村、主题公园、旅游培训基地、会议中心、产权酒店、分时度假酒店、高尔夫度假村、风景名胜度假村等表现形态，实现旅游资源向地产价值的转变。③物流地产是适应线上线下链接需求形成的。近年来，消费升级和电商崛起带来了大量的物流地产需求。物流地产的发展呈现智慧化、高效化的趋势，除提升物流效率、节约物流费用外，还将为客户提供物流基础设施开发和相配套的专业物业管理服务，如园区租赁、园区运营、配送服务、增值服务、基金运营等。

（2）房地产服务走向智能化、平台化和社群化。从总体上看，可以把房地产服务分为两类：基础服务和增值服务。基础服务是不同房地产业态所提供的传统服务，而增值服务是区别于传统服务的其他服务。伴随着房地产业升级过程的是房地产服务的不断升级，房地产服务升级走向智能化、平台化和社群化。①房地产服务智能化，是以互联网技术、云计算、大数据等技术的兴起和应用为基础的。以商业地产为例，大数据技术可以运用商场铺设的智能感应地板，这种地板可以记录客户进入商场的空间和时间移动轨迹，从而做进一步的客流分布分析。消费者何时进来、在何处消费，商铺的客单价、转化率等都可以转变成定量数据。运营者可以更好地了解租户的经营状况，有助于优化商场运营，更好地服务于最终消费者，最终实现利润最大化。②房地产服务平台化，是整合外部资源，通过平台来提供升级服务。以养老地产为例，打造社区养老公寓不但是一个创新的商业升级项目，也是一个系统的社会改造工程。房地产企业要做好管理和服务，搭建开放的社区化交互平台。就社区消费需求而言，物业公司掌控现实端的物理人口，再搭建一个虚拟端的网络入口，通过两端合一，形成一个生态的商业闭环。养老社区可以通过和医院、银行、餐馆、理发店等合作，形成线上线下合一的服务平台和管理网络，利用社区化交互平台形成一个良性互动的家政服务交易平台，满足社区消费需求。③房地产服务社群化，是通过内容的注入，社群将具有共同价值理念、消费观念、文化偏好等的人聚合起来，从而创造价值，实现高级的居住和消费体验。不单是住宅服务需要社群化，其他房地产服务也有相同趋势。住宅服务通过各式各样的社群活动，倡导回归人与人之间的温暖关系，提升了产品的吸引力和服务品质。再如，联合办公强调工作与生活相结合，给共享区域留足空间，大家可以资源共享、沟通交流，除了提升工作效率，还可以创造意想不到的价值，企业在社群中可以享受合作和分享资源带来的红利。

（3）互联网推进房地产商业模式创新。互联网大数据时代的到来，房地产思维方式、商业模式、管理方式等商业生态系统逐步发生着变化，开发商将运用互联网的思维方式和技术手段，从客户需求的角度规划企业的经营行为。当客户群体数以十万、百万计之后，可以从其购房的一次消费后，利用网络化的社区服务平台，不断发现和挖掘其生活中的二次消费和持续消费的需求，通过延伸服务寻找新的利润增长点。①长租公寓模式。长租公寓实际上是以居住需求为基础，积极拓展增值服务，其户型设计形式自由，契合多元化租赁需求，以小取胜；在管理服务上，主要采用数字化手段来提高运营效率，降低人力成本，同时获取租客信息，为后期业务盈利提供支持。有的房地产企业以主营的居住服务为中心，通过自主经营、联合经营或者外包等形式培育“公寓＋生态圈”的商业模式。有的房地产企业基于公寓的居住空间，形成“公寓＋保洁”“公寓＋餐饮”“公寓＋购物”等多元化的服务模式，丰富营业收入来源。长租公寓分为集中式和分散式两种。其中，集中式长租公寓在提供常规的装修、保安、保洁、家政、维修、搬家等服务的基础上，通过升级提供更高品质的服务。例如，新派公寓改造装修注重品质、功能、细节。按照白领的生活特点和需求特征，提供“大床、大衣柜、大鞋柜”，更注重居住空间的细节与品质，如提供厨余垃圾处理器、卫生间放置手机的置物台、静音轨道窗帘等。在增值服务上，一切以满足居住者的生活要求来配置，零售、干洗、生鲜配送、健身、美容、书吧等各种社区服务均采用专业化的外包引进，并在此基础上积极拓展社交服务。分散式长租公寓提供一套基于互联网的服务项目体系，采用模块化、标准化的装修，降低装修成本和空置期。在传统的居住空间之外，提供尽可能多的增值服务，包括保洁、维修、搬家等。②新零售商业地产模式。这种模式以休闲娱乐等体验为主。未来实体商业的服务升级有两个基本方向：一是简化必须花费的时间，二是美化需要消磨的时间。“必须花费的时间”，是枯燥无味不得不浪费的时间，对于消费者而言，最理想的方式就是手机下单后立刻有人送到家里，减少出门来回、选择品牌、排队结账等所耗费的时间成本，可以通过大数据对于消费者此前购买品牌、频次的计算，提前预测需求。而“需要消磨的时间”，是消费者用于休闲体验方面乐于花费的时间，主要消磨在以“综合生活的高效”为核心、强调休闲娱乐社交综合体验性的零售娱乐中心里。成功打造以休闲社交体验为核心的零售娱乐综合商业地产，关键在于业态组合选择、各类业态的分布布局、项目规模的确定。

（4）房地产产品升级将随着个性化需求的演化而演化。未来，“以人为本”是房地产产品的升级核心，以人的生产生活需求为中心，通过提供更广、更多、更好的服务来提升产品价值，在匹配个性化需求的同时，获取盈利空间。房地产产品升级创新包括产品形式创新、规划设计创新、园林绿化创新、建筑物产品创新和配套设施设备创新。从“空间＋内容”角度，“空间”叠加不同的“内容”会形成不同的房地产产品。针对住宅地产、商业地产和办公地产三类传统产品，住宅产品的升级是从无到有、从有到优、从优到智、从重物到重人；商业地产产品的升级是从街铺到传统百货、到城市综合体、再到街区复兴；办公地产产品的升级是从“5A”（指OA——办公智能化、BA——楼宇智能化、CA——通信传输智能化、FA——消防智能化和SA——安保智能化）到“5O”（指独栋办公楼的标准，即Oxygen——富氧生态、Office Park——花园办公、Open——开放自由、Own——独享服务、Opportunity——发展前景），到全流程增值服务叠加，再到新型办公兴起。

下面重点谈谈办公地产的产品升级。随着全球分享经济快速增长，在办公地产领域，联合办公正在兴起，除了提供共享的办公空间和设施外，还增加了一整套的办公增值服务，例如日常物业管理、工商税法外包、投融资服务、孵化加速等，而这些服务正是房地产产品升级的本质所在，最大化地提升了相关资源的配置效率，也会为交流合作和创新带来更多的机会。服务升级是办公地产的产品升级核心，通过搭建的联合办公平台提供全覆盖的产业增值服务，具体表现在：一是从集约经营到共享经济，客户获得的不再仅仅是一张工位，还包括前台、会议室、茶水吧和休闲区等公共资源；二是增值服务体系，客户除获得线上平台资源、优惠福利、社会活动外，还有门类众多的商业增值服务，包括财务、广告、品牌策略、商务运营、管理咨询、设计、保险、投资、法律服务、室内设计、市场营销、移动开发、编程、拍照和摄像、公共关系、招聘、社会化营销、写作等。

（5）房地产开发将随着城市的分化而分化。从房地产开发方向来看，伴随城市群的形成，热点城市将更加热点，城市的核心角色更加凸显，因此核心城市的开发热度将持续。热点城市人口继续流入、资源要素更加集中、城市竞争力加强，房价还有上涨空间。同时由于人口结构和购买力、居住习惯等的演变，热点城市周边将出现“精品小镇”，这类小镇将在交通、资源环境、房价等方面占据优势。相反，一些缺乏人口、产业支撑的“弱城市”将出现人口流出、房价下降、产业崩溃等现象，房地产业逐步萎缩。

（6）加强城市更新，加大住房保障，低收入家庭将居者有其房。2020 年，随着我国打赢脱贫攻坚战，全面建成小康社会，我国住房市场的供应结构也将从根本上得到改变，保障房比例会进一步上升，在市场上的占比将达到 30% 甚至更多，这将使低收入家庭居者有其房，并能有效地分流大部分“夹心阶层”的购房需求，缓解供需矛盾。2020 年，中央经济工作会议提出要加大城市困难群众住房保障工作，加强城市更新和存量住房改造提升，做好城镇老旧小区改造，大力发展租赁住房。我国近 10 年“棚户区改造”达到 5 000 万户以上，2018 年开始，城镇老旧小区改造已从以大拆大建为主的“棚户区改造”转为以提升城市环境、改善城镇老旧小区群众住房条件为中心的“城镇老旧小区更新改造”。目前我国城镇老旧小区仍有 1 亿户以上的住房需要更新改造，涉及水电气路、铺设光纤通信设施、加装电梯、配建停车场、养老设施等，努力使生活在城镇老旧小区的居民，尤其是低收入群体、困难群众居住更加舒适，出行更加方便，从而能感受到城市发展日新月异带来的红利，以及党和政府的温暖关怀，同时，也能拉动万亿元以上的投资。

（7）房地产投资回报率将回归正常水平。目前我国常住人口的城镇化率只有 60%，估计要再过 10 多年才能达到 80%。振兴农村计划仍在进行中，短期内暂时不会发生逆城市化现象。未来可能从放开二孩到鼓励二孩生育，这都可能产生一波买房需求，也许这个周期还会是 10 年以上。这 10 年内不大可能发生房价暴涨，更不可能暴跌。因为国家对房地产的政策会始终以稳为主，会用多种措施保障大量刚需购房。在租赁市场的大力发展下，租房市场和共有产权房，会使大量中低端住房人群的利益得到保障。他们再也不用拼命购买商品房了，未来商品房的份额可能会逐渐减少。再加上房产税、空置税等还可能出台，未来很难再有炒房的土壤。所以，房价不再会涨得离谱，房地产投资回报率将回归正常水平，暴利难以为继。

（8）房地产行业集中度逐年上升，50 强以外企业的生存空间被压缩，未来开发商数量将不足 2 000 家。在房地产业快速发展的过程中，开发商的数量曾多达 10 万家之众。随着市场格局调整步伐的加快，开发商的数量将迅速减少。按照目前的行业现状，再过 3 ~ 5 年，活跃的、每年有新项目开工的开发商数量将大幅度减少至 10 000 家以下；10 年以后，可能减少至 2 000 家以下。在这一过程中，开发商将被迫对自身的生存战略做出调整，重新对企业的产品定位、商业模式、市场范围、融资渠道和团队规模等做出选择。行业集中度提高后，企业的发展路径也会得到分化，一些主题性地产、复合型地产将会更加清晰，如医疗地产、养老地产、旅游地产、教育地产等，产城模式结合城镇开发将进一步形成。

（9）住宅产业化将带来房地产业的革命，房地产开发模式将发生巨变。产品建造模式将逐步被颠覆，大量依赖农民工“低效率”“高成本”“低质量”的模式逐步被“工厂化”替代，社区智能化日益显现，以“物联网”为载体的社区智能化将转变之前的社区服务模式。房地产开发模式主要由高能耗模式转向低碳地产模式，由传统建筑生产模式转向建筑产业化模式，由传统融资模式转向融资创新模式，由物业产品供应商模式转向城市配套服务商模式，由传统住宅地产模式转向产业新城模式，由单一物业开发模式转向集成性的立体城市模式。房地产开发模式的巨变会使房屋建造周期大为缩短，从而使投资周期也相应缩短，以生产效率的提升促进投资收益率的大幅提升。

（10）房地产金融将层出不穷。在未来5～10年，中国房地产金融系统将不断健全和完善，与不动产经营相配套的REIT（房地产信托基金）逐渐成熟。可以看出，在房地产行业不断细分的趋势下，按揭贷款证券化、土地银行、住宅银行、社区银行以及围绕客户资源整合和服务模式创新的金融产品也将层出不穷。

1.2　房地产企业

房地产企业是指从事房地产开发、经营、管理和服务活动，并以盈利为目的进行自主经营、独立核算的经济组织，包括房地产开发企业和房地产经营企业。房地产开发企业，是指从事房地产开发经营业务，具有企业法人资格，且具有一定资质条件的经济实体。房地产经营企业，是指不具有一定资质，只能从事一般的经营活动（如租赁、销售代理等）的房地产企业组织。这里主要介绍房地产开发企业。

1. 新形势下房地产企业的特点

随着云计算、移动物联网、大数据、人工智能等数字技术的快速创新和应用，数字经济正在成为推动房地产企业发展的重要引擎。2020年以来，房地产企业要在激烈市场竞争中实现持续发展，则需从过去的投资经营转向精细化运营，必须插上数字化的翅膀。人工智能、大数据等新兴技术已经渗透于房地产行业各个业务场景，并在提升房地产企业品牌竞争力、强化品牌传播效能、巩固提升品牌形象等方面正逐步彰显出硬核力量。BIM、智慧工地、智能社区等重塑了房地产企业产品生产流程和功能体验，用户画像、卖房App、智慧案场等赋能精准传播和营销效果量化等，提高了房地产企业品牌管理效率。在房地产产品打造方面，数字化应用保障产品质量，服务智能化优化客户体验。房地产服务实现数字化，数字化技术将房地产服务业务流程信息转化为结构化数据，并对数据进行加工、计算并固化为产品，通过数字化产品工具赋能服务者，实现房地产企业服务流程的标准化、线上化、自动化，并创造服务新价值。

2. 房地产开发企业分类

房地产开发企业可以划分为房地产开发专营企业、房地产开发兼营企业、房地产开发项目企业3种类型。

（1）房地产开发专营企业，是指以房地产开发作为主营业务的企业，大部分的房地产开发企业都是房地产开发专营企业。

（2）房地产开发兼营企业，是指以其他业务为主，但也从事房地产业务的企业。由于房地产业的高利润，有不少资金雄厚的企业集团都纷纷进入房地产行业，成为房地产开发兼营企业。此外，一些原有的大型工程建筑企业，为了开辟新的经济增长点，也进军房地产开发领域，并获得了相应的资质，从原来单纯的工程建筑企业转变为房地产开发兼营企业。例如中国建筑集团，在其房地产开发部门未变成独立法人之前，就属于这种例子。

（3）房地产开发项目企业，是指城市发展与改革委员会或者是城市建设主管机构批准设立的专门针对城市建设某个项目（通常是公益的）的开发企业，例如，南京为举办2014年第二届青年奥林匹克运动会（简称“青奥会”）所成立的开发企业，就属于这种类型。

3. 房地产开发企业资质

我国房地产开发主管机构对房地产开发企业实行资质管理制度。房地产开发企业资质分为一、二、三、四级资质和暂定资质（2000年3月29日建设部令第77号发布，2015年5月4日住房和城乡建设部令第24号修正）。

（1）一级房地产开发企业的资质条件。一级房地产开发企业资质申报条件为：①从事房地产开发经营5年以上；②近3年房屋建筑面积累计竣工30万平方米以上，或者累计完成与此相当的房地产开发投资额；③连续5年建筑工程质量合格率达100%；④上一年房屋建筑施工面积15万平方米以上，或者完成与此相当的房地产开发投资额；⑤有职称的建筑、结构、财务、房地产及有关经济类的专业管理人员不少于40人，其中具有中级以上职称的管理人员不少于20人，持有资格证书的专职会计人员不少于4人；⑥工程技术、财务、统计等业务负责人具有相应专业中级以上职称；⑦具有完善的质量保证体系，商品住宅销售中实行了《住宅质量保证书》和《住宅使用说明书》制度；⑧未发生过重大工程质量事故。

（2）二级房地产开发企业的资质条件。二级房地产开发企业资质申报条件为：①从事房地产开发经营3年以上；②近3年房屋建筑面积累计竣工15万平方米以上，或者累计完成与此相当的房地产开发投资额；③连续3年建筑工程质量合格率达100%；④上一年房屋建筑施工面积10万平方米以上，或者完成与此相当的房地产开发投资额；⑤有职称的建筑、结构、财务、房地产及有关经济类的专业管理人员不少于20人，其中具有中级以上职称的管理人员不少于10人，持有资格证书的专职会计人员不少于3人；⑥工程技术、财务、统计等业务负责人具有相应专业中级以上职称；⑦具有完善的质量保证体系，商品住宅销售中实行了《住宅质量保证书》和《住宅使用说明书》制度；⑧未发生过重大工程质量事故。

（3）三级房地产开发企业的资质条件。三级房地产开发企业资质申报条件为：①从事房地产开发经营2年以上；②房屋建筑面积累计竣工5万平方米以上，或者累计完成与此相当的房地产开发投资额；③连续2年建筑工程质量合格率达100%；④有职称的建筑、结构、财务、房地产及有关经济类的专业管理人员不少于10人，其中具有中级以上职称的管理人员不少于 5 人，持有资格证书的专职会计人员不少于 2 人；⑤工程技术、财务等业务负责人具有相应专业中级以上职称，统计等其他业务负责人具有相应专业初级以上职称；⑥具有完善的质量保证体系，商品住宅销售中实行了《住宅质量保证书》和《住宅使用说明书》制度；⑦未发生过重大工程质量事故。

（4）四级房地产开发企业的资质条件。四级房地产开发企业资质申报条件为：①从事房地产开发经营 1 年以上；②已竣工的建筑工程质量合格率达 100%；③有职称的建筑、结构、财务、房地产及有关经济类的专业管理人员不少于 5 人，持有资格证书的专职会计人员不少于 2 人；④工程技术负责人具有相应专业中级以上职称，财务负责人具有相应专业初级以上职称，配有专业统计人员；⑤商品住宅销售中实行了《住宅质量保证书》和《住宅使用说明书》制度；⑥未发生过重大工程质量事故。

（5）暂定资质。新设立的房地产开发企业应当自领取营业执照之日起 30 日内，持下列文件到房地产开发主管部门备案：营业执照复印件、企业章程、验资证明以及企业法定代表人的身份证明、专业技术人员的资格证书和劳动合同以及房地产开发主管部门认为需要出示的其他文件。房地产开发主管部门应当在收到备案申请后 30 日内向符合条件的企业核发《暂定资质证书》。《暂定资质证书》有效期为 1 年。房地产开发主管部门可以视企业经营情况延长《暂定资质证书》的有效期，但延长期限不得超过 2 年。自领取《暂定资质证书》之日起 1 年内无开发项目的，《暂定资质证书》有效期不得延长。房地产开发企业应当在《暂定资质证书》有效期满前 1 个月内向房地产开发主管部门申请核定资质等级。房地产开发主管部门应当根据其开发经营业绩核定相应的资质等级，申请《暂定资质证书》的条件不得低于四级资质企业的条件。临时聘用或兼职的管理、技术人员，不得计入企业管理、技术人员总数。

4. 房地产开发企业资质的申请与管理

未取得房地产开发资质等级证书的企业，不得从事房地产开发经营业务。国务院建设行政主管部门负责全国房地产开发企业的资质管理工作，县级以上地方人民政府房地产开发主管部门负责本行政区域内房地产开发企业的资质管理工作，具体要求如下。

（1）申请核定资质等级。房地产开发企业应当提交的证明文件：企业资质等级申报表，房地产开发企业资质证书（正、副本），企业资产负债表，企业法定代表人和经济、技术、财务负责人的职称证件，已开发经营项目的有关证明材料，房地产开发项目手册及《住宅质量保证书》《住宅使用说明书》执行情况报告，其他有关文件、证明。

（2）任何单位和个人不得涂改、出租、出借、转让、出卖资质证书。企业遗失资质证书，必须在新闻媒体上声明作废后，方可补领。

（3）企业发生分立、合并的，应当在向市场监督部门办理变更手续后的 30 日内，到原资质审批部门申请办理资质证书注销手续，并重新申请资质等级。企业变更名称、法定代表人和主要管理、技术负责人，应当在变更 30 日内，向原资质审批部门办理变更手续。企业破产、歇业或因其他原因终止业务时，应当在向市场监督部门办理注销营业执照后的 15 日内，到原资质审批部门注销资质证书。

（4）房地产开发企业的资质实行年检制度。对于不符合原定资质条件或者有不良经营行为的企业，由原资质审批部门予以降级或注销资质证书。

（5）各资质等级企业应当在规定的业务范围内从事房地产开发经营业务，不得越级承担任务。一级资质的房地产开发企业承担房地产项目的建设规模不受限制，可以在全国范围承揽房地产开发项目；二级资质及二级资质以下的房地产开发企业可以承担建筑面积25万平方米以下的开发建设项目，承担业务的具体范围由省、自治区、直辖市人民政府建设行政主管部门确定。企业未取得资质证书从事房地产开发经营的，由县级以上地方人民政府房地产开发主管部门责令限期改正，处5万元以上10万元以下的罚款；逾期不改正的，由房地产开发主管部门提请市场监督部门吊销其营业执照。企业超越资质等级从事房地产开发经营的，由县级以上地方人民政府房地产开发主管部门责令其限期改正，处5万元以上10万元以下的罚款；逾期不改正的，由原资质审批部门吊销资质证书，并提请市场监督部门吊销其营业执照。

（6）企业有下列行为之一的，由原资质审批部门公告资质证书作废，收回证书，并可处以1万元以上3万元以下的罚款：隐瞒真实情况、弄虚作假骗取资质证书的；涂改、出租、出借、转让、出卖资质证书的。企业开发建设的项目工程质量低劣，发生重大工程质量事故的，由原资质审批部门降低资质等级；情节严重的吊销资质证书，并提请市场监督部门吊销营业执照。企业在商品住宅销售中不按照规定发放《住宅质量保证书》和《住宅使用说明书》的，由原资质审批部门予以警告、责令限期改正、降低资质等级，并可处以1万元以上2万元以下的罚款。

5. 房地产企业与行业的关系

房地产企业是房地产行业的细胞，是构成房地产行业的内部微观基础。房地产企业健康发展则会推进房地产行业健康发展，如果大多数房地产企业经营困难、效率低下，则整个房地产行业也会衰退。房地产行业是房地产企业赖以生存与发展的外部生态环境，房地产行业生态环境好，则房地产企业生存与发展的空间就大，经营压力小、效益好。相反，如果房地产行业生态环境差，如融资困难、拿地困难、税费负担重、社会口碑差等，则房地产企业的生产经营会受到很大制约，发展就非常艰难。近几年来，随着国家加强对房地产业的调控和引导，我国的房地产业进入常态化稳健发展阶段，房地产企业与行业的关系逐步进入良性互动状态。

思考题

1. 比较一下房地产行业与其他行业的异同点。
2. 分析一下当地房地产企业的特点。

第 2 章

房地产开发项目与流程

学习目标

1. 了解房地产开发与经营的对象和特点。
2. 熟悉房地产开发任务、开发类型、开发理念、开发的主要参与者。
3. 掌握房地产开发的基本理论、原则、内容和方法。
4. 掌握房地产地块项目的开发流程。

技能要求

1. 能分析房地产开发项目的特点。
2. 能设计具体房地产项目开发的理念、流程和方法。
3. 能够解读当地一个房地产项目的具体开发过程计划。
4. 养成积极思考问题、主动学习的习惯。

案例 2-1

金牛湖三地块综合项目

项目概况

金牛湖三地块综合项目的地块编号：南京市六合区 NO.2018G12、NO.2018G13、NO.2018G14。三块地紧密相邻，连成一片，附近就是 S8 号线金牛湖站。项目用地总面积为 566955 平方米。2018 年 3 月 23 日，三个地块全部由恒大集团南京恒康置业有限公司竞拍成功，实施综合开发。NO.2018G12，六合区金牛湖南侧 2 号地块，出让面积

242674.97 平方米，为医院、商业、老年公寓、二类居住用地，挂牌出让起始价 12.8 亿，最高限价 19 亿。被恒康置业以底价 12.8 亿元竞得，楼面价 3688 元 / ㎡。NO.2018G13，六合区金牛湖南侧 1 号地块，出让面积 212951.50 平方米，为商业、老年公寓、娱乐康体、商住混合、二类居住用地，挂牌出让起始价 11.8 亿，最高限价 17.5 亿。被恒康置业以底价 11.8 亿元竞得，楼面价 3694 元 / ㎡。NO.2018G14，六合区金牛湖南侧 3 号地块，出让面积 111330.65 平方米，为商业、二类居住用地，挂牌出让起始价 5 亿，最高限价 7.4 亿。被恒康置业以底价 5 亿元竞得，楼面价 3208 元 / ㎡。项目地块拍卖公告主要内容如表 2-1 所示。

表 2-1 项目三地块拍卖公告主要内容

（1）六合区金牛湖南侧 2 号地块信息表			
地块编号：	NO.2018G12	地块位置：	东至规划经六路，南至六合中部干线，西至金牛大道、金江公路、规划扬帆路，北至规划银牛路、规划岳阳路
容积率：	≤ 1.43	用地性质：	A51 医院用地 B1 商业用地 Rab 老年公寓用地 R2 二类居住用地
规划面积：	367 491.25 平方米	实际出让面积：	242 674.97 平方米
建筑密度	≤ 25%	绿地率	≥ 30%
公告发布时间：	2018/2/10	挂牌起始价：	128 000 万元
成交时间：	2018/3/23	成交总额：	128 000 万元
竞得人：	南京恒康置业有限公司	公告编号：	2018 年宁网挂第 02 号
（2）六合区金牛湖南侧 1 号地块信息表			
地块编号：	NO.2018G13	地块位置：	东至规划经六路，南至规划岳阳路，西至金牛大道，北至规划纬九路
容积率：	≤ 1.5	用地性质：	Rab 老年公寓用地 B1 商业用地 Rb 商住混合用地 B3 娱乐康体用地 R2 二类居住用地 Rc 基层社区中心
规划面积：	365 786.84 平方米	实际出让面积：	212 951.50 平方米
建筑密度	≤ 25%	绿地率	≥ 30%
公告发布时间：	2018/2/10	挂牌起始价：	118 000 万元
成交时间：	2018/3/23	成交总额：	118 000 万元
竞得人：	南京恒康置业有限公司	公告编号：	2018 年宁网挂第 02 号
（3）六合区金牛湖南侧 3 号地块信息表			
地块编号：	NO.2018G14	地块位置：	东至规划河道路，南至六合主干线和规划环湖路，西至规划经六路和青年路，北至规划河道路
容积率：	≤ 1.4	用地性质：	B1 商业用地 R2 二类居住用地
规划面积：	150 347.27 平方米	实际出让面积：	111 330.65 平方米
建筑密度	≤ 25%	绿地率	≥ 30%
公告发布时间：	2018/2/10	挂牌起始价：	50 000 万元
成交时间：	2018/3/23	成交总额：	50 000 万元
竞得人：	南京恒康置业有限公司	公告编号：	2018 年宁网挂第 02 号

项目位于南京市六合区金牛湖街道金牛湖南侧，由三个地块连成一片构成。

资料来源：根据南京工业职业技术大学朱赫、谢庆月同学的调研报告整理。

案例讨论

你认为这三地块项目如何综合开发？

学习任务

考察当地一家房地产开发公司的基本情况，写出其项目开发流程。

房地产作为一种特殊的商品，与其他商品相比，最重要的一个特性是具有位置的固定性，包括不可移动性、地区性、个别性，也称为垄断性。同时，房地产还具有经济寿命的可延续性，也就是其保值增值性。

房地产同时具有经济寿命和自然寿命（或称物理寿命），经济寿命结束的标志是物业的使用成本超过其产生的收益，即净收益为零的时刻。一般房地产的自然寿命要比经济寿命长，但如果物业的维护状况良好，较长的自然寿命可以令投资者从投资中获取几个经济寿命。研究表明，物业的经济寿命与其使用性质相关。一般来说，公寓、酒店、剧院等建筑的经济寿命是 40 年；工业厂房、普通住宅、写字楼的经济寿命是 45 年；银行物业、商场物业的经济寿命是 50 年；工业货仓的经济寿命是 60 年；农村建筑的经济寿命是 25 年。正是由于房地产具有垄断性和保值增值性，所以房地产开发成为一项独具魅力的事业。

2.1　房地产开发项目

1. 房地产开发项目及特点

（1）房地产开发项目。依照《中华人民共和国城市房地产管理法》(简称《城市房地产管理法》) 的规定：房地产开发项目是指在依法取得土地使用权的国有土地上进行基础设施、房屋建设的项目。房地产开发是现代市场发展中的经济活动，它直接从事土地与建筑产品的生产和经营，直接进行包括住宅、厂房、库房以及商业、办公、旅游、餐饮、娱乐等社会生产和社会服务所需房屋的建设，以及土地的开发，为社会生产生活提供物质基础保证。

（2）房地产开发项目的特点。作为房地产企业开发经营的对象，房地产开发项目一般有如下特点。

1）地理位置的固定性。土地开发、房屋建设及使用，均具有不可变动的地理位置，在开发项目时必须考虑到地区差异，考虑到就地开发土地、就地建房、就地经营销售、就地使用获利的可能性及投资收益。

2）建设投资大、资金周转慢。房地产业属资金密集型产业，开发一个项目往往需要投入大量资金，对开发商的资金实力有很高的要求。从房地产项目前期工作开始，到项目建成竣工可以交付使用，这一期间需要大量资金投入，只有等到所建商品房开始预售、预租才能实现资金回收，而且出售、出租本身往往也需要较长的时间。

3）开发周期长。土地及建筑物作为房地产项目开发的内容，一般体量较大，工程建设进度有其客观规律性，有相应的时间要求。另外，项目开工建设前的有关手续繁杂，也影响着项目开发周期。完成一个开发项目一般需要1～3年，甚至更长的时间。

4）受国家法规政策严格约束和调控。房地产开发作为特殊的经济活动，涉及社会生产生活方方面面，事关国民经济（如土地资源配置、城市发展规划等）和国计民生，必须也只能通过国家和地方政府进行宏观调控和政策引导才能真正走上健康发展道路。从项目立项开始，房地产项目的各开发环节都有直接约束和控制。例如，项目开发必须符合国家产业政策，服从城市统一规划，遵守城市建设法规，房地产价格受国家有关法规政策调控等。

5）建设环节多。这与项目开发受法规政策严格约束的特点直接相关。从我国现行管理体制来看，参与房地产开发项目管理的部门很多，一个房地产项目的全部开发过程涉及计划、土地、规划、建设、消防、交通、教育、人防、环保、市政、城管、园林、卫生、技监、质监、安监、房改办、房管等众多部门，项目建设环节多，而且各环节不可或缺。

6）项目投资即为项目成本费用。房地产项目投资与一般工业建设项目投资有一个显著的区别，即一般工业项目是先投资，再生产产品，而房地产项目投资的过程本身就是房地产商品的生产过程。因此，房地产项目总投资即为房地产开发产品的总成本费用之和（自营自用情况暂不考虑）。房地产项目总投资包括开发建设投资与经营资金两大部分，在项目财务评价时与项目的总成本费用存在一定的对应关系。

7）人员要求高。一个房地产项目的开发和建设，往往需要大量的对投资环境及市场的调研、精心的规划设计、高标准的工程施工、专业的营销策划、细致的全程服务，对从业人员的综合素质与专业素质要求很高。

8）风险较大。由于房地产项目具有以上特点，也就相应决定了其投资风险较大。例如，由于开发周期长，很容易受到国家政策、宏观政治经济形势、市场需求变化及竞争对手等方面的影响；在项目建设期间，随着时间的推移，建筑材料价格、劳动力价格等有可能发生变动，从而影响项目的投资额；当公共利益需要时，可能遇到强制性征收、停止使用或限期拆除情况等。

9）开发项目的差异性。房地产开发项目可以分为很多种，由于项目用途、内容、规模、要求不同，以及建筑物本身的造型、装修、结构、设施配套等不同，各开发项目存在很大的差异性。即使是同一类项目，由于项目所在的区位、环境等条件不同，也会产生相应的差异性。这种差异性直接影响项目的投资水平及投资效益。

10）项目决策的多专业协同。一个房地产项目投资决策的完成需要多种专业人才的协同作战，实际上也是多方面专业人才集体智慧的结晶：需要市场研究人员调查项目投资环境及市场状况；需要营销人员确定市场需求偏好和营销方案；需要规划设计人员提供产品建议；需要工程技术人员提出工程实施的技术可行性和进度预测；需要造价人员估算投资；需要财务分析人员提供融资的可行性和项目的盈利性预测；需要物业管理人员前期介入；还需要能与上述专业人员进行沟通协调并能整合他们思想的综合人才等。

2. 项目地块背景与地理位置图

（1）项目地块的背景。

1）该地块的拍卖公告。房地产开发人员需要认真解读地块的拍卖公告。

2）该地块的规划指标。房地产开发人员需要从该地块的拍卖公告中提取规划指标，包括出让面积、容积率、绿化率等。

（2）描绘该项目地块的地理位置图。

1）手绘或地图截图。

2）图上标注地块要明显，能够清晰看出地块的位置。

3）图上要有市中心、主要城市标志和主干道等，便于判断地块在城市中的位置，分析其地段价值。

3. 主题教学项目

主题教学项目可选择本地具有代表性的房地产地块项目，能够涵盖房地产开发工作全过程。例如，南京工业职业技术学院选用南京郊区NO.2010G06号地块作为主题教学项目。

（1）项目地块编号：NO.2010G06地块。

（2）项目土地坐落：南京市栖霞区仙林大学城文澜路以北。

（3）项目来源：南京市国土资源局。

（4）土地出让公告。

南京市国有建设用地使用权公开出让公告

（2010年第2号）

根据《招标拍卖挂牌出让国有建设用地使用权规定》（国土资源部第39号令）等法律法规规定，南京市国土资源局对下列地块国有建设用地使用权进行公开出让，地块范围内原土地使用权同时收回。现就有关出让事项公告如下：

一、地块基本情况及出让条件

序号	地块编号	土地位置	界 址	出让面积（米^2）	规划用地性质	出让年限	容积率	建筑密度	建筑高度（米）	绿地率	挂牌出让起始价（万元）	加价幅度（万元）	竞买保证金（万元）
1	NO.2010G06	栖霞区仙林大学城文澜路以北	东至仙境路，西至河道，北至道路，南至文澜路	124 235.1	二类居住用地	住宅70年；商业40年	≤1.7	≤25%	≤35	≥35%	84 500	1 000或其整数倍	13 000
2	NO.2010G07	雨花台区西善桥街道梅兴路以东	东至规划道路，西至现状，北至规划道路，南至规划道路	131 662.5	二类居住用地	住宅70年；商业40年	≤2.2	≤25%	≤60	≥35%	37 700	500或其整数倍	5 600

注：1. NO.2010G06 地块内配建的垃圾收集房（点）、公厕，均由受让人出资建设，建成后无偿移交政府。

2. NO.2010G07 地块：①地块 1 内应配建 36 个班的小学一处，占地面积不小于 29 500 平方米，由受让人出资建设，建成后无偿移交政府；②地块 1 内应配建社区中心一处，占地面积不得小于 20 000 平方米，其中社区卫生服务中心占地 3 000 平方米、街政管理中心 1 200 平方米，社区服务中心 1 000 平方米、社区卫生服务中心 2 500 平方米、公厕和垃圾回收站 150 平方米均由受让人出资建设，建成后无偿移交政府。

以上地块具体用地条件详见公开出让文件。

二、土地交付条件

地块范围内房屋及构筑物拆至室内地坪，其余维持自然现状，出让范围内杆线由受让人自行迁移。外部条件（道路、水、电、气等）均以现状为准。

三、中华人民共和国境内外的法人和其他组织，除法律、法规另有规定者外，均可参加竞买。可以独立竞买，也可以联合竞买。在竞得人所持股份大于50%的前提下，可就该地块开发成立项目公司。

四、有意竞买者，按以下时间到南京市土地矿产市场管理办公室办理报名手续，或登录南京市国土资源局或南京市土地矿产市场管理办公室网站（http://www.landnj.cn），进行网上报名（具体详见南京市土地矿产市场管理办公室网站网上报名系统），并按规定交付竞买保证金。

接受竞买报名时间（工作日）：

起始时间：2010年3月15日上午8：30。

截止时间：2010年3月30日上午11：00（截止时间以现场公证部门确认的时间为准），到南京市土地矿产市场管理办公室办理报名手续，按规定交付竞买保证金。

有关公开出让文件可于2010年3月8日起到南京市国土资源局一楼大厅2号窗口按规定申领。

五、接受竞买报价时间（工作日）：

起始时间：2010年3月15日上午8：30。

截止时间：2010年3月30日下午2：40（以现场公证部门确认的时间为准）。

六、挂牌现场会时间及地点：2010年3月30日下午2：30，南京市国土资源局三楼会议室。

七、采用网上报名的有意竞买者，须携带网上报名注册时上传资料的原件和《竞买资格确认书》于2010年3月30日下午2：00之前到南京市土地矿产市场管理办公室一楼大厅窗口，由工作人员进行现场核对，确认无误后于2010年3月30日下午2：30进入三楼竞买现场。

竞买人报价必须采用南京市土地矿产市场管理办公室统一制作的《国有建设用地使用权公开出让竞买报价书》，进行现场书面报价。不接受电话、邮寄、口头等报价方式。

在挂牌期限截止时，对出让地块有两个或两个以上竞买人，且该地块已有有效报价的，出让人主持对该地块进行现场竞价，出价最高者为竞得人。

八、竞买人竞得后，凭《国有建设用地使用权公开出让成交确认书》和《国有建设用地使用权出让合同》办理项目审批等有关手续。竞得人应按国家有关规定和《国有建设用地使用权出让合同》约定开发建设。

九、本次国有建设用地使用权挂牌出让由南京市土地矿产市场管理办公室具体承办。

十、南京市国土资源局对本《公告》有解释权。

南京市国土资源局

2010年2月23日

资料来源：南京市国土资源局网 http://www.njgt.gov.cn。

4. 主题开发项目教学内容

教学名称：×× 地块项目开发与经营全程策划方案

策划指导：任课教师

教学目标：系统地对学生进行房地产地块项目开发实战训练，注重工匠精神的养成，深度对接房地产开发专业人员职业标准和岗位要求，使学生具备一定的房地产开发与经营能力，毕业后能够在房地产开发公司做一般房地产项目的开发与经营全程策划。

教学方法：采用模拟房地产开发公司做实际项目的运作方式，成立模拟房地产开发有限公司（作为开发商），下设项目组（每组 3～5 人）。

教学要求：每个组团结协助，提供一两篇策划方案。

教学时间：一学期。

教学计划内容：如表 2-2 所示。

表 2-2　房地产开发与经营课程项目教学内容

开发过程	环节	具体内容	能力要求
该地块背景		规划要点、红线图 地块地理位置	绘制地块地理位置图（楼盘宣传位置图）
该地块开发前期	1	开发与经营环境分析	分析地块经营环境
	2	地块市场分析与预测	熟悉房地产市场预测与方法 掌握房地产市场调查与市场细分 掌握房地产市场分析与流程 能够写该地块市场调查与分析报告
		子项目 1：×× 地块市场分析	
	3	地块开发投资与融资	熟悉房地产投资特点与该地块的投资决策管理 熟悉房地产项目的融资管理 掌握该地块的风险分析与控制手段 能够写该地块经营风险分析报告
		子项目 2：×× 地块投资风险分析	
该地块开发前期	4	地块开发定位与征地	掌握该地块的市场定位与可行性分析 了解土地使用权的获取方式与程序 了解征地、拆迁管理与程序
	5	地块开发规划设计与项目报建管理	熟悉该地块的规划设计与管理程序 熟悉该地块的基础设施规划与报建管理
	6	产品策划、项目招标	掌握该地块的产品策划 熟悉项目招标管理与流程
		子项目 3：×× 地块规划设计	
该地块开发中期	7	项目建设合同与组织	熟悉项目合同管理 熟悉项目管理的组织与目标
	8	项目的建设实施	掌握该地块投资（费用）控制与措施 掌握该地块质量控制与措施 掌握该地块进度控制与措施
	9	项目验收管理	熟悉项目验收管理与程序
		子项目 4：×× 地块项目建设管理	

（续）

<table>
<tr><th>开发过程</th><th>环节</th><th>具体内容</th><th>能力要求</th></tr>
<tr><td rowspan="6">该地块开发后期</td><td>10</td><td>项目销售</td><td>掌握该项目销售管理
掌握房屋买卖经营程序</td></tr>
<tr><td rowspan="2">11</td><td>售后物业管理介入</td><td>掌握售后物业介入管理的要点
熟悉物业经营方式</td></tr>
<tr><td colspan="2">子项目 5：×× 地块楼盘销售</td></tr>
<tr><td rowspan="2">12</td><td>项目经营分析</td><td>分析计算该地块开发成本
分析计算该地块经营收入
计算该地块开发投资回报</td></tr>
<tr><td colspan="2">子项目 6：×× 地块开发经营分析</td></tr>
<tr></tr>
<tr><td colspan="2">项目集成</td><td colspan="2">×× 地块开发与经营全程策划方案（上述内容汇总）</td></tr>
</table>

2.2　房地产开发流程

1. 房地产开发及任务

（1）房地产开发，是指由具有开发资质的房地产开发企业，对房地产项目进行投资、建设和管理，使之改变用途或使用性质，从而获得经济利益的过程。房地产开发必须以经营为核心。房地产开发项目在规模和复杂程度上有着巨大的差别，大到像天津滨海开发这种事关我国经济建设全局，投资达万亿元人民币的开发，小到只是某个县城某个地段几幢住宅楼的建设，投资不过几百万元。

（2）房地产开发的任务，主要包括以下 8 项。

1）发现市场可能的机会。这是房地产开发的起点，需要房地产开发商事先进行市场需求的调查研究和分析评价，平时多留心身边的机会。

2）对项目地址的选择和勘察。这是进行房地产投资决策和建设的基础，需要房地产开发商独具慧眼。

3）项目融资。房地产投资项目耗资巨大，没有足够的资金做保障，房地产项目难以开发下去，这就需要房地产开发商有长袖善舞的融资本事。

4）项目设计。按符合市场需求的功能设计房地产项目，这是适应市场、获得效益的重要一环，需要房地产开发商选择有水平的设计人员或机构进行合作。

5）建设招标。承建商是将设计方案落到实处，并保证开发项目质量的建设者，房地产开发商要选择合适的承建商。

6）建设监理招标。选择合适的建设监理，以确保工程项目高质量、低造价地及时交付使用，房地产开发商需要认真选择建设监理，不得马虎。

7）建设管理监督。要想使整个项目开发有序进行，保质保量按时竣工，就需要房地产开发商有专业水平过硬的工程管理人员。

8）房地产产品交易。这是最后也是最重要的一项工作，最终实现投资利润，需要房地产开发商在开始拿项目时就要考虑到。

2. 房地产开发的类型

按不同的划分标准，房地产开发有不同的分类（见表 2-3）。

表 2-3 房地产开发类型

分类	分类标准	房地产开发类型
1	开发的阶段	土地开发、房屋建设
2	开发的地域	新城区开发、旧城区开发
3	开发的规模和复杂程度	单项开发、小区开发、成片集中开发
4	开发的产品	住宅开发、商业用房开发、工业厂房开发、旅游娱乐用房开发、教科文卫体用房开发、综合或其他用房开发等

（1）按开发的阶段来划分，分为两类。①土地开发，就是将原有的土地改变成能适合新需要的土地来开发。也就是开发中常说的“七通一平”，“一平”是指平整土地，“七通”是指通给水、通排水、通热、通气、通电力、通电信和通公路。②房屋建设，就是在一定的土地上建设各种房屋，以满足人们生产、生活需要的房地产项目的开发活动。实际上大部分房地产开发是土地开发和房屋建设的合二为一。

（2）按开发的地域来划分，分为两类。①新城区开发，是指将农业用途的土地改变为城市用途的土地，并在这块土地上进行房屋建设的房地产开发活动。新城区开发标志着城市规模不断扩大，因为我国城市人口增加很快，所以目前我国许多城市都采用这种开发方式。②旧城区开发，一般也称为旧城改造或再开发，是指将旧城区的土地用途进行改变，使之重新适应城市新的功能需要的房地产开发活动。旧城区开发标志着城市功能和性质的变化，如市中心的住宅区转变为商务办公区。

（3）按开发的规模和复杂程度来划分，分为 3 类。①单项开发，是指功能单一、配套设施简单的房地产项目的开发，如单体办公楼。②小区开发，是对一个基础设施和配套项目齐全的完整居住小区的综合开发，如住户在 200 户左右的住宅小区。③成片集中开发，是指对范围广、项目类型多、建设周期长的房地产项目的综合开发，特别是指按照在某一建设期内，对房屋建筑、公共建筑、市政设施进行全面规划、统筹安排、分期施工、协调发展，以取得良好的社会效益、经济效益和环境效益的房地产开发活动，如南京仙林大学城开发。小区开发、成片集中开发也称综合开发，要综合考虑、统筹安排开发中的各资源要素和各关键环节，以求得最佳的开发效益。

（4）按开发的产品来划分，分为 6 类：①住宅开发；②商业用房开发；③工业厂房开发；④旅游娱乐用房开发；⑤教科文卫体用房开发；⑥综合或其他用房开发等。常见的开发是住宅开发和商业用房开发，商业用房主要包括商铺和写字楼。

3. 房地产开发理念

（1）房地产开发理念，是指房地产开发的思想、观念、概念与法则。开发理念决定项目开发的成败，拥有先进的开发理念，成为房地产企业在市场竞争中的重要立足点。

我国房地产业不断涌现出新的开发理念。

1）节能省地理念。近年来，中国相继出现了绿色建筑、环保建筑、生态住宅、健康住宅等诸多建筑概念，其核心都是围绕节约能源、节约水资源、节约建筑材料、节约土地、保护环境“四节一环保”。同时，中国整个的人居环境建设也是以“四节一环保”为基本指导原则。

2）精细化设计理念。首先是合理利用和充分利用每一寸空间，并精心考虑各种设计细节，以化解面积紧凑与功能齐全的矛盾。其次是充分体现差异化。例如，在做节能设计时，通过计算机模拟定量化，不同朝向、楼层、部位可以采取有差异的节能措施，从而使总造价降低。最后是仔细斟酌选用建筑材料和住宅设施，例如，在中小套型住宅设计中选用轻薄小巧的建材、部件构件和厨卫设施。

3）开放式社区理念。现在，小区规模越来越大，有的甚至达到了小城镇级的人口规模，封闭式的小区模式越来越不适应规模住区和现代城市的要求。因此，必须提倡融入城市的开放式的小区开发理念，以促进住宅小区与城市之间的和谐。主要是小区取消围墙，道路和城市路网要有机衔接，提高小区的交通均衡性，也使城市路网更加通达顺畅；住宅小区的会馆、商服、医疗、幼托、学校等公共设施与城市共享；小区景观与城市共享等。

4）文化开发理念。当开发商要发掘或炒作一个概念，确保房地产项目开发成功的时候，首先要做的，是仔细回顾一下所在地区、民族、特定的城市的历史文脉延续是怎么回事。例如，北京的居住现状有两个值得担忧的现象：第一是忽视了建筑的文化特性；第二是有的居住建筑和北京的地理文化有相背离的现象。所以说，项目的成功，不仅仅要看建筑的外立面、园林等外在的东西，关键是对项目所传达文化的把握，这就是所谓的“功夫在诗外”。

5）多元化开发理念。随着中国房地产业的快速发展和宏观调控的不断深入，许多地产商为适应市场变化，转变经营方式，从土地运作向资本运作转型；从单纯开发住宅向住宅、商业地产、工业地产多元开发转型；从单纯开发出售向租售并举转型；从单纯依赖银行贷款向寻求多元化融资转型等。

6）产业化开发理念。主要是以科技进步为先导，以改善住宅使用功能和居住环境为宗旨，以提高劳动生产率和工程质量为目标，在科学规划的基础上，实现标准化设计、工业化生产、装配化施工、规范化管理的社会大生产。

7）科技地产理念。科技地产是以高舒适度、低能耗、恒湿恒温技术为核心的科技主题地产。

8）创意地产理念。创意地产是使楼盘各具自己独特的文化内涵和形式。

9）新兴楼宇地产理念。目前国内较有代表性的项目是南京海峡城，该项目集企业总部、创意办公、研发中心、云端创智基地、智慧住宅等于一体，打造全球首座智慧云办公集群。

10）其他如亲情和谐理念、品牌理念等。

（2）“家”是房地产开发理念的出发点，是人文关怀的核心命题。人文关怀在住宅开发中有精细的表现形态和特征。中国古代的住宅样式，如府第式的四合院、干栏式的吊脚楼、严家围垅屋、云南的一颗印以及江南民居、岭南民居等，这些建筑物都无一例外全面系统地呵护着居于其中的族群和家庭，从自然到超自然的信仰各个层面。例如，有专门的供奉祖宗神灵的地方，以确保家庭兴旺，有专供读书的学堂，以确保人丁发达，这种对人的关怀是全方位的。现代住宅如昆明“湖畔之梦”项目，开发商的开发理念就是从生态健康住宅着手，在这一生态居住新城中规划设计了生态湖、中小学校、双语幼儿园以及公交车站、网球场、沙滩排球场等多项生活配套设施，还特别设置了中水处理厂，成功启动了昆明仅有的社区自循环水系统，实现了真正的“环保造家”，让整个社区拥有了四季清新的小气候。“湖畔之梦”项目的巨大成功就在于它实现了人们一直念念不忘的环湖而居的梦想。再如，深圳华侨城，依靠人文力量，在致力创造新的环境的同时，提出了把文化融入环境的新理念，通过环境与文化的互动，全面提升华侨城的文化品位。在今天这个网络时代，华侨城又以“创造新的生活品质”为核心理念，提出了建设数码华侨城的构想，倡导数码生活新时尚。

4. 房地产开发的主要参与者

房地产开发主要有 8 个方面的参与者（见表 2-4）。

表 2-4 房地产开发的主要参与者

序号	房地产开发的主要参与者	作　用	备　注
1	房地产开发商	房地产开发的主角	
2	政府土地、规划、建设等相关机构	管理和控制房地产开发	宏观为主
3	金融机构	房地产开发的资金支持	银行为主
4	设计机构	房地产的设计	
5	建筑承包商	房地产的建设	
6	监理单位及其监理工程师	房地产的质量保证	
7	律师事务所	协助解决房地产纠纷	
8	中介机构	繁荣房地产经营	

（1）房地产开发商。开发商是房地产开发的主角，在房地产开发的全过程中都有开发商的参与，房地产开发商不仅是房地产开发的首要参与者，而且是房地产开发项目的设想者和组织者。一个成功的房地产开发商需要具备多方面的素质。首先，要有敏锐的市场嗅觉和判断力，能够在动荡不定的房地产市场中找到机会，并能敏锐地判断出这种机会的成功概率。其次，要有出色的胆识，即快速的决断能力。房地产开发项目投资大、风险大，要敢于决断，只有快速决断，才能抓住市场机遇。最后，还要有出色的组织协调能力。一个房地产项目需要许多人参与其中，只有依靠开发商的统一组织，才能保证整个项目的顺利进行。组织协调能力需要有良好的公关技巧，房地产开发项目涉及诸多部门，开发商并没有相应的权力管辖它们，这就需要开发商运用良好的公关技巧来

化不利为有利，使项目开发顺利进行直到成功。

（2）政府土地、规划、建设等相关机构。房地产项目开发对社会影响很大，因此受到政府的宏观管理和直接控制。我国所有的城市土地都是国有土地，任何房地产开发企业进行房地产项目开发，首先需要获得土地，而这需要向政府机关土地管理部门申请，在获得政府机关土地的使用权之后，还需要由城市规划部门进行各种审查。开始建设后，要由建设行政主管机构进行直接控制。此外，房地产项目的开发建设还会涉及环境保护部门、消防部门、交通部门、文物保护部门等，都要经过其审批。

（3）金融机构。金融机构是房地产开发的靠山。由于房地产开发项目投资巨大，资金回收期长，没有金融机构的参与，绝大多数房地产项目都无法进行下来，金融机构是房地产开发项目的重要支持者。参与到房地产开发项目的金融机构可能有多家，不仅需要提供资金的金融机构参与，还需要有保险公司的参与。不仅房地产开发项目的启动需要金融机构提供启动资金，而且在项目最后的市场交易过程中，更需要金融机构对项目的使用者提供购房贷款。

（4）设计机构。设计机构是房地产项目的设计者，负责将开发商的开发设想转化成设计图纸和技术说明。随着房地产项目功能的增多、高度的提升、面积的扩大，设计的难度也越来越大，因此需要设计机构中的各种专家密切配合，以设计出适应市场需要的房屋。

（5）建筑承包商。房地产开发企业一般都没有自己的工程建设队伍，大都需要到承包市场上通过招标选择建筑承包商来完成自己的项目建设任务，建筑承包商是房地产开发项目的建设主体。发包的方式多种多样，可以只包给唯一的一家建筑承包商，也可以包给几家不同的建筑承包商。一些大的工程承包商，还可以充当总承包人，将项目的一部分转包给其他承包商。

（6）监理单位及其监理工程师。房地产开发项目建设离不开工程监理。实行工程监理制度，是我国工程建设市场的一项重大举措，通过监理单位及其监理工程师的工作，可以有效降低房地产开发项目的工程造价，提高该项目的工程质量，并保证这项房地产开发项目按期交付。

（7）律师事务所。房地产业发展很快，纠纷日益增多，律师事务所日益成为房地产开发过程中不可或缺的参与者。在整个房地产项目的开发过程中，需要签署大量的合同，要监督其执行，并处理大量的纠纷，因此律师的介入是房地产开发日益成熟的标志。

（8）中介机构。房地产经营是一项信息量巨大、相关事务繁多的经营活动，高水平的市场中介机构可以促进房地产经营的有效进行，中介机构是房地产开发项目的有益补充。

5. 房地产开发的整个流程

一个房地产项目开发的整个流程大体上包括10个环节，各环节并不是完全的顺序作业，有些环节是平行作业，工作同时进行（见表2-5）。

表 2-5 房地产开发流程

环节	流程	项目前期	项目建设期	项目交易交付期
1	开发商提出开发设想	……		
2	可行性研究	……		
3	申请项目用地（拿地）	……		
4	项目设计	……		
5	征地及拆迁安置	……		
6	筹措房地产开发资金	…………………	………………	
7	建设工程招标	……		
8	项目建设施工	………	…………………	
9	市场营销与策划	……………… ………	…	
10	物业管理			………………………

（1）开发商提出开发设想。在房地产经济快速发展的市场条件下，开发商提出开发设想是房地产开发商最关键的一项工作。没有设想就没有行动，从有开发设想起，整个房地产项目开发就进入了开发状态。开发设想要建立在理性的基础上，而不是瞎想，更不是做发财梦，开发设想是否准确地反映了市场的需要，将决定未来整个房地产项目开发的成败。这需要房地产开发商认真研究房地产市场的变化趋势，确定不同地段的发展前景，把握不同项目的市场需求状况，找到适合自己开发的项目。

（2）可行性研究。开发商仅提出设想是远远不够的，这种设想究竟有没有真正的市场前景，还需要进行可行性研究。可行性研究是房地产项目开发不可缺少的一个阶段，也是非常关键的一步。而且，政府是否批准此项目立项，银行是否同意给予资金支持都需要参考可行性研究的结果。进行可行性研究后，如果表明这个设想不可行，那么这个项目就坚决不能动手开发；如果表明这个设想可行，那么这个项目就可以立即动手开发，一切顺利不出意外的话，这个项目就可以一直进行到最后的成功结束。目前，在我国，忽视可行性研究或者将可行性研究当成一种形式的风气，在房地产项目开发领域还相当浓厚，这造成了房屋空置率居高不下等一系列恶果，因此需要政府和开发商认真对待。“可行性研究方法”，详见第 7 章“7.1 房地产项目的市场定位与可行性研究”相关内容。

（3）申请项目用地。可行性研究证明项目可行，那么就可以申请项目用地，参加土地拍卖。土地是所有房屋建筑的基础，申请土地是房地产开发正式启动的第一步。由于我国人多地少，土地资源成为极为稀缺的资源，对许多开发商来说，拿到土地才是最关键的一步，有了土地就有了开发的首要条件，有土地就不愁项目赚不到钱。因此，在土地市场上各种腐败事件时有发生。我国规定有划拨和出让两种获得土地的方式，但如果划拨土地太多，会冲击正常的土地市场运行，目前只有少数几种情况才可以获得划拨土地，绝大多数土地都是通过拍卖出让获得。“申请项目用地程序”，详见第 7 章“7.2 土地使用权的获取方式与程序”相关内容。

（4）项目设计。项目用地拿到手后，就可以找设计院进行项目设计了。项目设计是关系到项目是否符合市场需要的重要一步，项目的规模不同，设计的具体工作流程也不同。对于规模较大的房地产开发项目来说，一般要分成方案设计、初步设计和施工图设计 3 个具体步骤。

1）方案设计，是宏观的设计，内容包括建筑平面布局、功能分区、立面造型、空间尺度、建筑结构、环境关系等方面。

2）初步设计，是在方案设计的基础上较详细的设计，提出设计标准、基础形式、结构方案及各专业的设计方案。初步设计文件应该包括设计总说明书、设计图纸、主要设备与材料表、工程概算书 4 个部分。

3）施工图设计，是初步设计基础上的更详细的设计，施工图具有工程设备各构成部分的尺寸、布置和主要施工方法，并要绘制完整详细的建筑及安装详图及必要的文字说明，项目开发可据此施工。

“项目设计”工作程序，详见第 8 章“地块开发规划设计与项目报建管理”相关内容。

（5）征地及拆迁安置。项目用地拿到手在取得建设用地规划许可证和建设工程规划许可证之后，就需要进行征地及拆迁安置的工作。开发商还需要到土地管理部门办理征地及拆迁相关手续。土地管理部门根据房地产开发商的土地使用权证书及建设用地规划许可证，进行场地范围的实地划定。开发商只能在划定的范围内，进行征地及拆迁方案的实施工作。“征地及拆迁安置工作程序”，详见第 7 章“7.3　征地及拆迁管理与程序”相关内容。

（6）筹措房地产开发资金。交完土地出让金取得土地使用权后，一些房地产开发商自己所拥有的资金就基本上花费殆尽，如何筹措进一步开发所需的房地产开发资金，就成了房地产开发商最头痛的工作。开发商需要制订资金使用计划，确定所需要筹措的资金数量，再通过各种融资方案的选择，确定合理的融资方案，适时地筹措房地产开发资金。目前，我国房地产开发商的融资渠道较少，基本上是通过商业银行贷款，但房地产开发风险极大，会牵连银行体系，威胁我国金融安全。“筹措房地产开发资金方法”，详见第 6 章“6.4　房地产项目的融资管理”相关内容。

（7）建设工程招标。前面的工作准备好了，接下来就要找合适的建设单位承建项目。房地产开发工程项目建设要通过招标来挑选合适的建设单位。工程项目招标投标制度是我国工程建设市场的重大改革举措之一，通过招标，房地产开发商可以选择合适的项目承包商，以确保工程投资不超过预算、质量符合设计要求、工期达到预期目标。此外，房地产开发商还可以通过招标选择合适的监理单位，以便对工程进行建设监理。“建设工程招标工作程序”，详见第 9 章“9.3　项目招投标管理与流程”相关内容。

（8）项目建设施工。建设单位、监理单位找好后，就可以开工建设了。施工是项目能否及时、优质完成的关键一步。为确保按照建设工程规划许可证的规定进行组织施工，国家规定必须由城市规划行政管理部门在施工现场进行放线、验线，并到建设行政主管部门领取建设工程许可证后，才可以破土动工。通常，开发商把主要的项目工作交由监理单位进行，自己只控制最后的管理权，即保持对监理单位的有效监督，必要时解聘监理单位。项目施工完成后，需要通过由城市建设行政主管部门主持的综合竣工验收（也叫“分户验收”）。“建设施工管理方法”，详见第 11 章“项目的建设管理与验收”相关内容。

（9）市场营销与策划。项目开发最终要投放到房地产市场，市场营销与策划是实现房地产项目开发经济效益的关键一步。所以，房地产开发商在开发项目即将完工之际，就可以考虑进行所开发的房地产项目的市场营销工作，但营销策划在项目前期就要开始了。如果开发商符合政府主管部门的预售条件，开发商也可以在进行施工的同时进行房地产项目的预售工作。但是，房地产开发项目的销售，必须经过房地产行政主管部门的批准，取得销售许可证。“市场营销与策划方法”，详见第 12 章“项目销售与物业经营”相关内容。

（10）物业管理。物业管理是房地产开发的最后一步，可以看作房地产开发的售后服务。替未来的客户选择服务水平高且收费合理的物业管理公司，可以保证所开发的物业的保值增值，对于所开发物业的销售是大有益处的。“物业管理程序”，详见第 12 章“12.5 售后服务——物业管理程序”相关内容。

思考题

1. 我国房地产开发流程各个环节的逻辑关系。
2. 比较一下房地产开发流程与制造业生产流程的异同点。

第 3 章

房地产经营与管理

学习目标

1. 熟悉房地产经营与管理的内容。
2. 准确理解房地产经营、管理的对象和特点。
3. 掌握房地产经营、管理的基本理论、原则和方法。
4. 熟悉房地产法律法规。

技能要求

1. 能够简述当地一家房地产公司的经营内容。
2. 能够简述当地一家房地产公司的管理特点。
3. 具有房地产开发经营与管理的分析判断能力。
4. 养成勇于克服困难的精神和精益求精的工匠精神，具有较强的忍耐力。

案例 3-1

恒大地产的经营管理

恒大地产概况

恒大集团是世界 500 强企业集团，排名第 138 位。恒大集团以民生地产为基础，文化旅游、健康养生为两翼，新能源汽车为龙头，总资产 2.2 万亿，年销售规模超 6000 亿，员工 14 万人，每年解决就业 260 多万人。

恒大地产在全国 280 多个城市拥有 800 多个项目，与全球 860 多家知名企业进行战略合作，实施精品战略，打造高品质、高性价比产品。开创房地产行业“全精装修交楼”“无理由退房”“网上销售”先河，让业主实现宜居梦想。

恒大健康践行健康中国战略，着重打造养生养老拳头产品恒大养生谷。恒大养生谷整合一流医疗健康、养生养老、保险和旅游资源，独创颐养园、长乐园、康益园、亲子园“四园”，搭建会员制平台，提供全周期、高品质、多维度的800多项健康服务。恒大养生谷是国内最大、档次最高、世界一流的全方位全龄化养生养老胜地，目前已经在全国布局了23个，后续仍在布局中。

恒大地产经营管理模式

（1）恒大地产经营管理模式具体说来有以下几个特点。

- 一是战略决策，科学稳健。恒大从2020年开始转变发展方式，全面实施“高增长、控规模、降负债”的发展战略，用最大的决心、最大的力度，决心把负债降下来。
- 二是规范管理，机制创新。
- 三是计划管理，高效运作。
- 四是人力资源，固本强基。
- 五是企业文化，吐故纳新。

（2）恒大地产商业模式主要体现在十大方面：城市运营、规模经营、环节精品、集团运作、产品营销、目标计划管理、企业文化建设、人力资源整合、双品牌运作、跨越式拓展等。

（3）恒大具备实现战略目标的巨大优势和条件：强大的销售能力、充足的土地储备、过硬的产品品质、强大的管控能力和团队执行力。尤其在销售方面，恒大2020年实施“网上销售”的颠覆性营销革命，实现了第1季度业绩“开门红”：销售额达1465亿元，大增23%，销售回款1133亿元，大增55%，行业排名第一，既刷新公司第1季度销售及回款最高历史纪录，更充分展现了恒大实施新战略的巨大成效。

恒大地产经营管理优势

恒大地产在经营管理过程中形成7大优势。

（1）运营优势。恒大实行标准化运营模式，集团总部通过紧密型集团化管理，对各地区公司实施标准化运营，包括管理模式、项目选择、规划设计、材料使用、招标、工程管理以及营销等七重标准化，最大限度降低全国拓展带来的经营风险，确保成本的有效控制和精品产品的打造。

（2）规模优势。恒大是中国在建工程量最大、进入省会城市最多、城市布局最广、销售面积最多、中国土地储备最大的龙头房企，规模巨大。恒大大部分项目规模在50万～200万平方米，这种大项目最适宜规模开发、滚动开发，可满足配套齐全、环境优美的规划设计条件。

（3）产品品牌优势。恒大实施精品战略，严格执行全过程精品标准，对内执行集团化紧密型管理体系，严控产品质量；对外大规模整合各类优势资源，从规划、施工、园林、装修装饰，到材料设备都与国内外760多家相关行业的龙头企业建立了合作联盟。恒大产品，代表了中国房地产的精品标杆；恒大品牌，已成为中国房地产业的领先品牌。购房者认同恒大品牌，因而在疫情期间房地产市场成交非常低迷的情况下，恒大产品依然能够持续大规模热销，业绩在全国居于领先地位。

（4）产品结构优势。恒大产品类型的组合丰富多彩。对所有开发项目，均通过建筑设计院、营销团队、地区公司三大团队分别进行独立市场调研，并与中国最专业的地产调研机构合作，确保恒大的产品定位准确、产品结构科学合理，最终能最大限度地被市场接受。恒大产品定位于主要满足首次置业者和自住的普通老百姓的刚性需求，产品结构中：中端及中高端产品占比85%，高端及旅游度假产品占比15%。这种产品结构与老百姓需求的物业类型比例吻合，基本满足了不同地区、不同层次的市场需求。

（5）成本优势。恒大拥有完整的项目开发成本控制体系，从土地购买、产品设计、招标采购等方面入手，着力降低成本，增强竞争优势。恒大非常成功地控制了土地成本，主要凭借超前的土地储备战略决策，抢先进入了土地成本低、升值潜力大的城市和区域。恒大有建筑设计院，采用标准化设计及优化设计，严格、有效地控制建设成本。恒大严格实施集中招投标，对各类大型工程，全国各地的项目均由集团统一招投标，确保了投标的龙头企业能以最合理的价格提供最优质的服务，从而实现了集中招投标的规模效益。依靠全国统一的采购配送体系，材料及设备直达施工现场，有效降低了采购环节中的流通成本、运输成本以及仓储成本。

（6）开发优势。为实现投资周期最短的目标，所有房地产项目在购地后6个月内推出预售计划，标准化营销程序确保在收购土地后6～8个月内开始项目预售。迅速组织新项目施工，确保工程的进度及质量；通过标准化的工程管理、质量控制，保证工程质量；通过实施标准化的开盘模式，实现快速销售回款的目标。

（7）团队管理优势。恒大的工程技术及管理人员95%以上具大学本科及以上学历。恒大始终围绕诚信、拼搏、进取、效率的核心价值吸引人才，以高效进取的企业文化激发员工价值。同时配合先进的企业管理体系、有效的激励约束机制，形成向上超越的工作氛围，保持强大的团队凝聚力、创造力，使恒大成功实现快速稳健发展。

资料来源：恒大地产公司网站，http://www.evergrande.com/，编者稍加整理。

案例讨论

中小型房地产企业应该从恒大的经营管理中学习什么？

学习任务

1. 详细了解当地一家房地产公司的基本情况，写出其经营内容和管理特点。
2. 思考NO.2010G06地块项目的经营管理。

3.1　房地产经营

房地产经营，是指房地产经营者对房屋的建造、买卖、租赁、信托、交换、维修、装饰以及土地使用权的出让、转让等，按价值规律所进行的有预测、有组织、有目的的经济活动。房地产经营可以分为两个大方面：房产经营和地产经营。从广义上讲，房地产经营就是指一切通过从事房地产领域的经济活动获得经济效益的行为；从狭义上讲，则只是指房屋经营和城市土地经营这两种房地产领域的经营行为。

一个房地产项目的经营运作完整过程，如图3-1所示。

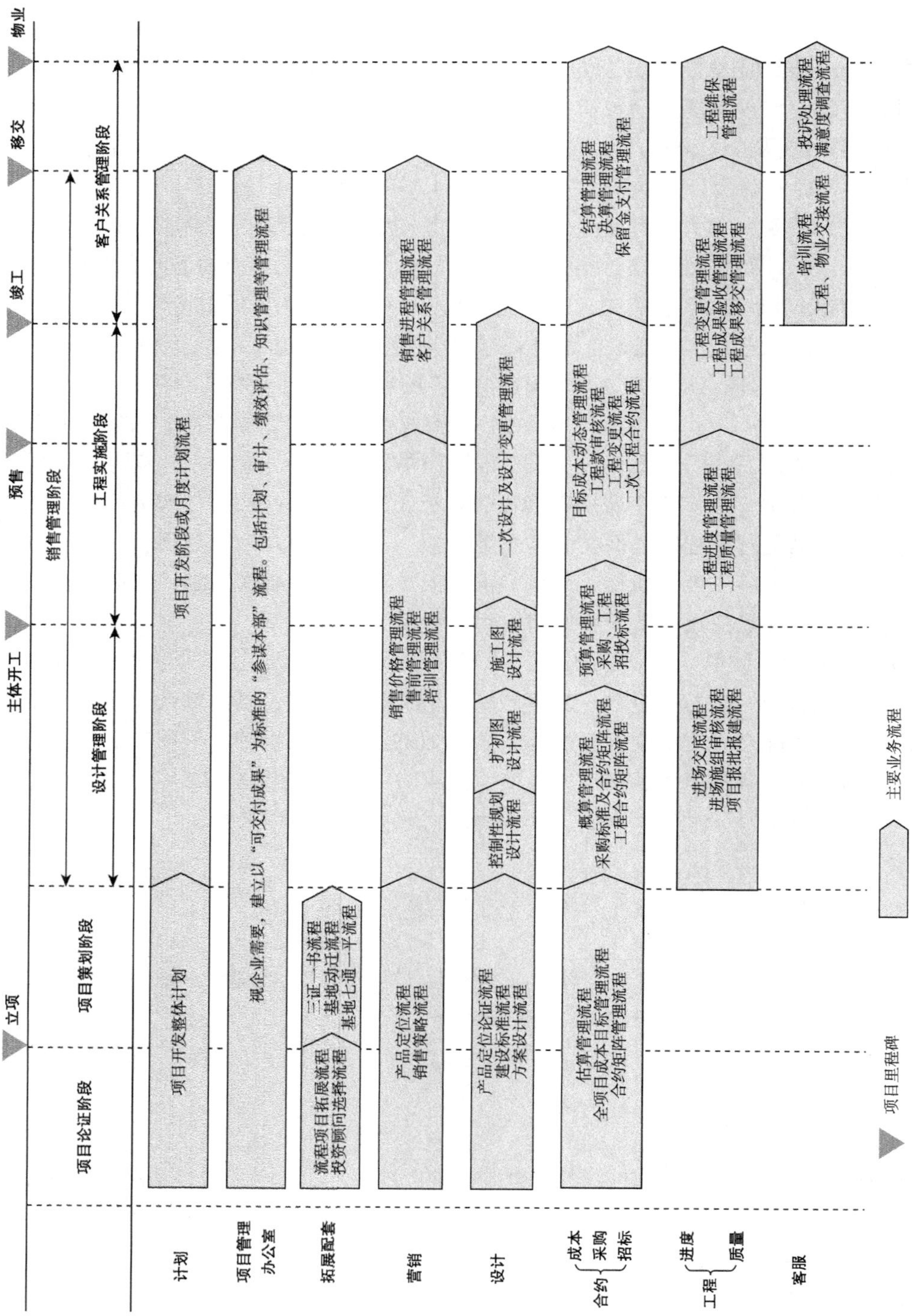

立项
主体开工
预售
竣工
移交
物业

销售管理阶段
项目论证阶段
项目策划阶段
设计管理阶段
工程实施阶段
客户关系管理阶段

计划
项目开发整体计划
项目开发阶段或月度计划流程

项目管理办公室
视企业需要，建立以“可交付成果”为标准的“参谋本部”流程。包括计划、审计、绩效评估、知识管理等管理流程

拓展配套
流程项目拓展流程
投资顾问选择流程
三证一书流程
基地动迁流程
基地七通一平流程

营销
产品定位流程
销售策略流程
销售价格管理流程
售前管理流程
培训管理流程
销售进程管理流程
客户关系管理流程

设计
产品定位论证流程
建设标准流程
方案设计流程
控制性规划设计流程
扩初图设计流程
施工图设计流程
二次设计及设计变更管理流程

合约（成本、采购、招标）
估算管理流程
全项目成本目标管理流程
合约矩阵管理流程
概算管理流程
采购标准及合约矩阵流程
工程合约矩阵流程
预算管理流程
采购、工程
招投标流程
目标成本动态管理流程
工程款审核流程
工程变更流程
二次工程合约流程
结算管理流程
决算管理流程
保留金支付管理流程

工程（进度、质量）
进场交底流程
进场施组审核流程
项目报批报建流程
工程进度管理流程
工程质量管理流程
工程变更管理流程
工程成果验收管理流程
工程成果移交管理流程
工程维保管理流程

客服
培训流程
工程、物业交接流程
投诉处理流程
满意度调查流程

项目里程碑
主要业务流程

图 3-1 房地产项目的经营运作完整过程

房地产经营的基本环节，如图 3-2 所示。

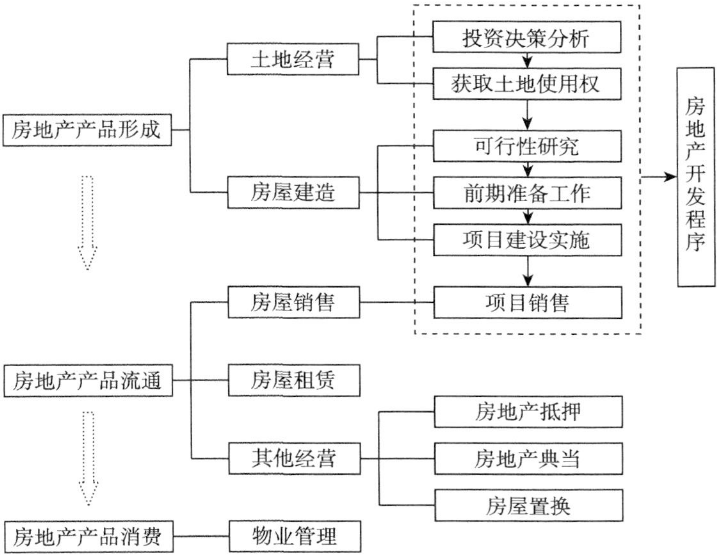

房地产产品形成
土地经营
投资决策分析
获取土地使用权
房屋建造
可行性研究
前期准备工作
项目建设实施
房屋销售
项目销售
房地产开发程序
房地产产品流通
房屋租赁
其他经营
房地产抵押
房地产典当
房屋置换
房地产产品消费
物业管理

图 3-2　房地产经营的基本环节

1. 城市土地经营

土地是房地产的基础，在整个房地产的价值构成中，土地价值所占比重很高，是房地产经营的主要部分。城市土地一般可以称为“地产”，是土地的经济形态，体现了土地的产权关系。经过开发的城市土地，实际上也是一种商品，既具有价值，也具有使用价值。

（1）城市土地的分类。按照用途和使用功能、地理位置、归属关系等不同标准，城市土地可以进行多层次的不同分类（见表 3-1）。通过这些分类可以反映出城市土地利用、城市规划是否合理，从而为下一步的有效开发及制定更合理的城市规划提供科学的依据。“各类土地的使用年限”，详见“7.2　土地使用权的获取方式与程序”。

表 3-1　城市土地的分类

分类	分类标准	城市土地类别
1	用途和使用功能	商业用地、住宅生活用地、城市交通运输用地、城市公共事业用地、城市行政机关用地、城市科教文卫用地、城市园林公共休息用地、城市其他用地等
2	地理位置	城市中心区土地、一般市区土地、城市沿边土地、近郊区土地、远郊区土地
3	归属关系	国有企事业单位用地、集体单位用地、外商投资企业用地、个体与私人企业用地
4	土地利用程度	集约用地、一般用地、闲置用地、使用不当的土地
5	土地开发程度	已开发的土地（一般称为熟地）、需要转变用途的土地（一般称为生地）、未开发的土地（一般称为毛地）

（2）城市土地经营。没有土地经营就没有房屋经营。城市土地经营是以城市土地为对象，以城市土地的开发和利用为内容，以获得一定经济利益为目的的经济活动。城市

土地经营也可以称为地产经营，实际上就是城市土地使用权的经营，经营者可以通过这种经营，使自己获得经济利益。虽然我国《宪法》规定城市土地的所有权是永远属于国家的，不能买卖，但是城市土地的使用权是可以有偿转让的。

1）城市土地经营形式。我国城市土地经营的主要形式有两种，即城市土地的租赁经营和城市土地的开发经营，城市土地经营分类如表 3-2 所示。

表 3-2 城市土地经营分类

<table>
<tr><th colspan="4">土地经营类别</th></tr>
<tr><td rowspan="6">土地经营</td><td rowspan="5">租赁经营</td><td rowspan="3">出让（土地一级市场）</td><td>协议出让（当前基本上不再使用）</td></tr>
<tr><td>招标出让（当前使用较少）</td></tr>
<tr><td>拍卖出让（当前土地出让的主要形式）</td></tr>
<tr><td colspan="2">转让（土地二级市场）</td></tr>
<tr><td colspan="2">出租（土地管理机构或经营企业，将城市土地租给企业、事业单位和个人使用，收取土地使用费，即租金）</td></tr>
<tr><td>开发经营</td><td colspan="2">开发后的土地转让所有权</td></tr>
</table>

城市土地的出让是最常用的土地经营形式。出让是城市人民政府土地主管部门依法将城市土地的使用权出让给用地单位，主要是房地产开发公司，供其有限期使用城市土地，用地单位必须向城市人民政府土地主管部门支付土地出让金。出让的方式有 3 种。①协议出让，就是政府土地主管部门直接与某个用地单位通过协议方式达成土地出让。这种方式没有体现市场公平竞争的法则，很可能会导致腐败现象的出现，现在已基本上不再使用了。②招标出让，就是通过招标的方式，让用地单位进行投标，然后按照招标的规定条件，将土地出让给最符合条件的用地单位。③拍卖出让，就是通过现场拍卖，将城市土地现场出让给符合城市规划部门要求的支付最高出让金的用地单位。拍卖方式和招标方式都是符合市场机制的出让方式，相比而言，拍卖市场竞争最激烈，出让金也最高，但会带来房价的上涨。

2）土地一级市场与二级市场。①城市土地的出让市场，一般通称为土地一级市场。用地单位在缴纳出让金之后，在一定条件下，也可以转让自己获得的城市土地使用权给另外一个用地单位。②城市土地的转让市场也称为土地二级市场。

（3）城市土地经营的意义。城市土地经营有 4 个重要意义。

1）促进房地产经营。城市土地经营是房地产经营坚实的基础，房产经营离不开地产经营，地价是通过房价体现出来的。推进城市土地经营，开发出更多的适合建造各种建筑物的地块，能够真正促进房地产业的快速发展。

2）提高我国土地利用效益。我国目前土地利用效率在逐步提高，但城市生产用地比重偏大，影响了城市整体土地的效益。引进城市土地经营，会促进各单位从自身利益出发最大限度地挖掘土地潜在的经济效益，自觉地将生产基地迁往地价较低的郊区，而将市区的土地转变为商业用地或居住用地，从而实现了城市土地的增值。这对开发商是利好消息，可以利用生产单位解决自身发展中所出现的各种问题，通过购买或联营等方式，购买盘活闲置着的市区好地块。

3）健全我国市场体系。土地市场是我国社会主义市场经济体系的重要一环，是基础性的市场，也是重要的生产要素市场。不实行城市土地经营，土地市场就没有办法建立起来，而允许进行城市土地经营，土地市场就会逐步成熟起来。

4）提高城市财政收入。城市土地是属于国家的，并由国家交由城市人民政府代为管理，实行城市土地经营，可以让国有土地实现其价值，除去一部分上缴国家财政之外，城市人民政府可以获得其余的大量资金，政府可以利用这些资金建设城市，完善城市基础设施。

2. 房屋经营

房屋是房地产企业的主要经营载体，房屋经营比土地经营要复杂得多。

（1）房屋经营及其类型。

1）房屋经营。房屋是住人或存放东西的建筑物。房屋经营是以房屋为对象，以房屋的出售和出租为内容，以获得一定经济利益为目的的经济活动。

2）房屋经营的类型。房屋经营主要包含房屋出售和房屋租赁两种类型。①房屋出售是房屋产权的转移，产权的转移条件是一方支付房款；②房屋租赁是房屋使用权的转移，而产权不转移，使用权的转移条件是一方支付租金。

（2）房屋经营的特点。房屋经营最突出的特点就是在进行市场交易时，拥有房屋使用权的一方面临着出售与租赁双重选择，这是由房屋是一种价值特别巨大的商品所决定的。便宜的东西不用租，买一个就是了，反正也不贵，用坏了再买。出售或租赁两种房屋经营方式到底该选择哪种？一般要根据市场状况、开发商对回收资金的迫切程度和开发项目的类型等因素做出决定。对于住宅，通常是以出售为主，而对于写字楼、酒店、商业用房等商务建筑，一般是以大宗租赁方式为主。

｜实践经验｜

租赁与买卖比较

租赁还是买卖，是每一个进入房地产的经济主体所必须做出的选择，是房地产项目开发前期的一项重要工作。对购买者来说，在既可以租又可以买的条件下，应该按机会成本，而不是实际支出的成本进行决策。买房人不仅要考虑一次性付出的房款和今后的经常性支出，如房产税、土地使用费、保险费、房屋维护基金支出等，还需要考虑相同年限内的利息损失情况。如果租房的总支出低于购房的总支出，则租房比买房在经济上更有利，当然，如果预计房屋有较大升值的可能，则另当别论；反之，则买房比租房更可取。

3. 房地产综合开发经营

房地产综合开发经营，就是以成片集中开发为基础的经营活动，是规模最大、综合程度最高的房地产经营，是房屋经营和城市土地经营的统一，也叫大盘开发，开发的土地面积通常在千亩[1]以上。国内一些实力雄厚的房地产经营企业，往往就采用这种方式经营房地产。这种经营方式，在资金充裕、企业管理水平先进的条件下，无论是对房地产经营企业还是对城市人民政府，都是综合效益最高的一种经营方式。

（1）房地产综合开发经营的开发成本最低。

1）房地产综合开发经营使房地产经营企业的开发成本降至最低，具体表现在以下4个方面。

a. 缩短建设周期。由于综合规划、统筹施工，可以组织大的平行作业和立体交叉作业，从而加快了建设速度。

b. 降低工程造价。由于统一征地、统一拆迁并实行工程招标，房地产经营企业可以有效地控制工程造价，降低建设成本。

c. 提高劳动生产率。在同一个地段进行大规模的建设，施工承包企业可以充分发挥现代化大生产的优势，大幅度提高机械化程度，提高劳动生产率。

d. 保证整个工程质量的提高。由于统一规划，减少了各相关环节的不协调，整个工程在高质量的设计和施工条件下进行，从而保证了整个工程质量的提高。

2）房地产综合开发经营使政府进行城市基础设施建设的投入成本降低。因为相当多的基础设施的建设开发成本都因为通过纳入成片集中开发的区域而被开发商支付，政府就不用出这个钱了，所以城市人民政府可以借助开发商的经营活动，在投入较少的条件下使整个城市的基础设施水平大为提高。政府只要关注集中开发区域的外围基础设施建设就行了，这样可以集中精力和财力抓好关键基础设施的建设，如主干道路、公共交通、市民广场等。

（2）开发商和政府都可从房地产综合开发经营中获得最大收益。

1）对开发商而言，由于成片集中开发，可以迅速使城市该区域形成基础设施配套、功能齐全的生活区域，比那些基础设施不配套、功能不全的区域有更大的市场竞争力，可以大幅度提升所开发的房地产项目的价值，除去支付了的建设城市基础设施的成本，仍可以获得巨大的经济效益。而且，城市区域往往具有一定的聚集性，一旦整个区域形成了一种聚集性，就会吸引其他区域的人们来此居住、购物或办公，就会造成该区域的房地产的紧俏，从而带来房价上涨，使开发商获得更大的经济利益。

2）对政府来说，成片集中开发的聚集性体现出来以后，会推动房价上涨。由于房价的上涨，政府可以收取更多的与房屋销售密切相关的有关税费；由于该区域商业活动的兴旺，政府可以获得更多的与商业经营密切相关的有关税费。此外，如果成片集中开发效益特别明显，可以抬高该地段地价，在接下来附近地块的招标中，政府又可以由于开发商的积极投标而获得更大的土地出让收入。

3）成片集中开发可以使城市的总体规划和各项事业协调发展。成片集中开发，便于实现城市规划的意图，也便于政府对开发商进行监督检查。通过成片集中开发，可以

[1] 1亩＝666.67米^2。

使基础设施的建设和其他设施的建设配套，避免了相互不配套所导致的各种城市问题。在一个成片的区域里，房地产开发商为了让房屋卖个好价钱，自然会精心规划设计，比政府事无巨细来抓规划更为得力。政府只要把一个个成片的区域定位好，然后通过基础设施连接好就可以了，自然能确保城市的总体规划和各项事业协调发展。

4. 房地产大型项目开发经营模式

房地产大型项目开发与普通项目的开发在规模和复杂程度上有着巨大的差别，其开发模式也大为不同，而选择不同的开发模式，其所带来的经济效益和社会效益也千差万别。下面我们具体介绍下这类项目。

（1）房地产大型项目及其开发特点。房地产大型项目是指开发规模大、开发的产品种类多、开发过程复杂的项目。主要有 3 个特点。①开发规模大。这主要指大面积开发，如住户在 1 000 户以上的小区开发、面积在 50 万平方米以上的成片集中开发。②开发的产品种类多。房地产产品主要有住宅、商业用房、工业厂房、旅游娱乐用房、教科文卫体用房以及其他用房 6 类。大型项目开发的产品至少包含上述两类产品以上，是组合产品，如“住宅 + 商铺”，而且基础设施和配套项目齐全。③开发的过程复杂。这是指开发范围广、项目类型多、建设周期长的综合开发。大型项目开发特别是指按照在某一建设期内，对房屋建筑、公共建筑、市政设施进行全面规划、统筹安排、分期施工、协调发展，以取得良好的社会效益、经济效益和环境效益的房地产开发活动，如南京河西 CBD 开发。

（2）房地产大型项目开发理念。房地产开发理念是指房地产开发的思想、观念、概念与法则。开发理念决定项目开发的成败，拥有先进的开发理念，成为房地产企业在市场竞争中的重要立足点。“大型项目开发理念”，详见第 2 章“2.2　房地产开发流程　3. 房地产开发理念”。

（3）房地产大型项目开发模式选择。房地产大型项目开发是按一定模式进行的，灵活采取开发模式，可以提高房地产项目开发的经济效益、社会效益和环境效益。这里给出 4 种房地产大型项目开发模式可供房地产开发人员选择。

1）“地产 + 金融”开发模式，指房地产大型项目开发过程与金融业务相结合。地产 + 金融的复合开发模式的优势在于：①金融业务的加入可以为房地产大型项目开发提供强大的资金后盾，通过融资手段的创新，金融业务的加入可以很好地保障项目开发资金链的稳定顺畅；②房地产项目的成功开发可以为金融业务提供可靠的回报保障，尤其是持有型物业的良好运营，可以为金融资本提供长期稳定的现金流。以凯德（中国）为例。凯德（中国）是新加坡嘉德置地集团在中国投资业务的统称，它包括凯德置地（中国）投资有限公司、凯德商用（中国）和雅诗阁（中国）三大业务单位，以及其所涉及的房地产金融业务。凯德集团于 1994 年进入中国，中国是集团的核心市场之一。截至 2020 年年底，经过 25 年多的发展，凯德已在中国 42 座城市拥有 / 管理 200 多个项目。目前，凯德在中国的总开发规模约 2300 万平方米，管理的总资产超过 2800 亿元人民币。凯德（中国）的业务能以如此速度在中国进行快速复制，除了其投资物业的复合性外，最大的支持主要来自其集团的房地产金融业务。其旗下专门从事房地产基金管理和金融咨询业务的嘉德资产管理有限公司，不仅是世界领先的房地产基金管理者，更是亚洲房地产金融市场的先锋，其涉及中国业务的信托有 2 支，私募基金有 9 支，其中嘉茂零售中国信托、嘉德商用中国发展基金以及嘉德商用中国孵化基金专门进行中国商用物业的投资。凯德（中国）模式可借鉴之处在于其构建了从开发商到私募基金再到房地产信托投资基金的完整的投资和退出流程，从而为其业务的快速扩张提供了一条顺畅的通道。

2）“地产 + 体育”开发模式。该模式源于中体奥林匹克花园开发，正是 1998 年广州中体奥林匹克花园的成功开发，才促使房地产业界创造和推广了“复合地产”这个概念，在此之前，房地产企业的精力还主要集中于功能性开发。地产 + 体育的复合地产模式的优势在于：可以与人们的健康生活直接相结合，进行全国化拓展。例如，中体奥林匹克花园以“科学运动·健康生活”为理念，以响应国家体育总局“全民健身”为号召，宣传奥林匹克的精神文化，推广体育健康主题社区；中国奥园地产集团股份有限公司则以“构筑低碳健康生活”为理念，推广低碳健康住宅和养生居所。所不同的是，在全国化复制中，中体奥林匹克花园选择的是项目扩张方式，通过品牌输出实现中体奥林匹克花园全国化连锁开发经营；中国奥园地产集团股份有限公司则更侧重土地储备扩张方式，以一种复合理念进行房地产大型项目的开发和全国化扩张。

3）“地产 + 商业”开发模式。该模式的成功代表是万达集团。2005 年万达总结其第一阶段完全住宅开发和第二阶段完全商业地产开发的失败经验，成功推出其第三代产品，以“住宅 + 商业 + 酒店 + 写字楼”为组合的大型城市综合体，从而实现真正的“地产 + 商业”复合化发展道路。其实，万达的真正成功也恰恰来自第三阶段复合地产的开发和全国化扩张。“地产 + 商业”的复合地产模式的优势在于：①项目的选择一般集中于一个城市的传统商业黄金位置或新城区核心位置，资产属性优良，具备长期溢价能力；②可以享受房地产开发利润、商业物业溢价及租金回报的多重利益，房地产开发可以满足企业短期的利益和现金流要求，商业物业则可以满足企业长期现金流和收益要求；③住宅、商务和酒店的开发可以给商业提供很好的消费能力支撑，而商业的开发也可以完善住宅、商务和酒店的配套，提升区域的生活氛围。万达模式最值得借鉴的是其合理的城市综合体产品组合所形成的聚合效应和滚动开发速度。

4）“地产 + 旅游”开发模式。该模式源于华侨城，自 2000 年华侨城股份有限公司由单纯的旅游业务进入房地产开发，经过 20 年的探索和完善，华侨城成功建设了锦绣中华微缩景区、中国民俗文化村、世界之窗、欢乐谷等四大主题公园，并以此形成了一个集旅游、文化、购物、娱乐、体育、休闲于一体的文化旅游度假区，华侨城旅游度假区累计接待游客超过 8500 万人次。“地产 + 旅游”的复合地产模式的优势在于：旅游项目开发具有建设周期长、前期固定资产投资大、投资回报期长，但运营期收益稳定等特点，而房地产开发具有投资回报快、收益高、对环境依赖性强等特点，两者的结合在增加利润获取、平滑现金流等方面，有了一个相互促进和平衡的作用，从而实现效益最大化与风险最小化的目标。

以上 4 种房地产开发模式都有自己的特色和专长，对大型房地产项目开发各有一定的适用性。随着房地产行业的不断成熟和完善，未来可能会有越来越多的房地产开发企业或其他行业龙头企业逐渐向复合地产靠拢。成功的大型房地产项目复合式开发还需要具备两个基本条件：一是要有丰富的房地产开发经验；二是要有超强的产业整合能力。

5. 新常态下房地产企业的经营战略

新常态下房地产开发企业的困难与机会并存。房地产开发企业在新常态背景下，原来的粗放型开发模式越来越难以为继，单一比产品、比品牌的时代已经过去了，目前是拼“战略选择与落地能力”的时候了，辨局、明势、取舍、转型，再拼落地，最后拼精细化管理。所以，开发企业要积极应对新常态下的生存环境巨变，顺势求变，加快有效转型、创新和变革，推进发展方式转变，实现发展动力从要素驱动和投资驱动向创新驱动和效率驱动转变，积极适应新常态，不断提升新常态下的核心能力，持续创新产品和服务，尽快化解新常态的冲击，将危机转化为战略机遇，提高运营效率，实现持续发展。

（1）积极培育“成本管控、金融运作、互联网手段、服务创新”等新常态下的核心竞争力。创新营销手段，提升线上线下销售速度，以量换价，加快项目的去库存化。

（2）从产品提供商向城市配套服务商转变。紧随新型城镇化国家战略，以平台化思维全方位整合各类资源，多业态运作、跨行业运作，将项目建设融入城镇化建设，使开发项目能够成为城市发展建设的有机组成部分。例如，万科提出要成为由住宅地产、消费体验地产和产业地产为主业的城市配套服务商。

（3）从开发商向平台运营商的角色进行转换，探索各种不动产的盈利模式。不是靠资产、靠拥有黄金地段的物业去赚钱，而是靠拥有经营物业的能力去赚钱。转向不动产的经营，在各个领域去探索新的不动产的商业模式。轻规模重效率，把利润、经营性现金流作为综合衡量企业健康运营的核心指标。

（4）从“拿地、融资、卖楼、走人”的高周转模式，转变为“增值服务、品质第一、综合配套、稳定投资销售”的模式。把“地拿好了，项目就成功了”的惰性思维，转换成“满足用户极致需求”为主的互联网开发思维，转变开发重心与开发价值：从高周转到精细需求开发，考虑从青年社群社区、三代混住亲情社区、退养社区、教育主题社区、中产美学社区、艺术主题社区上，去精细定位产品并进行系统的价值开发；从土地开发到生活方式运营链建设，以房子居住为核心会产生生活方式需求，据此建立生活方式运营链；从空间满足到情感体验，适应消费者的不同需求。

（5）从单一化向多元化转型。利用自身资源和优势，转型试水养老地产、产业地产等不同业态，挖掘社区商业潜力，以及提供医疗、教育等衍生服务，拓展代建、专业化运营新模式，以多管齐下挖掘新的利润增长点。同时稳定传统业务，采取入股银行、保险等金融机构拓展融资渠道，解决自己以及客户的资金难题。

（6）优化区域布局，实现低成本扩张。收缩战线，精准出击，向楼市风险较低的城市拓展，综合衡量该城市的库存水平及消化周期、人口吸纳力、经济支撑力等进入的风险。三四线城市普遍风险较大，要谨慎进入，加强对房地产市场细分需求的研究，精准出击，实现精细化发展。利用新常态最佳的收购时机，实现低成本区域扩张，提高市场份额。

（7）嫁接互联网，向网络化发展。互联网通过抓住“人”的需求入口，改变了行业的利润分配。将互联网思维运用到业务创新上，不仅有O2O模式，还有众筹的模式、增值服务社区的模式以及融资的模式等。

（8）以人为本，练好内功。房地产企业打赢新常态下的攻坚战关键靠人，通过开展房地产业务技能竞赛，以赛促练，提高从业人员素质，练好内功，积蓄发展的能量。

6. 新常态下房地产开发企业的经营对策

新常态背景下房地产开发企业要审慎经营与投资，把工作重心放在核心竞争力的提升上，打造新常态下生存发展的内生能力。

（1）创新商业模式。房地产开发企业要根据自身的资源、能力、结构，以平台化思维通过转型、升级、优化、调整，创新合适的商业模式，走向多元发展。①优化产品布局。在通过产品创新和品质提升增加竞争力的基础上优化产品布局（如万科）：住宅地产是重中之重，同时发力消费体验地产与产业地产。住宅地产占50%以上；消费体验地产包括养老社区、儿童教育中心等；产业地产包括写字楼、酒店和物流地产。②优化运营模式。在运营上，以现金为王，稳中求变。在守住自己核心业务的基础上，谨慎求变出新。提高商业地产、旅游地产等持有物业的比例，加快运营互联化，创新运营模式。

（2）创新产品和服务。①在产品转型上，小区是一个生活平台，街区是一个商业平台，办公是一个商务平台，而真正的居住单元、实体商业越来越小型化，平台服务越来越大型化、多元化。现在是小户型，大社区。要做配套，要做丰富的社区功能，这个小户型才能卖得好。小户型的功能要越来越多元化，起到了大户型的作用，很多功能可以平台化。把服务平台公共化，把小型化和平台化紧密结合起来，搭建一个生态系统。产品转型不是产品变小就可以了，要将其变为互联网时代的长期关系，赋予它全新的功能、业态和生态环境，这样转型的产品才可以生存下去。②在服务创新上，无论是传统的住宅、商办，还是文化旅游地产、养老地产、海外地产，服务都是很重要的软实力，成为消费者感受产品特质并愿意为之付出更高代价的重要评判标准。服务创新关键是强化人性化关怀。基于人性化需求的服务创新，广度和深度都在延伸，要通过“互联网思维”为业主提供贴心的配套服务，把产品和服务的性价比做到极致。

（3）创新运营管理。房地产开发企业要坚持以人为本，加大运营管理创新，在互联网时代重构企业的组织管理体制，利用新常态引进高级人才，使人才在企业发展中成为应对新常态的中流砥柱。通过开展房地产业务技能竞赛，以赛促练，提高广大员工素质，提高劳动生产率，积蓄发展的能量，颠覆传统的企业组织和管理模式。小型化是一个大趋势，传统流程化和管控型组织已死，平台化和生态化组织已诞生。房地产开发企业要变“低效率和金字塔型”的传统模式，为“多元化、小型化和网络化”模式。管理向多中心、分权化转变。

3.2　房地产管理

房地产管理是房地产经营活动的一个重要组成部分，和房地产经营活动有着密不可分的联系。

1. 房地产管理的内涵和目的

（1）房地产管理的内涵，是房地产经营和管理部门、房地产企业和物业管理公司，对国家授权、单位法人和公民个人委托管理的房地产所进行的房屋出售、土地使用权转让、房地产出租、抵押、房屋修缮、房地产再开发及售后服务等各项经营和物业管理活动的总称。就房地产管理而言，它包括两个组成部分：房地产行政管理与房地产经营管理，两者既互相联系，又互相区别。房地产行政管理以房地产经营单位为管理对象，包括产权产籍管理和行业管理等，它属于房地产制度政策的范畴。

（2）房地产管理的目的，是为实现经营目标，对企业经营活动所进行的计划、指挥、协调、督促、检查等组织管理工作，其重点是房地产产业管理、项目开发管理和物业管理。

2. 房地产管理的体制

房地产管理的体制，是指房地产经营和管理单位的组织结构和管理形式。综合各城市的现实情况，目前房地产经营单位的管理体制主要有以下 5 种形式。

（1）直管体制，即由房地产管理部门直属的经营管理部分国有房地产的组织机构。

（2）自管体制，即由中央、省、市（县）党政军机关和企事业单位附属的经营管理部分自有房地产的组织机构。

（3）托管体制，即接受房屋所有权和土地使用权单位或个人委托的经营管理房地产的组织机构。

（4）代管体制，即对无人管理又无人主张权利而由人民法院指定代管的经营管理房地产的组织机构。

（5）物业管理体制，即由全民单位、集体组织或公民个人组建的专业经营管理房地产的组织机构。物业管理公司是接受房地产权利人的委托，为社会提供代理服务的专业房地产经营管理机构。它既可以接受全民所有制单位的委托，代理经营国有房地产，也可以接受集体组织和公民个人的委托，经营管理集体所有和个人所有的房地产。物业管理公司的经营方法，体现了房地产经营管理社会化、专业化、规范化的发展方向。

3. 房地产管理的内容

房地产管理的重点是房地产开发业务管理、房地产产业管理和物业管理。

（1）房地产开发业务管理。房地产开发业务管理如图 3-3 所示，后面章节分别有详细介绍。

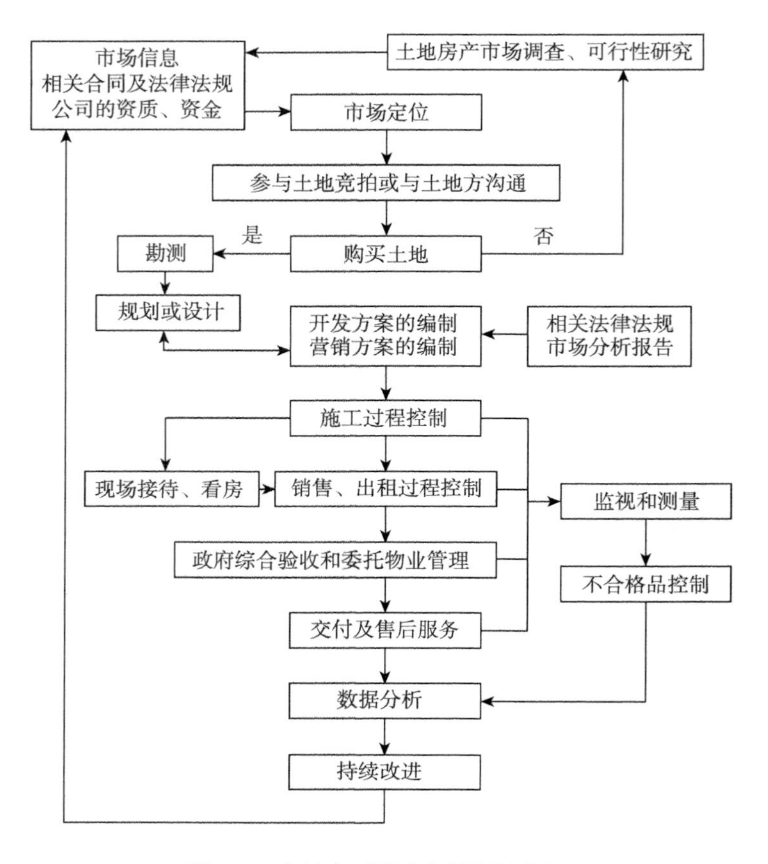

图 3-3 房地产开发业务管理流程图

（2）房地产产业管理，是指房地产经营单位对其所拥有的房屋和土地及其附属设备等各项产业所进行的管理。它是房地产经营管理的一项重要任务，也是房地产经营管理的基础性工作。房地产产业管理的内容，主要有以下几项：①建立房地产接管、撤管登记制度，管理房地产产业数量；②建立房地产等级评定制度，管理房地产产业质量；③建立房地产价值评估制度，管理房地产资产；④建立房地产使用单位检查制度，管理保护房地产业；⑤建立房地产产业资料保管制度，管理房地产产业档案。

（3）物业管理，泛指一切有关房地产的开发、租赁、销售及售后的服务。狭义的物业管理包括房屋的保养、维修、清洁、绿化、管理等；广义的物业管理的主要任务是楼宇的维修，其次是管好机电设备和公共设施，也包括治安保卫、分送信报、传呼电话、卫生保洁等。总之，物业管理就是充分合理地使用房屋和设施，发挥房屋和设施的功能和作用，保证物业功能的发挥，充分实现物业的价值。物业管理有两大类型：委托服务型和自主经营型。①委托服务型物业管理，即项目开发企业将开发建成的房屋分层、分单位出售给用户，一次性收回投资和利润，并组建物业管理企业对房屋进行日常的管理，完善其售后服务；或者是多家产权单位将集中于一个小区或地域的房产委托给房地产经营企业管理。②自主经营型物业管理，即开发企业建成房屋后并不出售，而交由属下的物业管理企业或为该物业专门组成从事出租经营的物业管理企业，通过收租收回投资。

3.3 房地产法律法规

1. 两部主要法律简介

（1）《中华人民共和国城市房地产管理法》简介。《中华人民共和国城市房地产管理法》，共7章73条。

第一章是总则，共7条，规定了该法的制定意义、相关概念、适用范围和执法机关。如第二条规定：在中华人民共和国城市规划区国有土地（以下简称国有土地）范围内取得房地产开发用地的土地使用权，从事房地产开发、房地产交易，实施房地产管理，应当遵守本法。本法所称房屋，是指土地上的房屋等建筑物及构筑物。本法所称房地产开发，是指在依据本法取得国有土地使用权的土地上进行基础设施、房屋建设的行为。本法所称房地产交易，包括房地产转让、房地产抵押和房屋租赁。第六条规定：为了公共利益的需要，国家可以征收国有土地上单位和个人的房屋，并依法给予拆迁补偿，维护被征收人的合法权益；征收个人住宅的，还应当保障被征收人的居住条件。具体办法由国务院规定。

第二章是房地产开发用地，共17条（第八条到第二十四条），规定了土地使用权出让和划拨的法律原则。如第十条规定：土地使用权出让，必须符合土地利用总体规划、城市规划和年度建设用地计划。第十五条规定：土地使用权出让，应当签订书面出让合同。土地使用权出让合同由市、县人民政府土地管理部门与土地使用者签订。

第三章是房地产开发，共7条（第二十五条到第三十一条），规定了房地产开发的法律原则，如第二十五条规定：房地产开发必须严格执行城市规划，按照经济效益、社会效益、环境效益相统一的原则，实行全面规划、合理布局、综合开发、配套建设。

第四章是房地产交易，分五节，共28条（第三十二条到第五十九条），规定了房地产交易的法律原则。

第一节是一般规定，共5条（第三十二条到第三十六条）。如第三十二条规定：房地产转让、抵押时，房屋的所有权和该房屋占用范围内的土地使用权同时转让、抵押。第三十四条规定：国家实行房地产价格评估制度。

第二节是房地产转让，共10条（第三十七条到第四十六条）。如第三十九条规定：以出让方式取得土地使用权的，转让房地产时，应当符合下列条件：（一）按照出让合同约定已经支付全部土地使用权出让金，并取得土地使用权证书；（二）按照出让合同约定进行投资开发，属于房屋建设工程的，完成开发投资总额的百分之二十五以上，属于成片开发土地的，形成工业用地或者其他建设用地条件。转让房地产时房屋已经建成的，还应当持有房屋所有权证书。第四十一条规定：房地产转让，应当签订书面转让合同，合同中应当载明土地使用权取得的方式。第四十五条规定，商品房预售，应当符合下列条件：（一）已交付全部土地使用权出让金，取得土地使用权证书；（二）持有建设工程规划许可证；（三）按提供预售的商品房计算，投入开发建设的资金达到工程建设总投资的百分之二十五以上，并已经确定施工进度和竣工交付日期；（四）向县级以上人民政府房产管理部门办理预售登记，取得商品房预售许可证明。

第三节是房地产抵押，共6条（第四十七条到第五十二条），规定了房地产抵押的法律原则。

第四节是房屋租赁，共4条（第五十三条到第五十六条），规定了房屋租赁的法律原则。

第五节是中介服务机构，共3条（即第五十七条到第五十九条），规定了房地产中介机构的法律原则。

第五章是房地产权属登记管理，共4条（第六十条到第六十三条），规定了房地产权属登记管理的法律原则。如第六十条规定；国家实行土地使用权和房屋所有权登记发证制度。第六十一条规定：房地产转让或者变更时，应当向县级以上地方人民政府房产管理部门申请房屋变更登记，并凭变更后的房屋所有权证书向同级人民政府土地管理部门申请土地使用权变更登记，经同级人民政府土地管理部门核实，由同级人民政府更换或者更改土地使用权证书。

第六章是法律责任，共8条（第六十四条到第七十一条），规定了违反该法的处罚原则和处罚力度。

第七章是附则，共2条（第七十二条到第七十三条），规定了城市规划区外的国有土地范围内从事房地产活动的管理原则和该法的施行日期。该法2019年8月26日第三次修正。

（2）《中华人民共和国土地管理法》简介。《中华人民共和国土地管理法》，共8章87条。

第一章是总则，共8条（第一条到第八条），规定了该法的制定意义、我国基本土地制度和执法机关。如第二条规定：中华人民共和国实行土地的社会主义公有制，即全民所有制和劳动群众集体所有制。全民所有，即国家所有土地的所有权由国务院代表国家行使。任何单位和个人不得侵占、买卖或者以其他形式非法转让土地。土地使用权可以依法转让。国家为了公共利益的需要，可以依法对土地实行征收或者征用并给予补偿。国家依法实行国有土地有偿使用制度。但是，国家在法律规定的范围内划拨国有土地使用权的除外。第三条规定：十分珍惜、合理利用土地和切实保护耕地是我国的基本国策。各级人民政府应当采取措施，全面规划，严格管理，保护、开发土地资源，制止非法占用土地的行为。第四条规定：国家实行土地用途管制制度。第五条规定：国务院自然资源主管部门统一负责全国土地的管理和监督工作。县级以上地方人民政府自然资源主管部门的设置及其职责，由省、自治区、直辖市人民政府根据国务院有关规定确定。

第二章是土地的所有权和使用权，共6条（第九条到第十四条），规定了土地所有权和使用权的法律原则。如第九条规定：城市市区的土地属于国家所有。第十二条规定：土地的所有权和使用权的登记，依照有关不动产登记的法律、行政法规执行。依法登记的土地的所有权和使用权受法律保护，任何单位和个人不得侵犯。第十四条规定：土地所有权和使用权争议，由当事人协商解决；协商不成的，由人民政府处理。在土地所有权和使用权争议解决前，任何一方不得改变土地利用现状。

第三章是土地利用总体规划，共 15 条（第十五条到第二十九条），规定了土地利用总体规划的法律原则。如第十五条规定：各级人民政府应当依据国民经济和社会发展规划、国土整治和资源环境保护的要求、土地供给能力以及各项建设对土地的需求，组织编制土地利用总体规划。第十七条规定：土地利用总体规划按照下列原则编制：（一）落实国土空间开发保护要求，严格土地用途管制；（二）严格保护永久基本农田，严格控制非农业建设占用农用地；（三）提高土地节约集约利用水平；（四）统筹安排城乡生产、生活、生态用地，满足乡村产业和基础设施用地合理需求，促进城乡融合发展；（五）保护和改善生态环境，保障土地的可持续利用；（六）占用耕地与开发复垦耕地数量平衡、质量相当。第二十九条规定：国家建立全国土地管理信息系统，对土地利用状况进行动态监测。

第四章是耕地保护，共 14 条（第三十条到第四十三条），规定了耕地保护的法律原则。如第三十条规定：国家保护耕地，严格控制耕地转为非耕地。第四十三条规定：因挖损、塌陷、压占等造成土地破坏，用地单位和个人应当按照国家有关规定负责复垦；没有条件复垦或者复垦不符合要求的，应当缴纳土地复垦费，专项用于土地复垦。复垦的土地应当优先用于农业。

第五章是建设用地，共 23 条（第四十四条到第六十六条），规定了建设用地的法律原则。如第四十四条规定：建设占用土地，涉及农用地转为建设用地的，应当办理农用地转用审批手续。永久基本农田转为建设用地的，由国务院批准。在土地利用总体规划确定的城市和村庄、集镇建设用地规模范围内，为实施该规划而将永久基本农田以外的农用地转为建设用地的，按土地利用年度计划分批次按照国务院规定由原批准土地利用总体规划的机关或者其授权的机关批准。在已批准的农用地转用范围内，具体建设项目用地可以由市、县人民政府批准。在土地利用总体规划确定的城市和村庄、集镇建设用地规模范围外，将永久基本农田以外的农用地转为建设用地的，由国务院或者国务院授权的省、自治区、直辖市人民政府批准。第四十八条规定：征收土地应当给予公平、合理的补偿，保障被征地农民原有生活水平不降低、长远生计有保障。第六十四条规定：集体建设用地的使用者应当严格按照土地利用总体规划、城乡规划确定的用途使用土地。

第六章是监督检查，共 7 条（第六十七条到第七十三条），规定了进行监督检查的法律原则。如第六十七条规定：县级以上人民政府自然资源主管部门对违反土地管理法律、法规的行为进行监督检查。县级以上人民政府农业农村主管部门对违反农村宅基地管理法律、法规的行为进行监督检查的，适用本法关于自然资源主管部门监督检查的规定。土地管理监督检查人员应当熟悉土地管理法律、法规，忠于职守、秉公执法。

第七章是法律责任，共 11 条（第七十四条到第八十四条），规定了违反该法的处罚原则和处罚力度。

第八章是附则，共 3 条（第八十五条到第八十七条）。规定了外商投资企业使用土地的适用原则和该法的施行日期。如第八十七条规定，该法自 1999 年 1 月 1 日起施行。

2. 相关重要法律

和房地产开发与经营相关的重要法律还有《中华人民共和国城乡规划法》，该法是城市规划的法律原则。在城市从事房地产开发与经营，都必须遵守该法。此外，《中华人民共和国环境保护法》《中华人民共和国防震减灾法》《中华人民共和国建筑法》《中华人民共和国住宅法》《中华人民共和国民法典》等法律也和房地产开发与经营有着密切的联系，从事房地产开发与经营时也必须同时遵守这些法律。

3. 相关行政法规条例

除上述法律，还有一系列行政法规与房地产开发与经营相关。这些法规包括：《中华人民共和国土地管理法实施条例》《中华人民共和国城市房地产管理法实施条例》《中华人民共和国城市维护建设税暂行条例》《中华人民共和国城镇国有土地使用权出让和转让暂行条例》《建设工程勘察设计管理条例》《城市公有房屋管理规定》《城市私有房屋管理条例》《市政公用事业特许经营管理办法》等，从事房地产开发与经营时也必须同时遵守这些行政法规条例。

4. 相关行政规定、通知等

近几年来，国家对房地产行业的调控较多，每年都出台有很多相关的行政规定、通知等，出台的政府部门有国务院、国家发展和改革委员会、自然资源部、住房和城乡建设部、财政部、国家市场监督管理总局、国家税务总局、中国人民银行、最高人民法院等，涉及土地方面、房地产开发规划方面、房屋拆迁方面、住房改革方面、房地产税收方面、房地产金融方面、涉外房地产方面等内容。

思考题

1. 如何提高房地产经营与管理能力？
2. 新常态下房地产企业如何经营管理？

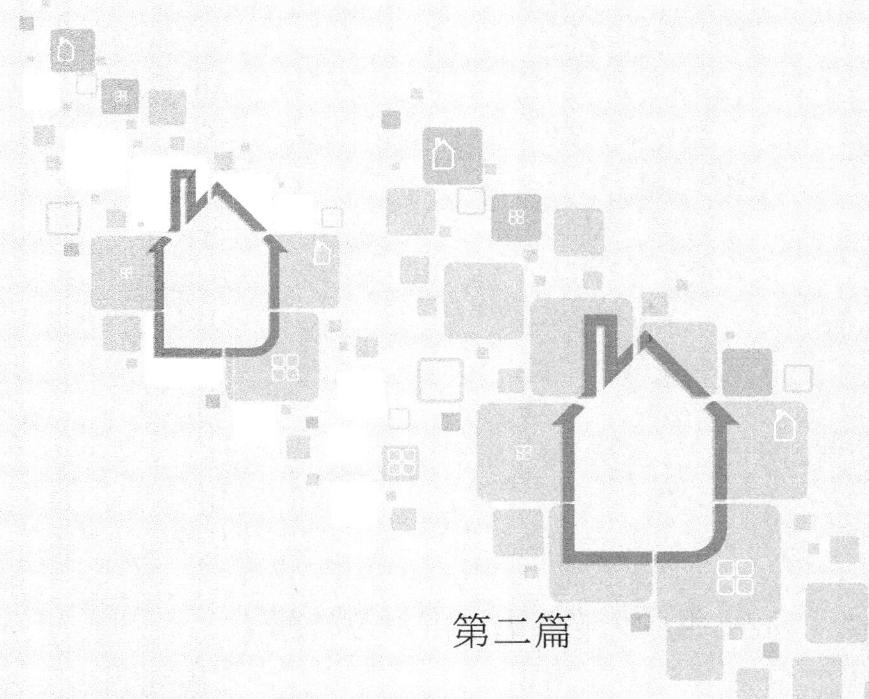

第二篇

房地产开发与经营前期工作知识与技能

本篇是房地产开发与经营前期工作知识与技能模块。

1. 房地产开发与经营环境分析，主要介绍了房地产经营环境的特点与分析的原则、分析方法。
2. 地块市场分析与预测，主要介绍了房地产市场调查与市场细分、房地产市场分析与流程、房地产市场预测与方法。
3. 地块开发风险分析与投资融资，主要介绍了房地产投资特点、房地产经营的风险分析与控制手段、房地产项目的投资决策管理、房地产项目的融资管理。
4. 地块开发定位与土地使用权获取，主要介绍了房地产项目的市场定位与可行性分析，土地使用权的获取方式与程序，征地、拆迁管理与程序。
5. 地块开发规划设计与项目报建管理，主要介绍了地块工程勘察，项目规划设计的原则、内容，项目规划技术经济指标，项目报建管理等。
6. 产品策划与项目招标，主要介绍了项目的产品策划、项目的基础设施建设与管理、项目招投标管理与流程。

第 4 章

房地产开发与经营环境分析

学习目标

1. 了解房地产经营环境特点。
2. 熟悉房地产环境分析原则。
3. 熟悉中国新兴地产的发展前景。
4. 掌握房地产开发与经营环境的分析方法。

技能要求

1. 具有房地产知识信息的收集和处理能力。
2. 能够撰写地块开发与经营环境的调研报告。
3. 提高房地产开发与经营的分析判断能力。

案例 4-1

金牛湖三地块综合项目的开发与经营环境分析

一、项目概况

金牛湖三地块综合项目的概况，见案例 2-1。

二、项目的开发与经营环境分析

1. 经济发展环境。从当时的国际经济发展形势上看，世界经济基本面良好，主要经济体保持增长。2018 年上半年，美国经济按年率计增长 4.1%，日本经济稳健增长，通货紧缩状况基本消除。欧盟经济预计全年将增长 2.1%，增速快于 2017 年。发展中国家经济继续较快增长，中国、印度等发展中大国对世界经济增长的推动效应进一步显现。我国经济发展进入新常态，外部经济环境依然错综复杂，既面临大有作为的重要战略机遇，也面临诸多矛盾叠加、风险隐患增多的严峻挑战，进而影响到国内经济运行和结构调整。面对错综复杂的国内外经济形势，南京市主动适应经济发展新常态，以发展方式转变推动发展质量和效益提升，调整优化产业结构，推动创新驱动发展，全力以赴稳增长，主要经济指标保持平稳增长，全市经济运行整体呈现稳中有进的良好态势。从市民收入看，当前我国市民收入增长较快，贫富差异大，但未出现两极分化，购买力较强。

2. 政治环境。以“稳”为主的新常态下，中央强调全面落实因城施策，逐渐走向有松有紧的“双向调控”，逐步建立稳地价、稳房价、稳预期的长效管理调控机制，促进房地产市场平稳健康发展。目前我国房地产市场仍然面临着“结构性过剩”，城市间的分化依然存在，特别是一线城市房屋销售回升势头明显。与此同时，部分库存大的城市销售形势依然较为低迷，“去库存”的压力较大。货币从“松紧适度”调整为“灵活适度”，去杠杆政策变成“宏观杠杆率保持基本稳定”。2017 年以来，融资政策不断收紧。金融监管部门为了防范、化解金融系统性风险，不允许资金跨区域使用，限制房企继续加杠杆，严格监管违规加杠杆的行为。

3. 法律环境。我国陆续出台了《中华人民共和国城市房地产管理法》和《中华人民共和国土地管理法》及其配套的法律法规，但面对新形势，相关法律法规需要不断修改完善，两法均于 2019 年 8 月进行了第三次修正。目前，国内房地产开发的法律环境较为成熟，但关于存量房的法律法规需要进一步增加和完善。

4. 社会环境。从人口数量上看，南京人口数量上升，住房需求量大。南京市人口增长较快，但出现人口老龄化现象，可能会促进南京养老型社区的发展。从家庭规模上看，随着二孩政策的放开，家庭规模有变大的趋势，有利于房地产市场的发展，大户型住宅可能更受欢迎，同时也可能带来租房市场的发展机会。从人口受教育水平上看，南京市民普遍受教育水平较高，这对房地产有积极影响。南京是经济发达地区区域中心，城市形象好，南京的人口吸附效应显著增强，特别是对省内苏北、苏中及安徽临近区域有着较强的吸引力。同时，南京中有大量高校、部队、科研机构，使得南京有较好的人文环境，在一定程度上活跃了房地产市场。2019 年以来改善型住房的需求增加明显，有效拉升了房价水平，推高了住房升值预期，带动了少数投资性需求。从城市历史传统上看，南京是十朝都会，文化积淀深厚。

5. 自然环境。南京地貌类型多样，决定了全市土地利用方式的多样性。南京不属于地震带，也不属于软土地基，四季分明降水充足，地表水充足，有利于房地产的开发。特别是项目所处金牛湖，自然环境秀美，是风光旅游休闲之地。

通过以上的分析可以看出，目前南京金牛湖三地块综合项目的房地产开发与经营环境较好。

资料来源：根据南京工业职业技术大学朱赫、谢庆月同学的调研报告整理。

案例讨论

1. 金牛湖三地块综合项目如何适应面临的开发经营环境？

2. 对照本章表 4-1，研讨如何深入分析金牛湖三地块综合项目的开发与经营环境？

学习任务

调查研究学校所在城市房地产开发与经营环境，写一份调研报告。

房地产开发与经营环境又称为任务环境，主要是指影响房地产企业获取必要开发资源或确保开发经营活动顺利开展的因素。房地产开发与经营环境分析，是指对影响房地产企业开发与经营活动的政治、经济、法律、技术、文化等各因素的分析。房地产开发与经营是在一定的环境下进行的，房地产开发与经营所处环境的优劣将直接影响房地产企业的效益。

4.1 房地产开发与经营环境的特点与分析的原则

1. 房地产开发与经营环境的特点

（1）环境差异性。它是指即使是两个经营范围相同的企业面对同一环境因素，对环境因素的影响也会有不同的体验和反应。环境的差异性决定了企业经营战略的多样性。

（2）环境动态性。任何一种环境因素的稳定都是相对的，变化则是绝对的。市场供求关系变化的频率在不断加快。所有这些变化既有渐进性，又有突变性，都要求企业以相应的战略去适应这种变化。

（3）环境可测性。各种环境因素之间是互相关联和互相制约的，因而某种环境因素的变化大都是有规律的。不过，这种规律有的比较明显，有的比较隐蔽；有的作用周期长，有的作用周期短。变化规律性明显且作用周期长的环境因素，其可测性则较高。

2. 房地产开发与经营环境分析的原则

房地产开发与经营环境分析的原则有 4 个。

（1）客观性原则。在分析中坚持实事求是，不能主观臆断。

（2）全面性原则。在分析中要全方位考察多种因素，切忌以偏概全。

（3）比较性原则。在分析中要多角度比较，如前后比较、中外比较等，在比较中寻找和发现规律。

（4）预测性原则。在分析中要以事实、数据为依据，对未来做出科学的预测，以指导房地产的开发与经营活动。

4.2 房地产开发与经营环境分析

房地产开发与经营环境复杂，涉及方方面面。房地产开发与经营环境可以从以下 6 个方面来分析（见表 4-1）。

表 4-1 房地产开发与经营环境

<table>
<tr><th colspan="4">开发与经营环境要素</th></tr>
<tr><td rowspan="23">房地产开发与经营环境</td><td rowspan="8">经济发展环境</td><td rowspan="4">经济发展形势</td><td>国际经济发展形势</td></tr>
<tr><td>全国经济发展形势</td></tr>
<tr><td>当地城市经济发展形势</td></tr>
<tr><td>城市内某地段的经济发展态势</td></tr>
<tr><td rowspan="2">市民的收入水平</td><td>平均收入水平</td></tr>
<tr><td>贫富差异</td></tr>
<tr><td rowspan="2">资金市场发展形势</td><td>利率</td></tr>
<tr><td>贷款条件</td></tr>
<tr><td rowspan="3">政治环境</td><td colspan="2">政府土地供应的数量和开发条件</td></tr>
<tr><td colspan="2">政府对经济适用房（保障房）的态度</td></tr>
<tr><td colspan="2">政府收取税费的水平</td></tr>
<tr><td rowspan="2">法律环境</td><td colspan="2">房地产直接法律</td></tr>
<tr><td colspan="2">房地产间接法律</td></tr>
<tr><td rowspan="5">社会环境</td><td colspan="2">人口数量</td></tr>
<tr><td colspan="2">人口构成：男女比例、年龄、户籍、家庭规模、单身人士</td></tr>
<tr><td colspan="2">人口受教育水平</td></tr>
<tr><td colspan="2">城市历史传统</td></tr>
<tr><td colspan="2">社区安全文明程度</td></tr>
<tr><td>科学技术环境</td><td colspan="2">科学技术环境分析要素</td></tr>
<tr><td>自然环境</td><td colspan="2">地震带、地质较软的地带、地形起伏、地表水、降雨</td></tr>
</table>

1. 经济发展环境

经济发展环境是对房地产开发与经营产生最重要影响的环境因素，它既决定了房地产开发项目的市场需求，也决定了房地产开发项目的有效供给，只有在供需正常的经营环境中，房地产企业才能取得良好的经营效益。

（1）经济发展形势。经济发展形势会对房地产项目开发产生直接或间接的影响。它标志着一个经济体系内所有市场的整体发展状况，决定了这个经济体系内各种企业业务的市场前景。可以做一个简单的分析，当经济发展形势良好的时候，各种企业基本上都会大力拓展现有业务或积极开发新业务，都必然需要新的、更多的业务发展空间，那么就必然会对商务类、生产类房地产项目产生较大的新需求。同时，商务类、生产类房地产项目的大量增长，会带来企业员工人数增加、收入增加，又必然引发相应的生活类住宅项目的大量增长。反之，在经济发展形势不好的时候，各种企业基本上都只会维持甚至削减现有的业务，从而减少对商务类、生产类房地产项目的需求，进而也会导致相应的生活类房地产项目的需求下降。一般说来，经济发展形势在4个层次上影响房地产项目开发。

第一个层次是国际经济发展形势。对诸如北京、上海的CBD（central business district，即中央商务区）这种房地产开发项目来说，由于它是我国全国性中心城市核心区域的中央商务区，直接服务于世界大型跨国公司，特别是世界500强公司，所以国际经济形势的发展对其就有着十分重要的直接影响，整个世界经济形势的好坏直接决定了其客户的数量和需求力度。但是，国际经济发展形势对非国际型的房地产开发项目影响较小。

第二个层次是全国经济发展形势。广州和深圳等国际化大都市，虽然不是首都，但它们是全国性经济中心城市，其城市规划区内的房地产开发项目会受到全国经济发展形势十分重要的直接影响。当全国经济发展形势良好时，各种生产要素向其流动就呈现数量增大的特点，就会造成各机构对其房地产开发项目的强烈需求；反之，当全国经济发展形势不太好时，各种机构对其房地产开发项目的需求就会减少。对长江三角洲、珠江三角洲和京津冀三大都市圈的其他核心城市来说，其城市规划区的房地产开发项目也受全国经济发展形势的影响。

第三个层次是当地城市经济发展形势。对其他区域内的中心城市，如各省会城市、全国性交通枢纽城市等，其城市规划区的房地产开发项目，虽然也受全国经济发展形势的影响，但是受影响的程度低于大都市的房地产开发项目，这是由于它们并不是全国生产要素的流动方向。对普通的城市来说，其城市规划区内的房地产开发项目则基本上只受当地经济发展形势的影响。如果该地区经济发达，房地产开发项目同样前景好，如江苏昆山市。

第四个层次是城市内某地段的经济发展态势。对一个普通的房地产项目来说，直接影响其经营成败的是其所处城市内该地段的经济发展态势。通常情况下，一个城市各个区的发展是不平衡的，有的区地理位置好，特别是处在市中心商业圈的区经济最发达，地处偏僻的区如郊区或城乡接合部则经济相对较差，这就导致了在同一个城市的不同区开发房地产，收益却大相径庭。例如，南京的鼓楼区住宅单价超4万元，而六合区的住宅单价尚不足8 000元。

总之，经济发展形势的4个层次都会对房地产项目开发产生直接或间接的影响，但是不同类型的房地产开发项目由于所服务的对象不同，受这4个层次影响的程度是不同的。

（2）市民的收入水平及其贫富差异程度。市民的贫富差异由其收入决定，收入水平还直接决定了该城市市民对住宅及其相关配套服务设施的市场需求。

1）平均收入水平影响房屋价格。市民平均收入水平高，则经济状况好，有能力购买房子。市民平均收入水平越高的城市，住宅的价格往往也越高。三大都市圈是全国市民收入最高的地区，也是全国住宅价格最高的地区。我国中部地区，市民的收入较低，所以房屋的价格较低，特别是西部经济落后地区市民的收入较低，有的地方每平方米住宅的价格还不到 5 000 元。

2）贫富差异影响房屋档次结构。市民的收入水平有着较大的差异，这带来了市民的贫富差异，也使得城市房屋产品更加多样化。随着市民收入水平的分化，住宅及其相关配套服务设施的市场也就进行了分化。不难发现，高收入的人群往往可能购买两套以上的房子，甚至是买别墅，这么做或者是为了接父母来同一座城市居住，或者是为了投资。需要注意的是，人们购买第二套住房时的要求与购买第一套是不同的。如果一座城市市民的平均收入水平较低，且贫富差异较小，那么在进行住宅项目开发时，要把开发结构简单、造价低廉的住宅作为主攻方向，开发数量可以适当大一些，即使销售不出去，也可以进行租赁；如果一座城市市民的平均收入较高，且贫富差异较大，则适合根据市场分化程度，针对不同的消费群体开发不同的住宅，开发数量必须符合该地段相应的消费者数量，特别是高档住宅，如果开发数量不合适，既难以实现销售，也难以进行租赁。

（3）资金市场发展形势。房地产项目开发需要大量资金。资金市场发展形势对房地产项目的影响，主要体现在利率和贷款条件两个重要方面。

1）利率会影响房地产市场的供给与需求。利率是资金的成本，利率走高，支付的利息增加，将加重开发商和购房贷款者的财务负担，使其不愿意多贷款，从而将抑制房地产项目开发的供给与需求；反之，利率降低，支付的利息减少，将减轻开发商和购房贷款者的财务负担，使其愿意多贷款，从而激发房地产项目开发的供给与需求。

2）贷款条件会影响房地产市场的资金投放量。贷款条件决定了开发商和购房贷款者可以获得资金的数量和期限，当贷款条件趋于严格时（如提高自有资金比例或提高首付款比例，缩短贷款年限），将使开发商和购房贷款者可以获得的资金数量有所降低，还款的期限有所缩短，这将抑制房地产项目开发的供给与需求，抑制房地产市场发展；反之，贷款条件趋于宽松，将使开发商和购房贷款者可以获得的资金数量有所增加，还款的期限有所延长，这将激发房地产项目开发的供给与需求，繁荣房地产市场。

2. 政治环境

政治环境主要是指各级政府对房地产开发的支持态度和出台的相关政策。房地产开发对由政府行为而引发的影响十分敏感。因为房地产对国民经济的影响巨大，住宅又是普通市民所能购买的最大一项商品，而且与房地产开发有关的税费是政府财政收入的重要来源，所以政府对房地产开发的干预力度往往较大。从事房地产经营，必须认真考虑政府的态度，对随时可能出台的政策保持关注。

（1）政府土地供应的数量和开发条件。政府土地供应的数量和开发条件将会直接影响该城市房地产开发的规模和构成。政府是国有土地的所有者，也是城市国有土地一级市场的唯一供给者。如果政府的土地供应数量偏多，易带来房地产开发项目数量增加过多，从而将导致房地产市场的供过于求，房屋价格下跌，房地产项目收益受损。由于房地产价格宜升不宜降的特点，房地产价格一般不容易降低，但空置率将会大幅度上升，从而导致房地产开发企业大量的资金积压，使国民经济的发展受到影响，使我国金融安全受到威胁。反之，如果政府的土地供应数量偏少，易带来房地产开发项目数量增加不足，从而将导致房地产市场的供不应求，房价大幅度上升，这会加重消费者的房地产开支，也会影响国民经济的发展和人民的生活水平。

（2）政府对经济适用房（保障房）的态度。经济适用房（保障房）对住宅开发的影响是巨大的，但是我国又必须推行经济适用房。由于有相当多的市民属于中低收入阶层，为解决这些市民的居住问题，我国实行了经济适用房开发制度。经济适用房的土地是属于划拨的，也有的城市采用有条件拍卖，其房价低于正常的市场价格。如果政府划拨的土地数量偏多，开发的经济适用房数量就可能偏多，可能诱发中高收入阶层纷纷购买经济适用房，从而对普通商品房市场造成冲击；如果划拨的经济适用房土地数量偏少，则易造成大多低收入阶层买不上房。

（3）政府收取税费的水平。税费意味着房地产开发的成本，也意味着房地产购买者的成本。实际上，政府往往也将房地产税费的收取高低作为一种经济调节手段。当政府觉得房地产已经过热时，往往会通过提高房地产税费的征收标准，在一定程度上加大房地产开发和购买者的成本，进而抑制过热的房地产开发；当政府觉得房地产开发持续低迷需要升温时，往往就会通过降低房地产税费的征收标准，从而在一定程度上降低房地产开发和购买者的成本，激发房地产开发热情。

3. 法律环境

房地产开发与经营是一种影响巨大的经济活动，容易产生纠纷，没有法律环境的健全，房地产业就不可能健康运行。房地产开发的法律环境，首先是指各种直接管理房地产的法律、法规的立法与执法情况。

（1）房地产直接法律。直接管理房地产开发的法律、法规有《城市房地产管理法》和《土地管理法》及其配套的行政法规。

（2）房地产间接法律。相关的间接管理房地产开发的法律影响也是十分深远的，特别是《中华人民共和国城乡规划法》和《中华人民共和国环境保护法》。

任何房地产企业都必须遵守法律，违法行为将受到法律的制裁。“房地产相关法律法规”详见第3章相关内容。

4. 社会环境

房地产开发与经营是在一定的社会环境中进行的，社会环境对房地产开发与经营同样有着极为深远的影响。社会环境主要包括4个方面。

（1）人口数量。城市人口，是指城市规划区内正常工作、正常生活的人口，包括有户籍的人口和虽然没有户籍但长期生活在该城市规划区内且有着稳定收入的人口。房地产是为人建设的，城市规划区内是否拥有足够数量的人口，是房地产开发的重要社会环境条件。该城市的人口数量直接决定了该城市所需要的住宅及其相关配套设施的数量，也间接决定了该城市所需要的商务类房地产、生产类房地产的数量。如果没有足够的市场人口容量，那么耗资巨大的房地产开发是无法获得应有的经济效益的。在同样的平均收入条件下，人口较多的城市的房地产开发获得成功的机会，要比人口较少的城市大得多。而且，即使平均收入一样，人口越多，收入的贫富差异程度就越大，房地产市场的房屋构成就越丰富，就越适合进行不同的房地产开发。

（2）人口构成。如果说城市人口数量决定了该城市所需要的住宅及其相关配套设施的数量的话，那么该城市人口的构成就决定了该城市住宅及其配套设施的建筑面积构成和区位构成。人口构成包括6个方面。

1）男女比例的构成。正常情况下，男女比例会保持在一个正常的水平上。另外，人口流动时如果流入的男性数量和女性数量不平衡，就会造成某城市规划区内男女比例的失衡。在大多数情况下，男性的收入会高于女性，所以男性比重大的地方房地产市场稍微好一些。

2）年龄的构成。在成熟的社会中，人均预期寿命将达到70岁以上，各年龄段的人口大体上处于平衡的状态，即如果预期平均寿命是75岁的话，则0～15岁、16～30岁、31～45岁、46～60岁、61～75岁这五个年龄段的人口是大体相当的。但是，在尚未成熟的社会中，一方面人均预期寿命较低，另一方面出生率较高，呈现金字塔型的人口构成，即越低龄，人数越多。我国有些地方低龄的人群和高龄的人群比重太高，这都会影响到房地产市场的开发与经营。

3）当地户籍人口与无户籍常住人口的比例构成。对北京、上海、广州、深圳等我国发达的城市地区来说，城市实际人口中的相当比例甚至是主要部分都是在当地无户籍的常住人口。这些人将成为房地产市场的主要潜在消费者。

4）各种家庭规模的比例构成。在传统社会中，即使在子女结婚之后，父母也希望子女特别是儿子与自己生活在一起，有时甚至是几代同堂，这时家庭的规模就非常庞大。但是，在现代城市，情况已经发生了变化，结婚的子女独立生活而形成的家庭已经是十分普遍的社会现象。家庭规模有逐渐变小的趋势，这有利于房地产市场的开发与经营。

5）丁克家庭的比例。丁克家庭是指只有夫妻二人而不生育子女的家庭。在北京、上海等大城市，由于人们观念的变化，这种不想生育的丁克家庭已经相当普遍，成为一种引人注目的社会现象，这会对房屋有特殊的要求，要有针对性地开发房屋。

6）单身人士的比例。现代社会中，单身人士的大量出现是十分正常的社会现象，在北京、上海等国际化大都市中，单身人士在同龄人群中所占的比例越来越大，而这些单身人士往往还是经济条件较好的年轻人，对房屋的结构有特殊的不同于夫妻家庭的要求，同样需要有针对性地开发房屋。

实践经验告诉我们，不同的人及其家庭对住宅和相关配套设施的需求是不同的。大家庭要比小两口家庭对住宅面积的要求要大一些；高收入家庭对住宅的舒适度的要求则要高一些；丁克家庭对住宅的要求又与有子女的家庭对住宅的要求有所区别，强调高档次；单身人士对居所的要求又与成家的人士对居所的要求有所不同，强调高品位；流动人口与当地有户籍人口对住宅的购买心理也是完全不同的，这些都需要房地产企业认真加以分析。

（3）人口受教育水平。人的实际购买力 = 人的购买欲望 × 购买能力，而人的购买欲望和购买能力都与其所受教育的水平密切相关。受过高等教育的人士收入一般较高，从整体情况来看，他们对住宅及其相关配套设施的要求也较高，已不仅仅是解决自己居住的场所，可能还会考虑到自己工作、学习、社交等一系列生活的需要。因此，要想真正打动受过高等教育的人士，房地产开发商必须下功夫去开发物有所值的高品质住宅及其相关配套的设施。因此，受过高等教育的人口比重越大，开展各项事业的概率越大，各种商务类、生产类房地产的开发机会就越大。当前，我国高等教育开始走向大众化，每年毕业的大学生很多，大部分向全国中心城市集中：一方面造成了直接的需求，即需要大量的租住房；另一方面也造成了长远的需求，因为有钱后他们要买房，成为房地产开发的强大动力。

（4）城市历史传统。城市的历史是城市的特色。随着城市化水平的提高，特别是随着各城市之间竞争的加剧，发展自己城市鲜明的特色，成为各城市人民政府考虑的重点问题之一。在发展自己城市的特色中，大家都喜欢弘扬自己城市的历史传统，这对房地产开发产生了十分深远的影响。

1）城市历史古迹会限制房地产开发。历史古迹是固定不能动的，移动了就变成了废墟。房地产开发必须在合理保护这些历史古迹的基础上进行，而这些历史古迹的分布往往不规则，因此并不符合现代成片集中开发的原则，导致了成片集中开发实际上常常被这些历史古迹割裂成一系列的碎片，从而带来房地产开发成本的大幅增加。有的学者提出，在历史文化名城就不应该进行成片集中开发，只能是小规模的改建，才有可能保持历史文化名城的固有氛围和历史古韵。因此，当历史悠久的城市对历史古迹越来越重视的时候，房地产开发受到的限制就越来越多，如为了保护图 4-1 所示的古塔，其周边不能盖高楼，而且要留有一定的开阔空间。

图 4-1 城市古塔

2）古城市民对房地产特别挑剔。历史悠久城市的市民往往受熏陶形成了独特的审美眼光，对房地产开发有着独特的要求。从住宅来讲，在人们刚刚开始将解决居住问题提到议事日程时，常常是只关注居住面积和房价这两点；当人们的收入提高到了一定水平后，就开始对住宅的视觉感觉提出更高的要求，古城市民尤其如此，他们要求房地产要有地方文化背景、有人文关怀、有温暖的感觉，这使房地产开发面临更加个性化的市场，对房地产开发商的要求也更高。

5. 科学技术环境

科学技术环境，指的是企业所处的社会环境中的科技要素及与该要素直接相关的各种社会现象的集合。房地产企业的科技环境大体包括 4 个基本要素：社会科技水平、社会科技力量、国家科技体制、国家科技政策和科技立法。

（1）科学技术环境对房地产开发创新起着重要的影响作用。企业之间的技术竞争，越来越表现为科技成果及其应用水平的竞争，并且日趋激烈。在生产同一类房地产产品的过程中，不同档次科技水平的应用、工艺技术含量的差异，都会造成项目开发成果的差异。任何一种新技术的出现都可能会引出新的房地产产品，为公司带来发展的机会；也可能使采用旧技术的房地产产品衰落下去，给企业的生存带来威胁。因此，企业只有及时采用新技术、不断开发新产品并相应调整经营结构和营销方案，才能使企业长久保持兴旺发达。

（2）科学技术环境分析要素包括与房地产业发展相关的基础科学研究、应用科学研究的最新动态；最新的科技发明和科技水平状况；新技术能够给房地产企业带来的商机和新的利润增长点；新技术的应用可能产生的新产品，会给哪些产品带来影响；科学技术转换为科技成果的情况，企业自身的科技开发能力；新技术、新工艺、新材料、新发明，新产品的开发、推广和应用状况，科研经费的投入、科研人员的水平，开发的进度、先进的程度；新科技对企业经营或消费者购买行为带来的影响。

6. 自然环境

一个城市的自然环境，会对房地产开发产生重大的直接影响，主要有 6 种情况。

（1）城市处在地震带上。地震带上建房屋，所有的房地产开发项目都必须充分考虑地震的危险，必须严格按照该城市的城市规划所规定的防震要求进行设计与施工。由于地震的威胁，该城市规划区内的建筑物就难以建成较高的高度，一方面影响了房地产开发项目的可建设高度，缩小了可建设规模，从而也就影响了房地产开发项目的收益；另一方面增加了防震要求，使房地产开发项目的直接建设成本增加不少，也影响了房地产开发项目的收益。地震带上建房屋是对开发商的技术水平和资金实力的严峻考验。

（2）城市地处地质条件较软的地带。软地基上建房屋，会限制房地产开发项目建筑物的可建设高度，同样要少建很多房屋，缩小了可建设规模，影响了房地产开发收益。如果房地产开发商硬要在软地基上开发超高层项目，那么它就要在地基建设上花费巨大的投资，这会造成房地产开发成本居高不下，也同样是对开发商的技术水平和资金实力的严峻考验。

（3）城市地处地形起伏不定的地表状态。在起伏不定的地形上盖房屋比在平整的地形上要困难得多，房地产开发必须要考虑这种地形的影响。如果起伏程度较低，则可以通过平整土地使待开发的土地变得平整，当然这需要投入较多的前期投资。如果起伏程度较高，则难以通过平整土地使待开发的土地变得平整，就必须依据地形进行相应的房地产开发。依地而建、顺理成章是一个不错的选择。

（4）城市的地表水资源。如果地表水较为丰富，则对房地产开发有着潜在的危险，需要基础防水。如果地表水较为贫乏，对房地产开发也有着潜在的危险。我国还处于资源粗放使用的状态，在地表水资源较为贫乏的条件下，就会加大对地下水的开采，如果地下水被过度开采，将造成大面积的地表沉降，会给房地产开发造成较大的影响，甚至不能进行房地产开发。

（5）城市的降雨。如果降雨非常丰富，那么在房地产开发时就必须注意防水、排水措施到位。北方城市雨水较少，则不用过多考虑降雨问题。

（6）城市夏季高温少雨。高温少雨会造成空气极度干燥，在房地产开发中，就必须注意防火的问题。

4.3 中国新兴地产发展前景分析

新兴地产是发展新型城镇化的重要组成部分，传统的房地产已不能适应新型城镇化的需要，迫切需要“升级转型”，需要研究、发展新兴地产。

1. 新兴地产的概念与内涵

（1）新兴地产概念。目前没有准确的新兴地产概念，新兴地产主要是指近几年来，特别是“十八大”提出新型城镇化发展目标后，随着经济市场环境变化、科技发展、产业延伸等诸多因素推动，在传统地产基础上导入国家战略性新兴产业规划及中央和地方的配套支持政策所确定的“节能环保、新兴信息产业、生物产业、新能源和新材料”几大新兴产业体系，出现了升级转型的新兴地产项目，并正在形成发展趋势。

（2）新兴地产内涵。新兴地产核心要素可以概括为“地产 + 产业 + 科技 + 金融 + 互联网 +……”。具体来说，新兴地产注重导入运营与地产相关的新兴产业，注重运用新科技新材料，注重提升地产开发项目的人文品质。

2. 传统地产与新兴地产的主要差异

这里所说的传统地产是指广义上的传统地产，包容量很大，一般是指自 20 世纪 80 年代我国进入房改至今约 40 年的中国房地产市场。传统地产与新兴地产的主要差异体现在 3 个方面。

（1）开发目标。传统地产以“项目物业销售”为中心，实现开发利润最大化。新兴地产以“提升品质、物业运营”为中心，实现良好的开发利润，并努力实现持久的运营效益。

（2）项目策划。传统地产重点在项目营销策划、招商策划。传统地产的一般运作方法是拿地后初步定位、规划设计、营销策划与执行、物业管理。新兴地产对项目实行全程整合运营策划，从市场调研、项目定位、规划概念、营销与招商到推广执行、运营管理等项目开发全过程都有涉猎。新兴地产运作方式是开发商拿地前要做土地价值评估分析，拿地后要做全程整合运营策划，并指导项目开发的全过程运作，项目交付后要做物业运营管理。

（3）项目营销。传统地产营销模式：营销中心 + 媒体广告轰炸 + 会议营销 + 营销人员；新兴地产营销模式：客户体验区 + 互联网营销 + 广告传播 + 置业顾问 + 活动营销。

3. 新兴地产领域及国内较有代表性的项目

新兴地产包括新兴人居地产、新兴商业地产、新兴文旅地产、新兴乡村地产、新兴老龄地产、新兴楼宇地产、新兴电商地产等领域。

（1）新兴人居地产。目前国内较有代表性的新兴人居地产项目是朗诗地产项目——绿色、科技住宅，具有恒温、恒湿、恒氧、低噪、适光特点。

（2）新兴商业地产。目前国内较有代表性的新兴商业地产项目是万达城市综合体。万达集团从2000年开始由住宅地产向商业地产、文化旅游产业转型，从第一代到现在的第四代文旅商综合体。万达第一代商业广场：纯商业——盒子式（单店）；万达第二代商业广场：纯商业——组合式；万达第三代商业广场：多产品——商业综合体；万达第四代商业广场：大型室内商、旅、文综合体——万达茂。

（3）新兴文旅地产。目前国内较有代表性的新兴文旅地产项目是西安曲江新区。曲江新区是以文化产业和旅游产业为主导的城市发展新区，建设以文化、旅游、生态为特色的国际化城市新区。

（4）新兴乡村地产。目前国内较有代表性的新兴乡村地产项目是青岛市黄岛联想·佳沃蓝莓产业园——蓝莓农业种植区、蓝莓产业示范区、蓝莓小镇游憩区三位一体的发展模式，集观光、采摘及旅游为一体的综合性园区。还有南京市六合区竹镇镇巴布洛生态谷项目，占地12 000亩，是集旅游观光、休闲娱乐和健康绿色生态食品为一体的现代化智慧农业综合体。巴布洛生态谷环境优美，空气清新，野生动植物种类繁多。整个园区分为四大块，分别是现代旅游观光葡萄产业园、现代农业文化体验产业园、现代都市牧场科技产业园和公共配套设施建设。巴布洛生态谷重点致力于农业信息化、数字化、可视化、远程操控、精准农业作业、生态农业旅游观光的建设，以构建巴布洛现代智慧农业综合体。

（5）新兴老龄地产。目前国内较有代表性的新兴老龄地产项目是中国海尔斯老龄地产，具有十大体系，即一站式养老体系、一卡通养老体系、关爱服务体系、酒店服务体系、理财服务体系、文旅养老体系、智能养老体系、生态养老体系、教育养老体系、候鸟养老体系等。

（6）新兴楼宇地产。目前国内较有代表性的新兴楼宇地产项目是南京海峡城。该项目集企业总部、创意办公、研发中心、云端创智基地、智慧住宅等于一体，打造全球首座智慧云办公集群。

（7）新兴电商地产。目前国内较有代表性的新兴电商地产项目是广州国家电子商务基地。该项目是我国首批“国家电子商务示范基地”之一，按照“一基地多园区”布局，将区域总部、营销中心、研发中心融为一体的电子商务园区。

4. 新兴地产发展前景

新兴地产的发展前景主要体现在以下两个方面。

（1）新兴地产将快速推进传统地产升级。传统地产的困境有以下几点：传统地产失衡开发，形成库存房增多；传统地产同质化开发带来恶性竞争；电子商务导致商业地产需求萎缩；传统地产品质较差导致需求锐减等，房地产相关企业将进入洗牌阶段。新兴地产的趋势主要集中在以下几点：新兴地产促进房地产市场供应结构发生重大变化；商品房品质将大幅提高；房地产相关企业进入调整、提升、转型阶段，走向新兴地产发展道路。新兴地产的崛起不是取代传统地产，而是促进传统地产的升级转型，传统地产的运营模式必将会发生颠覆性的改变。新兴地产的崛起之势，必将会长期主导我国房地产市场发展，必将会成为推动我国经济持续发展的新兴产业。

（2）新兴地产为我国经济发展带来机遇。主要表现在：传统房企升级转型带来新机遇；投资开发企业带来投资新领域；新型城镇化发展带来新动力；城市区域发展带来新模式等。可以预见，房地产开发以销售为主要经济目标、品质低下的传统地产必将会被淘汰，以现代服务业为依托、品质优良的新兴地产必然会崛起。新兴地产将全力助推我国新型城镇化发展，同时也为房地产投资开发企业升级转型带来巨大的商机。

5. 传统开发商转向新兴地产开发

传统开发商转向新兴地产开发可以从以下两方面着手。

（1）在传统项目上做“新”文章，找准突破点。传统的开发商可以在传统项目上做“新”文章，抓住新常态下新兴地产蓬勃发展的契机，迅速实现企业团队素质、开发理念、开发运营模式、开发项目品质等方面的升级转型。传统开发商要探索新常态下的传统地产升级转型模式，突破点有：开发战略合理规划，高库存量逐步消化；商业地产实现实体平台与电商平台高度融合；开发突出主题，创造项目特色；提升项目开发品质，导入人文科技等。

（2）打造新兴地产项目亮点。新兴地产需要高起点策划、高要求设计、高质量施工、高技术运用、高标准管理、高水平运营。打好这张牌，可以为企业发展带来更加广阔的前景。

6. 新兴农业地产与新兴农业社区开发

新兴农业地产与新兴农业社区开发要关注以下几点。

（1）新兴农业地产，主要指以乡村综合资源为基础，以乡村旅游休闲为导向，以城市游客消费为动力，以乡村特色产业为支撑，以乡村度假地产为延伸，实现“旅游景区、休闲农业园区、度假社区”三区合一，实现农村产业结构调整和加快城乡统筹发展，核心是提高农村土地资源的综合效益。依托新兴乡村社区和特色城镇的农业地产，是常见的新兴农业地产类型，与农业产业升级和农村基础设施完善是同步进行的，也是新兴城镇化和美丽乡村建设的普遍模式。以产业为支撑的新兴农业社区是新兴农业地产的主要内容。

（2）新兴农业社区特点。新兴农业社区就是扮靓“美丽乡村”，既不能等同于村庄翻新，也不是简单的人口聚居，而是通过统一规划和调整产业布局，使乡村城镇化建设和农业现代化同步发展，在已有村镇基础上进行社区化开发，完善基础设施，在农村营造一种新的社会生活形态，实现就地城镇化。新兴农业社区有4大特点，具体如下。①塑造一种具有社区意义的新兴村庄。通过一些小型乡村居民点的联合与相互协作，形成一个具有集群意义的居住统一体。②适度的社区规模。同时维持一个可管理的尺度，以便能够获得一定的规模效应，为社区居民提供包括居住、教育、医疗、娱乐等在内的各种公共基础设施和公共服务体系。③可持续农业社区形态。以农业为主要产业，构建可持续的农业及相关产业链，将生产、加工、运输一体化，引入商业、休闲、旅游等其他形态。④强调尊重原有地域文化。在规划设计中充分挖掘当地历史文化资源，重视原居住模式的传承与发展，鼓励社区成员参与社区规划和建设，增强社区成员的归属感和认同度。

（3）新兴农业社区开发。可通过开发农村特色餐饮、特色住宿、农耕文化体验产品、乡村主题度假社区等农业休闲体验产品，将企业资本、城市居民和城市消费引入乡村，形成农村新的居住模式、服务管理模式和产业格局。主要开发模式有 5 种。

1）风情小镇。风情小镇一般是现代农业园区 + 宜居小镇的开发模式。以传统乡村基底为依托，以农业、生态、休闲、旅游产业为基础，以改善农村生产生活环境为前提，将小镇的开发建设与传统农业向休闲农业、精致农业、科技农业等主题农业方向的发展相融合，引导居民参与产业发展，不仅形成居民权益的多元化，同时还能体现社区文化的丰富性，打造一个融入农业产业发展与旅游休闲度假的田园生活社区。风情小镇有 3 种类型：①历史名村（镇）型，是对古村落、古民居、旧遗址保护和人文景观的挖掘传承；②产业集聚型，有乡村风情，也有现代科技、都市农业和文化创意，两相结合；③主题开发型，依托自然风光和山水资源，突出先进的人居理念和居住文化。具体到每一个小镇，又有自己的“风情”，比如杭州桃源皋城风情小镇、海南台湾风情小镇等都是风情诱人。乌镇、西塘，已经冲出亚洲，走向世界。这些特色小镇，依靠自己独特的魅力，吸引着南来北往的目光。风情小镇在规划建设的时候，首先就得讲究四个“宜”：宜居、宜业、宜游和宜文。宜居就是基础设施、服务配套齐全，有山水田园、美丽村落；宜业就是有明确的优势产业；宜游就是景色优美；宜文则是要体现这里丰厚的人文底蕴。在满足这些条件的基础上，风情小镇本身既可以是一个村（社区）或小镇（集镇），也可以跨行政村范围。因此，风情小镇在开发之初，要特别注重挖掘历史遗迹、风土人情、风俗习惯等人文元素，把风情和文化融入“山、水、村”中，体现不一样的特色。

｜实践案例｜

主题开发型西湖外桐坞，主打田园文艺范儿。中国美院象山校区和小和山高教园区先后落户，艺术家们纷至沓来。为了营造艺术氛围，村里还特意请来了中国美术学院的专家对村子进行专业的规划，专家们以思想为笔，将小村庄当作画布，一幅美好的景色便被铺陈开来。如今，看着村里石榴采摘、茶园观光、茶艺体验和艺术文化等多个区块设计，外桐坞真有股子田园文艺范儿。

2）庄园。庄园是庄园经济的载体，既是一种农业发展模式，也是一种新兴农业社区。随着我国对农业发展的大力支持和人们投资意识的增强，全国各地先后涌现出成都金阳庄园、武汉生态农业园、海南现代农场、云南热带果园等具有庄园经济特点的大型农业开发经营实体，这是传统低效农业向现代高效农业转变的一个有效途径。庄园经济带动了庄园新兴农业社区的发展，其开发类型有3种。①庄园产业集群，其依托农业产业为基础而成，所有产品依托某一农业主题，比如香草庄园、酒庄集群、度假山庄等。②企业总部庄园，是一种体现总部经济效应的同时，依托区域生态的田园环境，延伸产业链条，增加休闲功能，为进驻企业提供良好的环境和条件，最终打造综合多元化复合型的产业基地。通过政府搭台、企业带动、农民合作的方式，完善配套设施，建设主题产业综合体，打造智慧型的企业总部庄园集群。③主题庄园，以主题生活方式重塑乡村，通过整合乡村资源，提炼出主题，或者植入新的主题，比如生态、养老、健康等，再把主题贯穿到乡村建设的各个方面。

3）家庭农场。家庭农场的概念2013年首次出现在中央“一号文件”中，是一种农村土地规模化、集约化、商品化生产经营的方式，也是一种新兴农业社区。家庭农场有两种模式：一种是先让顾客享受到品质俱佳的有机农产品，而基于人们对有机农产品生产过程的好奇心及渴望回归田园的心态，相应衍生出体验、游乐、主题活动等产品；另一种是以农业为基础的综合性休闲度假项目，目的不是把农业做精致，而是打造成田园里的都市乐园。并且，在家庭农场里融入CSA（community supported agriculture，社区支持农业）理念，可以延伸出更多的盈利点。

4）生产性社区。生产性社区是城市农业的载体，城市农业是一种在城市内部或城市近郊开展的结合生态性景观的生态农业，目前应用比较普遍的是以露台农业、无土栽培为特色的城市农业，以及大城市周边的小蔬菜基地。生产性社区是通过植入农业元素，打造以农业为主题的综合社区。城市农业种植的食物（蔬菜、水果和粮食）供本地消费，由当地的社区进行管理。这种生产性社区满足了都市人向往田园生活的心理。开发生产性社区，不仅要充分利用城市土地资源，让人们在繁华的都市中拥有一方绿草寸地，还可以通过建筑立体种植，形成垂直农场的概念，为城市居民提供了健康食物的同时，还提供了一个良好的休闲和教育场所。

5）互联网企业引领的新兴农业社区。近年来，互联网、物联网企业纷纷涉足农业产业地产，依托农业产业，为企业主流业务及物流、存储等关联衍生产业提供基地，同时配套酒店、商业休闲、居住等设施，开发出新兴农业社区。例如，阿里巴巴的“聚土地”，将土地流转与电子商务结合起来，农民将土地流转至电子商务公司名下，电子商务公司将土地交给当地合作社生产管理，淘宝用户通过网上预约，对土地使用权进行认购，并获得实际农作物产出。参与项目生产环节的农民除获得土地租金外，还能获得工资。

思考题

1. 我国房地产开发和经营环境与一般消费品市场有何不同？
2. 如何把握当前我国房地产开发与经营环境？
3. 如何转向新兴地产开发？

第5章

地块市场分析与预测

学习目标

1. 熟悉我国房地产开发市场的情况。
2. 熟悉我国房地产市场的类型、特点。
3. 掌握房地产市场分析的流程、内容、细分方法。
4. 掌握房地产市场预测的内容和方法。

技能要求

1. 能够收集、分析、整理当地房地产市场信息。
2. 能熟练运用房地产市场分析的方法对具体项目进行分析。
3. 能够编写本地区某地块的房地产市场分析与预测报告。
4. 养成积极思考问题、主动学习的习惯。

案例 5-1

金牛湖三地块综合项目的市场分析与预测

一、项目概况

金牛湖三地块综合项目的概况，见案例 2-1。

二、项目的开发与经营环境分析

见案例 4-1。

三、项目市场分析与预测

1. 总体的市场分析

（1）市场供求现状：从需求上看，由于南京是中心城市，近年来外来人口不断增加，对房地产的需求也相应持续增加。而且，近年来南京居民收入稳步提高、就业率较高、创办公司数量增加，对房地产的刚性需求数量较大，对房屋功能、档次要求有所提高。从供给上看，随着城市规划的外延、城市功能的提升，政府相应地保持土地持续供应，但刚性需求用地供小于求。从价格上看，近年来房子售价和租价呈上升趋势，但增长幅度下降，房价合理回归。从交易数量上看，交易数量不断增加，但增长幅度下降。从空置率上看，实际空置率在10%左右，有一定风险。房地产总体市场供给基本可以满足居民的购房需求，供应结构基本合理，据南京市房地产市场发展研究中心统计，上市量最大的两个板块是江宁、江北，也是销售量最高的两个板块，金牛湖项目正处于江北板块。

（2）房地产信贷条件：从利率和贷款条件上看，政府会持续调控房地产行业，房地产贷款利率和贷款条件会长期从紧，调整土地公开出让竞价方式和商品住房贷款首付比例，会抑制房地产市场的活跃。南京市出台了有关房地产信用体系的管理办法，要求各相关部门针对各区域内的所有开发企业进行信用评级。

（3）房地产市场周期阶段分析：按照房地产“兴旺-平淡-萧条-复苏”的周期性特点，目前房地产市场处于从兴旺期逐步转向平淡期，会持续很多年。

（4）房地产市场完善程度：从市场机制的调节能力上看，市场的调节能力没有得到充分发挥，显得力不从心，目前着力供给侧结构性改革，提升住房供应体系的质量与效率，限制部分投资客的疯狂囤房；从销售市场与租赁市场的关系上看，目前没有达到平衡状态，销售市场强于租赁市场；从二手房市场的完善程度上看，南京市二手房市场比较完善。未来还需要从供给端解决问题，增加土地供应，增加廉租房和公租房的供应等，构建一个更完善的市场体系。

2. 项目地段的市场分析

（1）六合地段限制因素分析。①从城市规划上看，作为南京江北新区城市副中心的重要组成部分，六合老城将是提升新区城市品质，展现六合地方魅力的重要地区。六合老城区历史悠久，护城河内明清格局尚存；文化积淀深厚，六合文庙规模居全国第五，是江北地区保存最完整的古代建筑；依山傍水且生活便利。本地块的规划要素，属于混合型用地性质；建筑容积率≤1.4；建筑密度≤25%；绿地率≥30%。②从基础设施上看，该地段基础设施及配套设施比较完善。周边配套，教育有南京中科金牛湖希望小学以及六合区实验小学，金牛湖初级中学等。未来周边规划有2所中学、2所初中、8所小学、15所幼儿园，另外该地段紧邻金牛湖风景区，临近平山森林公园，冶山国家矿山公园。医院有金牛湖医院；商业有横梁商业广场、荣盛时代广场等。③从交通运输情况来看，该地段紧邻地铁S8号线金牛湖站。公交：去六合可以乘坐G62路，去冶山可以乘坐G63路，460路可直达南京市区，还有K35至扬州火车站。拥有15条高速公路，规划4个汽车客运站。④从社会环境上看，该地块所在六合社会环境好，历史文化悠久。⑤从地质情况和环境保护要求上看，该地块地质情况良好，保护环境要求较高，为南京低碳、生态示范区。

（2）六合地段价格趋势分析。六合属于近郊区，近年来，南京对六合住房限购政策进行调整，加大了购房者的购买能力，激活了相关群体的购房需求。这也是房市一城一策的重要体现，说明南京当前针对远郊区、近郊区和市区采取了不同的购房政策。所以，近三年六合的房价一直稳步趋升（见图 5-1）。

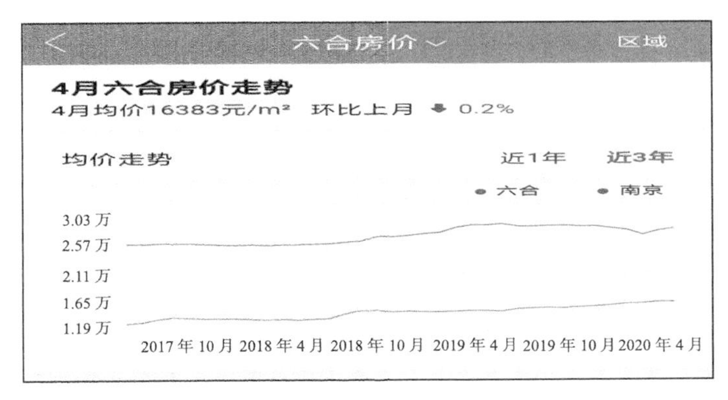

图 5-1　项目所在区位南京六合区近三年价格走势

（3）类似竞争性项目的价格分析。项目竞争来源，主要是全市层面和六合区内房地产住宅项目，无直接竞争板块。类似竞争性项目来自六合区域内部。

3. 项目地块的 SWOT 分析

（1）优势：①紧邻金牛湖风景区，未来发展潜力较大；②欧式园林景观，地铁口低密度洋房，居住舒适度较高；③坐拥多维交通，出行较为便利。

（2）劣势：①目前周边商业配套稍显缺乏；②处于郊区，相比其他大多数项目，本项目在工作上班方面处于与工作地点距离远的劣势。

（3）机遇：①南京经济总量和人均 GDP 稳步攀升，为房地产市场提供了坚实的经济支撑；②社会消费总额稳步增长，保持较高的增幅；③人口总量保持增长，城镇居民支配收入逐年增长，支撑着房地产市场的发展；④区位优势明显，各项软硬件条件较为突出，有着良好的居住环境和城市发展前景。

（4）风险：①地价高导致房价较高，房地产市场后续酝酿较大风险；②全国房地产仍处于去库存化时期，房地产企业资金链脆弱，房地产风险向上下游传导；③未来住宅用地供应量较大，房地产开发市场竞争激烈；④国家实施租购（售）并举，出台了一系列政策强调要“加快建立多主体供给、多渠道保障、租购并举”的住房制度，将“租”列于“购”之前，充分体现了发展住房租赁市场的紧迫性和重要性，会分流一些购房需求。

4. 项目市场预测

通过上述总体的市场分析、项目所在六合地段的市场分析以及项目地块的 SWOT 分析，可以看出地块所在六合区住宅成交量持续攀升，价格走势稳健坚挺，涨幅高于全市，六合房地产市场前景看好。由此可以预测，金牛湖三地块综合项目市场前景较为乐观。

资料来源：根据南京工业职业技术大学朱赫、谢庆月同学的调研报告整理。

案例讨论

金牛湖三地块综合项目的市场前景如何?

学习任务

认真解读政府2010G06号地块挂牌出让公告，做该地块的市场分析报告。

房地产市场是指房地产交易活动的总和，房地产交易双方存在相互联系、相互制约的关系。房地产市场不仅包括直接的房地产交易，即土地使用权和房屋的交易，还包括相关的信息、资金、技术、劳务等服务的间接的房地产交易。房地产企业在投资决策过程中，所涉及的土地开发潜力分析、投资可行性研究、规划设计方案、营销策划等，都是以市场调查与市场预测为基础的。

5.1 房地产市场调查与市场细分

房地产市场调查与市场细分是房地产经营的“眼睛”。房地产经营管理人员只有充分了解和把握房地产市场的详细情况后，才能做出正确的决策。所以，房地产市场调查工作在房地产经营管理中占有重要地位。有时市场调查也被叫作市场调研。房地产市场调查就是针对某一特定房地产问题设计收集信息的方法，管理和实施信息收集过程，分析信息，从中识别和确定房地产市场营销的机会及问题。

1. 房地产市场调查的任务及其重要性

房地产市场调查的目的是识别和确定房地产市场中存在的营销机会及问题，为房地产企业的投资决策和管理决策提供信息，其中涉及信息的筛选、鉴别、提取、处理、分析和沟通等环节。房地产市场调查应该贯穿整个房地产开发的全过程，而不仅仅是销售房屋时才想起要搞市场调查。

（1）市场调查的任务。具体来说，按时间顺序，市场调查要完成以下主要任务。

1）立项前的市场调查。主要是土地开发潜力分析，要进行初步的市场供求关系调查，分析各种可能开发方向的盈利潜力，确定开发的基本类型。

2）立项后的市场的调查。主要是针对项目的详细的市场调查：①进行详细的市场需求调查，确定市场需求的基本特征和规模；②进行详细的竞争楼盘供给调查，确定市场近期和远期（本项目开盘时及开盘后一定期间）的供给水平和特征；③进行项目总体规划设计调查、环境设计调查、细部规划设计调查和市场推广调查，并将调查结果应用于开发工作。

3）开发过程中的市场调查。主要是市场需求和供给的跟踪调查，及时发现市场需求和供给特征是否发生了变化及变化的方向，以确定销售的时机、销售的价格策略和市场推广计划。

（2）市场调查在房地产企业投资决策中的重要性。

1）识别市场机会，把握瞬息万变的市场环境。房地产行业市场机会不少，但难以把握。房地产行业创新层出不穷，市场追捧的概念时时转换。市场环境的变化主要有消费者需求水平和基本特征的变化、产品设计和特征的变化、应用技术水平的变化（如住宅小区智能化）等。面对瞬息万变的市场环境，房地产开发企业如果能够及时把握变化，并根据变化的市场环境适时做出经营调整，就可以抓住市场机会，创造新的盈利点。把握市场环境变化主要依靠市场调查，有时凭借某个企业管理者的直觉可能会抓住一星半点的机会，但更多的时候还是要依靠市场调查。

2）分析市场潜力，判断项目的盈利性。在房地产项目开发前，企业要确定项目推出后的销售前景，或称市场潜力，需要对潜在客户的需求特征和规模进行调查，以确定项目能否盈利。从根本上来说，某一产品市场潜力大，则意味着其潜在的盈利高。要想在众多的可选产品形式中找到富有成长性、有高盈利潜力的类型，只有借助市场调查。同时，在项目开发完成后制订相应的市场推广计划时，要确定如何将项目的关键信息有效地传达给潜在客户，以尽可能小的推广成本获得最大的宣传效果，这种有针对性地提出市场推广计划，也需要借助市场调查。另外，在市场推广计划中确定销售时机、价格落差、价格变化等细节，更离不开市场调查。

3）评价决策效果，找出改进的关键点。当房地产企业做出某种市场决策后，往往想急切地知道市场的反应，如决策是否正确？相关配套措施能否满足需求？是否需要进行调整？如果需要，如何调整？等等。这种评价决策效果的工作要靠市场调查来完成。此外，市场调查还可以评估顾客对产品或服务的满意度，通过市场调查可以得到满意度的定性和定量的表达，据此企业就可以对产品或服务进行改进，提高满意度，扩大市场份额，在市场竞争中占据有利地位。

2. 房地产市场类型

要想了解房地产市场，做好房地产市场调查，首先需要了解房地产市场的类型特点。房地产市场可以根据不同的划分依据分成不同的类型。

（1）根据房地产的交易客体来划分，房地产市场可以分为4类。

1）地产市场。地产市场也称土地市场，是房地产市场的基础。具体来看，地产市场主要有国有土地使用权出让市场和国有土地使用权转让市场。详细内容见本书“7.2 土地使用权的获取方式与程序”。

2）房产市场。房产市场可以分成两个层次：一是新房市场，在这个市场上，房地产开发商将其新开发的房屋（包括住宅和商业用房）投放到房地产市场进行交易，一般是房屋进行首次交易；二是二手房市场，也叫旧房市场，在这个市场上，不同房屋的消费者进行着房屋的交易或购买，一般是房屋进行非首次交易。

3）房地产金融市场。房地产金融市场主要包括房地产融资、按揭贷款等。

4）房地产中介服务市场。房地产中介服务市场主要包括房地产评估、房地产经纪、房地产咨询、房地产信息服务市场等。

（2）根据房地产的用途来划分，房地产市场可以划分为8类：①住宅市场；②写字楼市场；③商业用房市场；④仓储用房市场；⑤行政司法用房市场；⑥科教文卫用房市场；

⑦旅游娱乐用房市场；⑧特殊用房市场。

每一类还可以进一步划分，如住宅市场可以分成经济适用房市场、普通住宅市场、高级住宅市场、别墅市场等。

（3）根据房地产的档次来划分，房地产市场可以分成高档房地产市场、普通房地产市场和低档房地产市场 3 个档次。

1）高档房地产市场，是针对高收入消费者和大企业的房地产市场，这部分消费者经济实力雄厚，对房地产项目的档次要求高，价格敏感性相对不高。该市场上的房地产项目一般表现为单价高、总价也高。

2）普通房地产市场，是面对普通工薪消费者和中小企业的房地产市场，这部分消费者经济条件一般，对房地产项目的档次有一定的要求，但对价格的敏感性又较高。该市场上的房地产项目一般表现为单价适中、总价不高。

3）低档房地产市场，是针对低收入人群的房地产市场，这部分消费者收入低，只能要求最基本的居住条件。实际上，低档房地产市场只有靠政府的介入搞经济适用房建设，才能运转起来。该市场上的房地产项目一般表现为单价低，总价也低。

（4）根据房地产的辐射范围来划分，房地产市场可以分成 6 个级别的房地产市场。

1）世界性的房地产市场。目前除香港外，我国还没有真正意义上的世界性的房地产市场，但随着我国经济在整个世界经济体系中的地位不断提高，相信我国很快会在局部形成世界性的房地产市场。

2）亚洲性的房地产市场。我国北京、上海等国际化大都市的 CBD 项目的开发与经营市场，已经成为亚洲性的房地产市场。

3）全国性的房地产市场。南京的新街口商业用房市场、北京的中关村科技园生产和经营用房市场，就是全国性的房地产市场，吸引了全国各地的关注。

4）跨省区的房地产市场。像成都春熙路商业用房市场，就是覆盖整个西南地区的房地产市场。

5）省区内的房地产市场。省内较大城市的房地产市场，能吸引省内消费者，就属于省内的房地产市场。

6）市区内的房地产市场。普通城市的房地产市场，只能吸引本市内的消费者，就属于市区内的房地产市场。一般来说，房地产市场的档次越高，其辐射、覆盖的范围就越广，因此在分析房地产市场的辐射范围时，必须考虑到房地产的档次。

（5）根据房地产的供应方式来划分，房地产市场可以分成现房市场和期房市场。

1）现房市场。现房市场是指进行交易的房屋（连同它占有的相应的地块）已经建好，可以立即投入使用的市场。

2）期房市场。期房市场是指进行交易的房屋（连同它占有的相应的地块）还没有建好，需要等待一段时间才能投入使用的市场。期房市场的出现，对开发商来说，可以提前回收资金；对消费者来说，可以以较低的价格购房，有时甚至可以进行市场投机。如果政府管理不严格，期房有时会出现欺诈现象，从而引起房地产市场的混乱。

（6）根据房地产的供求力量对比方式来划分。房地产市场可以分成买方市场和卖方市场。

1）买方市场。买方市场是指供过于求的市场，在买方市场上，买方居于主动地位，房价可能下跌。

2）卖方市场。卖方市场是指供不应求的市场，在卖方市场上，卖方居于主动地位，房价可能上涨。

（7）根据房地产的权属让渡方式来划分。房地产市场可以划分为：①买卖市场；②租赁市场；③抵押市场；④典当市场；⑤置换市场；⑥用房地产联营、参股的市场等。不同的权属让渡方式，可以满足不同的房地产交易的需要。

（8）根据房地产市场的发育程度划分，房地产市场可以分为3类。

1）相对成熟的市场。相对成熟的市场主要是北京、上海等国际化大都市的高档写字楼市场，这是因为其服务的对象主要是来自发达国家的跨国公司，市场化、规范化程度高。

2）正在发育的市场。由于我国的房地产市场还处于一种正待成熟、正待规范的状态，所以我国大部分房地产市场都是正在发育的市场。

3）刚刚萌发的市场。旅游房地产市场、大学生公寓市场、老年公寓市场，则是刚刚萌发的市场的典型。

总之，当房地产企业准备进行项目经营的时候，一定要对各种类型的房地产市场进行调查，只有首先了解各种不同类型的房地产市场的特点和走势，才能够正确发现市场机会。

3. 房地产市场细分

上面是对房地产市场进行的粗略分析。实际上，房地产市场的每一种划分都可以再继续划分下去，这种继续的划分就是市场细分。市场细分可以使房地产企业更准确地了解房地产市场。通常情况下，房地产市场的细分，可以从4个方面来进行。

（1）明确市场细分依据。明确市场细分主要有3个依据。

1）地理位置。房地产市场是地域性较强的市场，根据地理位置进行细分，可以将房地产市场划分为内部差距较小的市场。地段通常是指基准地价在同一级别的、土地用途单一的地块，如北京的王府井地段、南京的新街口地段。

2）消费者的人口经济统计因素。通常根据家庭收入、年龄、家庭规模、教育水平、民族、宗教信仰等因素进行细分。具有不同统计因素特征的消费者的消费偏好是不同的。

3）消费者对房屋的特殊要求。它包括：①消费者的购买动机，是自用还是投资，或是其他目的；②消费者的生活方式，如是否好客；③消费者的消费习惯，如对商品的品质、功能和服务的态度是否挑剔等。

（2）考虑市场细分的重点因素。进行市场细分，首先是要在各种细分的因素中选择重点考虑的因素。市场细分所要重点考虑的因素一般有4项。

1）收入状况，决定其购买能力。

2）购买动机，决定其购买欲望。

3）需求档次，决定整个项目的市场定位。

4）房型，决定项目楼盘的产品类型。

（3）根据重点因素进行市场细分。这是一个将消费者特征和产品特征进行匹配的过程。例如，高收入的经理阶层，其买房的动机就不仅是自用，可能是出于某种炫耀的心理，或者是证明自己成功的心理，他对档次的要求可能是高档的，对房型的要求就可能是别墅住宅或市区里离其办公地点较近的高级公寓。再如，低收入的打工阶层，其买房的动机就是自用结婚或接父母同住，他对档次的要求可能是低的，对房型的要求能够住就行，离市中心远点也能忍受。

（4）评价市场细分结果。市场细分的目的是更好地发现市场机会，因此一个成功的市场细分必须做到以下 4 点。

1）要形成足够进行开发的销量并能产生利润，确保企业收益在盈亏平衡点之上。

2）细分之后的市场需求和购买力可以量化处理，能估算出投资回报。

3）细分之后的市场上的消费者可以通过某种营销渠道最大幅度地接近，便于成功销售楼盘。

4）细分之后的市场营销行为相对单一，可以促使消费者产生购买行为。

4. 房地产市场数据资料的收集

在进行了市场细分，初步发现了市场机会之后，接下来的工作就是针对某些细分市场，进行房地产市场数据资料的收集。

（1）要收集的房地产数据资料，大体包括 4 个方面。

1）市场需求与供给方面。市场需求方面的信息资料主要包括：①宏观经济发展状况的信息资料；②消费者状况的信息资料。市场供给方面的信息资料主要包括：①现有房地产的数量、档次、功能；②需要拆除的房地产的数量、档次、功能；③可能发生用途改变的房地产的数量；④目前细分的房地产市场的开发成本；⑤未来一段时间内可能投入市场的房地产数量、档次、功能，包括正在规划的房地产开发项目、取得国有土地使用权的房地产开发项目、获得建筑施工许可证的房地产开发项目和正在施工中的房地产项目等。

2）市场交易方面。市场交易方面的信息资料主要是 4 项：①租金水平；②售价水平；③出租比率；④空置率。

3）房地产金融方面。房地产金融方面的信息资料主要有 3 项：①利率；②贷款的难易程度；③抵押贷款的违约发生率。

4）政府政策方面。政府政策方面的信息资料主要有两项：①出让市场的土地的数量、地理位置和价格；②政府税收政策的变化等。

（2）收集方法。包括一手信息资料的收集和二手信息资料的收集。

1）一手信息资料收集，是专门针对所关注的房地产开发项目所要实地调查收集的信息资料，具体方式有网上调查、电话调查、书面问卷调查和实地观察。前3种方式的成本相对较低，但当事人可能不愿如实回答所提的问题或对所提的问题理解错误，常会造成所收集的信息资料失真。实地观察法得到的信息资料客观真实，但对观察者的素质要求较高，花费的时间比较长，相关费用也比较高。

2）二手信息资料收集，主要是充分利用已经公开的信息资料，特别是充分利用报刊、房地产信息网络等渠道获得公开信息资料，还要充分利用房地产中介机构、政府机关、其他开发商、金融机构等公开提供的信息资料。

（3）要考虑房地产市场调查成本收益。房地产市场调查的收益实际上就是指调查结果的有效性，具体表现在真实性、时效性及准确性上。房地产市场调查的成本就是指进行房地产市场调查所需要投入的人力、物力和财力，要考虑成本收益，更多采用成本低廉的网上市场调查。由于网络工具的应用，网上市场调查便应运而生。网上市场调查，主要利用互联网接口的交互式的信息沟通渠道来实施调查活动，它包括直接在网上通过问卷进行调查，还可以通过网络来收集市场调查中需要的一些二手资料。

5.2 房地产市场分析与流程

房地产市场分析是在充分了解房地产市场特点的基础上，依据房地产市场调查所得到的信息资料，进行科学有效的分析，从中发现房地产市场目前发展状况和发展机会的一种活动。进行房地产市场分析，首先需要了解房地产市场的特性。

1. 房地产市场的特性

房地产市场有着许多不同于一般商品市场的特性。

（1）不可移动性。土地、房屋的固定不动决定了房地产市场的不可移动性。在一般的商品交易中，商品从卖方流动到买方，货币从买方流动到卖方，也就是人们常说的“一手交钱，一手交货”。由于一般商品的这种流动性，从而使某个地区商品市场出现失衡时，可以通过从其他地区的余缺调剂来达到平衡。但是，房地产的交易对象“土地、房屋”是不可移动的，所以房地产市场实际上是“权钱交易”，即“一手交产权，一手交钱”，当各地区的房地产市场出现了供不应求或供过于求的状态时，无法通过其他地区的余缺调剂来达到市场平衡。因此，不同地区房地产市场的价格水平、供求状况存在较大的区别。

（2）滞后性。房地产开发项目从申请立项到最后建成出售，是一个周期漫长、耗资巨大的经济活动，至少要耗时1年以上，有的项目甚至耗时10年以上。当房地产市场出现供不应求的状况时，新增加的供给要等相当长的时间才能投放到市场上；当房地产市场上出现供过于求的状态时，难以通过价格的大幅度下降而迅速扩大市场需求，从而在短时间内形成市场均衡。而且，房地产商品具有使用寿命长的特点，开发商往往选择等待市场慢慢消化掉多余的市场供给，而不会降价售房，除非经济上出现困难。

（3）垄断竞争性。由于房地产商品的不可移动性，就使得每一项房地产开发项目都具有独特的地理位置特点，从而形成了一种地理位置的垄断。但是，房地产是一种商品，同地段、同类型楼盘之间又存在着竞争。因此，房地产市场是一种具有较强的垄断竞争特点的市场。

（4）周期性。房地产市场具有鲜明的周期，当国民经济发展形势好的时候，各种投资者纷纷看好房地产市场，大量的房地产项目上马，这里就蕴含着一种巨大的风险。当房地产项目远远超过市场的实际需要严重供过于求时，各家的经济利益都会遭受损失，各种投资者转而对未来形势持悲观态度，又使得投放市场的房地产项目严重供不应求。这样，房地产市场就呈现出“兴旺—平淡—萧条—复苏—兴旺”这样的循环往复的周期。但是，房地产景气循环与宏观经济循环不同。房地产景气循环的一般特征是：①房地产业稍后于宏观经济进入复苏期；②房地产业先于宏观经济进入繁荣期和衰退期；③房地产业的萧条期长于宏观经济；④景气循环的波峰高于宏观经济，波谷低于宏观经济等。也就是说，相对于宏观经济，房地产经济波动具有涨落快、波幅大、萧条时期长的特点。此外，房地产周期中还有季节波动，即房地产市场在一年之内活动的有规则的变化。引起房地产市场这种季节波动的因素有多种，有的来自市场需求方面的变动，有的则来自市场供给方面的变动。例如，在我国，为了方便子女上学，不少家庭会在 8 月购房，所以 8 月往往是住房散户销售的高潮；社会集团购买则一般集中在年底，所以住房批量销售的高峰也在年底。又如，欧美冬季多雨，所以房地产业特别是建筑业的活动在这一时期大幅减少；而南京有所谓 3 月和 10 月“黄金档期”的销售旺季。以上这些因素都会影响房地产市场周期中的季节波动。

（5）投机性。由于房地产市场调节的滞后性，特别是垄断竞争性、鲜明周期性的存在，使得房地产成为一种很好的投机对象。如果能够预见到市场的变化，或者比别人更多地了解市场，就可以进行房地产投机，低价购进，再高价转手。从世界各国经济发展的历史来看，房地产市场的投机性仅次于金融股票市场，而职业炒房者的出现更会严重干扰房地产市场的正常运作，因此要遏制炒房行为。

（6）交易方式的多样性及复杂性。一般的商品市场只有买卖一种方式，房地产市场却有买卖、租赁、抵押、典当、置换等多种交易方式。房地产交易不仅方式多样，而且交易复杂，从有交易动向到交易完成，需要双方相互寻找、现场考察、产权产籍资料查阅、讨价还价、签订契约、产权转移登记等一系列活动，持续时间长，涉及多方面的专业知识。完成一宗房地产交易，通常需要一个月以上的时间，需要各种中介机构（如房地产评估机构、金融机构、律师事务所等）的协助，还要与政府多个部门打交道，情况非常复杂。

（7）与金融市场高相关性。房地产开发与交易耗资巨大，需要金融市场介入，房地产市场与金融市场密切相关。但是，金融市场是起伏性比较大的市场，一旦金融市场出现某种动荡，就会立即波及房地产市场。

（8）受政府干预性。房地产是国民经济的支柱产业，是国家重要的税收来源，而且是普通人最大的财富，往往耗尽了一生的积蓄，关系到社会稳定。因此，政府对房地产市场实行强有力的干预。

2. 房地产市场分析的价值

进行及时、科学的房地产市场分析，至少有以下 4 个方面的价值。

（1）获得项目开发的先机。如果可以预见到某一地段的某一种房地产项目会有巨大的发展机会，房地产开发商就会抢先行动，在没有其他开发商竞争的条件下，就可以以较低的价格（相对于众多开发商竞争条件下所形成的价格）取得那块土地的使用权，从而获得最大的经济利益。

（2）为新项目开发提供决策依据。不断成功地开发新的项目，开发商能够源源不断地获得经济利益。这需要开发商认真分析新项目市场，才能确定是否需要在该地块进行开发决策，并制定合理的经营策略。

（3）有利于制订正确的开发和营销方案。房地产项目的开发周期较长，在项目即将投放市场的时候，原先预计的一些情况可能发生了较大的变化，只有再次进行深入的市场变化分析，才能制订出符合目前市场特点的营销方案，特别是营销策略和定价方案。

（4）有利于正确判断所处的市场地位。通过市场分析，特别是通过对竞争对手市场地位的分析，才能看清自己在市场上的地位。

3. 房地产市场分析的流程

尽管不同的房地产项目所要分析的具体问题不尽相同，但是进行房地产市场分析一般要包含如下步骤，具体流程如图 5-2 所示。

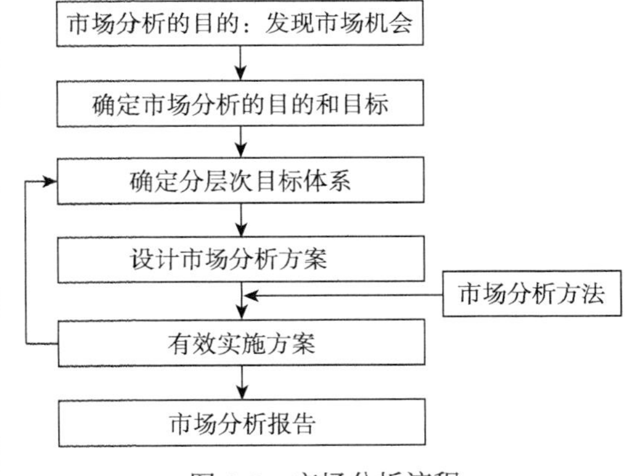

图 5-2　市场分析流程

（1）确定市场分析的目的和目标。房地产市场分析的目的，就是要发现房地产市场的投资发展机会。房地产市场分析的目标，是为了达到市场分析的目的，找出房地产市场的投资发展机会。这需要确定分层次的目标体系。在目标体系中，总目标居于核心地位。在总目标之下是各个层次的具体分解目标，实际上就是总目标的不同层次的具体化。

（2）设计市场分析方案。方案包括如何进行市场调查，如何分析市场调查获取的信息资料，以及分析工作的人员、时间、经费、任务、工作程序等事项的安排。

（3）有效实施方案。在实施方案的过程中，要有一定的纪律约束，保障分析方案的有效贯彻。同时，市场分析的组织者也要随时根据实际行动的结果和情况变化进行必要的方案调整。

（4）撰写并提交一份市场分析报告。报告中应该包括进行房地产市场分析的目标、过程、结论及建议等。分析报告一定要十分简明、清楚、客观、准确。这份市场分析报告不仅要给房地产经营者看，还可能要给相关的机构审阅，如贷款银行，因此必须确保高质量，如表 5-1 所示。

| 实践资料 |

南京某置业公司简易市场调研报告表

表 5-1 简易市场调研报告表

调研组长	马光明
调研时间	2012 年 5 月 13 日
项目名称	×× 商场挂牌拍卖竞拍价格调研
项目具体位置	秦淮区贡院街 ### 号
交通条件	1 路、31 路、306 路、44 路
房屋性质	商用
楼层	1、2、3 层
总面积	2 112.5 米^2
该地段租赁价格	3 层，1.5 元 /（米^2・天）；2 层，3.5 元 /（米^2・天）；1 层，7 元 /（米^2・天）
年租金	1 505 550 元
挂牌拍卖价格	22 000 000 元
首付（40%）	8 800 000 元
年付贷款（60%）	1 657 668 元
过户税费	878 338 元
年租 – 年付	–152 118 元
升值空间	较大
调研组长投资意见	认为该商场物业投资价值取决于升值空间，年租不足以弥补年付，风险较大
公司总经理审批	放弃投资

4. 房地产市场分析的内容

房地产市场分析一般分成 3 种，具体分析内容如表 5-2 所示。

表 5-2 房地产市场分析内容

<table>
<tr><th colspan="4">市场分析要素</th></tr>
<tr><td rowspan="6">房地产市场分析</td><td rowspan="6">总体的市场分析</td><td rowspan="5">市场供求现状分析</td><td>需求分析</td></tr>
<tr><td>供给分析</td></tr>
<tr><td>价格分析：售价和租金</td></tr>
<tr><td>交易数量分析</td></tr>
<tr><td>空置率分析</td></tr>
<tr><td>房地产市场周期阶段分析</td><td>兴旺—平淡—萧条—复苏—兴旺</td></tr>
</table>

（续）

<table>
<tr><th colspan="4">市场分析要素</th></tr>
<tr><td rowspan="20">房地产市场分析</td><td rowspan="8">总体的市场分析</td><td rowspan="3">房地产市场的完善程度</td><td>市场机制的调节能力</td></tr>
<tr><td>销售市场与租赁市场的平衡情况</td></tr>
<tr><td>二手房市场的发育程度</td></tr>
<tr><td rowspan="2">房地产信贷条件分析</td><td>利率</td></tr>
<tr><td>贷款条件</td></tr>
<tr><td rowspan="3">相关中介机构的发育状况</td><td>房地产交易所的服务水平</td></tr>
<tr><td>房地产评估机构的服务水平</td></tr>
<tr><td>其他中介机构的发育状况</td></tr>
<tr><td rowspan="8">特定开发地段的市场分析</td><td rowspan="5">该地段限制因素分析</td><td>城市规划</td></tr>
<tr><td>基础设施</td></tr>
<tr><td>交通运输条件</td></tr>
<tr><td>社会环境</td></tr>
<tr><td>地质情况和环境保护要求</td></tr>
<tr><td colspan="2">类似竞争性项目的价格或租金分析</td></tr>
<tr><td colspan="2">市场需求的数量、房型分析</td></tr>
<tr><td colspan="2">市场个性需求分析</td></tr>
<tr><td rowspan="4">目标地块的SWOT分析</td><td colspan="2">优势</td></tr>
<tr><td colspan="2">劣势</td></tr>
<tr><td colspan="2">机会</td></tr>
<tr><td colspan="2">风险</td></tr>
</table>

（1）总体的市场分析。房地产总体市场分析，是指对某一城市的城市规划区范围内的特定类型的房地产市场发展状况的分析。一般来说，总体市场分析由专门的房地产市场分析机构来做，普通的房地产经营者是难以做到的。总体市场分析的内容，通常包括3个方面。

1）市场供求现状分析。市场供求现状分析具体又包括5个方面。

a. 需求分析。主要根据居民收入、就业、新创办公司数量、类型等因素进行分析，并根据这些因素变化来分析对房地产数量、功能、档次的需求特点。

b. 供给分析。主要从城市规划、开工数量、建筑成本、用途变化等因素对未来市场供给的影响来进行分析。

c. 价格分析。分售价和租金两种价格，通过分析，找出价格波动规律。

d. 交易数量分析。交易数量的变化，是房地产市场最重要的分析资料，通过对这些资料变化趋势的分析，可以大体掌握目前市场的发展走势。

e. 空置率分析。空置率包括两个概念：一是自然空置率，即长期市场供求均衡条件下的空置率；另一个是实际空置率。当实际空置率低于自然空置率时，就表明市场是供不应求的，市场机会众多，开发商就应加快开发速度或提高开发力度；当实际空置率高于自然空置率时，就表明市场是供过于求的，缺乏市场机会，开发商就应减慢开发速度或降低开发力度。

2）房地产市场周期阶段分析。房地产市场鲜明地呈现出“兴旺—平淡—萧条—复苏—兴旺”这样的循环往复，房地产市场周期阶段的分析目的就是正确判断当前处于周期中的哪个阶段。对于房地产开发商来说，在不同的阶段选择不同的经营行为是十分必要的。在兴旺期进行投资实际上是冒巨大风险的，因为这时投资成本大，而且房地产投放市场时可能正好赶上房地产市场趋于平淡甚至是萧条阶段，那么房地产商就面临着巨大的资金回收压力。房地产市场的萧条阶段是最理想的投资时期，这时不仅投资的成本低，而且当投资的房地产投放市场时可能正好赶上房地产市场复苏甚至是兴旺阶段，房地产商将会获得巨额的经济利益。

3）房地产市场的完善程度。作为生产要素市场之一的房地产市场，在我国发育的程度还不平衡，有的地方高，有的地方还比较低。这对房地产经营来说，将产生重大而深远的影响。我国房地产市场发展态势如表5-3所示。房地产市场的完善程度体现在3个方面。

表5-3 房地产市场发展态势

市场要素	发展态势
市场发育程度	短缺市场→供求平衡、相对饱和→相对过剩市场
产品提升阶段	地段→家居→环境→服务管理→文化生活方式→智能化
买家认识阶段	认地段→认环境→认服务管理→认品牌
竞争层面提升	资源→销售→设计→资源整合→全方位竞争
企业状态提升	项目公司→专业公司→管理公司→全能冠军
追求境界提升	看得见摸得着→看得见摸不着→看不见摸不着但感受得到

a. 市场机制的调节能力。有效的市场机制能够优化配置社会资源。市场机制有两个重要的功能：一是促使市场的各个参与者积极提高自己的经营水平，改善经营业绩；二是淘汰那些不能真正为市场提供相应商品或服务的经营者。我国现阶段的房地产市场矛盾较多，突出地表现在空置率居高不下，房价居高不下，这表明了我国房地产的市场机制在充分有效调节市场方面还有很长的路要走。房地产空置率的居高不下，将导致巨额资金沉淀，会对整个国民经济资金流的正常周转产生不利影响，造成社会资金的紧张；房价的居高不下，将极大地抑制消费者的购买热情。随着我国房地产市场的完善，特别是房地产经营者有序市场竞争的激烈开展，以及房地产经营者之间的兼并重组活动，大批并不具备相应经营资质和实力的经营者将会被有效地淘汰出房地产领域。而且，随着市场机制的完善，那些不顾自己实际资金实力而贸然从事房地产经营的企业或个人，将会被房地产市场拒之门外或有来无回。

b. 销售市场与租赁市场的平衡情况。目前我国的房地产市场还没有形成销售市场和租赁市场的良性互动局面：在商务房地产市场上，租赁市场比较发达，而销售市场相对薄弱；在住宅市场上，则是销售市场比较发达，居民热衷于买房，但多数没有在买房和租房之间进行全面权衡。尽管销售市场与租赁市场有时难以平衡，但房地产企业同时在房地产销售市场和租赁市场上运行，可以增加经营空间。房地产销售市场和租赁市场既相互排斥又相互促进，相互排斥体现在，一项房地产项目在开发完毕首次进入交易市场时，不能同时用于销售和出租；相互促进体现在，如果租赁市场有利可图，投资者就会购买房地产项目投入到租赁市场中，这就促进了房地产销售市场的兴旺，而房地产销售市场的兴旺，就会带动房地产开发活动，从而导致房地产项目市场供应的充足，使房地产租赁市场有了更大的基础，但过多开发也会降低租金水平。对房地产经营者来说，要利用好房地产销售市场和租赁市场的互动关系。房地产经营者在房地产销售市场和租赁市场的同时运行，实际上增加了经营的空间，也增加了回避风险的条件。在房地产销售市场兴旺时，就转移到房地产销售市场经营，而当房地产销售市场萧条时，就转移到房地产租赁市场经营。

c. 二手房市场的发育程度。二手房市场是房地产市场的重要组成部分，我国二手房市场目前发育较快。由于现代社会中人们生活环境的不断变化，不管是收入水平的不断提高，还是工作单位或地点的不断变化，使得现代社会的人们对房地产项目的需求不断变换，即不断根据自己生活条件的改变而调整自己的居住状态，那种“一步到位”的置业观念已经落伍了。人一生可能多次置业，这就需要二手房市场的发展。目前，二手房已经成为我国房地产市场的主产品。当一个人还处于单身时，一间房就满足了他的基本需要；当两个异性单身的人士结成夫妻时，如果没有孩子，一套一居室也能基本满足需要；当孩子出生时，就需要两居室以上的住房了。在二手房市场完善的条件下，人们就可以卖掉原有住房获得现款后，再添一部分钱去买更符合需要的房子。假设一居室住房建筑面积为 50 平方米，两居室住房建筑面积为 80 平方米，单价相同，略有折旧，一个原来没有孩子的夫妻在有了一个孩子之后，实际上只需要再购买略多于 30 平方米的建筑面积就可以满足需要；或者，如果夫妻收入可观，那么就干脆另外再买一套大房子。同时，二手房市场（还有租赁市场）还是一个特别适合个人投资的市场，这可以调动社会资金，促进房地产市场运行。土地是不可再生的资源，总会有一天大部分可开发的土地都已经得到开发，每年新开发的房地产项目极少，那么房地产市场的活跃实际上就只有依靠二手房市场（还有租赁市场）来支撑了，二手房就会成为房地产市场的主产品。

4）房地产信贷条件分析。信贷条件主要指利率走势和抵押贷款年限。房地产市场是受金融市场强烈影响的市场，分析房地产信贷条件是了解房地产市场走向的重要依据。信贷条件宽松，即利率低、抵押贷款年限长，则房地产市场活跃；反之，则房地产市场沉闷。中央政府对房地产行业高度关注，随时会出台变动利率等调控措施。由于房地产投资具有资金量大、开发周期长的特点，房地产投资不可避免地存在着随市场利率的变动而产生的风险。一是因为利率是房地产投资的机会成本，市场利率水平提高则表示房地产投资的机会成本提高；二是获得贷款的利率提高，将直接增加房地产的开发成本；三是利率的浮动会影响到房地产的销售市场与建筑市场。贷款利率的高低直接影响着消费者购买住宅的能力。利率越低，购房按揭贷款利息的成本越低，对房地产的需求就越高；反之，利率越高，消费者对房地产的需求越低。所以，在房地产开发过程中，要时刻警惕利率变动的风险。

5）相关中介机构的发育状况。房地产经营是一项信息量巨大、相关事务繁多的经营活动，越来越需要专业化的中介机构来操作。如果缺乏高水平的市场中介机构，房地产经营就难以有效进行下去。所以，房地产中介机构的发育状况，对房地产经营有着非常重要的影响。相关中介机构主要有以下几种。

a. 房地产交易所。一般各个城市的房地产管理局下面都设置有房地产交易所。房地产交易所是房地产经营的主要场所，它同时也常常代替政府履行一些市场管理的职能。房地产交易所的服务到位且收费合理，对正常的房地产交易是十分重要的。房地产交易所可以提供多方面的服务，如相关法律的咨询、相关政策的咨询、房地产信息的咨询、房地产经营者资质情况的咨询。这些信息提供的准确性、时效性，对房地产经营者正确制定经营决策有着重要的意义。房地产交易所提供的服务的质量越高，对房地产经营者的帮助就越大。

b. 房地产评估机构。通常情况下，房地产交易都必须要进行房地产评估，房地产评估机构是房地产交易中的一环。房地产评估机构应该是按照客观、公正、科学的原则进行房地产项目价值的评估，使房地产交易双方正确了解交易的前景。房地产评估机构要讲究职业道德，不能为了拿到评估费违规满足业主的要求，业主要求评估多少就给评估多少。

c. 其他中介机构。房地产市场越发达，需要的房地产中介机构种类就越多，如房地产营销代理公司、房地产按揭贷款代理机构、房地产按揭贷款保险代理机构、二手房转让代理机构、房地产信息服务机构、房地产按揭贷款担保机构、房屋银行（即低价承租客户的房屋，再高价出租出去的中介机构）等。此外，熟知房地产事务的律师事务所也是必要的中介机构。总之，如果中介机构发育得好，就会促进房地产经营的发展。

（2）特定开发地段的市场分析。通常包括 4 个方面的内容。

1）限制性因素分析。

a. 城市规划。城市规划对城市规划区内的各个地段的土地用途、容积率等开发必须注意的事项都已经做出了明确的规定，房地产开发商必须遵守这些规定，不能超越规划要求，要依据规划条件进行开发设计。对这些规定进行分析，可以判断出相应的成本支出。

b. 基础设施。基础设施及其他相关设施是否配套，会影响开发项目的销售和租赁。基础设施及其他相关设施不配套的优点可能是地价较低，缺点是需要增加投资用于建设这些设施。开发商选择该地段时，需要权衡利弊。

c. 交通运输条件。一般来说，交通运输条件极大地影响着房地产项目的价值，因此需要对该地段的交通运输条件的影响进行定量分析。地段决定价值，主要因为差的地段交通运输条件差，人出行不便，房屋的价值会大打折扣。

d. 社会环境。社会环境会对房地产项目的开发产生影响，需要分析其对开发项目经济利益可能带来的实际影响。

e. 地质情况和环境保护要求。这些也都会对房地产项目的开发产生影响，需要分析这些因素的实际影响，特别是成本额外支出方面。

2）类似竞争性项目的价格或租金分析。这个分析的目的是判断这一特定地段所设想开发的房地产项目在整个市场上的竞争力。只有在价格或租金上不高于类似房地产项目的情况下，所开发的房地产项目才会有市场竞争力。同时，在进行类似项目的价格或租金分析时，一方面要选取最相似的房地产项目作为分析对象，另一方面也要注意不同房地产项目的性能价格比的测算。类似项目分析要做到知己知彼，确定自己的特色，超越竞争对手。

3）市场需求的数量、房型分析。这个分析的目的是寻求这一特定地段的最佳开发方式。不同的消费者有着不同的空间需求和空间组合需求。对住宅项目来说，应该根据该项目所要吸引的消费者的数量、家庭结构、生活水平、行为习惯等因素，合理确定房型。对商业用房的项目开发来说，则应该根据预期的营业范围、吸引的顾客量、所处商业中心的市场级别，来确定商业用房的规模和内部设计。对写字楼的项目开发来说，则应该根据所要吸引企业的规模、业务特点和经营习惯来确定写字楼的规模和内部设计。总之，要选择市场需求量大、房型集中的对象作为开发的主攻方向。

4）市场个性需求分析。这个分析的重点是分析市场对这一特定地段房地产功能、档次的需求，目的是想知道是否需要提供特殊配套服务设施。提供配套服务设施，虽然可能会增加开发成本，但有助于开发项目的销售和租赁。

（3）目标地块的 SWOT 分析。这个分析的目的是分析本地块的优势、劣势、机会、风险、价值等，做到开发前就心中有数。可参照地块周围的竞争性楼盘进行分析，目标地块的 SWOT 分析内容如图 5-3 所示。

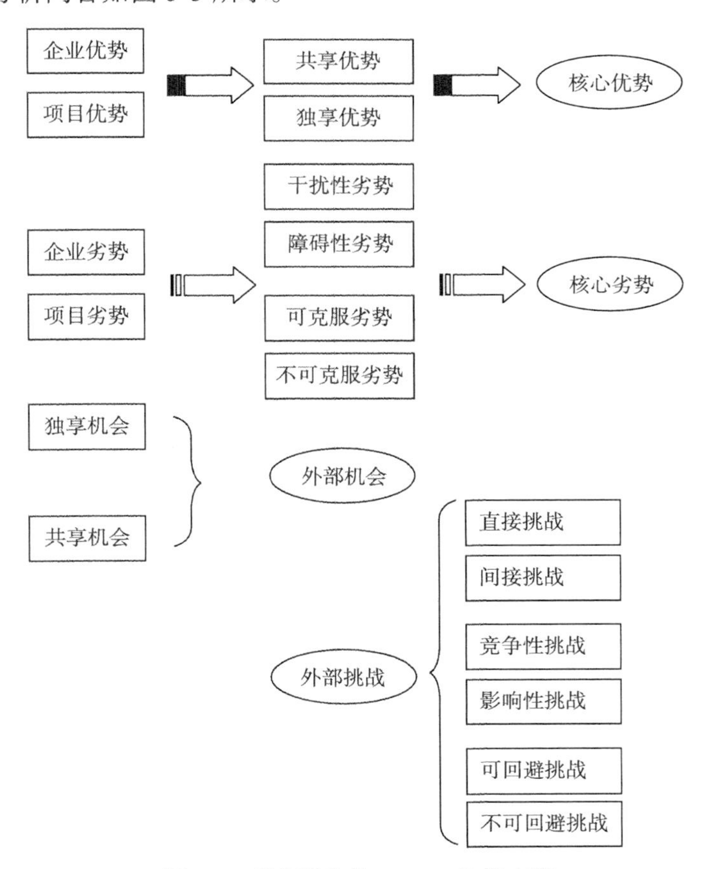

图 5-3　目标地块的 SWOT 分析内容

📖 案例 5-2

金域蓝湾项目地块的 SWOT 分析

1. 优势

（1）该地块土地平整，空气清新，靠近风景区，自然环境好。

（2）项目所在区域交通网络完善，可达性高。

（3）项目周边已有小区入住，人流量的增加会不断提升项目的潜在价值。

（4）项目已在市场上得到较高认同，有较高的市场价值。

2. 劣势

（1）本项目所在区域为非主中心城区，人流量较少导致商业氛围较差，人气不足。

（2）周围生活配套设施目前品质不高，居民的生活品质受到一定程度的影响。

（3）接近郊区，相比其他大多数项目，本项目处于市区与郊区的交接处，居住于此的居民在工作上班方面处于与离工作地点远的劣势。

3. 机会

（1）南京房地产市场持续在高位运行，江宁区域发展空间大，价值将得到进一步提升。

（2）南京为区域中心城市，外来人口多，需求持续走高，给项目带来更多的市场空间。

（3）未来区域人口的增加，有利于项目建成后的销售。

（4）收入增加、生活水平的提高，居民有强烈的改善住房需求。

4. 风险

（1）整个南京市场房价在逐步上涨，其速度明显高于居民收入的上涨速度。

（2）土地增值税清算会对开发商施压，可能影响项目收益。

（3）未来住宅用地供应量较大，竞争激烈。

（4）国家不断出台严厉的房地产调控政策，对未来影响加剧，为楼市带来不确定因素，许多消费者也由原来的急切购房的心态转变为观望态度。

（5）房地产开发市场竞争激烈，从规模和产品品质上都不乏强有力的竞争对手。

资料来源：根据万科公司网站 http://sh.vanke.com 资料整理。

5.3 房地产市场预测与方法

准确、及时的市场预测，能够减少房地产开发的盲目性，提高投资决策的收益。

1. 房地产市场预测的种类

（1）按预测的时间长短可划分为 3 种。

1）短期预测，是指对 1 年内的房地产市场变化的预测。由于房地产具有开发周期长的特点，因此这种短时期的预测主要用于制订月计划、季度计划、年度计划，为正常的市场营销工作服务。

2）中期预测，是指企业对 3 年内的房地产市场变化及其发展趋势的预测，是企业制定发展规划的依据。例如，对两三年内的房地产市场各类物业的需求量进行预测，从而为房地产企业投资各种类型的物业提供决策依据。

3）长期预测，是指房地产企业对 3 年以上的房地产市场变化及其趋势的预测，这种预测是企业制定长期战略目标的科学依据。长期预测的准确度很难把握。

（2）按预测对象的范围可划分为两种。

1）宏观市场预测，是对整个市场的预测分析，涉及的范围大，牵涉面广。例如，房地产市场的供求变化及与之相联系的各种因素，如人口结构变化，经济发展速度，以及对影响房地产市场的其他政治法律因素的预测。宏观市场预测对企业确定发展方向和发展规划有指导作用。

2）微观市场预测，是指房地产企业在营销活动范围内进行的市场预测，如房地产企业产品的市场份额、价格变化等预测。微观市场预测是企业制定生产经营决策、编制计划的依据。

（3）按预测方法的性质可划分为两种。

1）定性预测，也称判断预测。它是预测者根据自己掌握的实际情况、实践经验和逻辑推理，对房地产市场的发展趋势做出的推测和判断。例如，今后几年房地产市场供求关系是供大于求还是供不应求等。定性预测需要的数据少，比较简单易行。在使用定性预测方法进行房地产市场预测时，主要是凭借个人的知识、经验和分析能力。这种方法主要适用于缺乏信息资料，或者影响因素复杂又难以分清主次，或者对主要影响因素难以进行定量分析的情况。定性预测方法常用的有德尔菲法、意见集中法、类推法等。

2）定量预测。它是在了解历史资料和统计数据的基础上，运用统计方法和数学模型，对市场发展趋势进行数量分析的预测方法。定量预测与统计资料、统计方法密切相关，也称统计预测。定量预测主要包括时间序列预测和因果关系预测。时间序列预测是依据预测对象随时间的变化规律建立模型，主要包括移动平均法、指数平滑法、季节变动预测法等。因果关系预测是依据预测对象及其影响因素间的因果关系建立模型，主要包括回归分析预测法、投入产出模型等。

2. 房地产市场的预测的主要内容

房地产市场预测的主要内容包括 3 个方面：

（1）房地产市场需求预测；

（2）房地产供给预测；

（3）房地产价格预测。

根据实践经验，房地产市场预测的核心是需求预测。这是因为市场需求的数量和结构是最终决定市场发展状况的因素，房地产市场的供给实际上是围绕着未来的房地产需求而决定的。而且，房地产市场的供给难以预测。供给难以预测是因为房地产市场的供给受政府相关政策的影响大，存在着诸多的人为因素和不确定因素，难以找到有效的预测方法。由于当前房地产市场的主要产品是住宅和写字楼，所以本节主要讲解住宅市场需求预测和写字楼市场需求预测。

3. 房地产市场预测的方法步骤

房地产市场预测的一般方法步骤，如图5-4所示。

（1）确定预测对象和目的。要确定预测的对象、要达到的目的、预测的范围、预测时间等。如果开发商要预测商品房的市场销售量，应明确是哪类商品房，短期预测还是中长期预测，是全国预测还是某地区预测等。

（2）制订预测方案。预测方案应包括具体内容、人员、分工、资料收集办法、地点、时间安排等。

（3）收集和分析有关资料。在收集资料时要注意信息资料的广泛性和信息来源的多渠道性，确保信息具有代表性、准确性、系统性、完整性和可比性，在分析筛选时还要注意资料的实用价值性。

（4）选定预测方法和模型。要根据预测目标、资料占有情况、准确度要求及预测费用来选定预测方法和预测模型。

（5）进行实际预测。实际预测，即根据搜集的有关资料、选定的预测方法和预测模型，进行预测计算。

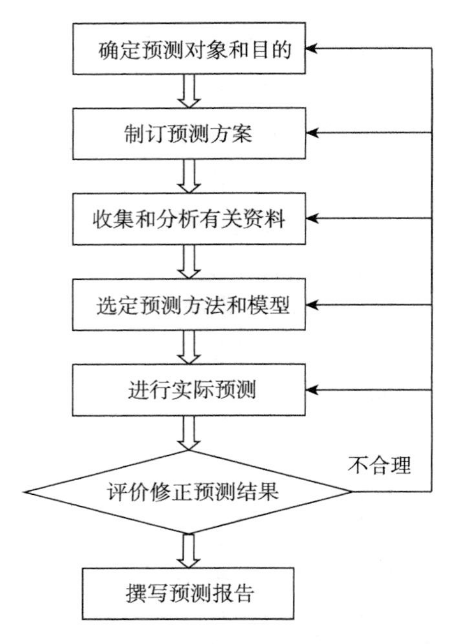

图5-4 房地产市场的预测步骤

（6）评价修正预测结果。预测不可能做到百分之百的精确，但若预测误差很大，就失去了预测的意义。所以，对预测误差进行具体分析，看预测结果是否达到预测目标的要求。如果不能达到要求，则回到前面步骤，或者重新确定目标、收集资料，或者重新选择方法，再进行预测，直到误差符合预测要求。

（7）撰写预测报告。房地产市场预测报告既要有定性分析，也要有定量分析，尽量做到数据真实、准确，论据充分、可靠，建议切实可行。然后，还要对预测的结果进行判断、评价，重点是预测误差的分析。

4. 住宅市场需求预测

（1）住宅需求预测，包括两个方面的内容。

1）住宅数量的需求预测。对住宅数量的需求，是由总人口、人口年龄结构和家庭结构3个因素所决定。

2）住宅标准的要求预测。对住房标准的基本要求，由人口收入水平和消费结构两个因素决定。

因此，对未来住宅市场的需求进行预测，就要综合分析上述5个因素的变化趋势，以及这些因素对住宅市场需求的影响。

（2）住宅市场需求的预测方法。住宅市场预测一般有额定需求预测和有效需求预测两种方法，但有效需求预测的结果常常不准确，误差很大，几乎没有参考价值，所以房地产企业常采用额定需求预测法。额定需求预测法是在假设人均住宅需求保持相对稳定的条件下，预测未来的住宅市场需求。这种方法对预测中低收入人群的住宅需求效果最好，他们对面积需求变化不大。使用这种方法，首先需要分析目前住宅状况和未来发展趋势，不考虑投机炒房需要。这种分析包括 3 个方面的内容。

1）现有住宅的规模和特点，包括本地区住宅总数，低于所定标准的住宅数量、高于所定标准的住宅数量等。

2）人口家庭变化状况，包括总人口的变化趋势、人口年龄结构变化趋势、家庭结构变化趋势。

3）经济发展趋势，包括国民经济发展预测、人均收入预测和消费结构预测。

通过对以上资料进行分析研究，提出预期可以达到的住房标准。住房标准可以用人均居住面积来表示。未来的住宅市场需求预测可以用如下公式表示

$$D_f=P_f\times T_f-S_C$$

$$S_f=D_f/n+A$$

式中　D_f——预测年限的住宅市场需求（按预期的住房标准）与现有的供给量（合乎预期标准的现有住宅）之差；

P_f——预期人口数；

T_f——预期住房标准；

S_C——现有供给量；

n——预测年限；

A——原住宅的年均报废量；

S_f——预期年均开发建设的住宅量。

例如，某县级市预期人口数 40 万人，预期住房标准人均 30 平方米，现有供给量 500 000 平方米，原住宅的年均报废量 10 000 平方米，预测两年后年均开发建设的住宅量是多少？

由上面公式可得

$$D_f=P_f\times T_f-S_C=400\ 000\times 30-500\ 000=700\ 000\text{（平方米）}$$

$$S_f=D_f/n+A=700\ 000/2+10\ 000=450\ 000\text{（平方米）}$$

5. 写字楼市场需求预测

通常情况下，做写字楼市场的需求预测，要从 4 个方面考虑。

（1）了解写字楼面积的主要影响因素。主要有职员数量、人均办公用房面积、现有的写字楼面积及空置率等。不同的员工由于工作性质和职位的不同，所需要的办公面积是不同的，所以必须对员工的构成进行有效分类，如经理人员、办事人员和销售人员等。

（2）根据城市的就业增长率预测各种员工的数量。根据所预测的各种员工的数量乘以每种员工的人均办公用房面积，就得出了所需要的办公总面积。

（3）考虑空置率因素，就可以得出预测年限所需要的办公室总面积。

（4）预测新增的写字楼面积。总面积减去现在已经被利用的写字楼总面积，再加上预测年限内需要拆除或改变了使用用途的写字楼面积，就是预测年限内需求新增的写字楼面积。

做好了各类房地产产品的预测，开发商就可以胸有成竹、有针对性地开发市场需求量大、效益好的房地产产品了。

思考题

1. 如何做好房地产市场的调研?
2. 如何把握我国当前的房地产市场?

第 6 章

地块开发风险分析与投资融资

学习目标

1. 熟悉房地产投资的特点。
2. 熟悉房地产项目的投资决策管理。
3. 熟悉房地产项目的融资管理。
4. 掌握房地产开发风险的分析方法与控制手段。

技能要求

1. 能熟练运用房地产风险分析方法对具体项目对象进行风险分析。
2. 能够识别房地产具体地块开发存在的经营风险。
3. 对照具体房地产开发项目列出投资过程和风险控制手段。
4. 能够撰写本地区某地块的房地产开发风险分析与投资融资报告。

案例 6-1

金牛湖三地块综合项目的投资风险与机会

一、项目概况

金牛湖三地块综合项目的概况，见案例 2-1。

二、项目的开发与经营环境分析

见案例 4-1。

三、项目市场分析与预测

见案例 5-1。

四、项目的投资风险与机会分析

1. 项目的投资风险分析

（1）经济大环境风险。经济大环境决定房地产购买力，购买力风险是项目的最大风险。中国经济进入新常态，房地产行业去库存仍在继续，延续转型新格局。从 2019 年整体数据来看，楼市呈现“供大于求”的态势，去库存工作仍要继续。不过总体上看，无论是一二线城市还是三四线城市，库存去化周期总体上属于偏低位水平。2020 年受新冠疫情影响，经济面临下行压力，房地产行业难以出现“大 V 型”反转，房地产业继续向高质量发展转型。近年来，房地产转型方向，一是向产业化方向转型，二是向绿色方向转型，三是向造“好房子”方向转型。2020 年，我国要全面脱贫实现小康，为经济长期稳定增长奠定坚实的基础。

（2）政策风险。政策风险也可以说成政府宏观调控对房地产的影响。房地产市场是我国经济平稳发展的重要支点之一。“稳”字当头的房地产调控方向仍将延续。十九大后中央提出的房地产基本政策：稳定房地产市场持续健康发展；稳地价、稳房价、稳预期；房住不炒；不把房地产作为短期刺激经济的手段；一城一策等。中央定性的“房住不炒”“不将房地产作为短期刺激经济手段”的底线是不能突破的，明确显示中央对房地产市场的政策底线与定力。以“稳”为主的新常态下，中央强调全面落实因城施策，逐步建立稳地价、稳房价、稳预期的长效管理调控机制，促进房地产市场平稳健康发展。未来中国房地产政策逐渐走向有松有紧的“双向调控”，调控政策是“因城施策”，不再搞全国一刀切，不同城市可以采取不同的调控策略，但最终的目标是“稳”。“稳”是我国 2020 年乃至今后房地产市场的政策主目标，货币政策从“松紧适度”调整为“灵活适度”，去杠杆政策变成“宏观杠杆率保持基本稳定”。这为房地产项目使用贷款扩大投资利润范围增加了确定性，稳定了财务风险。

（3）房地产投资回报率将结束暴利回归正常水平，投资面临均值回归的风险。从经济大环境可以预计，在大类资产配置方面，投资者逐步从目前重点配置固定收益产品和房地产的结构转向多元化资产配置，在固定收益、股票、另类产品和房地产之间实现均衡配置，以把握市场机会获取收益，同时回避难以预期的单一市场波动所带来的风险，尤其是房地产投资热逐渐退潮，可能面临均值回归的风险。从城镇化率来看，目前我国的城镇化率只有 60%，再过十多年才能达到 80%。振兴农村计划仍在进行中，短期内暂时不会发生逆城市化现象。未来可能从放开二孩到鼓励二孩生育。这都有可能产生一波买房需求，也许这个周期还会是十年以上。这十年内不大可能发生房地产暴涨，更不可能暴跌。因为国家对房地产的政策会始终以稳为主，会用多种措施保障大量刚需购房。再加上房产税、空置税等还可能出台，未来很难再有炒房的土壤。所以，房价不再会涨得离谱，房地产投资回报率将回归正常水平，暴利难以为继。

2. 项目的投资机会分析

（1）南京城市经济发展机会。南京为准一线城市，地处上海都市区辐射边缘，现代化交通体系完善，联动长江中下游城市群整体发展，科教发达奠基础，制度优势促活力。从长远分析来看，随着南京城市定位变化和在长三角以及全国地位的提升，这里市场化改革空间巨大，城市活力已经激发，房地产市场的吸引力会有所延续，一些新规划片区因为未来可以预期的巨大发展潜力将成为拿地热潮主角。人口规划：南京 2020 年要形成 950 万人的常住人口规模，2030 年要达到 1300 万人，成为千万人口城市。不难看出，未来十年，南京房地产市场需求还有较大的发展机遇，金牛湖三地块综合项目具有比较乐观的市场机会。

（2）南京城市规划机会。从城市规划上看，南京多核心发展的城市总体规划奠定了江宁的新城路径。未来 5 年，六合将继续提升基本公共服务优质化均等化水平。到 2020 年，所有低收入人口全部脱贫，人均年收入达到市级低收入保障目标。完善全覆盖、保基本、多层次、可持续的社会保障体系，大力发展慈善事业，实现医疗和生育保险市级统筹、养老保险省级统筹、基础性养老金全国统筹。完成城中村、棚户区改造 450 万平方米，建成安置房 510 万平方米，保持房地产业平稳健康发展。

（3）开发企业经营能力机会。作为房地产开发企业的龙头，恒大集团具有丰富的开发经验，经营能力超强，而且已经积累了一定的客户资源基础，恒大品牌已深入人心，能够化解项目所面临的开发与经营风险。恒大注重用互联网推进房地产商业模式创新，运用互联网的思维方式和技术手段，从客户需求的角度规划企业的经营行为。在品牌战略上，矢志不移实施精品战略，以“打造恒大精品，塑造国际品牌”为战略方针，与 300 多家全球相关行业的龙头企业建立了稳固的战略联盟，实现产品品质的大跨越。

通过上述开发与经营环境分析、项目市场分析、投资风险分析以及项目的机会分析，可以得出结论：金牛湖三地块综合项目机会与风险并存，机会大于风险，适合大公司开发投资。

资料来源：根据南京工业职业技术大学朱赫、谢庆月同学的调研报告整理。

🕮 案例 6-2

苏州 E 号地块投资风险决策

地块背景与市场分析

E 号地块坐落在苏州工业园区首期开发 8 平方公里内的金鸡湖西岸，呈东西向长条形，长为 372.87 米，宽为 144.75～176.50 米。东临湖畔，北面与澜韵园别墅区隔河相望，西面隔河为星港街，南面为空地。为了做好投资风险分析，必须对该地块进行市场调研。园区住宅已形成规模，商品房售价已连续几年超过古城区，冠全市第一，开发一块热销一块。本地块北面的澜韵园二期工程正在开发，45 幢独立别墅尚在施工，已基本售完。此外，开发区政府工作效率高。由此得出结论：该地块投资环境很好。

地块投资风险决策

在地块市场调研的基础上，进行投资估算和经济分析，以及多方案分析论证，提出 E 号地块竞买的最高限价及其风险决策指标，供参加拍卖的房地产企业和提供贷款的金融机构参考。风险分析的目的是确定企业可以接受的土地最高限价，以及接受该限价需要冒多大的风险。确定土地最高限价，是首先确定企业可接受的最低收益率（基准收益率），然后倒推土地价格。土地最高限价越高，获得土地的机会就越大，所冒的风险就越大；反之，较低的土地最高限价风险较小，但获得土地的机会也小。因此，决策者不仅需要勇气，更需要智慧。现在分别从三个层次对土地报价进行分析。

（1）土地基本报价方案。取投资、售价、销售量等参数最可能的数值，设定其不会发生变化。通过财务分析，计算每个报价方案的经济评价指标。本地块起拍价 12 000 万元，我们按 14 600 万元起算，每次加价 200 万元测算报价方案，直至出现亏损为止，借助软件自动测算了 19 个报价方案，模拟土地拍卖情景，土地价格由低到高，每上一个台阶经济效益降低一定幅度，直至出现亏损，很直观。因每个企业的现状不一样，基准收益率不同，加上每个企业家的冒险精神不同，可以有不同的最高限价。建议如下：

1）当企业土地存量较大，对土地需求不是十分迫切时，基准收益率可取 10%，建议的土地最高报价为 15 800 万元。

2）一般情况下基准收益率 8%～10% 为宜，建议的土地最高报价为 16 400 万元。

3）当企业土地存量不足时，基准收益率 6%～8% 为宜（大于银行贷款利率约 2 个百分点），建议的土地最高报价为 17 000 万元。

4）当企业无土地存量时，基准收益率 4%～6% 为宜（相当于银行贷款利率，企业微利），建议的土地最高报价为 17 800 万元。

5）基准收益率低于 4% 则可能亏损，报价为 18 200 万元，全部投资内部收益率 3.56%，将亏损 186 万元。

（2）多因素变化下的土地价格临界点。房地产企业在进行土地报价研究决策过程中，经常会为投资及售价的确定争论不休，因为客观上讲，投资及售价会在一定范围内变化，要将不是很确定的数据确定下来，不同的人存在不同看法是再正常不过的了。为了解决这个问题，可以针对不同的意见（不同的参数取值）进行多方案分析，计算出每个方案（多因素变化组合）的评价指标。由于多因素变化组合比较多，不可能像基本报价方案那样为每个多因素变化组合计算大量的报价方案，所以，只能每个多因素组合根据基准收益率倒推出土地价格，这个土地价格就是土地价格的临界点。

本研究根据专家对投资、售价同时变化的不同意见，借助软件自动计算了 10 个多因素变化组合，每个变化组合都分别以基准收益率 10%、8%、6%、4%、2% 计算了 5 个土地价格的临界点。分析结果认为，本项目的别墅单位造价 1 200 元和售价 9 200 元有较大可能，建议采用该组合的分析结果，即：

1）当企业土地存量较大，对土地需求不是十分迫切时，基准收益率可取 10%，建议的土地最高报价 17 097 万元。

2）一般情况下基准收益率 8%～10% 为宜，建议的土地最高报价为 17 765 万元。

3）当企业土地存量不足时，基准收益率 6%～8% 为宜（大于银行贷款利率约 2 个百分点），建议的土地最高报价 18 496 万元。

4）当企业无土地存量时，基准收益率 4%～6% 为宜（相当于银行贷款利率，企业微利），建议的土地最高报价为 19 289 万元。

5）当企业在异地开发首块地块，对该地块志在必得时，基准收益率 4% 为宜（低于银行贷款利率，企业无利，在盈亏平衡点上，一般不亏损），建议的土地最高报价为 19 289 万元。

（3）风险决策指标。多因素变化下临界点分析虽然比基本报价分析前进了一步，但还是没有将每个人的看法综合起来，综合的最好法就是概率分析法（又称风险分析），这种分析才是最高层次上的决策分析。本项目分别咨询若干专家，每人对产品售价分别估算其概率。对所有人估算的概率加权平均，得到了售价的概率分布。投资变化的概率分布也是如此操作。根据参数的概率分布计算出土地价格临界点、内部收益率期望值、达到基准收益率的概率和收益率小于 0 的概率。将参数的概率分布输入土地报价软件，计算全部由计算机完成。计算结论如下：

1）当企业土地存量较大，对土地需求不是十分迫切时，基准收益率可取 10%，建议的土地最高报价为 16 492 万元，内部收益率小于 0 的概率为 6.57%，风险很小。

2）一般情况下基准收益率 8%～10% 为宜，建议的土地最高报价为 17 147 万元，内部收益率小于 0 的概率为 13.14%，风险加大一倍，但还可以接受。

3）当企业土地存量不足时，基准收益率 6%～8% 为宜（大于银行贷款利率约 2 个百分点），建议的土地最高报价为 17 837 万元，内部收益率小于 0 的概率为 17.19%，还可以接受。

4）当企业无土地存量时，基准收益率 4%～6% 为宜（相当于银行贷款利率，企业微利），建议的土地最高报价为 18 586 万元，内部收益率小于 0 的概率为 28.87%，风险较大。

（4）风险投资结论。综合上述分析，建议以风险分析的结论为主，决策 E 号地块的最高报价决策为 17 800 万元。

资料来源：苏州铭星有限公司。

案例讨论

1. 你认为中小型房地产企业开发金牛湖三地块综合项目会面临怎样的风险？

2. 如果你是开发商，你如何做 E 号地块的投资决策？

学习任务

1. 认真解读政府土地使用权公开出让公告。

2. 根据 2010G06 号地块挂牌出让公告做该地块的投资分析报告。

房地产是资金密集型行业，开发商以钱搏钱。房地产开发投资大、融资大、风险大。房地产企业必须高度重视经营风险与融资管理。本章将详细讨论房地产风险分析与控制方法，以及如何进行房地产投资与融资。

6.1　房地产投资特点

1. 房地产投资的类型

房地产投资是指房地产企业将资本投入到房地产开发经营中以获取期望收益的行为。房地产投资是地产投资和房产投资的总称。房产总是与地产连接在一起，房依地建，地为房载，投资了房地产，则同时在法律上获得了房产的所有权及占用土地的使用权。在经济上，房价也是地价的折射反映。当前，房地产投资已经成为我国的一项重要的投资事业，房地产投资占全社会固定资产投资总额的20%左右，已经成为拉动国民经济增长的支柱产业之一。同时，我国房地产投资规模的不断扩大也给广大投资者带来了许多投资经营的机会。根据不同的划分标准，房地产开发投资的类型有多种。

（1）按房地产开发的经济内容划分，主要有两种。

1）土地开发投资。土地开发投资分为旧城区土地开发投资和新城区土地开发投资。①旧城区土地开发投资，主要包括拆迁费和旧城区改造费等；②新城区土地开发投资，主要包括土地征用费、城市基础设施建设费和“三通一平”费等。土地开发投资占房地产开发总投资的比例并不固定，如果土地拍卖价格高，则土地开发投资所占比例高；还有一种情况就是房屋的档次，档次低则土地开发投资所占比例高，档次高则所占比例低。

2）房屋开发投资。房屋开发投资指用于房屋及市政公用和生活服务房屋开发建设的投资，主要投资构成包括建筑工程投资、安装工程投资和设备工器具购置投资。房屋开发投资占房地产开发总投资的比例也不固定，如果土地拍卖价格高，则房屋开发投资所占比例低；还有一种情况就是房屋的档次，档次高则房屋开发投资所占比例就相应的高，档次低则所占比例低。

（2）按房地产投资的不同领域划分，主要有3种。

1）住宅房地产投资。住宅房地产投资在房地产开发中占很大比例，2015年全国商品房开发投资占当年房地产投资总额的73%。在国外，住宅房地产供求是一个敏感的社会问题，许多国家实行住宅福利政策，甚至禁止牟利性的住宅投资，房产经营是一种国家干预下的商品化经营，住宅一般不是投资者的主要投资对象。在我国，随着居民生活水平的提高，人们对住房的有效需求大大提高，目前乃至今后一段时期内，我国住宅房地产开发投资是较为突出的投资热点。住宅房地产投资必须考虑居民的实际购买力水平，盲目开发高档住宅，将造成大量高档商品房空置而中低档商品房供不应求的局面。

2）商业房地产投资。商业房地产开发投资在房地产投资中所占比重较大，投资回报率通常最高，往往是房地产投资的首选目标。商业房地产投资一般包括商店、超市、购物中心、旅馆、银行和各种服务行业等项目。商业房地产投资对房屋的地理位置要求极高，因为地段决定价值，地理位置关系到人气是否旺盛，关系到能否产生超额利润及其增值的潜力。地理位置是商业房地产投资者获利的首要条件，通常市中心人气最旺，是商业房地产最好的位置，开发商往往不惜投入大量资金争取在市中心拿到地块。所以，商业房地产投资成本要高于其他房地产的投资成本，而且投资风险较大。但是，投资者为了获取高额商业利润，依然青睐有吸引力的商业房地产投资。

3）工业房地产投资。工业用房要服从其生产、工艺流程的要求，适用性差、技术性强，工业房地产对投资者的吸引力远小于其他房地产。但是，工业房地产投资对所处的位置只要求交通方便，水、电、煤等能源动力供应充足，并不一定要靠近市中心，所以地价便宜，因此工业房地产的一次性投资远低于商业房地产，如投资工业园区。

（3）按投资方式划分，主要有两种。

1）金融房地产投资，是间接性投资，如购买与房地产有关的股票等有价证券。

2）实物房地产投资，是直接性投资，把资本直接投资到房地产项目上。

2. 房地产投资的特点

由于房地产商品的特殊性，所以房地产投资存在着不同于其他投资类型的特点，认识和掌握这些特点，有利于更好地从事房地产投资。房地产投资通常具有 4 个特点。

（1）投资成本高。房地产业是一个资金高度密集型行业，投资一个房地产项目，所涉及的资金少则上百万元，多则上千万元，甚至数亿元，成本非常高。这主要是由房地产自身特性和房地产开发过程所决定的，具体原因体现在“三高”上。

1）土地稀缺价值高。由于土地的位置固定，资源稀缺且不可替代，供给是有限的，即其供给弹性趋于零，但人口增加对土地的需求也是与日俱增的，这使得房地产的土地价格不断上升。而且，房地产市场中的价格竞争，如土地的拍卖、招标，尤其是城市土地的拍卖，往往会大幅度地抬高土地的市场价格，从而进一步造成房地产开发投资金额的大幅度提高。

2）建筑耗费成本高。房屋的建筑、安装需要耗费大量材料和资金，需要有大批工程技术人员和施工管理人员，要使用许多大型施工机械设备等，而且钢材、水泥等建筑原材料有时涨价厉害，从而造成房屋建筑成本远高于一般产品成本。目前，即使是欠发达地区的房屋直接建筑耗费成本每平方米也在千元以上。

3）房屋建设资金占用高。作为自然资源的土地，因不能被社会直接利用，而必须投入一定的人力、物力和财力进行开发，如“三通一平”、房屋建造等需要建设资金。由于房地产开发建设周期长、占用资金大，所以需要支付大量的贷款利息，从而导致了房屋建筑物的成本价值增加。

（2）投资回收期长。每一个房地产项目完整的开发，从选择地块到筹资、贷款、规划、设计、设备采购、建筑施工、竣工验收，直至出售或出租，通常需要 3 年以上时间，最终收回全部开发投资需要相当长的时间，其中靠租金来收回投资则需要 10 年以上甚至更长的时间。房地产开发投资回收期长，是因为房地产开发投资是一个复杂的过程，它要受到房地产市场各个组成部分的制约，即土地投资市场、综合开发市场、建筑施工市场和房产销售市场 4 个相互联系的市场组成部分的制约。一旦将资金投入房地产项目，就要经过这几个市场的一次完整流通才能收回全部开发投资获得利润，否则只能半途而废。

（3）投资风险大。由于房地产开发投资占用资金多、资金回收期长、影响因素多等原因，所以，随着时间的推移，其投资的风险因素也将增多，投资的风险加大。一旦风险大到难以控制，则投资必然失败，导致资金不能按期收回，此时房地产企业往往就会出现资金流动枯竭，甚至不能按时偿还银行贷款的本息，严重的将直接影响企业的生存和发展，甚至导致企业破产倒闭。“房地产投资风险主要表现”，详见“6.2 房地产开发经营的风险分析与控制手段”。

（4）投资收益高。投资是讲究收益的，和其他投资一样，房地产投资也是一项收益和风险并存的经济活动。投资学的风险报酬原则是：在其他条件不变的情况下，投资项目的风险越大，其收益越高。由于房地产的土地具有稀缺性、不可替代性等特点，所以房地产具有保值、增值的优点。正因为房地产开发投资具有较高的预期投资收益潜力，所以吸引了众多的投资者冒险投资，进而促进了房地产业的蓬勃发展。在我国，房地产业成为重要的产业之一。

6.2 房地产开发经营的风险分析与控制手段

通常而言，风险是指某种不利事件发生而引起损失的可能性，即出现的概率大小，凡是低于预期利润率的事件发生的可能性，都可以称为风险。房地产开发经营的风险是指房地产投资过程中，某种低于预期利润、特别是导致投资损失的事件发生的可能性或出现的概率大小。前面分析过房地产投资具有的最大优势是可以获得较高的利润，但是房地产投资是一项极为复杂而又充满风险的经济活动，它既可能为投资者带来较高的经济收益，又有可能使投资者遭受巨大风险而导致损失乃至破产倒闭。因此，在房地产投资活动中，必须加强房地产开发经营的风险分析与控制。

1. 房地产开发经营风险的主要类型

加强房地产开发经营的风险分析，必须首先识别房地产开发经营风险的主要类型。房地产开发经营风险都是由不确定性因素引起的。房地产开发经营风险主要表现在以下几个方面。

（1）购买力风险。购买力是最大的不确定性因素，购买力风险是房地产开发经营风险中的首要风险。购买力风险是指购买力下降引起对房屋产品需求降低这种情况出现的可能性。例如，当社会经济处于滑坡阶段时，经济形势出现萧条，物价总水平迅速上涨，通货膨胀上升，则购买力就下降了，此时将直接影响人们的购买力水平。随着购买力水平的下降，人们会把有限的购买力用到最急需的消费，而不是耗资巨大的房屋上，从而影响了人们对房地产的消费购买力。对房地产的有效需求量下降将导致建成的房屋滞销、大量空置，进而使大量开发资金“套牢”在空置的房屋上不能及时变现，最终使房地产企业在经济上遭受损失。

（2）财务风险。财务风险主要是资金风险，是指房地产开发企业运用财务杠杆在使用贷款扩大投资利润范围的条件下，增加了不确定性，其增加的营业收入不足以偿还债务的可能性。实践显示，房地产开发经营中的财务风险主要来自融资情况和房款回笼速度。

1）融资情况。房地产开发投资通常是通过贷款或集资等方式筹集资金的，融资的利率、数量、速度可能会带来财务风险。①融资的利率。如果在一定时期内，房地产的总投资收益率低于银行利率，则房地产开发不仅无利可图，而且还易出现赔本经营的局面，造成融资风险。例如，房地产投资实际利润率只有6%，而贷款利率为10%，假定其他因素不变，投资者每贷入100元资金获得的实际收益为6元，而支付的利息为10元，必须自己再另外拿4元以支付利息，这时就出现了融资风险。②融资的数量。融资的数量如果低于房地产开发的资金需求量，就会出现经营风险。③融资的速度。融资的速度如果慢于房地产开发的资金投放速度，则会立即出现资金链断裂，带来巨大的财务风险。

2）房款回笼速度。如果房款回笼速度快，则能够补充房地产开发所需资金，但通常会遇到购房者拖欠房款或房屋销售困难的情况，从而带来财务风险。购房者拖欠房款，一般是由于购买者财务状况与开发时预测的财务状况发生了变化，如职位下降、收入减少，或者突然出现天灾人祸等原因。

（3）政策风险。政策风险也可以说成政府宏观调控对房地产的影响。①政府宏观调控对房地产行业的影响。目前，我国房地产发展存在泡沫风险，因此我国政府出台了相关的法律法规对房地产发展进行调控。这些调控措施都对房地产金融造成了风险，比如出台限购政策、购第二套房利率上浮政策，会使房地产交易量下降，导致部分房地产企业由于流动资金不足，而引发资金链断裂现象。②政府宏观调控对房地产上游的影响。部分房地产企业存在违规用地和买地现象，政府出台相关政策限制房地产企业买地和买地价格，会增加房地产金融风险。

（4）变现风险。变现风险是指投资产品在没有压低价格的情况下（不低于市场价），迅速将其兑换成现金的可能性。房地产商品的变现性较差，主要原因有：一是房地产是不动产，房地产市场具有区域性，即使本地价格低也不能搬到外地卖高价；二是房地产投资建设周期长，必须经过相当长时间才能进入市场流通；三是房地产价值高、占用资金多，只有作为一个整体才能发挥其使用价值，难以像一般商品那样轻易脱手，也不像股票、债券等可以分割买卖，随时交易，短时间内兑现，而且房地产销售耗时费力，交易不可能在短时间内完成。以上这些原因从不同角度造成了房地产投资的变现风险。所以，对房地产企业而言，要想多赚钱，就要具有抗变现风险的能力。

（5）经营能力风险。经营能力风险是指因经营能力问题导致投资失败的可能性。房地产市场是一个较为复杂的特殊市场，具有许多事先难以预测的不确定性因素。房地产经营能力风险主要是由对房地产市场的特点、开发经营条件的变化的把握能力，以及投资者的决策水平、经营者的经营管理水平等因素决定的。针对这些，房地产企业应加强市场调研，重视对房地产市场信息的掌握，提高市场把握能力，并且不断熟练业务，提高投资决策及经营管理水平，以化解经营性风险。

（6）社会风险。社会风险通常是指由于国家政治、政策、法规、计划等形势和经济形势的大气候变化等因素的影响给房地产投资带来经济损失的风险。房地产市场形势好坏及投资效果如何，均与社会政治、经济发展的趋势休戚相关。房地产价格的涨跌受到该地区政治是否稳定、经济是否衰退的直接作用和影响。房地产投资者应以较长远眼光审视房地产市场，在认清社会政治、经济形势的情况下，深入学习房地产的相关政策、法规和市场知识，以增强房地产投资的社会风险意识，达到趋利避害。例如，中国香港回归带动了珠江三角洲房地产市场的持续繁荣，上海浦东开发则带动了长江三角洲房地产市场的持续繁荣，抓住这两个社会动向并立即行动的开发商都获利颇丰。

（7）意外事故风险。意外事故风险一方面来自自然灾害，另一方面来自人为破坏。

1）自然灾害风险。自然灾害风险通常是不可抗拒的，如地震、雷电、洪水、台风、火灾等自然灾害所带来的风险，常常会使房地产企业遭受意外的损失，而且会破坏企业的财务稳定性。房地产企业可以通过向财产保险公司投保将房地产开发过程中不可预见的自然灾害风险转移出去，以规避自然灾害风险，保持财务稳定。

2）人为破坏风险。例如，偷盗、抢劫、放火及战争等毁坏房屋的因素也会造成房地产投资的经济损失，通常房地产企业也会采用投保的方法来规避风险。

2. 房地产投资的风险与报酬关系

一些明明风险很大的投资项目为什么还是会吸引众多的投资者？这是因为风险报酬的诱惑和激励作用。房地产投资也不例外，虽然有风险，而且这一风险可能会给投资者带来经济上的巨大损失甚至破产，但丰厚的投资利润实在诱人。所谓风险报酬，是指投资者冒着风险进行投资时可能获得的超过无风险利润率的那份额外报酬。如果不考虑通货膨胀因素，风险项目的投资回报率＝无风险利润率＋风险报酬率。图 6-1 为风险与报酬之间的关系图。

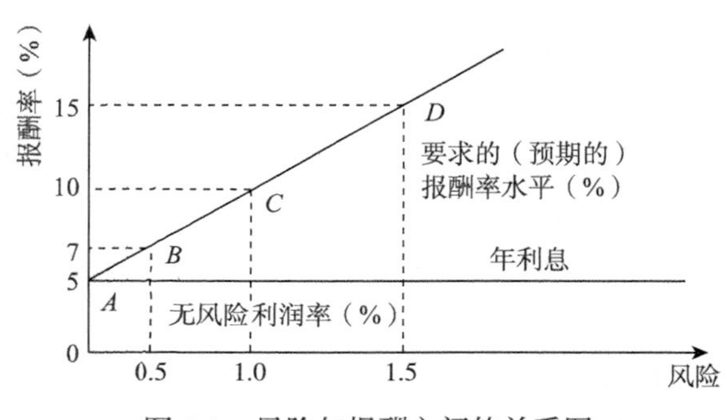

图 6-1 风险与报酬之间的关系图

从图 6-1 可以看出，假设无风险利润率为 5%，需要 2% 的风险报酬率去补偿风险为 0.5 的一项投资。另一项风险高达 1.5 的投资项目，则需要有 10% 的风险报酬率。风险报酬原理是投资学中的一个基本概念，正所谓“财富险中求”。房地产企业所要求的投资回报率很高，是由于房地产投资的风险较大，实际上当前的房地产投资回报率确实很高。投资回报率是一种期望报酬率，它与各种可能的开发后果出现的概率有关，而不是单一决策所形成的经济后果。房地产企业期望的回报率愈高，则所要承担的风险水平也就越高。因为回报率越高，潜在的竞争者越多，并会快速挤入到房地产行业中来，使房地产风险不断增大。

3. 房地产开发经营风险

房地产开发经营风险分析目的是回避风险、减少风险。房地产经营风险分析也叫不确定性分析，其目的就是研究、分析、计算和预测房地产开发过程中的各种风险，为投资项目决策提供依据。在数学上，一般是运用标准差和变异系数测定来测定风险。房地产投资风险分析会使用包括盈亏平衡分析、敏感性分析和概率分析等方法。

（1）盈亏平衡分析。房地产盈亏平衡分析又称为保本分析或损益临界分析，是通过项目盈亏平衡点（BEP）来分析项目成本与收益的平衡关系的一种方法，主要用来考察项目适应市场变化的能力和项目的抗风险能力。

1）盈亏平衡点的计算方法。对房地产开发经营项目进行经济效益评价，产量（房屋面积）、成本和利润三者间存在这样一个关系，即

产品销售利润＝产品销售收入－产品销售成本－产品销售税金

其中，

产品销售收入＝单位产品价格 × 产品销售量

产品销售成本＝变动成本＋固定成本

假设：①房地产产品总销售收入和生产总成本费用都是房地产开发面积（产量）的线性函数；②产品销售量和产量相等，即开发的房地产能全部租售出去；③产品固定成本和单位产品价格在产品租售期间保持不变；④同时开发几种不同类型房地产产品时，应将其组合折算成一种产品；⑤计算所用的各种数据应是正常生产年度的数据。在上述假设条件下，用房地产产品产（销）量表示的盈亏平衡点（BEP_Q）的计算方法如下所示。

示例：某房地产企业年固定成本为 G，单位产品可变成本为 V，单位产品价格为 P，单位产品销售税金和附加费为 t，达到盈亏平衡时的年产量为 x，全部计划建设房地产产量（建筑面积）为 Q，销售收入为 y_1，销售税金和附加费为 T，产品总成本费用为 y_2，根据上述假设条件，则

$$y_1=Px$$

$$y_2=Vx+G+T$$

$$T=tx$$

如能达到盈亏平衡，则 $y_1=y_2$，即有

$$Px=Vx+G+T$$

于是得到

$$x=G/(P-V-t)$$

所以用房地产产量表示的盈亏平衡点的计算公式是

BEP_Q＝年固定成本 /（单位产品价格－单位产品可变成本－单位产品销售税金和附加费）

当该项目的产（销）量到 BEP_Q 时，说明项目不亏不盈，正好保本。

2）盈亏平衡点的计算实例。

示例：南阳某房地产企业年固定成本为 5 000 000 元，其正在开发的黄龙小区单位产品可变成本为 3 700 元 / 平方米，单位产品价格为 6 000 元 / 平方米，单位产品销售税金和附加费为 300 元 / 平方米，全部计划建设房地产产量（建筑面积）为 30 000 平方米，请计算该房地产企业达到盈亏平衡时的年产量是多少？开发黄龙小区是否有利可图？

由 $x=G/(P-V-t)$，可得盈亏平衡时的年产量计算公式

$$BEP_Q = \text{年固定成本} / (\text{单位产品价格} - \text{单位产品可变成本} - \text{单位产品销售税金和附加费})$$

$$= 5\,000\,000 / (6\,000 - 3\,700 - 300) = 2\,500 \text{（平方米）}$$

该房地产企业开发的黄龙小区面积为 30 000 平方米，远大于 2 500 平方米，是大有利润可赚的。

3）盈亏平衡点的分析评价。由上述计算实例可知，盈亏平衡点的值越低越好。房地产开发投资的盈亏平衡点低，说明开发项目达到较低产量时就可以保本，开发项目的盈利能力强、抗风险能力大、生命力强，可以取得较好的经济效益，有较高的市场竞争能力。相反，盈亏平衡点高，说明开发项目要达到很高产量时才可以保本，开发项目的盈利能力弱、抗风险能力小、生命力弱，与竞争对手相比，市场竞争能力差，难以取得较好的经济效益。

（2）敏感性分析。敏感性分析是通过分析、预测投资项目主要因素发生变化时，对经济指标的影响，从中找出敏感性因素，并确定其影响程度的一种不确定性分析方法。敏感性分析的目的，是在充分了解和掌握项目风险因素及风险程度的情况下，考察投资项目承受风险的能力。衡量房地产投资开发项目经济目标实现程度的指标有多种，主要有财务净现值、内部收益率、投资回收期等，敏感性分析可以围绕不同的经济指标进行。房地产投资项目敏感性分析及计算过程比较复杂，通常可按以下主要步骤进行。

1）选择经济评价指标。对房地产投资项目进行分析、计算，首先要选择最能反映项目经济效益的指标作为分析、计算的对象。根据房地产投资项目的特点和要求，一般选择财务净现值、内部收益率、投资回收期等主要经济评价指标作为敏感性分析计算的对象，指标不宜太多，用少数几个重要指标可以简化分析过程，同时还可以集中精力进行深入分析。

2）选择需要分析的不确定性因素。在实践中一般认为，以下 4 个不确定性因素是最能影响项目经济效益指标的：

- 房地产销售价格或租赁价格；
- 房地产产品产量或销量；
- 经营成本或原材料价格成本，如果土地成本所占比例很高，可专设土地价格变量；
- 固定资产总投资等。

3）确定变量的变化范围并计算其影响评价指标的变动幅度。上述变量在某种增幅

下的变化范围是一种模糊的、误差性比较大的估计。常用的方法是根据房地产开发企业历年来的统计资料、房地产开发经营的特点，以及房地产行业的专家经验和对市场的调查预测做出综合估计。例如，房地产租赁价格的变化范围，南京新街口的写字楼在 70～140 元 /（月・米^2），其影响评价指标投资回收期的变动幅度在 10～20 年。不确定性因素变动范围越大，对项目的影响也越大。

4）确定房地产开发项目对风险因素的敏感程度。各变量在其变化范围内的变化引起经济评价指标的变动幅度，会给房地产开发项目带来投资风险。为找出对投资效益影响较为明显的风险因素，确定开发项目对风险因素的敏感程度，以便在以后的开发经营过程中对这些风险加以控制，可采用的具体方法是，将反映诸多风险因素变化后的项目盈利能力计算结果，与原先计算出的结果进行比较，就能确定开发项目对各风险因素的敏感程度。比较的结果偏差大则说明敏感程度高，从而也就能确定开发项目所能承受的未来风险的能力。敏感程度高的风险因素是重点防范和控制对象。

敏感性分析案例，详见“案例 6-2　苏州 E 号地块投资风险决策”。

5）分析土地价格敏感性和房地产销售价格敏感性。

a. 土地价格敏感性分析，可以计算地块竞拍方案中的土地出价范围。

b. 房地产销售价格敏感性分析，可以计算出房地产开发项目能够承受的最低市场价格。详细计算，详见陈林杰教授主编的教材《房地产开发综合实训》。

（3）概率分析。概率是度量不确定性的方法，因此在任何存在不确定性的决策中，都会用到概率。概率分析是风险分析的主要手段，其方法就是根据不确定性因素在一定范围内的随机变动，分析确定这种变动的概率分布和它们的期望值及标准偏差，进而为投资者决策提供可靠依据。概率分析的方法有很多，主要的有 3 种类型。

1）分析法，如乐观准则法、悲观准则法等。

2）数学期望值分析法。

3）模拟分析法，常用的有蒙特卡罗模拟法等。

根据不同的情况和条件可以选择不同的分析方法，如采用数学期望值法，得出的标准偏差越小则说明房地产开发项目的风险就越小。

4. 房地产经营风险的控制手段

房地产经营风险控制方法，一般采用风险规避、风险自留、风险转嫁、风险中和以及外汇套期保值等手段。减少房地产开发风险的有以下具体措施。

（1）大规模开发土地。开发规模大可以采用前面介绍过的成片集中开发的模式进行开发，能降低固定成本，产生积聚效用，综合效益高，是减少开发风险和降低成本最好的办法。大规模开发土地，开发面积一般在 30 万平方米以上。当然，如果大规模开发土地规划不当，可能带来的开发风险更大。

（2）周密的市场调研。在开发前必须对市场进行周密的调研以及时发现风险、找到对策，确保少犯错误或不犯错误。每开发一个项目应花费半年以上时间，请知名策划公司和由公司内部做出多份详细调研报告，提交董事会讨论。

（3）准确的项目定位。项目定位准确，则容易销售成功，收回投资，取得利润。定位准确的项目几乎没有多少开发风险。具体方法详见第 7 章相关内容。

（4）科学的规划设计。要围绕项目定位规划项目，可采用招标方法决定规划设计单位，多次易稿选择最佳规划方案。具体方法详见第 8 章相关内容。

（5）向财产保险公司投保。通过向财产保险公司投保，将房地产开发过程中的不可抗拒、不可预见的意外事故风险，如自然风险（地震、雷电、洪水、台风、火灾等自然灾害所带来的风险）和人为破坏风险（偷盗、抢劫、放火及战争等毁坏房屋的因素而造成的风险）转移出去，是房地产企业规避自然风险、保持财务稳定的一个很好的选择。房地产经营风险分析与控制手段，如表 6-1 所示。

表 6-1 房地产经营风险分析与控制

<table>
<tr><th colspan="2">风险的主要类型</th><th>风险分析方法</th><th>控制手段与防范措施</th></tr>
<tr><td colspan="2">购买力风险</td><td rowspan="9">盈亏平衡分析
敏感性分析
概率分析</td><td rowspan="9">风险规避、风险自留
风险转嫁、风险中和
（1）大规模开发土地
（2）周密的市场调研
（3）准确的项目定位
（4）科学的规划设计
（5）向财产保险公司投保
（6）外汇套期保值等</td></tr>
<tr><td rowspan="2">财务风险</td><td>融资风险</td></tr>
<tr><td>购房者拖欠房款风险</td></tr>
<tr><td colspan="2">政策风险</td></tr>
<tr><td colspan="2">变现风险</td></tr>
<tr><td colspan="2">经营能力风险</td></tr>
<tr><td colspan="2">社会风险</td></tr>
<tr><td rowspan="2">意外事故风险</td><td>自然灾害，如地震、台风</td></tr>
<tr><td>人为破坏，如放火、战争</td></tr>
</table>

6.3 房地产项目的投资决策管理

房地产的投资过程实际上就是房地产项目开发经营的全过程。房地产投资周期长、环节多，是一个相当复杂的过程。投资决策是否正确直接关系到整个开发项目的成败。

1. 房地产投资过程

开发商一旦做出投资某项目的决定，资金的投入就是一个难以逆转的持续过程，想全身而退是不可能的。房地产的投资过程是提出问题、分析问题和解决问题的过程，大体可分为投资决策分析、获得土地开发权、房地产开发及房地产销售经营 4 个大的阶段。

（1）投资决策分析。慎重地进行投资决策分析，是房地产开发的必要前提，要从 3 个方面入手。

1）市场分析。目的是正确估计未来房地产的收益，主要是对投资计划中拟投资开发的房地产项目的市场竞争环境、市场需求强度和市场前景进行分析。研究性的市场分析能够正确估计未来房地产的收益，并能够正确计算出未来现金流量。

2）财务分析。目的是通过对未来现金流量的估计，计算出预期回报率。财务分析要将所得的分析结果与要求的目标回报率加以比较，来判定这项投资在财务上是否可行。此外，财务分析还要对投资的风险进行估计，以判断面临的风险是否在企业可接受的范围内，便于控制财务风险。

3）可行性分析。可行性分析是一个综合的分析。企业除利用前述市场分析与财务分析的结果研究和判断其可行性外，还要对房地产开发的资金来源是否可行进行分析。此外，还要对照相关的土地与建设等法规限制是否可行进行研究，以及对目前的产权形式与产权的取得是否可行进行分析。具体方法详见第7章“7.1　房地产项目的市场定位与可行性研究”的相关内容。

（2）获得土地开发权。这一过程包括土地使用权的取得及其成本，成本主要是土地出让金。当通过投资分析发现投资计划可行后，就要设法获得土地开发权。如何取得土地使用权，如是完全买断还是合作开发，是部分使用权还是长期租赁等，是从一级市场通过拍卖形式获得土地，还是从二级市场购得土地，投资者要重点考虑，特别要认真比较土地使用权的取得成本，获得土地开发权的方法不同成本也会不同，如合作开发的成本低。

（3）房地产开发。在房地产开发过程中，取得土地后就要着手进行建设，但要取得政府立项和规划许可，并落实资金情况及水、电、路等各项配套条件。当开发前期工作完成之后，就进入了实质性的建设开发阶段，即根据规划及开发要求进行设计和施工。在这个阶段，房地产企业的主要任务是确保开发资金的及时到位，以保证建设开发进度和按时竣工。

（4）房地产销售经营。目的是收回投资，取得回报。在房地产销售阶段主要工作是制定完善的营销规划，开展实际的销售活动，采取各种促销手段以及办理签约、收取订金、过户登记等具体手续。在这一阶段，某些已开发完成的房地产项目，如果销售状况不理想或者不是以销售为目的，那么可以把这部分房地产作为物业进行经营，将房地产出租给他人，定期收取租金获取收益。

2. 房地产投资决策类型

根据房地产投资决策的不同目标和性质，可以分为以下几种类别：一是按决策掌握的情报资料、信息的性质不同划分，可以分为确定型决策、不确定型决策和风险型决策等；二是按决策目标多少划分，可以分为单目标决策和多目标决策；三是按决策使用的分析方法划分，可以分为定性分析决策和定量分析决策。下面具体介绍确定型决策、不确定型决策和风险型决策。

（1）确定型决策，是指影响决策的因素或自然状态是明确肯定的，而且一种方案只有一种确定可以预期达到的结果。对已掌握的每一方案的每一确切结果进行比较，直接选出最优方案，这种决策法称为单纯选优法。或者在未来的自然状态完全明确的情况下，通过建立合适的数学模型，求出最优方案，这种决策法称为模型选优法。确定型决策很容易做出，但实践中并不常见。

（2）不确定型决策，是指影响决策的因素或自然状态是不明确肯定的，风险事件发生的概率很难估计出，即对事件在系统中所发生的概率，不能做出主观可能性的估计，只能对风险后果有所估计，这种决策称为不确定型决策。它的准确程度完全取决于决策者的经验与判断能力。不确定型决策在实践中是经常用到的。

（3）风险型决策，是指在房地产企业的开发经营活动中存在着一些明确因素和一些不可控制的风险因素，一个方案又可能出现几种不同的结果。进行风险型决策应确定希望达到的明确目标，有两个或两个以上可供选择的方案，每个方案存在两种或两种以上不以决策者主观意志为转移的自然状态，并预先估计或计算出自然状态出现的概率，计算相应的损益值。这种决策由于无法控制其影响决策结果的某种自然状态，要在一定的概率条件下做出、需要冒一定的风险，故称为风险型决策。风险型决策过程比较复杂。

3. 房地产投资决策方法

（1）定性分析决策法。在房地产投资决策过程中，更为适用的方法是定性分析决策法，因为房地产开发中有些因素难以定量描述，而且遇到的问题、环境等都比较复杂。定性分析的方法通常也叫经验法，这一方法是建立在人的直观、灵感和经验以及形象思维和创新能力的基础上，被普遍应用于房地产的一般决策中。有经验的房地产开发商常常采用定性分析决策法，他们非常相信自己屡战屡胜的经验和直觉。但对一般人来说，这种方法缺乏严谨的分析，投资分析不透，只能对投资项目做一些直观且表面性的描述。

（2）定量分析决策法。这是一种严谨的分析决策法，采用数量指标和数学模型手段，对决策问题进行定量分析、计算，以求得决策问题的最优解，进行房地产投资决策。在决策分析中常用的定量分析法有 3 种。

1）确定型决策法。其特点是决策者对每一个不同方案的未来自然状态和信息在完全已知的情况下，根据完全确定的情况，运用科学方法从各个不同方案中选择最优方案。在房地产投资经济分析中常用的确定型决策方法很多，如财务净现值法、内部收益率法、线性规划求最优解法及动态投资回收期法等，决策者选择适用的方法可根据投资项目的要求、决策问题的性质等来确定。

2）不确定型决策法。其特点是不知道所处理的未来事件在各种特定条件下的明确结果，决策是在对决策问题的自然状态发生的概率毫无所知的情况下进行的。在此情况下决策，由于信息不全，有较大的主观随意性，所以只得提出若干不同的决策准则作为不确定型决策的依据。这些决策准则包括以下几种。

a. 最大最小值准则，也称为悲观法，主张在对方案进行比较和选择时，不应过于乐观，应谨慎从事，把事物的结果尽量估计得坏一点，然后在各种最坏的情况下找出一个最好的方案。这一方法的缺点是，虽然可以避免出现较大的实际损失的风险，但可能漏掉了最大的盈利机会。

b. 最大最大值准则，也称为乐观法，这一方法正好与最大最小值准则法相反，它主张选择方案时应采取乐观的态度，大中选大，即所选择的方案是一个能够提供获得最大盈利机会的方案。这表示决策者的评价准则是要追求利益最大化，对投资开发前途充满了乐观的情绪。这一方法的缺点是，一旦未来客观状态出现不利的情况时，企业往往难以获得预期的投资收益，甚至还会发生巨大亏损。

c. 机会均等准则，也称为中庸之道法，决策者在决策过程中，不能肯定各种自然状态出现的概率，于是认为是等概率的，即如果有 n 个自然状态，则每个自然状态出现的

概率为 $1/n$，然后按照风险决策的损益最大期望值做出决策。机会均等准则在一般决策中最常用。

3）风险型决策法。这种方法要求决策者根据几种不同自然状态可能发生的概率进行决策。在房地产开发经营过程中，大量的决策问题都具有某种潜在的风险，风险型决策是很重要的决策方法。风险型决策方法的具体类型如下。

a. 期望值法。根据概率论基本知识，利用数学期望值法，对房地产投资项目方案进行决策优化。

b. 决策树法。把对某个含有风险的投资方案未来发展状况的可能性和可能的结果所做的估计和预测，用树状图形表示出来，不仅能够解决单层决策问题，而且更适合于解决多层决策问题。它能使得多层决策层次分明，直观易懂，也便于计算和分析。特别是计算机技术的发展，使得这类决策计算更容易且更快捷。

4. 房地产投资决策管理过程

决策过程就是寻找最优方案的过程。一般而言，决策是指在目标既定的情况下，寻找可以实现目标的各种可行方案，然后对这些方案进行比较分析，最后选出一个最优可行方案的过程。房地产投资决策是指对拟建房地产投资项目的必要性和可行性进行技术经济分析，对可以实现目标的不同方案进行比较和评价，并做出判断，选择某一方案的过程。房地产企业开发风险分析与投资决策过程，如图 6-2 所示。

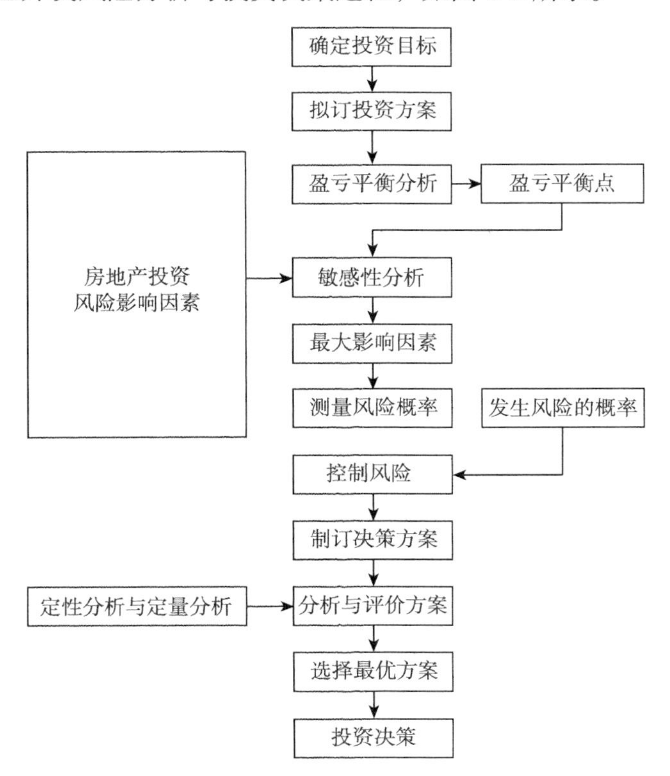

图 6-2 房地产企业开发风险分析与投资决策过程

（1）确定投资目标。确定投资目标是投资决策的前提和依据，如果投资目标不正确，那就意味着投资决策的不正确，最终导致投资项目实施的不正确。确定投资目标正确性的关键在于进行全面的市场调研和预测，通过周密的分析研究发现问题，然后搞清问题的性质，从而确定解决问题后所期望达到的结果，使投资的目标具体明确。房地产投资一般是以具体的盈利数额作为投资的主要目标。

（2）拟订投资决策方案。投资的目标确定后，要为决策拟订方案。为确保决策的科学性，在进行房地产投资决策的过程中，根据已确定的目标，要拟订多个可行的备选方案，供决策者从中选优。拟订决策方案时必须注意各方案整体上的详尽性和方案间的相互排斥性。制订投资决策方案需要做地块开发投资报告，涉及以下几点：

- 地块开发内容与投资总额估算；
- 投资周期与进度；
- 投资风险与控制方法；
- 投资回报估算。

（3）分析与评价方案。在进行选择之前，要对每一个备选方案有关的技术、经济和社会环境等各个方面的条件、因素及潜在问题进行可行性分析，将其与预先确定的目标进行比较并做出评价。对决策和行动方案有一定约束条件的限制因素要进行分析，以便在现有条件下求优；对每个备选方案可能发生的潜在问题做科学的预测，以便事先防范，减少潜在问题发生的可能性。实际上测量风险最为重要，因为房地产项目投资量大、建设周期长、牵涉面广、不确定因素多，相对其他投资项目风险要大。进行投资决策时，投资者不仅要测量或估计每个投资方案的经济效益，还要测量其可能承担的风险，确定每个方案在收益上的可靠性，风险不可控的方案收益再大也不能采用。然后根据决策目标，详尽分析每个备选方案的经济效益、环境效益和社会效益，最后对每个备选方案做出综合性评价。

（4）选择最优方案。决策就是选择，没有选择就没有决策。选择方案是就每个方案的结果进行比较，选出最可能实现决策预期目标或期望收益最大的方案，作为初步最优方案。选择方案不仅是整个决策过程中的环节，也是决策者的重要职责，同时也是科学性和技巧性的综合体现。要正确、有效地进行选择方案工作，必须掌握方案的选择标准。选择标准和决策目标是紧密相连的。判断某一方案是否可行，总的原则是按技术经济学原理给予评价，即该项目在技术上是否先进，生产上是否可行，经济上是否合算及财务上是否能盈利。经分析比较后，从中选出最优方案。通常，要求实现决策目标的方案得到的利益尽可能大，而且付出的代价尽可能小，即以最小的投入得到最大的产出。同时，要使实现决策目标的把握性尽可能大，且副作用尽可能小。然而在实际中，所有方案的最优都是相对而言的，要求十全十美的方案几乎是办不到的，往往是难求最优，只求近优。方案选定了，投资决策就开始了，房地产项目的融资也开始了。

6.4 房地产项目的融资管理

房地产开发过程是资金堆积的过程。因此，在房地产开发过程中，当资金不足时，如果不向银行申请贷款，或者通过资本市场发行股票和债券进行融资，仅靠开发企业的自有资金将寸步难行。

1. 房地产融资及其特点

（1）房地产融资，是指房地产企业在房地产开发、建设、经营、管理、服务及消费过程中，借助于金融机构和资本市场筹措资金而进行的资金融通行为。根据资金来源的不同，可将融资方式分为内部融资和外部融资。①内部融资，是指房地产企业利用企业自有资金支持项目开发，包括企业资产抵押或票据贴现而获得的资金、预收购房定金或购房款和利用企业留存收益等。②外部融资，是企业从外部其他经济主体筹措资金的方式，包括发行股票、发行债券、向银行贷款、合作开发、房地产信托融资等。

（2）地产融资的特点。房地产融资具有 3 个特点。

1）融资规模大。房地产开发项目因为价值大，所以资金的需求量大。同时，由于房地产企业的开发建设资金存在使用支出上的集中性和来源积累上的分散性、长期性之间的矛盾，因而自有资金总是不足的，必须依靠大量信贷资金。所以，房地产开发企业只有借助金融机构和资本市场进行融资才能完成开发目标。据统计，发达国家房地产投资资金杠杆率高达 75%～95%，而一般制造业仅为 50%～60%。2015 年，我国房地产开发资金来源总额中，贷款总额占 52.2%，债券、外资及其他资金来源占 26%，而自筹资金仅占房地产开发投资总额的 21.8%。这些数据充分说明了房地产开发需要依靠大量的外部融资。

2）偿还期较长。房地产开发周期长，资金周转慢，回收期长，所以贷款的偿还期也长。对每一个房地产开发项目而言，从选择地块到房屋竣工验收，直至出售或出租需 3～5 年时间，而且所开发的房地产商品只有销售到一定数量后才能收回成本、获取利润。因此，要偿还通过各种融资渠道获得的资金，往往需要较长时间。

3）融资证券化。房地产融资常采用房屋抵押贷款为主，但房屋资产的流动性很差。资产的流动性是指在必要的时候，将资产换成现金的能力，或者指所投资产作为抵押品时交给债权人保管的难易程度。房地产作为不动产，属于一种缺乏流动性的资产，主要体现在房地产只能成套出售或转让，它不像股票、债券，其持有者可随时将其售出兑换成现金，在某种不利的条件下，所投的资金可能被“套牢”在某一房地产上难以变现，这是房地产持有者急需现金时常常遇到的棘手问题。同时，房地产用作抵押品时，不能移动，不易分割，在一些场合又不易交给债权人保管和处置。由于房地产资产在运作过程中缺乏流动性而导致的融资风险需要进行金融创新，所以我国出现了房地产证券化的趋势，大大提高了房地产资产的流动性，目前在股票市场上已经有万科 A、栖霞建设等多家房地产上市公司。

2. 房地产开发融资的主要形式

房地产开发融资包括间接融资和直接融资。间接融资，是指资金供求双方不直接见面，而是由资金的供给者将资金提供给金融机构，再由金融机构将资金提供给房地产开发企业，形式为房地产抵押贷款、开发建设贷款、流动资金贷款等。直接融资，是指资金供求双方（包括政府、企业和个人），在房地产开发资金的借贷、金融工具的买卖过程中直接见面商定，进行票据和证券的买卖或货币借贷。房地产开发融资应该是直接融资和间接融资相互并存、相互补充，才能保证房地产开发所需的大量资金。

（1）银行贷款融资。房地产企业向银行申请贷款，这是当前解决房地产开发资金需求的最主要的一种融资形式。银行是贷方，是债权人；房地产开发企业是借方，是债务人。借贷双方事前签订书面借款合同，到期还本付息或分期还款。但是，银行如果控制不当，会使经济运行中的诸多矛盾和风险向银行自身集中，会沉淀许多呆账、坏账、欠账，使得不良资产不断上升。

1）银行向房地产开发企业发放贷款的要求。房地产开发企业在从事房地产开发之前，必须拥有一定数额的自有资金。根据《中国人民银行关于规范住房金融业务的通知》，银行发放住房开发贷款的条件是：房地产开发企业自有资金应不低于开发项目总投资的30%，开发项目同时还必须具备“四证”，即《国有土地使用证》《建设用地规划许可证》《建设工程规划许可证》和《建设工程施工许可证》。

2）银行向房地产开发企业发放贷款的类型主要有3种。

a. 房地产开发企业流动资金贷款。它主要用于补充企业为完成计划内土地开发和商品房建设任务所需要的流动资金，使用范围包括材料设备等的储备、在建工程的各种开支、售前成品资金的占用、结算资金的占用以及企业在银行的存款和必备库存现金等。

b. 房地产开发项目贷款。这是金融机构为具体的房地产开发项目提供的生产性流动资金贷款。这类贷款只能用于贷款项目的土地征用、拆迁补偿、前期工程、基础设施建设、建筑安装、公建配套等发生的费用支出，不得挪作他用。

c. 房地产抵押贷款。它包括“土地开发抵押贷款”和“房屋开发抵押贷款”。前者是房地产开发企业以其拟开发的土地使用权做抵押而向银行取得的贷款；后者是房屋开发企业以其开发的房屋产权做抵押而向银行取得的贷款。房地产抵押贷款以房地产抵押为条件融通资金，如果债务人不能按期偿还贷款本息，债权人有权处理抵押的房地产，从中收回贷款本息。由于房地产具有不动产和保值增值的特性，它成了理想的贷款抵押品，能确保贷款安全，大大降低金融机构的贷款风险，又可以增强对借款人的风险约束，因而得到了世界各国房地产金融界的普遍认可和推广，在某些发达国家，房地产抵押贷款成了其银行贷款的主要形式。

（2）证券融资。证券融资是通过房地产债券、股票等证券的发行和流通来融通房地产开发资金的有关金融活动。在发达的资本市场条件下，房地产股票、债券变现十分容易，资本市场上始终拥有众多的房地产投资者。2013年，由于我国一些城市房地产价格持续上涨，一些相应的房地产股票受到众多投资者的追捧，成为大牛股。对于企业来说，发行在外的股票可以作为“自有资金”长期使用，而通过将房地产证券化，也能为企业提供稳定的融资渠道。所以，直接融资应该成为房地产开发融资特别是长期融资的直接来源或有益补充。

1）证券融资的优越性。与其他融资方式比较起来，证券融资具有独特的优越性。①有利于吸收大众资金。房地产开发企业发行房地产债券和股票，将巨额的投资分解为细小的股权或债权，便于小额投资者参与，吸引居民大众加入，为房地产金融开辟了稳固而巨大的资金渠道。②有利于分散投资风险。③有利于金融市场的繁荣和房地产企业经营管理的改善。

2）房地产证券的发行。证券发行主要有两种形式。①房地产债券的发行。房地产债券是政府或金融机构或房地产企业为了筹措房地产开发资金面向社会发行的借款信用凭证。在这里，债券的发行者是债务人，债券的购买者是债权人，债券持有人有权按照约定的期限和利率获得利息，并到期收回本金，但无权参加房地产企业的管理，也不对其经营状况承担责任或享受权益。以债券发行主体的不同来分类，房地产债券可分为政府债券、金融债券和企业债券 3 种。由中央政府或地方政府向社会发行的债券称为房地产政府债券，它是建立在以政府权力为基础的国家信用之上的；由银行或其他金融机构为开发房地产而发放的债券称为房地产金融债券；由房地产企业发行的债券称为房地产企业债券，企业债券由于其用途、本息支付方式、发行条件等不同而分为许多种类别。在我国，房地产企业债券的发行要经各级人民银行批准，纳入金融信贷计划。通过发行债券融资在我国还属于起步阶段，融资量很少，不到 1%。②房地产股票的发行。房地产股票是股份制房地产企业发放的股份入股凭证。股票购买者就是股份制房地产企业的股东，对企业拥有以股票体现的部分所有权，股东有权根据企业的经营成果获得股息和红利，但必须对企业经营不良的后果承担有限的责任。股东不能向企业要求退股，但可以把其股票转让给别人。我国的股份制房地产企业发展很快，房地产股份有限公司所占比例逐年上升。

（3）房地产信托融资。信托是一项重要的现代金融业务，是金融市场的重要组成部分，是一种代人理财的财务管理制度。房地产信托是指货币所有者或房地产所有者基于对金融机构的信任，委托其代理购、建、租赁、经营房地产及其证券的经济行为。这是一种以房地产财产为核心，以信任为基础，以委托为方式的财产经营和管理制度。在信托关系中，把货币或房地产委托给他人管理和处置的一方称“委托方”；接受委托的金融机构称“受托方”；被委托的房地产或证券称为“委托标的物”；享受信托收益的人叫“受益人”，可以是自然人，也可以是法人。房地产信托的融资有如下形式。

1）房地产信托投资。房地产信托投资是指委托人将资金交存信托投资公司或银行，指定投资方式，由信托机构代为运营的投资方式。比较常见的有委托代建信托投资、融资性住房信托投资、代理发行房地产企业的有价证券等。房地产信托投资集“融资”和“融物”于一身，为房地产企业和个人提供了融资便利，促进了房地产资金的横向流动。

2）房地产信托存款与贷款。房地产信托存款是指由信托投资机构在特定的资金来源范围内办理的存款，存款的利率通常比银行存款利率高一些，对存款人具有吸引力。其来源一般是财政部门用以有偿使用的预算外资金，企事业单位及其主管部门可以自主支配和有偿使用的资金，以及个人特约信托存款等。房地产信托贷款是指金融信托机构利用吸收的房地产信托存款、自有资金和筹集的其他资金向房地产企业发放的贷款，主要用于房地产企业周转资金，它比一般银行贷款灵活方便，审批迅速，但利率稍高。

3）房地产信托投资基金。房地产信托投资基金是指房地产信托机构为经营房地产信托投资业务而建立的专门营运资金。它一般采取发行房地产基金凭证的形式，将小额投资者的资金汇集成大额房地产基金，再择优投资于房地产项目，基金投资实行专家管理和透明化运作，从而实现资金的规模经营，提高经营效益。房地产信托投资基金的主要特点是集体投资、委托经营、分散风险、共同受益。

（4）房地产联建、参建融资。联建、参建融资实际上是一种合伙制融资，是指合伙人按照彼此达成的协议共同出资投资于某一房地产项目。当项目较大，一家房地产企业难以完成巨大的融资任务时，联建、参建融资是不错的选择。在实践中，联建一般是指几家房地产企业之间的共同投资行为；参建一般是指房地产企业吸收个人参与某一房地产项目的投资行为。

（5）利用外资与房地产典当融资。利用外资是房地产融资的一种渠道和方式，具体形式有中外合资、合作开发、外商独资开发等。据有关部门资料显示，外商投资房地产呈逐年递增趋势，投资规模不断扩大。房地产典当融资也是一种“以物融资”的方式，指房屋所有人在保留房屋所有权的条件下，有期限有条件地将房屋出典给他人，获得承典人支付的货币资金（典价）。近年来，我国一些大中城市也出现了房地产典当融资。关于典当内容，详见“12.8　物业其他交易经营方式”。

需要引起注意的是，随着市场经济的发展和房地产金融体系的不断完善，在融资方式上出现了相互渗透、组合创新的趋势，如房地产证券抵押贷款、住房债权信托等。目前，我国房地产企业融资体现出如下新特征：在资金结构上，对银行贷款依赖较大；资金来源相对狭窄，但呈现出多元化趋势，除了传统的银行信贷、股权融资外，信托融资、夹层融资、上市融资、融资租赁、利用外资等方式纷纷涌现；新型融资方式（如信托融资等）受政策影响，门槛较高。

3. 房地产企业的融资管理

房地产企业在融资过程中，要研究、分析和评价影响融资的各种因素，做好融资前的充分准备，力求达到房地产开发融资最佳的综合效益。房地产开发融资的基本要求有以下 5 个方面。

（1）确定合理的融资规模。房地产开发企业筹措开发资金，首先应该确定合理的资金需求量，要有一个合理的界限。融资过多，会增加融资成本，影响资金的使用效果；融资过少，又会影响开发资金的供应，进而影响开发的规模和进展速度。确定合理的融资规模要考虑房地产开发的规模和生产周期，还要注意房地产开发商品的销售趋势，预防商品房滞销、资金积压影响开发资金的周转。同时，还要根据开发项目对资金使用的时间要求，将全年的开发资金需求量合理分解为每季度、每月的需求量，以便合理安排融资、投放和回收，加快资金的周转速度，提高资金使用效率。

（2）正确选择融资的渠道和方式。房地产开发融资成本是指房地产开发企业在融资时所支付的一定代价，主要包括筹措费和资金使用费。不同的融资渠道和融资方式所付出的代价是不一样的，即具有不同的融资成本。例如，债券融资的利息计入生产成本，在税前支付，而股票融资的股息和红利须在税后利润中支付，这样就使股票融资的资金成本大大高于债券融资的资金成本。因此，房地产开发商在融资时要严格遵循国家的有关方针、政策和财政税收制度，选择合理的融资渠道，降低融资成本，选择投资收益高于融资成本的融资渠道和方式。

（3）统筹考虑融资与投资。房地产开发企业融资必须事先确定有利的投资方向和明确的资金用途。资金的投向，既决定了资金需求量的多少，又决定了投资效益的大小。只有在确定了投资的需求量及其效益之后，才能更好地选择融资的渠道和方式，才能进一步规划房地产开发融资的渠道、方式及成本。在房地产开发融资的过程中，要统筹考虑融资和投资两个环节，防止把融资和投资两个环节割裂开来的做法，力求融资成本低而投资效益高，达到综合效益最优。

（4）建立资本金制度。房地产开发经营活动是一个连续不断的过程，为了保证该过程的持续进行，减少因资金短缺带来的经营风险和财务风险，房地产开发企业必须具有一定数额供其长期使用而不需要偿还的自有资金。所以，房地产开发企业必须建立资本金制度，其资本金数额应根据国家有关规定在企业章程或协议中明确规定，并由投资者在房地产开发企业设立初期一次性或分几次投入企业。

（5）优化资金结构。房地产企业大都是依靠举债来从事房地产的开发经营活动，即进行负债经营。所谓负债经营就是利用财务杠杆作用来改变企业的资产负债比率，以较小的权益资本去投资较大的项目，从而达到提高权益资本利润率的目的。房地产开发企业应适度举债，负债的多少必须与自身的偿债能力相适应。负债过少，则会丧失投资获利的机会；负债过多，则会产生较大的财务风险，甚至丧失偿债能力从而面临破产。因此，房地产开发企业要优化资金结构，负债要与企业资本金有一个恰当的比率。房地产开发企业进行负债经营必须要保证投资利润率高于资金成本率，以保证企业的经济效益。

| 实践案例 |

某小型房地产开发企业拥有 100 万元股本，现有某一投资项目，预计该项目的投资收益率为 15%。如果该企业不进行任何融资，那么股本资本的利润率就是 15%。现在如果能够以 10% 的利率借入 100 万元，与原始股本一并投资，收益水平仍为 15%，那么由于财务杠杆的作用，100 万元原始股本的净收益达到 20 万元，即收益率为 20%。但是，如果借款利率仍为 10%，而收益水平由于市场风险跌至 7%，那么同样由于财务杠杆的作用，100 万元原始股本的净收益只有 4 万元，即收益率降为 4%。

4. 房地产开发的融资决策

房地产融资水平决定开发投资收益。融资决策是房地产开发企业财务管理部门在企业融资目标的总体要求下，从若干个可以选择的融资方案中选择令人满意的方案的过程。

（1）科学制订融资方案。每一个周密的房地产开发融资方案，应包括以下基本内容。

1）欲筹集资金的币种、数额与资金来源的构成，即各种融资方式所筹集的资金占总融资额的比重。

2）融资流量，即与房地产开发企业资金投入和资金偿还要求相适应的不同时间内筹集资金和偿还资金的数量。

3）融资风险与管理措施。融资风险是指融资过程中可能给房地产开发企业造成损失的不确定性；风险管理措施是指风险规避、风险自留、风险转嫁、风险中和，以及外汇套期保值等具体措施。

4）融资成本预算，即估算在融资过程中必须支付的融资费用（手续费、管理费等）和资金使用费。

5）融资方法，即对直接融资或间接融资做出选择。

6）融资组织，即明确融资的权利责任关系，安排融资工作各阶段的具体目标、任务、时间、地点和负责人等。

（2）正确选择房地产开发融资方案。一般采用比较分析法，即对各个可行的房地产开发融资方案的安全性、经济性和可行性用分级评价的方式进行比较，选择出安全性、经济性和可行性3项指标均令人满意的方案。安全性、经济性和可行性3项指标等级的划分标准如下。

1）安全性。按风险程度大小分为A、B、C、D四级：A级表示风险很小；B级表示风险较小；C级表示风险较大；D级表示风险极大。

2）经济性。按综合融资成本费用率高低分为A、B、C、D四级：A级表示融资成本最低，即F（综合融资成本费用率）$<70\%i$（i表示银行同期贷款利率）；B级表示融资成本较低，即$70\%i\leq F<i$；C级表示融资成本较高，即F在$130\%i$附近；D级表示融资成本很大，即$F>130\%i$。

3）可行性。按各融资方式的落实程度分为A、B、C、D四级：A级表示融资方式及所融资金都能全部落实；B级表示融资方式及所融资金能基本落实；C级表示融资方式及所融资金尚不能肯定；D级表示融资方式及所融资金没有落实。

根据上述标准，房地产企业应首先选择AAA级标准的融资方案为最佳融资决策方案，因为它的安全性、经济性和可行性均是最佳的；相反，DDD方案则是最差的，通常不能选用。实际操作中由于有许多因素作用，房地产企业只能从所有可能的融资方案中，选择出相对满意的融资方案来付诸实施，以确保房地产经营的正常进行。

思考题

1. 如何规避房地产开发风险？
2. 如何进行房地产投资和融资？

第 7 章

地块开发定位与土地使用权获取

学习目标

1. 了解土地使用权的获取方式与程序。
2. 熟悉征地、拆迁管理与程序。
3. 掌握地块的市场定位方法。
4. 掌握地块开发的可行性分析内容。

技能要求

1. 能够对房地产项目进行开发定位。
2. 能够编写地块开发的市场定位与可行性分析报告。
3. 养成及时完成阶段性工作任务的习惯，“今日事今日毕”。

案例 7-1

金牛湖三地块综合项目开发定位

一、项目概况

金牛湖三地块综合项目的概况，见案例 2-1。

二、项目的开发与经营环境分析

见案例 4-1。

三、项目市场分析与预测

见案例 5-1。

四、项目的投资风险与机会分析

见案例 6-1。

五、项目开发定位

1. 项目定位调研

针对六合区域中高端项目客户做消费者调研，主要涉及本区域的中高端改善型客户和城区改善型客户，从以下几个方面展开调研。

（1）客户购买住宅目的调研。经过问卷调查，客户近期购买住宅的目的如图 7-1 所示。数据显示在购房用途中，超过半数的人是打算自己居住的，28% 的人希望提高居住品质，22% 的人为了小孩；其次就是 10% 的人结婚用房，看来广大的青年人都希望有自己的房子。也有 9% 养老和 7% 本地拆迁。投资客户仅占 12%，主要是受房价持续上涨的影响。

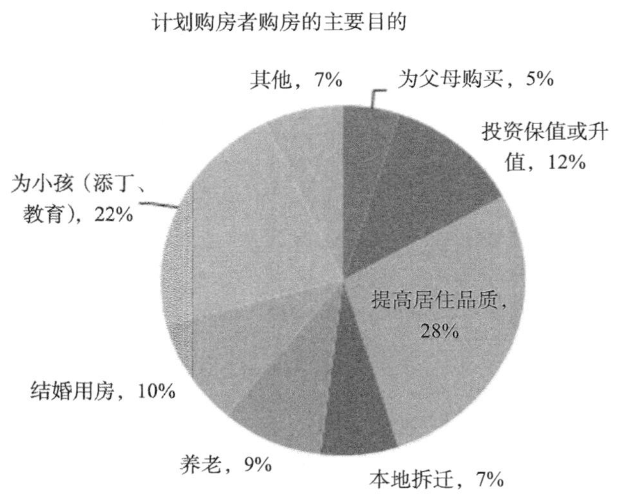

计划购房者购房的主要目的

其他，7%
为父母购买，5%
投资保值或升值，12%
提高居住品质，28%
本地拆迁，7%
养老，9%
结婚用房，10%
为小孩（添丁、教育），22%

图 7-1 购买住宅的目的

（2）客户年龄调研。客户的年龄情况如图 7-2 所示。由图中可以看出，客户的主要年龄在 26 ~ 40 岁。说明南京目前购房主力的年龄段在“80 后”和“90 后”的群体上，“80 后”和“90 后”在购房人群中的比例为 40%（31 ~ 40 岁）和 31%（26 ~ 30 岁）。

（3）客户家庭人数调研。客户的家庭人数情况如图 7-3 所示。由图中可以看出，三口居多，其次是两口之家，次之是单身。一般有家庭的人才考虑买房，是因为每个人都希望有一个稳定的住所。

（4）客户需求调研。

①客户关注的住宅价格如图 7-4 所示。数据显示，54% 的人认为目前房价偏高，需要更多的努力，32% 的人认为目前房价太高，购买很吃力，11% 的人认为目前房价适中，与工资相匹配；只有 3% 的人认为房价偏低，有较大上涨空间。大多数的客户认为住宅价

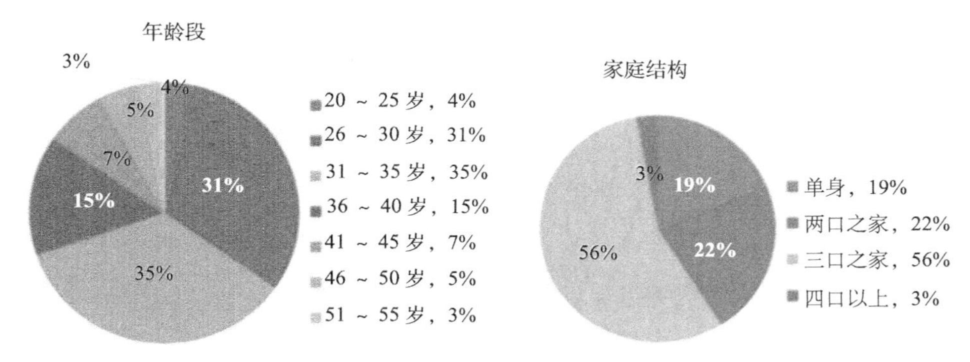

图 7-2　客户的年龄情况　　　　图 7-3　客户的家庭人数情况

格太高或偏高，买房子有些吃力，需要更多的努力才能买起房子。总体上来说，86% 的人认为房价比自己预期的高，但是大部分觉得努力一下还是可以买得起的。

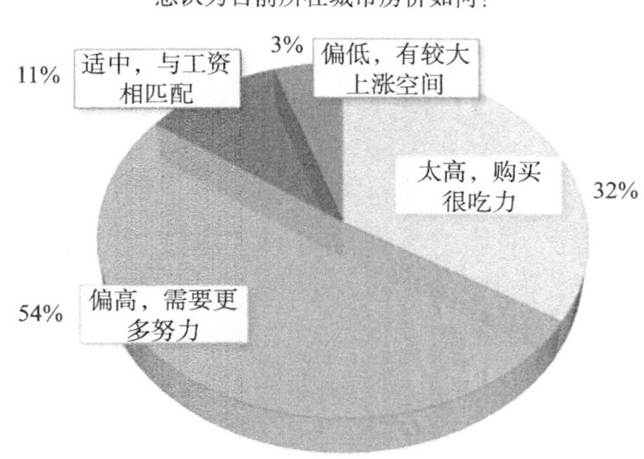

图 7-4　客户关注的房价

②客户关注的户型和住宅面积，见表 7-1、表 7-2。表 7-1 数据显示客户的户型需求主要集中在两室和三室，说明目前人们对客厅的面积的要求较高。表 7-2 数据显示购买面积主要集中在 80 ~ 100 平方米和 100 ~ 120 平方米。再次说明目前消费者对中、大户型的住房的需求量大。

表 7-1　客户关注的户型

A. 一室一厅一卫	B. 二室一厅一卫	C. 二室二厅二卫	D. 三室二厅一卫	E. 三室二厅二卫	F. 四室二厅二卫	G. 其他
3%	27%	15%	21.5%	28%	4.5%	1%

表 7-2　客户关注的住宅面积

A.80 平方米以下	B.80 ~ 100 平方米	C.100 ~ 120 平方米	D.120 ~ 150 平方米	E.150 ~ 180 平方米	F.180 平方米以上
11%	34%	32.5%	18%	4%	0.5%

③客户关注的小区内部配套设施如图 7-5 所示，可以看出大部分被调查者都要求在小

区内有网线、中心花园、运动场所、停车场、休闲会所和超市，说明随着生活水平的提高，人们对休闲娱乐和健康越来越关注，伴随汽车的普及，停车场也成了目前人们购房的一个重要考虑因素。

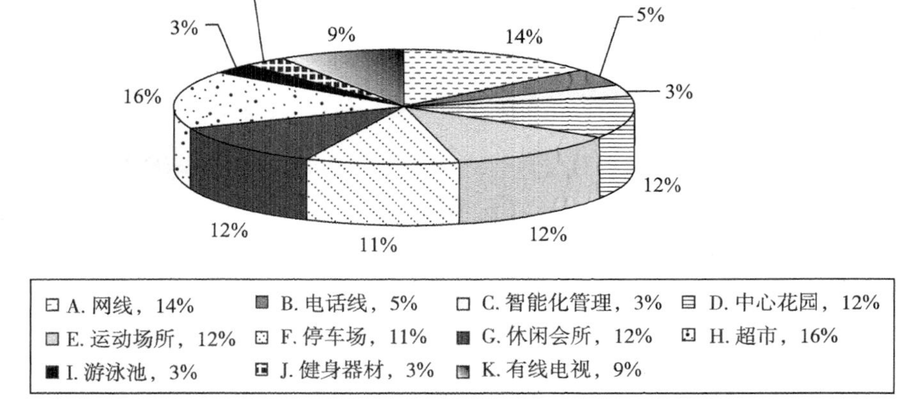

图 7-5 客户对小区内部配套设施需求情况

④客户关注的小区周边配套设施如图 7-6 所示。可以看出，80% 的调查者要求在小区的周边有学校，另外 50% 左右的还要求拥有公园、超市、菜场、医院、休闲娱乐场所等基础设施。可见人们在物质生活得到丰富以后，更加注重精神文化的需求，以及更多地考虑子女教育以及家人的医疗健康问题。

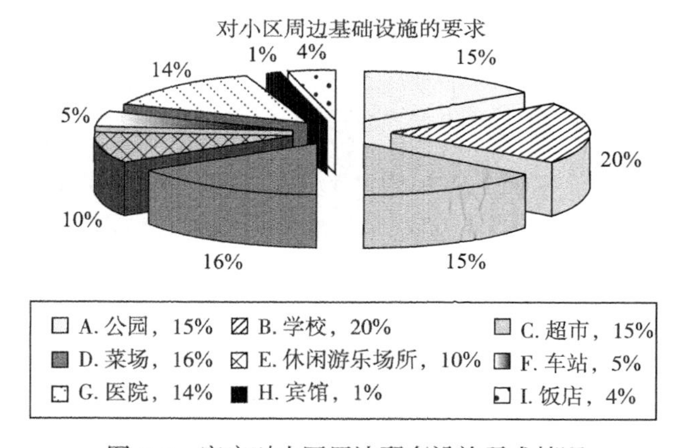

图 7-6 客户对小区周边配套设施需求情况

（5）消费者分析。通过调研发现，客户关注焦点基本集中在外围居住环境、占有景观资源等，产品倾向于类别墅，对区域环境较认可。本区域中高端改善型客户关注焦点基本集中在社区景观、配套设施、物业服务等方面，对金牛湖区域较认可，对项目有信心。

2. 金牛湖三地块综合项目定位

（1）客户定位。

①目标客户。经过项目定位调研，金牛湖三地块综合项目前期客户应该锁定在六合本

区域中高端改善型客户。

②客户特征。

A. 工作在六合，年龄35岁左右，教育程度专科以上，其中最典型的模式是三口之家。

B. 经济条件富裕，有稳定高收入，其年收入在10万元以上（见图7-7）。

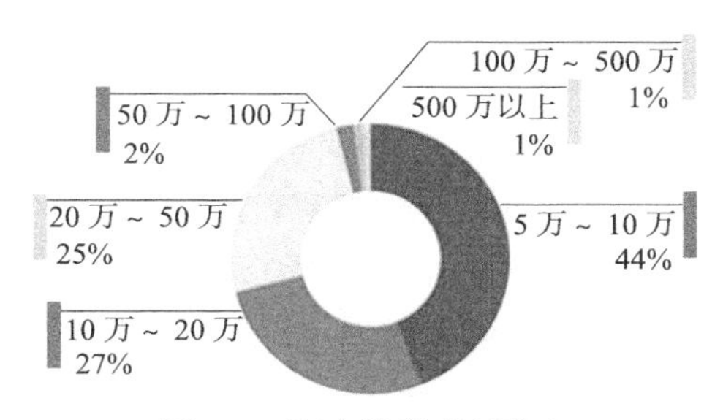

图7-7　客户的家庭年收入

C. 他们在选择房产的时候非常有经验，注重房地产质量和居住品质，收入越高的人买房欲越强。

（2）产品定位。根据前面的市场调研与金牛湖三地块综合项目的综合质素分析，本项目定位中高档，打造与其身份相匹配的人居宿处，以大手笔打造颐养、常乐、康益、亲子四大园，提供游、学、禅、乐、情、膳、美、住、健、护等852类设施867项全方位服务。

（3）形象定位。金牛湖三地块综合项目传承恒大地产“精品战略”，打造规模档次世界超前的养生养老圣地，开启全方位全龄化健康养生养老新篇章。

资料来源：根据南京工业职业技术大学朱赫、谢庆月同学的调研报告整理。

案例讨论

房地产市场定位需要考虑哪些因素？

学习任务

做NO.2010G06地块的市场定位与可行性分析报告。

房地产开发的市场定位在房地产企业的经营管理中占有非常重要的地位，它决定着项目的成败和企业的经营效益。本章详细讨论了项目的市场定位与可行性研究、土地使用权的获取方式与程序、征地及拆迁管理与程序。

7.1　房地产项目的市场定位与可行性研究

1. 房地产项目的市场定位及内容

（1）市场定位。市场定位就是房地产企业针对目标地块所开发楼盘的市场定位和目标客户群定位，以便在目标顾客的心目中占有独特的地位。目标地块开发楼盘做过市场定位以后，房地产项目开发才进入实质阶段。房地产项目定位要在国家和地区相关法律、法规和规划的指导下，根据本项目所在地域的经济、政治、人文和风俗习惯，结合项目自身特点和对市场未来发展趋势的判断，找到适合于项目的客户群体，在客户群体消费特征的基础上，进行产品定位，具体的定位方式有两种。①广义的市场定位，是指通过为自己的企业、产品、服务等创立鲜明的特色或个性，塑造出独特的市场形象，从而确定本企业的市场位置；②狭义的市场定位，即产品定位是对房地产项目所施行的产品市场定位行为，是根据企业现有产品在市场上设定的位置，塑造本项目产品与众不同、有鲜明个性或特色的形象，以适合目标顾客的需求或偏好。

（2）房地产开发市场定位内容。定位是项目策划的核心、本源，是项目全程策划的出发点和回归点，是在项目策划初期就必须首先明确的。定位内容包括：①客户定位，如高端客户、中端客户、低端客户；②产品定位，如品质定位、价格定位；③形象定位，如主题定位、竞争定位。房地产项目客户定位、产品定位、形象定位的具体方法，详见陈林杰主编的教材《房地产营销与策划》第4章“房地产项目市场分析与定位策划”。房地产项目的市场定位需要考虑市场需求、市场机遇、市场竞争以及企业拥有的内外资源，如图7-8所示。

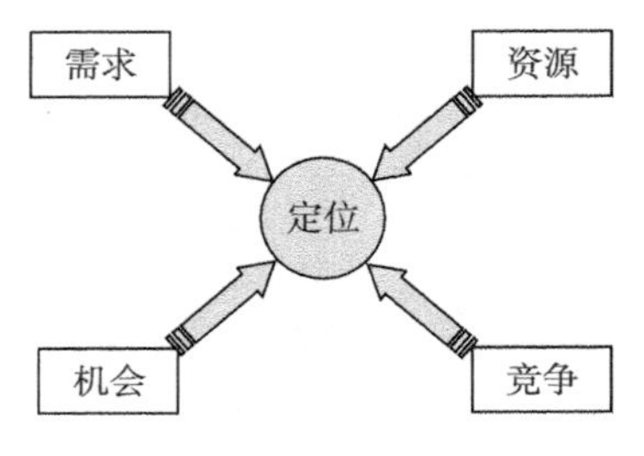

图7-8 房地产项目的市场定位

2. 定位房地产项目的关键

（1）需要认真研究地段影响。实际上，与没有两片相同的树叶一样，也没有两块相同的土地，每块地都有自己独特的内涵，都有自己的归属，产品定位时必须认真对地块加以研究。这当中是有规律可循的，用大白话讲，就是什么地种什么瓜，什么条件盖什么房，以及人们常说的“物以类聚，人以群分”。新城区的地块与老城区的地块吸引着不同的消费者。一般地，老城区的地块如果面积较小、位置较偏，那么它吸引的购买者大多是地块四周方圆三公里范围内的消费者。所以，必须深入了解这部分消费者的购买力和购买心态。这当中要特别把握好总价原则，忽视了这一点，楼盘的推广将会陷入困境。

（2）需要认真研究目标地块本身的含义及与周边社区的关系。由实践经验可知，盖房子要研究山水和文脉，即目标地块本身的含义及与周边社区的关系。一块既无山景又无水景，周边人文环境又不太好的地块，不大适宜盖高档住宅；相反，在一块有着很好自然资源的土地上，你只盖普通住宅，又活生生浪费了一块好地。还有一种关于文脉的说法，这与迷信不能混为一谈，它是由长时间的历史因素、社会因素自然而然形成的，具有客观性。当开发一块从前一直是棚户区的某地块，且周围人文环境不太理想时，一定要慎重确定产品的定位，尽量不要将产品定位拔得很高，搞成“高档次”“豪华级”住宅，否则就会导致一种尴尬：有钱人对它不感兴趣，对它感兴趣的却买不起。

3. 房地产开发市场定位方案

（1）市场细分与目标客户选择。

1）按消费者收入和购买动机进行市场细分。

2）估算细分容量并选择目标客户，一般选择细分容量大的客户作为目标客户。

3）描述目标客户特征，一般从职业、年龄、收入、购买动机等方面描述。

（2）客户定位。根据目标客户的特征进行客户定位，一般按客户的层次定位，如高端客户、中端客户和低端客户。

（3）产品定位。根据目标客户的需求特征进行产品定位，一般按楼盘的质量定位，如品质定位和价格定位。

（4）形象定位。根据客户定位和产品定位进行形象定位，主要有主题定位、竞争定位和服务定位。

📖 **案例 7-2**

金域蓝湾项目定位

根据对整体市场状况、区域市场形势、项目自身条件的综合分析，以实现较高的利润，回避市场风险为原则。结合上述项目调研，决定金域蓝湾项目定位。

客户定位

（1）目标客户。经过项目定位调研，建议项目前期客户应该锁定在江宁本区域中高端改善型客户。

（2）客户特征。①工作在江宁，年龄35岁左右，教育程度本科以上，普遍为小太阳家庭，即拥有一个0～10岁小孩的年轻家庭，其中最典型的模式是三口之家；②经济条件富裕，普遍拥有私家车，工作单位是本地有稳定高收入来源的企事业单位，其年收入在10万～25万元，如图7-9所示；③他们在选择房产时非常慎重，需要足够的理由，既要满足物质需求，又要满足精神需求。他们对房产的认可，来自自身舒适度和身边人群的关注度两个方面。

产品定位

根据对江宁的房地产市场调研与本项目的综合质素分析，本项目应做一个“经济＋美丽”的复合型项目，集住宅、商铺、别墅为一体的综合性社区，能满足客户居住、商业、休闲的需求，轻松、享受的开放式高雅社区。按照人的生命周期，住宅分为功能型住宅、改善型住宅、终极型住宅和养老型住宅。从中产阶级成长的生命周期看，本项目属于中产阶级公寓类改善型住宅，是高品位、高档次的中高层住宅、别墅小区。

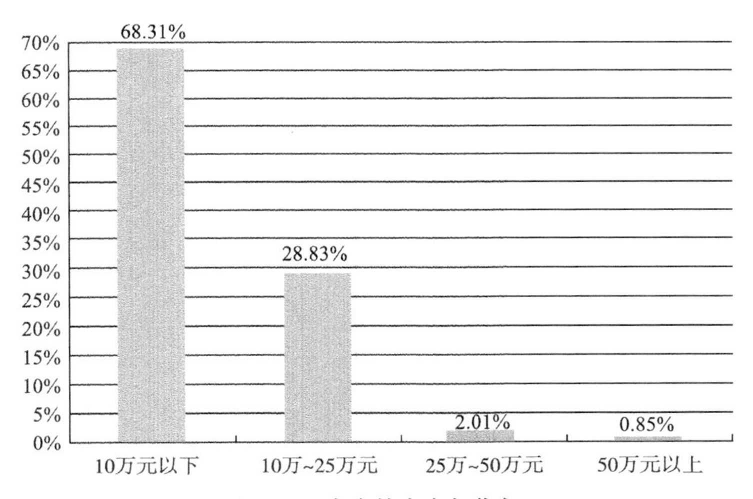

图7-9　客户的家庭年收入

形象定位

（1）核心领地的绝对景观。由将军山、牛首山、方山三大历史名山环绕聚合，积淀了南京人文正脉；外秦淮河、牛首山相拥，流淌着鲜活的城市文明。

（2）愉悦性。坐拥江宁高尚居住区核心区位、便捷的道路与轨道交通、成熟的公共配套设施、稀缺的自然景观资源等多重优势资源。将以一座总建筑面积约 54 万平方米的高品质社区，成就生活梦想。

资料来源：根据南京工业职业技术学院房地产专业张秀艳同学的调研资料整理。

4. 房地产项目可行性研究的目的、内容与步骤

房地产开发项目的可行性研究是与项目的定位同时加以考虑的。房地产开发项目的可行性研究，是指在投资决策前对拟开发项目相关的社会、经济和技术等各方面情况进行深入细致的调查研究，对各种可能的方案进行科学评价的基础上，综合研究拟开发项目在技术上是否先进、适用、可靠，在经济上是否合理，在财务上是否盈利，由此确定该项目是否应该投资和如何投资。

（1）可行性研究的目的。可行性研究的目的是实现项目决策的科学化、民主化，减少或避免投资的盲目性和风险性，提高项目的经济效益、社会效益和环境效益。

1）为投资决策提供依据。房地产开发项目，特别是大中型项目，花费的人力、物力、财力很多，不能只凭经验或感觉就做出决定，要通过投资决策前的可行性研究，明确拟开发项目的建设地址、规模、建设内容与方案等是否可行，以此作为项目投资决策的依据。

2）为筹集开发资金提供依据。银行等金融机构都把可行性研究报告作为建设项目申请贷款的先决条件。它们对可行性研究报告进行全面、细致的分析评估后，才能确定是否发放贷款。

3）为签订协议和合同提供依据。项目所需的建筑材料、电、水、热、通信、交通等诸多方面，都需要与有关部门协作供应，而供应的协议和合同均需根据可行性研究报告进行商谈。有关技术引进和建筑设备进口也必须在可行性研究报告审查批准生效后，才能据此同厂商正式签约。

4）为编制规划设计提供依据。在可行性研究中，对拟开发项目的规模、地址、建筑设计方案、主要设备、单项工程结构形式、配套设施和公用设施的种类等都进行了分析和论证，确定了原则，推荐了建设方案。可行性研究报告批准后，规划设计工作就可据此进行，不必另做方案进行比较选择和重新论证。

（2）可行性研究的内容。由于房地产开发项目的性质、规模和复杂程度不同，其可行性研究的内容也不尽相同，各有侧重。但主要内容是不变的，它包括以下 3 个方面。

1）项目的必要性。基本标准是该项目是否为社会所需要。解决这个问题需要对拟开发项目所在地区的社会、经济发展状况和拟开发产品的市场供需情况进行调查、分析和预测。

2）项目实施的可能性。可能性是建立在对项目的外部制约条件分析的基础上的，需要考察固定资产投资规模及城市规划对项目的限制条件，还需要看资金、建筑材料、

施工力量、城市基础设施等能否保证开发项目的顺利实施。此外，还需考察开发建设过程中和建成投入使用后的道路、通信、供电、供水、供热等的制约条件，以及治安、消防、就学、购物等社会服务条件。项目开发时对这些约束因素的承受力和突破力决定着项目实施的可能性，承受力和突破力强，则实施的可能性就大。

3）项目的技术经济分析。这是可行性研究中的核心部分。相对而言，经济分析又比技术分析更为重要，因为对于企业来说，经济效益是最重要的。

（3）可行性研究的步骤。可行性研究一般按如下步骤进行。

1）明确任务。在项目建议被批准之后，开发商即可组织力量对拟开发项目进行可行性研究。如果开发商自己没有研究力量，可以委托中介机构专业人员对拟开发项目进行可行性研究。受托单位要弄清委托方的目的和要求，明确研究内容，制订计划，并收集有关的基础资料、指标、规范、标准等基本数据。

2）调查研究。主要从5个方面进行：①市场需求调查；②市场供给调查；③资源调查，包括原材料、能源、劳动力、建材、运输条件、环境保护、组织管理和人员培训等自然、社会、经济条件的调查；④建设地点及所处地段条件的调查；⑤金融市场资金供求状况、利率和资金来源的调查。对调查所得到的信息、情报要加工处理，用来预测未来市场、社会环境和资源的变化趋势。

3）方案的选择和优化。根据项目建议书的要求，结合调查研究结果，在收集到的资料和数据的基础上编制若干个可供选择的开发方案，进行反复的方案论证和比较，会同委托方明确方案选择的原则和标准，采用技术经济分析的方法，评选出合理的方案。

4）财务评价和国民经济评价。对经上述分析后所确定的最佳方案，在估算项目投资、成本、价格、收入等的基础上，对方案进行详细的财务评价和国民经济评价。研究论证项目在经济上的合理性和盈利能力，进一步提出资金筹措建议和项目实施总进度计划。

5）编制可行性研究报告。经过上述分析与评价，即可编制详细的可行性研究报告，推荐一个以上的可行方案和实施计划，提出结论性意见、措施和建议。

5. 可行性研究中的财务评价

（1）财务评价的含义。房地产开发项目的财务评价是根据国家规定的财税制度和价格体系，在科学估算项目的成本和收入的基础上，通过计算一系列评价指标来评价项目的盈利能力、清偿能力以及外汇平衡能力，并据此判断项目的财务可行性和经济合理性，为投资决策提供依据。它是可行性研究的核心内容。

（2）财务评价的程序。财务评价分3个步骤。

1）分析和估算开发项目的财务数据。通过市场调查、预测分析以及技术与投资方案分析，确定房地产开发项目的建设规模、建设地点和投资方案，拟订项目实施进度计划。据此进行财务预测，获得项目总投资、资金筹措方案、开发成本、销售或出租收入和利润、税金等一系列财务基础数据。

2）编制财务基本报表。财务基本报表是根据财务数据填列的，包括现金流量表、资产负债表、利润表、借款还本付息表等，是计算反映项目盈利能力、清偿能力的技术经济指标的基础。

3）计算财务评价指标。财务评价指标主要有财务净现值、财务内部收益率、投资回收期、成本利润率等，通过分析这些指标的计算结果，来评价项目的经济可行性。

（3）项目投资估算。一个房地产开发项目需要投入大量的资金，在项目的前期阶段，为了对项目进行经济效益评价并做出投资决策，必须对项目的投资和预期收入进行准确的估算，它由估价师会同造价工程师一起完成。一般来说，房地产开发项目成本及费用包括以下几个部分。

1）土地费用，是为取得项目用地而发生的费用。主要包括以下几个方面：①土地使用权出让金及征地费等；②基础设施配套费用，这些费用的估算可根据各地的具体规定和标准进行；③拆迁安置补偿费，按照有关规定给予安置所发生的费用。

2）前期工程费，主要包括项目的可行性研究、水文地质勘查、规划、设计以及“三通一平”等土地开发工程费支出。项目的规划、设计、可行性研究所需的费用支出一般可按项目总投资的一个百分比估算；“三通一平”等土地开发费用，主要根据实际工作量，参照有关计费标准估算。

3）房屋建造费，包括建安工程费、附属工程费和室外工程费。

4）销售费用，是指在销售房地产产品过程中发生的各项费用，包括广告宣传费、代理费、销售许可证申领费、销售人员的工资和奖金等。

5）税费，在投资估算中还应考虑项目所负担的各种税金和地方政府或有关部门征收的费用。各项税费应根据当地有关法规标准估算。

6）财务费用，企业为筹集资金而发生的各项费用，主要为借款或债券的利息，还包括金融机构手续费、融资代理费以及企业筹资发生的其他财务费用。

7）管理费，为管理和组织生产经营活动而发生的各种费用，包括公司经费、职工教育培训经费、劳动保险费、诉讼费、坏账损失及其他管理费用，可按项目投资的一个百分比计算。

8）其他费用，主要包括临时用地费和临时建设费、施工图预算和标底编制费、招标管理费、合同公证费、施工执照费、工程监理费、保险费等杂项费用。这些费用一般按当地有关部门规定的费率估算。

9）不可预见费。根据项目的复杂程度和前述各项费用估算的准确程度，以上述各项费用的3%～7%估算。

（4）房地产开发项目收入估算。应先确定项目租售方案，租售方案一般应包括以下几个方面的内容：①项目是出租、出售还是租售结合方案，出租面积和出售面积的比例；②租金和售价水平；③出租和出售的时间进度安排和各时间段内租售面积的数量；④收款计划。租售方案确定了，则可据此估算项目收入。房地产开发项目用于销售时，收入快、时间短；用于出租时，收入慢、时间长。

（5）财务评价的方法。财务评价的方法按其是否考虑资金的时间价值，分为动态评价法和静态评价法两类。在房地产开发项目的财务评价中一般以动态评价为主，静态评价为辅。

1）动态评价法。在评价中不仅考虑投资、成本、收入这些现金流量绝对值的大小，还考虑其发生的时间。动态评价法能客观地反映项目效益状况，是财务评价的主要方法。常用的指标主要有：①财务内部收益率，是指项目在整个计算期内各年净现金流量现值累计等于零时的折现率；②财务净现值，是指按行业的基准收益率或设定的目标收益率，将项目计算期内各年的净现金流量折现到建设期初的现值之和，一般应选取净现值率较大的方案；③动态投资回收期，是指考虑折现因素时，项目以净收益抵偿全部投资所需的时间，是反映开发项目投资回收能力的重要指标。

2）静态评价法。在评价中不考虑资金的时间价值，而按实际发生数计算，静态评价法是一种简便易行的分析评价方法。这种方法不能全面地反映企业经济活动状况，难以作为房地产长期投资决策的依据，但计算方法简单，使用方便，在投资方案的机会研究阶段和初步可行性研究阶段，以及短期小型的房地产投资决策中仍有一定的参考价值。常用的指标有以下三个。①成本利润率，是指项目投资产生的利润总额与投资额的比率。一般来说，对于一个开发期为2～3年的项目，如果项目建成后销售，其成本利润率应为30%～50%。②投资收益率，是指开发项目达到正常盈利年份时，项目年净收益与项目投资的资本价值之比，主要用来描述出租经营的房地产项目的经济效益。③静态投资回收期，是指以项目的净收益抵偿全部投资所需要的时间，是考察项目在财务上的投资回收能力的主要静态指标。

6. 可行性研究中的不确定性分析

所谓不确定性分析，就是分析计算各种不确定因素的变化对项目经济评价指标的影响程度的一种经济分析手段。通常采用的方法有盈亏平衡分析、敏感性分析和概率分析，详见第6章“6.2 房地产开发经营的风险分析与控制手段”。

7. 房地产开发项目可行性研究报告的撰写

可行性研究要进行大量的工作，但最终都要靠一份研究报告来体现，来发挥作用。可行性研究报告的撰写要注意以下几点。

（1）可行性研究报告的基本构成。一般来说，一份正式的可行性研究报告应包括以下几部分。

1）封面。反映评估项目的名称、评估机构和委托评估机构的名称及报告编写的时间。

2）摘要。用简洁的语言概括介绍项目的情况和特点、所处地区的市场情况、评估的结论，一般不超过1 000字。

3）目录。如果可行性研究报告较长，最好要有目录，以便读者能很快地了解可行性研究报告所包含的具体内容以及前后关系，根据自己的需要快速找到相关部分。

4）正文。这是可行性研究报告的主体。

5）附件。对于正文中不便于插入的较大型表格，为了便于读者阅读，通常将其按顺序编号附于正文之后，如项目工程进度计划表、项目投资估算表、资金筹措表、项目销售计划表等。为了辅助文字说明，通常还要有一些附图，如项目位置示意图、建筑设计方案平面图等。此外，还有土地使用权证、施工许可证、规划设计方案审定通知书、建筑设计方案平面图、公司营业执照、经营许可证等附件。

（2）可行性研究报告正文部分的编写。正文部分是可行性研究报告的核心，一般包括以下内容。

1）概况。要求写清楚进行可行性研究的背景；所研究项目的名称、性质、地址、其周边的基础设施和市政配套设施的现状；可行性研究的目的；可行性研究的编写依据；可行性研究的假设和说明。

2）市场调查分析。对项目进行宏观、区域和微观的市场分析和调查，预测未来的供给、需求和价格水平。

3）规划设计方案。写出项目所具备的规划设计方案及市政条件的满足程度，并附上具备市政条件的书面文件。

4）建设方式及进度安排。分析人员对项目提出建设方式建议或由开发商提供建设方式和进度安排，一旦确定下来就成为其后进行经济评价的基础。

5）投资估算及资金筹措。写出项目建设过程中必须发生的各项费用并逐一计算，资金筹措部分要就整个项目投资额和相应的支付时间做出融资安排。

6）项目经济评价。写出对主要评价指标的计算结果。

7）风险分析。一般要求计算出保本销售额、盈亏平衡点，以及对主要敏感因素在有利和不利情况下的敏感分析，并计算出相应的财务评价指标。

8）结论。写出该项目可行性研究的结论，明确说明该项目是否可行，是否具有较强的盈利能力和抗风险能力。

9）有关建议。提出一些有利于项目获得更佳的经济效益、社会效益、环境效益等方面的建议，供决策者参考。

7.2 土地使用权的获取方式与程序

从事房地产开发经营，地块选择是第一步，它决定着项目投资的成败。房地产开发用地，是指房地产企业进行基础设施建设和房屋建设的用地。土地使用权的获取方式主要有土地使用权出让、土地使用权转让和土地使用权行政划拨 3 种。

1. 土地使用权出让

土地使用权出让，是指国家以土地所有者的身份将土地的使用权在一定的年限内让给土地使用者，并由土地使用者向国家支付土地使用权出让金的行为。土地使用权的出让由当地政府土地管理部门与土地使用者（土地使用权的受让者）签订土地出让合同。

（1）土地使用权出让有3个特征。

1）土地所有权与使用权分离。房地产开发用地仅指取得开发用地的使用权，而不是指取得开发用地的所有权，土地使用权出让是以土地所有权与使用权分离为基础的。

2）土地使用权出让是有偿的。获得土地使用权的受让者需要支付一定的出让金。

3）土地使用权出让是有期限的。《中华人民共和国城镇国有土地使用权出让和转让暂行条例》第十二条规定了各类土地的最高出让年限，如表7-3所示。

表7-3　各类土地使用年限

用地类型	土地使用年限
居住用地	70年
工业用地	50年
教育、科技、文化、卫生、体育用地	50年
商业、旅游、娱乐用地	40年
综合或其他用地	50年

（2）土地使用权出让方式与程序。国有土地使用权的出让方式有拍卖、招标和协议3种。《城市房地产管理法》第十三条规定：“商业、旅游、娱乐和豪华住宅用地，有条件的，必须采取拍卖、招标方式；没有条件，不能采取拍卖、招标方式的，可以采取双方协议的方式。”究竟采用哪种方式，要根据出让土地的具体情况和土地用途来决定。

1）协议出让。协议出让是指土地使用权的受让方，向市、县人民政府的土地管理部门提出有偿使用土地的申请，双方达成一致后出让土地的行为。该方式一般适用于公益事业、福利事业，如国家机关、教育、卫生等部门的用地出让。协议出让的一般程序如下。

a. 申请用地。欲获得土地使用权者必须持经人民政府批准的投资计划及相关文件，向土地管理部门提交受让土地的申请。

b. 审查复核。土地管理部门接到提交的申请文件后，对受让申请及有关资料进行审查，并在规定的时间内（一般为20个工作日）给予回复，通知申请人是否同意提供土地。

c. 签订合同。申请人与土地管理部门先协商，协商的合同草案由土地管理部门向同级人民政府报批，批准后对外公布，正式签订土地使用权出让合同。

d. 登记领证。受让方按照土地使用权出让合同的约定付清土地使用权出让金后，到土地管理部门办理土地使用权登记手续，领取《国有土地使用权证》，取得土地使用权。

2）招标出让。招标出让是指土地管理部门向符合条件的不特定单位发出要约邀请，或者面向社会公布招标条件，然后按照合法的招标程序确定最佳中标者并向其出让土地使用权的行为。这种方式适用于对开发有较高要求的建设性用地。招标出让的一般程序如下。

a. 发布招标公告。土地管理部门向符合条件的单位发出《招标邀请书》，或者公开向社会发布招标公告。

b. 领取招标文件。有意参加的投标者经招标人进行资格审查后，在规定的时间内到指定地点领取招标文件。

c. 投标。投标者在规定的投标日期和时间到指定的地点将密封的投标书投入标箱，并按土地管理部门的规定交付投标保证金。

d. 决标。土地管理部门会同有关部门聘请专家组成评标委员会，由评标委员会主持开标、验标、评标和决标工作，对有效标书进行评审并确定中标者。在选定中标者后，由土地管理部门签发中标通知书。

e. 签订合同。中标人在接到中标通知书后，按规定的时间与土地管理部门签订土地使用权出让合同，并支付全部土地使用权出让金。

f. 登记领证。中标人凭土地管理部门出具的《付清地价款》凭证，办理土地使用权登记手续，领取《国有土地使用证》，取得土地使用权。

3）拍卖出让。拍卖出让是指由土地管理部门或其他委托的拍卖机构主持土地使用权拍卖，在指定的时间、地点由主持人宣布底价，竞投者按规定的方式应价，以出价最高者为受让人出让土地使用权的出让行为。拍卖适用于经济条件好、交通便利、区位优异的地段，是目前最常用的一种土地出让方式。拍卖出让的一般程序，如图 7-10 所示。

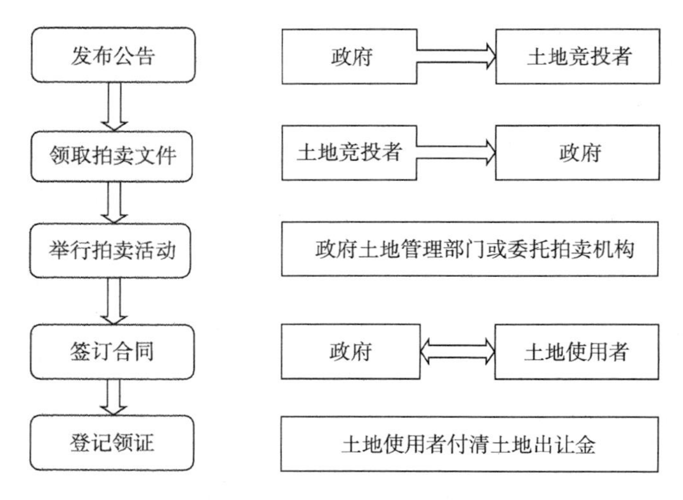

图 7-10 拍卖出让的一般程序

a. 发布公告。土地管理部门以公告方式或其他方式发布拍卖消息，告知可以参加竞标的单位和个人，一般是在当地的报纸上发布拍卖消息。

b. 领取拍卖文件。有意参加拍卖竞投者在交纳保证金后按公告要求领取拍卖文件，并向土地管理部门索取地块资料，取得正式参加拍卖的权利。

c. 举行拍卖活动。拍卖主持人在公告确定的时间、地点主持拍卖会，简单介绍土地位置、面积、用途、使用年限、规划要求等内容并报出底价，确定最后应价者为受让人。

d. 签订合同。受让人与土地管理部门签订土地使用权出让合同，并按规定的时间交付土地使用权出让金。不能按规定时间交清土地使用权出让金的，土地管理部门有权解除合同，不退保证金。

e. 登记领证。受让人交付全部土地使用权出让金后，凭土地管理部门出具的《付清地价款》凭证，办理土地使用权登记手续，领取《国有土地使用证》，取得土地使用权。

（3）房地产企业要科学竞标获得土地。当前，开发商参与土地竞标的热情十分高涨，但一定不能冲动，投标时要冷静，要根据自身能力投标，事先根据将来项目的运作能够产生预期的利润预设最优竞拍价格。地块选择与楼盘市场定位不能靠激情决定，要通过严格的流程来做出决定，如图 7-11 所示。

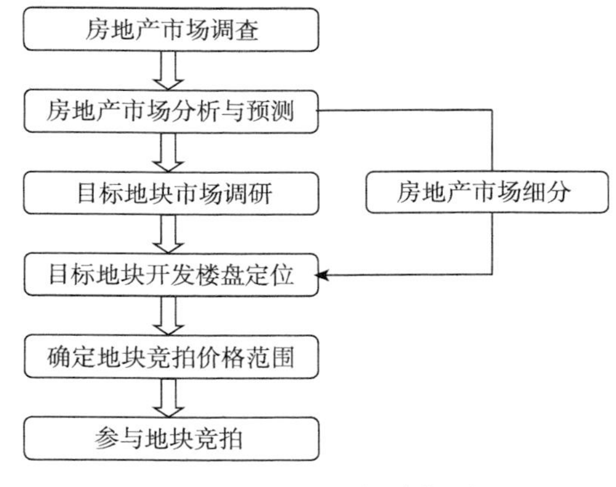

图 7-11　地块选择流程图

房地产企业要确定好地块的竞拍价格，开发商在决定竞拍某个地块时，一定要事先做好充分论证。

1）要从公司现有资金、人力资源实力等现状出发考虑项目规模，科学选择开发的项目规模。如果脱离企业现有实力去竞拍较大的地块，则耗资巨大，资金链条容易断裂，项目开发难以维持下去，最终会走向失败。小马拉大车的风险是巨大的，所以要研究房地产开发的项目规模，找到项目的最佳投资规模。一般情况下，中小房地产开发企业应该选择面积在 100 亩（约合 6.7 万平方米）以下的地块参与竞拍较为合适。

2）要认真调研测算该地块竞拍时有利可图的举牌价格范围。如果举牌价格太高则无利可图，甚至可能出现亏损；如果举牌价格太低，则虽然利润很大，但不容易竞拍成功。要针对该地块进行房地产市场供求状况调查、分析、预测与细分，重点做好 SWOT 分析，对目标地块开发楼盘准确定位。在开发定位的基础上对该地块拟开发的房屋类型、档次、销售价格等进行测算，确定举牌的价格范围，拍卖会上举牌绝不能超出该范围，否则必将亏损。一般情况下，房地产开发企业应该选择以 10%～40% 的利润空间决定的价格范围参与竞拍较为合适。

（4）制订地块竞拍方案。

1）分析当地城市土地市场概况，需要做如下工作。①调研近几年土地上市量；②调研近几年土地成交价格及“地王”；③判断当地城市土地市场的竞争情况。

2）根据公司现有资金规模，选择拟开发的目标地块项目规模，需要关注以下几点。①公司现有资金规模；②拟开发目标地块项目的最大投资规模。根据银行贷款条件，一般情况下，项目的最大投资规模不宜超过现有资金规模的两倍，否则风险过大。

3）分析目标地块拍卖公告技术参数。能够从地块的拍卖公告中提取规划指标：出让面积、容积率、绿化率等。

4）测算该地块竞拍时有利可图的举牌价格范围，需要关注以下几点。①按地块规划指标计算可销售开发面积，最大可销售开发面积 = 出让面积 × 容积率；②按市场均价估算开发收入；③估算不含地价的开发成本；④估算不含地价的毛利（④ = ② – ③）；⑤测算该地块竞拍时有利可图的举牌地价范围：起拍价 – 毛利。

2. 土地使用权转让

土地使用权转让，是指经出让方式获得土地使用权的土地使用者，通过买卖、赠予或其他合法方式将土地使用权再转移的行为。经过出让方式获得土地使用权的土地使用者，如果没有能力开发，可以把土地转让给有实力的开发商。土地使用权的转让经营是在土地使用权出让的基础上，使用权在土地使用者之间的横向流动，转让者可以抬高地价，获得比出让价高的额外的转让收益，也就是常说的“炒地皮”。

（1）土地使用权转让条件。世界各国为了防止“炒地皮”现象的发生和削弱土地投机的负面效应，都对土地的转让做了有附加条件的限制。我国《城市房地产管理法》第三十八条规定，以出让方式取得土地使用权的，转让土地使用权时应当满足以下两个条件。

（一）按照出让合同约定已经支付全部土地使用权出让金，并取得土地使用权证书；

（二）按照出让合同约定进行投资开发，属于房屋建设工程的，完成开发投资总额的百分之二十五以上，属于成片开发土地的，形成工业用地或其他建设用地条件。

未同时具备上述两个条件，而进行土地使用权转让的，其转让合同无效。

（2）土地使用权转让的原则主要有 3 条。

1）“房产、地产一致”原则。当土地使用权发生转让时，地上的建筑物和其他附着物也随着发生转让；当地上建筑物或其他附着物的所有权发生转移时，土地使用权也随着转移。

2）“效益不可损”原则。在进行土地使用权转让时，皆不可损害地上建筑物或其他附着物。

3）“认地不认人”原则。土地使用者转让土地使用权时，土地使用权出让合同规定的权利和义务同时也随着转移。

（3）土地使用权转让方式。主要有以下几种情况。

1）出售，是指以出让方式获得土地使用权者，将其土地使用权依法转移给受让人，向受让人取得价款的行为。

2）交换，是指双方当事人约定互相转移土地使用权，其本质是一种土地权利交易。

3）赠予，是指赠予人把所有的土地使用权无偿转移给受赠人的行为。

4）土地入股联营等其他转让方式，实质都是土地使用权的有偿转移。

3. 土地使用权行政划拨

土地使用权行政划拨，是指经县级以上人民政府依法批准，在土地使用者缴纳补偿、安置等费用后，将该幅土地交付其使用，或者将其土地使用权无偿交付给土地使用者使用的行为。目前土地使用权划拨使用极少，土地使用权的划拨一般适用于国家机关、军事用地、城市基础建设和公益事业用地，以及国家重点扶持的能源、交通、水利等项目用地。

（1）土地使用权划拨的特征。主要特征有：①没有明确的期限；②无须支付土地使用权出让金；③不能随意转让、出租和抵押。

（2）土地使用权划拨的形式。土地使用权划拨主要有两种形式：①经县级以上人民政府依法批准，在土地使用者缴纳补偿、安置等费用后，将该幅土地交付其使用的形式；②经县级以上人民政府依法批准，将国有土地使用权无偿交付给土地使用者使用的形式。无论哪一种，都无须支付土地使用权出让金。

（3）土地使用者权利义务。

1）土地使用者权利。土地使用者依法取得划拨土地使用权之后，便在法律规定的范围内对划拨的土地享有占有、使用和收益的权利。

2）土地使用者义务。土地使用者必须遵守国家法律、法规的有关规定，不得擅自改变土地用途，如果遇到社会公众利益的需要，土地使用权人有义务服从人民政府收回土地使用权的决定。

7.3　征地及拆迁管理与程序

我国城市化进程不断加快，原有城市规模已经不再适应现有城市的发展需要，这就要在原有城市的周围进行扩建。当在农村集体土地上从事房地产项目的开发建设时，就涉及土地的征用、拆迁。征地、拆迁工作是房地产开发建设的基础工作，它涉及面广，政策性强，应服从城市建设，其规模应与城市的经济发展水平相适应。

1. 土地征用

征地是指政府按照法律规定的程序和条件，将农村集体所有土地转变为国家所有的行为。征地首先需要改变土地所有制的性质，变集体所有制为国家所有制；其次要改变土地的使用方式，建设单位再通过出让或划拨获得土地使用权。在征地过程中需支付一定的补偿费，并对原集体所有土地上的人员进行妥善安置。

（1）土地征用程序，如图7-12所示。

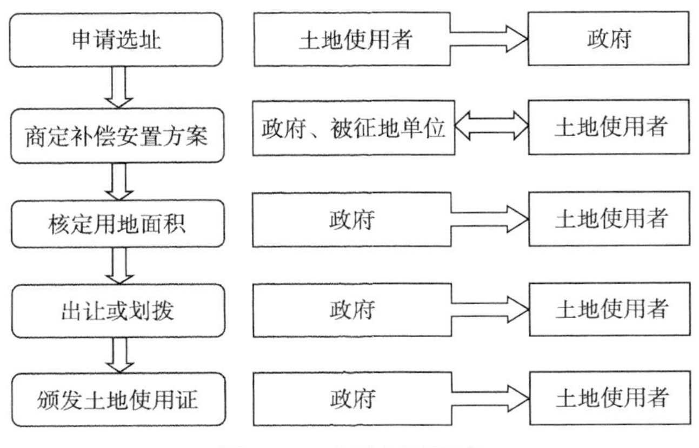

图7-12　土地征用程序

1）申请选址。符合条件的用地单位必须持经过批准的有关文件，包括可行性研究报告、初步设计批复文件、设计图等，向征地所在地的县、市土地管理机关申请，由土地管理部门估算面积，经政府同意后，进行定点选址。

2）商定补偿安置方案。建设用地选定后，由所在地的土地管理部门组织建设用地单位、被征地单位及有关部门共同拟订土地补偿方案，草签补偿安置协议，并报同级政府审批。《土地管理法》规定：国家建设征用土地，由用地单位支付土地补偿费和安置补偿费，同时还要通过土地管理部门向税务局或财政局缴纳有关税费。禁止用地单位与被征地单位之间直接商定征地条件，损害国家利益。

3）核定用地面积。初步设计经批准后，用地单位持有关批准文件和总平面布置图或建设用地图，向所在地土地管理部门正式申报建设用地面积，经政府审批核定后，由土地管理部门主持，用地单位与被征地单位正式签订征用土地协议，同时填写《国家建设征用土地报批表》。

4）出让或划拨。土地征地申请和协议经批准后，土地管理部门向用地单位核发用地许可证，并根据开发进度计划一次或分期出让或划拨土地。

5）颁发土地使用证。由土地管理部门核查实际用地，经认可后，办理土地登记手续，核发《国有土地使用证》，作为用地的法律凭证。

（2）征地的费用。根据《土地管理法》和其他相关法规的规定，建设征地费用包括以下几个主要部分。

1）土地补偿费。土地补偿费是对农村集体经济组织因土地被征收而造成的经济损失的一种补偿。《土地管理法》第四十八条规定，征收土地应当给予公平、合理的补偿，保障被征地农民原有生活水平不降低、长远生计有保障。征收土地应当依法及时足额支付土地补偿费、安置补助费以及农村村民住宅、其他地上附着物和青苗等的补偿费用，并安排被征地农民的社会保障费用。征收农用地的土地补偿费、安置补助费标准由省、自治区、直辖市通过制定公布区片综合地价确定。制定区片综合地价应当综合考虑土地原用途、土地资源条件、土地产值、土地区位、土地供求关系、人口以及经济社会发展水平等因素，并至少每三年调整或者重新公布一次。征收农用地以外的其他土地、地上附着物和青苗等的补偿标准，由省、自治区、直辖市制定。对其中的农村村民住宅，应当按照先补偿后搬迁、居住条件有改善的原则，尊重农村村民意愿，采取重新安排宅基地建房、提供安置房或者货币补偿等方式给予公平、合理的补偿，并对因征收造成的搬迁、临时安置等费用予以补偿，保障农村村民居住的权利和合法的住房财产权益。县级以上地方人民政府应当将被征地农民纳入相应的养老等社会保障体系。被征地农民的社会保障费用主要用于符合条件的被征地农民的养老保险等社会保险缴费补贴。被征地农民社会保障费用的筹集、管理和使用办法，由省、自治区、直辖市制定。

2）青苗补偿费。青苗补偿费是因征地时对其正在生长的农作物受到损害而做出的一种赔偿。青苗补偿费视开始协商征地方案前地上青苗的具体情况而定，只补一季，无青苗者则无该项补偿。农民自行承包土地的青苗补偿费应付给本人，属于集体种植的青苗补偿费可纳入当年集体收益。已征用的土地上长有育苗的，在不影响工程正常进行的情况下，应等待农民收获，不得铲毁；不能收获的，应由用地单位按在田作物一季产量、产值计算，给予补偿，具体补偿标准由各省、自治区、直辖市规定。值得注意的是，在办理征用手续时，应明确移交土地的时间，使当地村组及早准备，以免造成过多的损失，凡在协商征地方案后抢种的农作物、树木等，一律不予补偿。

3）地上附着物补偿费。附着物是指房屋、水井、树木、涵洞、桥梁、公路、水利设施、林木等地面建筑物、构筑物等。视协商征地方案前地上附着物价值与折旧的情况而定。应根据“拆什么，补什么；拆多少，补多少，不低于原来水平”的原则确定。如果附着物产权属个人，则该项补助费付给个人。地上附着物的补偿标准，由省、自治区、直辖市规定。

4）安置补助费。该项费用发给被征地劳动力的单位，作为劳动力安置与培训的支出，以及不能就业人员的生活补助。根据《土地管理法》的规定，每一个需要安置的农业人口的安置补助费标准，为该耕地被征收的3年平均年产值的4～6倍。但是，每公顷被征用耕地的安置补助费，最高不得超过被征收前3年平均年产值的15倍。个别特别情况还可适当增加，以能保证维持群众原有生产和生活水平为原则。但是，土地补偿费和安置补助费的总和，不得超过土地被征收前3年平均年产值的30倍。需要安置的农业人口数，按被征地单位征地前农业人口（按农业户口计算，不包括开始协商征地方案后迁入的户口）和耕地面积的比例及征地数量计算。

5）新菜地开发建设基金。它是指征用城市郊区商品菜地时支付的费用。

6）耕地占用税。这是对占用耕地建房或者从事其他非农业建设的单位和个人征收的一种税收，目的是合理利用土地资源，节约用地，保护农用耕地。

2. 土地拆迁与安置

拆迁是因房地产开发项目需要而对在开发区内属他人所有或使用的房地产权益，依照有关法律、法规和规章的规定而实施的依法转移房地产权益的行为过程。拆迁是对土地上附着物和房屋原用户、住户进行的拆迁、安置、补偿，拆迁过程要涉及多方面的权益，各方面矛盾相对突出，因此拆迁工作是房地产开发项目费时费力的一项工作，大拆迁项目有时甚至要耗费几年的时间。

（1）拆迁的基本程序，如图7-13所示。

1）申请规划用地许可证。根据规划用地许可证确定拆迁的地域范围。拆迁人必须向县级以上人民政府的城市规划管理部门申请《建设用地规划许可证》，经核准后，由规划管理部门核发《建设用地规划许可证》。

2）编制拆迁计划与方案。领取《建设用地规划许可证》后确定拆迁方式、拆迁进度等内容，编制拆迁计划与方案。

3）申请《房屋拆迁许可证》。拆迁人须持建设项目的计划批准书《建设用地规划许可证》、政府的土地使用批准文件、拆迁计划和拆迁方案等文件和材料，向拆迁房屋所在地房地产主管部门申请《房屋拆迁许可证》。

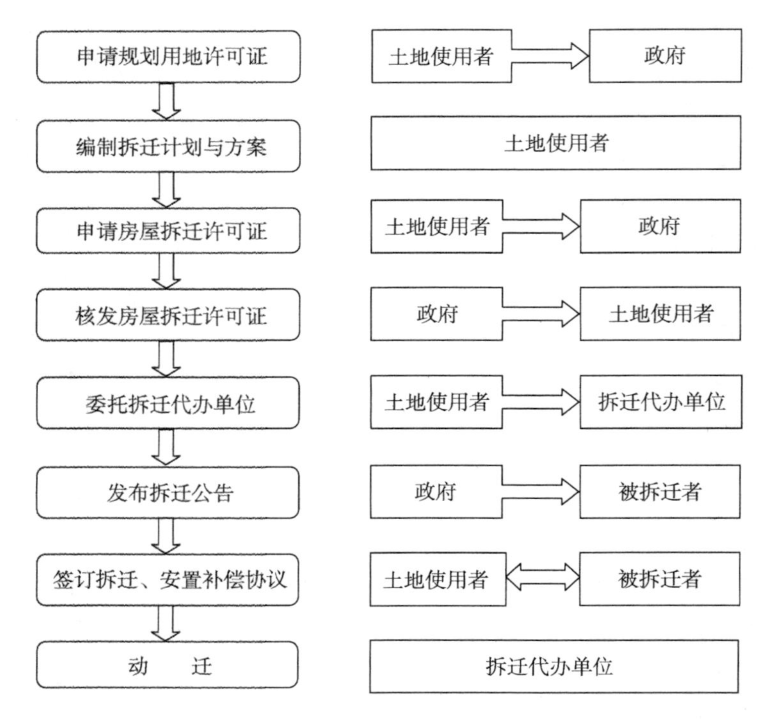

图 7-13 拆迁的基本程序

4）核发《房屋拆迁许可证》。房地产行政主管部门接到房屋拆迁申请后，验证有关文件和材料，核发《房屋拆迁许可证》。

5）委托拆迁代办单位。拆迁一般采用委托形式，由有拆迁资质的拆迁单位行使拆迁工作，要向代办拆迁单位缴纳一定比例的代办费。

6）发布拆迁公告。房地产行政主管部门核发《房屋拆迁许可证》后，应在房屋拆迁范围内，将拆迁人、拆迁范围、拆迁期限等以公告或其他形式公布，并及时做好宣传解释工作。

7）签订拆迁、安置补偿协议。拆迁人必须对被拆迁人进行安置、补偿，被拆迁人必须执行批准的拆迁决定。拆迁人与被拆迁人必须在拆迁管理部门规定的拆迁期限内就有关问题签订书面协议，以协议书形式确定当事人双方的权利和义务。主要条款有：补偿形式、补偿金额、安置地点、安置面积、搬迁过渡方式、过渡期限、违约责任及当事人认为需要订立的其他条款。

8）动迁。建设单位在领取《房屋拆迁许可证》后，即可动迁。对有产权纠纷或产权归属不明的房屋，由拆迁人会同房屋拆迁行政主管部门及公证处，对被拆迁房屋拍摄照片，记录详情，进行估价，并将有关材料妥善保存，以便备查。拆迁人如需延长拆迁时间，应经房地产主管部门批准。

（2）房屋拆迁补偿。房屋拆迁将对被拆除房屋的所有人造成一定的财产损失，与征地一样，拆迁也要给予补偿。

1）补偿对象，是被拆除房屋及其附属物的所有人，包括产权人、代管人和国家授权的国有房屋及其附属物的管理人。

2）补偿形式主要有 3 种。①产权调换，是指拆迁人以原地或异地建设的房屋补偿给被拆迁房屋的所有人，继续保持其对房屋的所有权。产权调换的面积按照被拆迁房屋的建筑面积计算。②作价补偿，是指拆迁人将拆除房屋的价值，以货币结算的方式补偿给被拆迁房屋的所有人。作价补偿金额的计算，按照被拆除房屋建筑面积的重置价格结合当地市场行情计算。③产权调换和作价补偿相结合。

3）补偿标准有两种。①产权调换的补偿标准。补偿标准是被拆除房屋的原建筑面积。其中，偿还面积与原面积相等的部分，按重置价格计算结构差价；偿还面积超过原面积部分，按商品房价格结算；偿还面积不足原面积部分，按重置价格结合成新结算。②作价补偿的标准。按照被拆除房屋建筑面积的重置价格结合成新结算。

4）补偿的特殊情况处理办法有 3 种。①拆除出租住宅房屋。应当实行产权调换，原租赁关系继续保持，因拆除而引起变动原租赁合同条款的，应当做相应的修改。②拆除有产权纠纷的房屋。在房屋拆迁主管部门公布的规定期限内纠纷未解决的，由拆迁人提出补偿安置方案，报县级以上人民政府房屋拆迁主管部门批准后实施拆迁。③拆除设有抵押权的房屋。实行产权调换的，抵押人在房屋拆迁主管部门公布的规定期限内达不成抵押协议的，由拆迁人参照有产权纠纷房屋的拆迁补偿规定实施拆迁。拆除设备抵押权的房屋实行作价补偿的，由抵押权人和抵押人重新设立抵押权，或者由抵押人清偿债务后，再给予补偿。

（3）房屋拆迁安置。房屋拆迁安置是拆迁活动中对被拆除房屋的使用人的安置。

1）安置对象，是被拆除房屋的使用人，而不是所有人。

2）安置形式主要有两种。①一次性安置。把被拆除房屋的使用人直接迁入安置房，没有周转过渡期，拆迁人与被拆迁安置对象就房屋问题一次处理完毕。②过渡安置。如果拆迁人不能一次解决安置用房，可以由拆迁人先对被拆迁安置对象进行临时安置，过一段时间后再迁入安置房。

3）安置标准。因被拆除房屋的性质的不同而有所区别：①拆除非住宅房屋，按照原建筑面积安置；②拆除住宅房屋，由省、自治区、直辖市人民政府根据当地实际情况，按照原建筑面积，也可以按照原使用面积或原居住面积安置。对有困难的被拆除房屋使用人，可以适当增加安置面积。

4）安置费用。安置费用包括搬家补助费、临时安置补助费和经济损失补偿费。①搬家补助费是被拆迁人因原居住房屋被拆除，需迁移他处居住，在搬家过程中发生的费用。②临时安置补助费是对被拆迁人因迁离原居住地而在生活上所增加的一些额外支出费用的补偿。临时安置补助费的补助对象主要是自行安排住处的被拆迁房屋使用人。

思考题

房地产开发的市场定位要考虑哪些因素？

第 8 章

地块开发规划设计与项目报建管理

学习目标

1. 了解房地产报建程序。
2. 熟悉房地产规划设计的管理内容。
3. 掌握房地产项目规划设计的基本原则。
4. 掌握房地产项目规划设计的内容（建筑、道路、绿化规划）。

技能要求

1. 能够执行房地产报建工作程序。
2. 能熟练运用房地产开发规划原则与方法对具体项目对象进行规划设计构思。
3. 具有收集、分析、整理参考资料的技能。
4. 具有分析和解决问题的能力，能够做地块开发的整体规划设计方案。

案例 8-1

金牛湖三地块综合项目规划设计

一、项目概况

金牛湖三地块综合项目的概况，见案例 2-1。

二、项目的开发与经营环境分析

见案例 4-1。

三、项目市场分析与预测

见案例 5-1。

四、项目的投资风险与机会分析

见案例 6-1。

五、项目开发定位

见案例 7-1。

六、项目规划设计

1. 建筑规划设计

（1）项目总体规划如图 8-1 所示。项目主要规划建设内容为：住宅及配套面积约 467 045 平方米、商业面积约 133 422 平方米、养老公寓及配套面积约 82 152 平方米、医院面积约 67 985.6 平方米、康体娱乐设施面积约 25 602 平方米、社区中心面积约 5 216 平方米、小学面积约 9 306 平方米、幼儿园面积约为 4 149 平方米等。地下主要功能为机动车停车库和非机动车停车库。

图 8-1 项目总体规划

（2）建筑类型。根据地块特点和项目定位，建筑类型灵活多样，有多层、小高层、花园洋房等。精装交付，约 3 892 住户。

（3）建筑布局。采用行列式布局，最大楼间距约 100 米，在市场上是非常稀缺的，低密度的洋房设计，带来更长时间的采光，更宽广的观景视野（见图 8-2）。

（4）建筑风格。金牛湖三地块综合项目建筑采用简约现代建筑风格。

（5）户型设计。金牛湖三地块综合项目构建主力户型约 81 ~ 146 平方米。整体户型方正，活动区域开阔，居住舒适度高。见本教材“案例 9-1 金牛湖三地块综合项目产品策划”。

（6）配套公建。按地块规划要求，配套公建主要有：商业面积约 133 422 平方米；康体娱乐设施面积约 25 602 平方米；五星级酒店面积约 38 000 平方米；社区中心面积约 5 216 平方米；医院面积约 67 985.6 平方米；小学面积约 9 306 平方米、幼儿园面积约为 4 149 平方米。配套旨在全方位打造全龄化的服务，设有运动中心、恒大影城等休闲功能区。项目围绕全龄化，具体规划有颐养、常乐、康益、亲子四大园，提供游、学、禅、乐、情、膳、美、住、健、护等 852 类设施共 867 项全方位服务。其中颐养园的布局如图 8-3 所示。

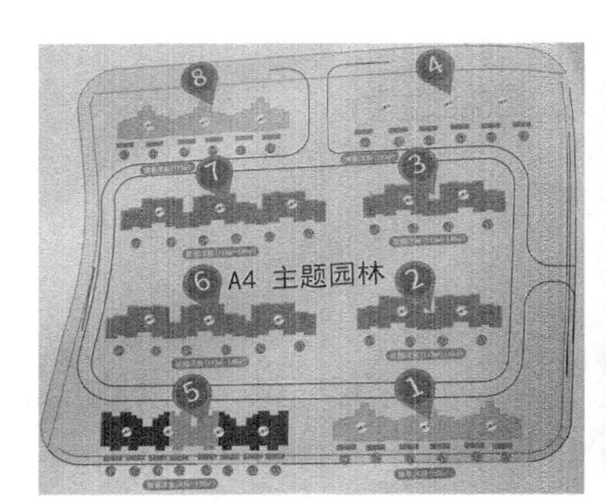

图 8-2 金牛湖三地块综合项目建筑行列式布局

图 8-3 金牛湖三地块综合项目颐养园

2. 道路规划设计

（1）出入口。项目小区共设计有北门、东门、南门和西门四个出入口，其中北门为主大门。

（2）交通体系。项目小区采用人车分流的交通体系，没有过境交通穿越，道路的规划有利于集中绿地。

3. 绿化规划与景观设计

（1）绿化规划。金牛湖三地块综合项目绿地率约为35%，近20万平方米欧式园林（见图 8-4）。绿化规划特点是一草一木，移步异景，出入绿意相随，与自然为邻，四季皆景，春夏秋冬四季都能欣赏花开花落，诗意栖居。

（2）景观设计。项目规划有山有水有绿化，名贵树种全冠移植，更有栈道、跌级湖泊、湖心喷泉、生态湖底，沿湖岸边各类花草树木错落分布，水韵怡人，波光粼粼，推窗见景（见图 8-5）。

图 8-4　金牛湖三地块综合项目的绿化规划

图 8-5　金牛湖三地块综合项目的水体景观

4. 项目规划技术经济指标

金牛湖三地块综合项目规划技术经济指标，见表 8-1 所示。

表 8-1　项目规划技术经济指标

建设用地面积	566 955 平方米
容积率	1.35
绿化率	35%
园林面积约	20 万平方米
总建筑面积	765 389 平方米
最大楼间距	约 100 米
住宅建筑面积	437 556.4 平方米
养老公寓面积	82 152 平方米
商业建筑面积	总商业面积 133 422 平方米，其中五星级酒店 38 000 平方米，缤纷商业街 95 422 平方米
医院	67 985.6 平方米
康体娱乐设施面积	25 602 平方米
学校及社区中心	18 671 平方米
总户数	3 892 户
车位配比	1:1.14
总停车数	4 437 个
地下车库	4 200 个
地面停车	237 个

资料来源：根据南京工业职业技术大学朱赫、谢庆月同学的调研报告整理。

🕮 案例 8-2

万科金域蓝湾项目规划设计

1. 建筑规划设计

（1）总体规划如图 8-6 所示。项目规划分为一期和二期，总建筑面积 68 万平方米，其中地上部分约 54 万平方米，地下部分约 14 万平方米。

图 8-6　项目总体规划

（2）建筑类型。根据项目定位，建筑类型以高层为主，别墅为辅。项目一期为高层住宅，二期为高层 + 联排别墅的产品组合。精装修高档公寓，约 5 254 住户。

（3）建筑布局。根据地块地形特点，采用混合式建筑布局形式。

（4）建筑风格。项目建筑采用西班牙风格外立面，色彩绚丽，线条简洁、利落，呈现浪漫与高贵气质。

（5）配套公建。按地块规划要求，项目总体配套约 2 万平方米（见图 8-7）。主要有：社区商业街 10 000 平方米、运动主题会所 3 000 平方米、21 个班的幼儿园 5 000 平方米以及社区中心和净菜市场等，能保证居民的日常生活需求。社区超大会所主要提供游泳、健身、休闲、娱乐等功能，让业主可以在家门口就享受健康品质生活。商业街主题以西方文化为背景，体现艺术、开放、休闲等核心元素，具有西班牙风格，是精心打造的西班牙风情街区（见图 8-8）。

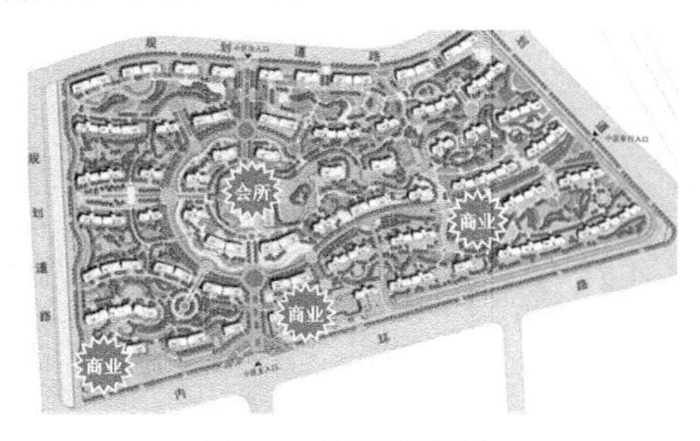

图 8-7　项目配套规划

图 8-8　西班牙风情街区

2. 道路规划设计

（1）出入口。项目小区共设计有南门、西门和东门三个出入口。

（2）主次干道。项目小区设有主干道三道，贯穿东西南北，其中主干道中间宽为7米，两边各设1.5米宽的人行道和1.2米宽的绿化带；小区次干道以及环小区的道路中间宽为4米，次干道配置1.5米的单行道，入户道宽为2.5米。

（3）交通体系。项目小区采用人车分流的交通体系，没有过境交通穿越，道路的规划有利于集中绿地。

3. 绿化规划与景观设计

（1）绿化规划。项目小区的绿化面积为194 964.22平方米，绿化率71.6%。小区内部公共绿地有两个大型公园和住宅组群的小块绿地，还有住宅旁边的绿地和庭院绿地，在干道、小路两旁都种有乔木和灌木丛（见图8-9）。

（2）景观设计。①超大景观间距。项目设计了最高达100米的超大景观间距，山水城林美景尽收眼底。②营造水体环境（见图8-10）。水体环境的营造，提高了居住环境的质量。③步行体系。发达的步行体系有效地保证了小区景观环境的利用率。

图8-9 金域蓝湾部分绿化

图8-10 金域蓝湾的水体环境

4. 项目规划技术经济指标

金域蓝湾项目规划技术经济指标，如表8-2所示。

表8-2 金域蓝湾项目规划技术经济指标

建设用地面积	272 298.4平方米	幼儿园建筑面积	5 000平方米
容积率	1.996	总户数	5 254户
建筑密度	18.30%	高层	5 174户
绿化用地	194 964.22平方米	别墅	80户
绿化率	71.60%	户均居住面积	99.37平方米
总建筑面积	543 601.32	地下室及车库建筑面积	65 709.8平方米
住宅建筑面积	522 101.32平方米	总停车数	5 886个
高层住宅	506 101.32平方米	地下车库位	5 174个
别墅住宅	16 000平方米	地面停车位	712个
商业建筑面积	21 500平方米		

资料来源：根据万科金域蓝湾项目有关资料整理。

案例讨论

1. 比较金牛湖三地块和万科金域蓝湾项目的规划设计有何不同?

2. 你更喜欢哪个项目的规划特色?

学习任务

做 2010G06 号地块的规划设计方案。

做好房地产项目，规划为本，房地产企业应力求项目规划体现人文关怀，以实现规划布局科学化、建筑造型美观化、空间功能多样化、设施配置智能化、居住环境优美化、物业管理全优化。本章介绍了地块工程勘察、项目规划设计的原则、项目规划设计的内容、项目规划技术经济指标、项目规划设计的管理以及项目报建管理等内容。

8.1 地块工程勘察

地块工程勘察为房地产开发项目的选址、规划、设计、施工等诸多工作提供基础资料和依据。为了保证房地产项目的建设质量达到预期的投资目的，实施过程必须遵循项目建设的内在规律，坚持先勘察、后设计、再施工的程序。

1. 工程勘察

工程勘察是指根据建设工程的要求，查明、分析、评价建设场地的地质地理环境特征和岩土工程条件，并编制建设工程勘察文件。

2. 工程勘察的具体内容

（1）地形测量。地形测量的范围应包括整个建筑工地及全部有关的重要地段。在地形测量中，要特别注意收集区域地质、地形、地貌、地震、矿产及附近地区的工程地质资料，并进行全面分析，最好能够从以往的工程施工中吸取经验和教训，以便及早采取相应措施。

（2）工程勘察。地质钻探、挖探槽是工程地质勘察常用的两种方式。通过这两种方式，可以查明建筑场地的土质、构造、地层和地基的承载能力及稳定性状况、岩石的性质、土壤的性质、地下水状况等。

（3）地下水、地表水的勘探。在施工前，必须查明地下水在不同时期的水位变化和流动方向、水的化学成分（看其能否与混凝土发生化学反应，是否会引起钢筋锈蚀）以及地层的透水性，以确定施工方案。同时，也应查明附近河流、湖海的水流量、水位等资料，为在夏季施工时的防洪排水提供依据。

（4）气象调查。其内容包括空气的湿度、温度及风向、雨雪、冰冻季节的延续、冻土层的深度等资料，为设计和施工提供依据。

3. 勘察过程分类

（1）资料分析。对工程的稳定性和适宜性做出评价，编制反映地形、地貌

1∶25 000的地形图，为选择场址提供资料，这类勘察称为选择场址勘察。开发商一般可通过规划部门的地形图得到这些资料。

（2）初步勘察。初步勘察一般在选择场址勘察之后进行。对场地的稳定性是否适宜建设做出地质评价，提出1∶2 000的地形图，作为建设总平面布置、主要建筑场地地基基础设计的依据。

（3）详细勘察。详细勘察是在初步勘察的基础上对建筑场地进行进一步勘察，做出工程地质评价，为地基基础设计的地基处理与加固、不良地质现象防治，提供地质资料并绘出1∶1 000的地形图。

（4）施工勘察。多数开发项目都不会进行施工勘察，只有在地质比较复杂，工程要求比较高的情况下，才会对与施工有关的工程地质问题进行勘察，为制订施工方案提供相应的工程地质资料。

上述的勘察过程是由粗到细，逐步为工程建设提供详细的相关数据，这样才能保证开发项目的工程质量。

4. 勘察报告内容

（1）文字部分包括：任务要求及勘察工作概况；场地位置、地形地貌、地质构造、不良地质现象、地层成层条件、岩石和土的物理力学性质及建筑经验等；场地的稳定性和适宜性、岩石和土的均匀性和容许承载力、地下水的影响、土的最大冻结深度、地震基本烈度以及由于工程建设可能引起的工程地质问题等的结论和建议。

（2）图表部分包括：勘探点平面布置图、综合工程地质图或工程地质分区图、工程地质剖面图、地质柱状图或综合地质柱状图、有关测试图表等。

5. 勘察工作管理

房地产开发公司招标或委托有资格的勘察单位进行工程勘察的过程中，应注意做好以下管理工作。

（1）要树立重视工程勘察工作的观念。

（2）要选择好工程勘察单位。

（3）要依据建设工程勘察合同范本或其他方式签订好工程勘察合同。

（4）房地产开发商还要督促协助勘察单位开展工作，并要亲自到现场踏勘。

8.2 项目规划设计的原则

房地产项目在开发前必须对市场进行周密的调查和准确定位，对于不同类型、不同规模的房地产项目，规划设计有不同的具体要求。总体而言，房地产项目的规划设计应遵循以下基本原则。

1. 突出“以人为本”的经营理念

经营理念的主要内容是房地产的开发理念，“房地产开发理念”，详见“2.2 房地产开发流程”中房地产开发理念。

规划设计必须“以人为本”，注重开发项目的文化定位，满足客户需要。要坚持和发扬富有文化特色的开发理念，如在小区规划设计过程以及物业管理中，充分融入地域文化的内涵，营造具有当地文化色彩的社区文化环境。重点要以“商品住宅性能认定办法”的要求为标准，以提高城市居民的生活质量和生活水平为最终目的，努力实现在限定的条件下，建设布局合理、设计新颖、功能齐全、配套完善、质量优良、环境优美、具有本地建筑风格的住宅小区，在不大的空间内创造较高的居住生活舒适度，既能满足居民当前的基本需要，又能适应市场的需求变化。

2. 体现人文关怀

设计住宅就是设计生活。“人文关怀”成了楼市发展新方向，要能提升住宅品质，以满足购房者需要。就建筑本身而言，它是承载文化的一个载体，是人文环境的一个反应。要充分考虑现代人的生活方式，形成一种绿意盎然、自然和谐、经典高尚的人文居住环境。由实践经验可知，开发亲情住宅是开发商人文关怀的努力方向。什么样的家是幸福的？也许 1 000 个人有 1 000 种回答。不过有一点是肯定的，幸福的家中一定有亲人的相互关爱和精神交流。同样，一个好的社区，不只是一栋栋漂亮的房子，而是有一种可以让大家凝聚、想念、熟悉的人和物。所以，打造亲情住宅是规划设计的努力方向，它需要开发商在项目规划设计上体现人文关怀，规划设计出“亲人社区，因爱而居”的居住新模式。为了满足渴望亲情的家庭需要，大的住宅开发项目可以将主体设计规划出 70% 的中年公寓、10% 的老年公寓和 20% 的青年公寓，三种产品有机结合，使三代甚至四代大家庭里两三个小家庭能够毗邻而居，为渴望亲情交流的人群提供绝佳的居所。特别是在我国的传统观念中，大部分老年人尤其看重家庭生活和来自亲人间的关爱，其乐融融的家庭生活是人们的精神享受，是人们理想中健康生活的全部内涵。

| 实践案例 |

某市 QKL 城，其规划设计包括：水景园林、艺术景观、网球场、篮球场、林间休闲道，体现出人文居住与绿色景观和谐统一，营造出现代人理想的居住环境。为了满足不同层次居住者的个性需求，开发商精心设计了 30 多种丰富多彩的户型，有 50 平方米的一居室、90 平方米的两居室、120 平方米的三居室及 230 平方米的空中联排别墅（TOWNHOUSE）等多种空间形态，供客户随意选择。户型整体精巧实用，功能完善，动静分区，干湿分离，大面宽、短进深，明厨、明客、明卧，通透采光，空间利用率高，并且几乎 80% 以上楼前有水系。森林绿化区内，低密度板式花园社区，绿化率高达 70%，环境优美，空气清新，空气中负氧离子浓度高，建有运动休闲主题公园，喷泉雕塑布置合理，生活配套完善，体现了独有的绿色景观和人文关怀，使绿色景观与人文居住和谐统一，是高品质生活的健康选择。

3. 尊重自然环境，符合城市总体布局

房地产项目建设应起到补充、完善城市布局结构的作用，进一步加强城市的职能，使城市的功能更加完善。

（1）城市布局结构的基本形式。我国城市布局结构的基本形式主要有4种。①带状布局结构。这是指城市沿河流两岸或山脉带，向两个相反方向延伸，呈带状。这种布局结构的特点是带状纵向跨度大，横向跨度小，工业区与房地产项目距离较近，商业中心和行政中心位于市中心区，人口分布较均匀，但边缘区交通不够方便，城市活动半径基本上是长边最远的端头到中心的距离。②放射状布局结构。这是指城市以交通干线为轴，由市中心向周围辐射，形状如手指状或扇形。这种布局结构的特点是中心商业区位于市中心，房地产项目与工业区交叉布局，由于交通干线向各个方向辐射，中心区交通比较便捷，人口分布均匀。城市活动半径基本上是由辐射线的远端至市中心的距离。③圈层布局结构。在这种结构中，市中心区一般为商业中心和行政中心。这种布局结构的特点是工业区与房地产项目相邻或相互包围，中心区的交通拥挤，人口密度高，城市活动半径基本上是圆半径。④分散式布局结构。这是指城市布局不连片，其间有农田或森林、河流等阻碍。其特点是，各区功能相互独立，形成几个小镇聚集成为城市的布局结构，以其中某大镇为行政中心和商业中心，主要交通干道将各小镇与中心区连接。房地产项目范围大，工业区较分散，生态环境较好，城市活动半径主要指各镇区内的活动半径。

（2）房地产项目建设应融入该城市的布局结构。上面分析的城市布局结构形式，只是一些比较典型的形式。对于某个具体的城市，它的布局结构都具有不同的个性。对于不同性质、规模和自然地理条件的城市，所选择的发展布局结构是不可能完全相同的。所以，这就要求房地产项目的规划设计首先要符合这个城市的自然环境和布局结构的要求及思想意图，融入该城市的自然环境和布局结构，否则就会出现不协调，得不到该城市居民的认可，进而影响项目销售。

4. 丰富和创造最佳的城市空间环境

房地产项目是城市空间的一部分，规划设计不但要创造项目自身的优良空间环境，同时还要与城市整体相联系，创造一个完整统一、和谐美好的城市空间环境。

（1）房地产项目的环境融入城市空间环境。由于房地产项目是城市的一个组成部分，空间环境形象直接影响着城市的整体形象，特别是在城市重要位置上的房地产项目，它的布局及空间环境直接影响着城市的整体布局结构和城市的空间环境。所以，房地产项目的空间环境及建筑形象与城市的空间环境是不可分割的整体，在规划设计时必须考虑项目与城市的关系，项目要融入城市空间环境中，并为城市面貌的改善起积极作用。

（2）房地产项目空间环境规划设计的要点。空间环境规划设计就是创造满足人们生存要求的物质功能和满足人们心理要求的精神功能相统一的城市空间环境。设计的要点包括两个方面。一是满足人们的使用要求。尽管城市和房地产项目空间环境的使用功能是多种多样的，但根本的使用功能要求是为城市中的人们服务的。二是满足人们精神功能方面的需求。城市如同建筑一样，是技术和艺术的统一，空间环境的艺术特征和美观可以满足人们的精神需求。

| 实践经验 |

把家建在公园里

要有“把家建在公园里”的规划理念，营造“水景住宅”与“水岸住宅”。那么，如何打造水景住宅和水岸住宅呢？水景住宅可以说将水的景观从视线内引入居住空间，而水岸住宅却是将水引入居住环境，或者更好地说是将居住引到水环境中。无论是“水景住宅”还是“水岸住宅”，都能给人以在公园里的真实感受。

5. 房地产项目规划设计应满足的具体要求

房地产项目规划设计应满足的具体要求，主要体现在 6 个方面。

（1）使用要求。满足居民生活的多种需要，为居民创造一个方便、舒适的生活居住环境，这是衡量居住区规划设计优劣的基本条件。要完善配套，根据项目当地市民的生活特点，在项目内配备商业、娱乐、休闲、文化、养生、餐饮等一系列的功能建筑，为客户提供舒适、便捷的生活环境。

（2）卫生要求。为居民创造一个卫生、安静的居住环境，要有良好的日照、通风，防止噪声和空气污染。

（3）安全要求。为居民创造一个安全、健康、舒适的居住环境，防火防盗，保护居民人身、财产安全。要能应对可能的灾害发生的特殊情况，如火灾、地震等，以利于防止灾害发生和减少灾害的危害程度。

（4）经济要求。在确定居住建筑标准、公共建筑规模时，应符合实际经济条件，与当时当地的建设投资、经济、生活条件相适应，尽量降低房地产项目造价，节约用地，在建筑材料的选择上，选用那些占地少、排污少、安全又环保的建材，减少建筑耗能以及对环境资源的破坏。此外，加强规划的弹性与灵活性，使规划设计便于分期实施和房地产的销售经营，形成良性循环、滚动发展的机制。

（5）施工要求。房地产项目规划设计应考虑施工的技术和条件，要有利于施工的组织进行。

（6）美观要求。创造一个优美的居住环境和城市面貌。

8.3 项目规划设计的内容

房地产开发项目规划设计主要有建筑规划设计、道路规划设计和绿化规划设计 3 大块内容。

1. 建筑规划设计

建筑规划设计是房地产开发项目规划设计的核心内容（见图 8-11），主要有以下几个方面。

（1）建筑类型的选择。建筑类型直接影响房地产项目的投资和经营效益，同时也是影响城市用地及城市面貌的重要因素。因此，建筑类型的选择在满足城市规划要求的同时，还要综合考虑项目自身的技术经济条件，决定具体的建筑物类型，如住宅项目是选择超高层、多层还是别墅群建筑。

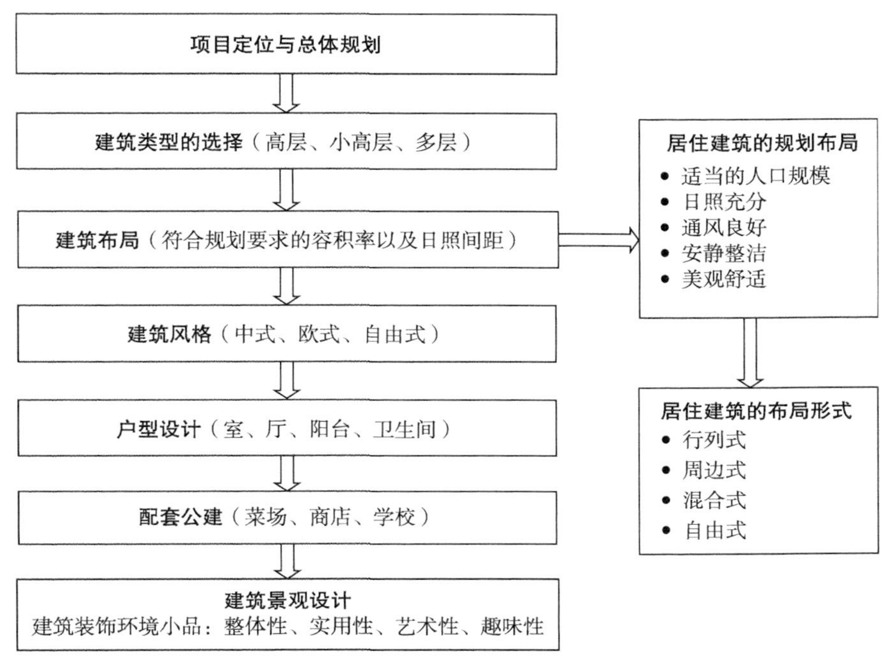

图 8-11　建筑规划设计内容

（2）建筑布局。建筑布局受建筑容积率和规划建设用地面积的限制，建筑容积率是居住区规划设计方案中主要的技术经济指标之一。规划建设用地面积指允许建设的用地范围，其居住区外围的城市道路、公共绿地、城市停车场等均不包括在内。总建筑面积 = 规划建设用地面积 × 建筑容积率。

1）建筑布局考虑容积率。容积率高，说明居住区用地上房子建得多，人口密度大。一般说来，居住区内的楼层越高，容积率也越高；以多层住宅（6 层以下）为主的居住区容积率一般在 1.2～1.5，高层、高密度的居住区容积率往往大于 2。在房地产开发中，为了取得更高的经济效益，一些开发商千方百计地要求提高建筑高度，争取更高的容积率，但容积率过高，会出现楼房高、道路窄、绿地少的情形，将极大地影响居住区的生活环境。容积率的高低，只是一个简单的指标，有些项目虽然看上去容积率不高，但是为了增大中庭园林或是避开地下车库，而使得楼座拥挤一隅也是不恰当的。

2）建筑布局考虑日照间距。如果住宅的日照间距不够，北面住宅的低层就不能获得有效日照。在房地产项目规划中，应使住宅布局合理，日照充分。为保证每户都能获得规定的日照时间和日照质量，要求条形住宅纵向外墙之间保持一定距离，即为日照间距。北京地区的日照间距条形住宅采用 1.6～1.7h，h 为前排住宅檐口和后排住宅底层窗台的高差。塔式住宅，也叫点式住宅，采用大于等于1h 的日照间距标准。

（3）配套公建。居住区内配套公建是否方便合理，是衡量居住区质量的重要标准之一。超大的居住小区内人口众多，应设有幼儿园，而且住宅离幼儿园的距离应在 300 米左右，近则扰民，远则不便。菜店、食品店、小型超市等居民每天都要光顾的社区配套公建，服务半径最好不要超过 200 米。

（4）环境小品。当前，房地产开发商非常注重环境小品的规划设计，这成为居住小区室外环境的重要内容，结合园林绿地规划，可以起到良好的美化环境的作用。居住区环境小品内容丰富，主要包括建筑小品、装饰小品、公共设施小品等，在规划设计上要体现：

1）整体性，即符合居住区环境设计的整体要求及总的设计；

2）实用性，即满足使用要求；

3）艺术性，即达到美观的要求；

4）趣味性，就是要有生活情趣。

环境小品做得好的居住小区，房价通常要高得多。

（5）居住建筑的规划布置原则。

1）人口规模适当。城市住宅区按照居住的户数或人口规模可分为居住区（1 万～1.6 万户、3 万～5 万人）、居住小区（3 000～5 000 户、1 万～1.5 万人）和居住组团（300～1 000 户、1 000～3 000 人）三级。多层住宅组团以 500 户左右为宜，高层住宅的组团户数可多一些。住宅组团的公共服务设施的服务半径以 100 米左右为宜。

2）日照充分。大部分住宅应南北向布置，小部分东西排列，保证住宅之间的日照间距，尽量减少遮挡。

3）通风良好。住宅布置应保证夏季有良好的通风，冬季防止冷风直接贯入，并有利于组团内部小气候条件的改善。

4）美观舒适。要有一定的绿化面积，多布置建筑小品，开辟儿童及老人的休息场所，创造优美的居住外环境。

5）安静整洁。住宅区级道路只为住宅区内部服务，不能作为过境交通线。排放污染物的建筑，如饭店、锅炉房等，不应紧靠住宅群。垃圾站与住宅楼要保持一定距离。

（6）居住建筑的布置形式。居住建筑群的平面组合的基本形式有以下几种。

1）行列式。按一定的朝向和间距成排布置住宅建筑。大部分是南北向重复排列，其优点是每户都有好的朝向，施工较方便，但形成的空间比较单调，如图 8-12 所示。

2）周边式。沿街坊或院落周围布置。其优点是内庭院有封闭的空间感，比较安静，土地利用率高，但其中部分住宅的通风及朝向均较差，如图 8-13 所示。

图 8-12 建筑行列式布置形式

图 8-13 建筑周边式布置形式

3）混合式。采用行列式和周边式相结合的方法布置住宅建筑，可以取两种形式之长，形成半敞开式的住宅院落，是较理想的布置形式，如图 8-14 所示。

4）自由式。结合地形地貌、周围条件，成组自由灵活的布置，以追求空间的变化和较大的绿化、活动空间。灵活布置还有利于取得良好的日照和通风效果，如图 8-15 所示。

图 8-14　建筑混合式布置形式

图 8-15　建筑自由式布置形式

（7）建筑单体平面布局形式。分为塔式住宅、单元式住宅和通廊式住宅。

1）塔式住宅，一般只有一个楼梯（或电梯）进出，每层 1～3 户，层高大于 2.8 米。

2）单元式住宅，一般有 2～5 个单元，每个单元有一个楼梯（或电梯）进出，每层 1～4 户，层高大于 2.8 米，通常是 1 梯 2 户。

3）通廊式住宅，一般每层有多户，通廊两头或中间都有上下楼梯（或电梯）。

2. 道路规划设计

房地产项目道路是城市道路系统的组成部分，房地产项目需要开放式设计，不仅要满足房地产项目内部的功能要求，而且要与城市总体构成有机的联系。

（1）房地产项目道路功能。①满足居民日常生活方面的交通活动需要。例如，职工上下班、学生上下学、购物及生活其他活动，一般以步行或骑自行车为主，同时要有汽车道，满足居民私人汽车的进出需求。②方便市政公用车辆的通行和货运需要。例如，邮政快递，消防、救护车辆的通行，家具的搬运，垃圾的清除以及偶尔街道、工厂货运交通的需要。

（2）道路规划内容。房地产项目道路主要为区内服务，小型住宅区尽量避免有过境交通穿越，以保证房地产项目内居民的安全和安宁；大型住宅区，可以有过境交通穿越，避免城市道路绕行过远，与城市共享道路系统。

1）内部不应有过多的车道出口通向城市干道，出口门一般面向城市繁华处，两出口间距在 150～200 米。一般小区的主干道与城市干道构成有机的联系。内部行车道一般与人行道分离，做到人车分流。行车道一般设计为小区的环形路，路宽一般大于 7 米。

2）道路走向应符合人流方向，方便居民出入，主干道或景观路宽度一般大于 8 米。住宅与公交车站的距离不宜大于 500 米。

3）尽端式道路长度不宜超过 200 米，在尽端处应留有回车空间。

4）住宅单元入口至最近车行道之间的距离一般不宜超过 60 米，如果超出时，宅前小路应放宽到 2.6 米以上，以便必须入内的车辆通行。建筑物外墙与行人道边缘距离应不小于 1.5 米，与车行道边缘应不小于 3 米。

5）道路应结合地形布置，尽可能结合自然分水线和汇水线设计，以利于排水和减少土石方工程量。在旧住宅区改造时，应充分利用原有道路系统及其他设施。

3. 绿化规划设计

绿化可以提升房地产项目档次、树立楼盘形象，所以绿化规划越来受到开发商的高度重视，绿化较好的小区如图 8-16 所示。房地产项目的绿化规划设计要注意以下几点。

图 8-16 绿化优美的小区

（1）房地产项目绿化系统分类。房地产项目绿化，起遮阳、通风、防尘、隔噪等作用，一般分 4 类：①公共绿地，包括房地产项目公园、居住小区公园、住宅组群的小块绿地；②公共建筑和公共设施绿地，如商务会所、社区商店周围的绿地；③宅旁和庭院绿地；④道路绿化，如在干道、小路两旁种植的乔木或灌木丛。

（2）房地产项目绿化的布置内容。它主要有 3 项。①依地形绿化，美化和丰富环境。要充分利用自然地形和现有条件，尽可能利用劣地、坡地、洼地等不利于建设的用地作为绿化用地，节约用地，化不利因素为有利因素。②要合理选种和配置绿化品种，花草结合，常绿树与落叶树相结合，力求四季常青，以提高居住环境的质量，提高物业品质。③形成完整的绿化系统。应根据功能和使用要求，采取重点与一般相结合的原则进行布置，形成系统并与周围的城市绿化相协调。

4. 平面规划图

房地产项目的平面规划图有以下几点需加以关注。

（1）全面体现建筑规划、道路规划内容。

（2）简单标注尺寸，如路宽、楼间距等。

（3）简单的文字说明，如大门、车库出入口、楼编号、景观、商铺及其他配套建筑。

🕮 案例 8-3

东方天郡项目规划特点

项目规划特点

东方天郡，以人为本规划多个组团，总体布局和谐平衡、错落有致。以文澜路为界分为东西两区，建筑姿态各异，构筑起极富层次感的天际轮廓线，阶梯式分布，与大学城中心三个共达 18 万平方米的人工湖相呼应、相融合，意境唯美，气质超然。

整体规划——引领教育地产新时代

好生活是规划出来的。东方天郡二、三期规划为四个组团，由小区中心水景区及各组团中心景观区和宅间景观带组成，既保证了景观的整体性与参与性，又强调了景观的独立性，还提升了景观的均好性，形成了户户有景、处处有景的高品质居住社区。东方天郡整体规划如图 8-17 所示。

图 8-17　东方天郡整体规划

建筑规划——建筑意境，无声的咏叹调

好建筑与好生活息息相关。东方天郡二、三期建筑风格充分体现了大学城居住区建筑的科技感、文化感、价值感及荣誉感，与环境融为一体，建筑的每一细节都很考究。建筑的立面设计简约、时尚、明快，富有现代感，符合大学城的整体氛围，色彩以乳白色、米黄色为主，配以适当的百叶、玻璃，清新、典雅、细腻、持久。大玻璃窗与立面框架整齐有序的结合、阳台及空中花园的凹凸变化、不同建筑高度的组合，使建筑形体丰富活泼，小区轮廓线变化有序。东方天郡建筑外观如图 8-18 所示。

图 8-18　东方天郡建筑外观

景观规划——卓越景观设计，畅想四季风情

本着对人文精神的秉承，东方天郡二、三期规划自由组合各种造景手法，追求比例均衡，注重形式美，让韵律感和层次感收放自如，通过视觉、听觉、触觉等多种方式，让独特的人文环境不着痕迹地融入业主的生活：走累了，特色凉亭随时邀你停下来歇息；沙滩戏水池碧波荡漾，让人童心未泯；林荫庇护下的弯曲小径，让行走也成为享受；香蒲、睡莲等水生植物摇曳生姿，令人微酣；水中木栈道、喷泉广场将人们的心境染得轻盈简单；各类雕塑小品生动活泼，让人忍俊不禁……二、三期在空间营造上更具匠心，会所后花园水景的引入、会所前灵动活动空间、环形宅间休闲空间等，无不处处让居住更为惬意。东方天郡部分景观如图 8-19 所示。

图 8-19 东方天郡部分景观

项目配套——完美配套，尽享优越人生

东方天郡一期会所、二期综合楼，汇聚各种都市生活设施，拥有游泳池、简餐店、健身设施等齐全的配套，功能完善。小区内设有高品质的幼儿园，特色步行风情商业街位于小区北侧，并与小区内的购物中心形成内外商业街的布局，漫步于街上，可以享受悠然从容的休闲购物生活。

资料来源：根据栖霞建设东方天郡项目有关资料整理。

8.4 项目规划技术经济指标

1. 建筑基底面积

（1）建筑基底面积，指建筑物接触地面的自然层建筑外墙或结构外围水平投影面积。

（2）计算规则。建筑基底面积一般的计算规则是：独立的建筑，按外墙墙体的外围水平面积计算；室外有顶盖、有立柱的走廊、门廊、门厅等的建筑，按立柱外边线水平面积计算；有立柱或墙体落地的凸阳台、凹阳台、平台的建筑，均按立柱外边线或者墙体外边线水平面积计算；悬挑不落地的阳台（不论凹凸）、平台、过道等，均不计算。

2. 建筑面积

（1）建筑面积，也称“建筑展开面积”，是建筑物各层面积的总和。建筑面积包括使用面积、辅助面积和结构面积。建筑面积要按国家颁布的《建筑工程建筑面积计算规范》计算。

（2）房屋建筑面积计算。建筑面积是购房者和开发商都比较关心的问题，《中华人民共和国国家标准房产测量规范》（简称《房产测量规范》）未做规定或规定不明确的，暂按下列规定执行：

1）计算建筑面积的房屋层高（高度）均须在2.20米以上（含2.20米，以下同）；

2）外墙墙体中的同一楼层外墙，既有主墙，又有玻璃幕墙的，以主墙为准计算建筑面积，墙厚按主墙体厚度计算，各楼层墙体厚度不同时，各层分别计算；

3）屋顶为斜面结构（斜屋顶）的，层高（高度）2.20米以上的部位计算建筑面积；

4）不规则建筑物，如阳台、挑廊、架空通廊的外围水平投影超过其底板外沿的，以底板水平投影计算建筑面积；

5）与室内任意一边相通，具备房屋的一般条件，并能正常利用的伸缩缝、沉降缝应计算建筑面积；

6）对倾斜、弧状等非垂直墙体的房屋，层高（高度）2.20米以上的部位计算建筑面积，房屋墙体向外倾斜，超出底板外沿的，以底板投影计算建筑面积；

7）楼梯已经计算建筑面积的，其下方空间不论是否利用，均不再计算建筑面积；

8）公共建筑临街楼房、挑廊下的底层作为公共道路街巷通行的，不论其是否有柱，是否有维护结构，均不计算建筑面积；

9）两层及两层以上的房屋，建筑面积均按《房产测量规范》中多层房屋建筑面积计算的有关规定执行；

10）与室内不相通的类似于阳台、挑廊、檐廊的建筑，不计算建筑面积；室外楼梯的建筑面积，按其在各楼层水平投影面积之和计算。

3. 商品房销售面积

商品房按“套”或“单元”出售，商品房销售面积为购房者所购买的套内或单元内建筑面积（以下简称“套内建筑面积”）与应分摊的公用建筑面积之和，即

商品房销售面积 = 套内建筑面积 + 分摊的公用建筑面积

套内建筑面积由以下三部分组成：套（单元）内的使用面积、套内墙体面积、阳台建筑面积。面积的计算按《住宅设计规范》和《建筑工程建筑面积计算规范》进行。

4. 公用建筑面积

（1）公用建筑面积，由以下两部分组成。

1）电梯井、楼梯间、垃圾道、变电室、设备间、公共门厅和过道、地下室、值班警卫室以及其他功能为服务于整栋建筑的公共用房和管理用房的建筑面积。

2）套（单元）与公用建筑空间之间的分隔墙以及外墙（包括山墙）墙体水平投影面积的一半。凡已作为独立使用空间销售或出租的地下室、车棚等，不应计入公用建筑面

积。作为人防工程的地下室也不应计入公用建筑面积。

（2）公用建筑面积的计算。整栋建筑物的建筑面积扣除整栋建筑物各套（单元）套内建筑面积之和，并扣除已作为独立使用空间销售或出租的地下室、车棚及人防工程等建筑面积，即为整栋建筑物的公用建筑面积。将整栋建筑物的公用建筑面积除以整栋建筑物的各套套内建筑面积之和，得到建筑的公用建筑面积分摊系数。各套（单元）的套内建筑面积乘以公用建筑面积分摊系数，得到购房者应合理分摊的公用建筑面积，即

分摊的公用建筑面积 = 公用建筑面积分摊系数 × 套内建筑面积

5. 建筑高度

（1）平屋顶建筑高度，指从室外地面至女儿墙顶的高度。

（2）坡屋顶建筑高度：坡度小于 35°（含 35°），为室外地面至檐口的高度；坡度大于 35°，为室外地面至屋脊的高度。

6. 居住建筑层数的划分

一般情况下，居住建筑层数划分 4 类。

（1）低层居住建筑，1～3 层。

（2）多层居住建筑，4～6 层。

（3）小高层居住建筑，7～15 层。

（4）高层居住建筑，15 层及以上。

7. 项目规划主要技术指标的计算

（1）总用地面积。

总用地面积 = 居住用地面积 + 公共建筑用地面积 + 道路用地面积 + 绿化用地面积

（2）总建筑面积。

总建筑面积 = 居住建筑面积 + 公共建筑面积

（3）容积率。

容积率 = 建筑面积 / 总用地面积

（4）建筑密度。

建筑密度 = 建筑基底面积 / 总用地面积

（5）绿化率。

绿化率 = 绿化用地面积 / 总用地面积

（6）户均居住面积。

户均居住面积 = 居住建筑面积 / 总户数

（7）平均层数。

平均层数 = 住宅总面积 / 住宅基底总面积

（8）平均造价。

平均造价 = 总造价 / 总建筑面积

（9）建设周期。

建设周期＝竣工日期－开工日期

规划设计都必须进行技术经济分析来衡量方案的优劣及优选方案，通过上述经济指标可以进行居住区用地分析、技术经济分析及综合造价三个主要方面的比较和优化。

8.5　项目规划设计管理与报建管理

1. 房地产项目规划设计管理内容

（1）选定规划设计单位，确定规划设计方案。房地产企业一般没有规划设计力量，项目的规划设计工作要委托规划部门和设计院进行。选定规划设计单位要根据房地产项目的规模、结构、装修、设备及工期要求，选择具备相应资格、信誉较好的单位来承担。一般实行规划设计方案招标投标的方法，也可以邀请国内、国外的规划设计单位参加。房地产企业还可以举行多单位、多方面的规划设计竞赛，然后通过有关人员和专家评审，进行多方案的比较，选出优秀的规划实施方案。

（2）做好技术经济论证，合理确定技术经济指标。房地产项目的规划设计，不但要考虑技术先进，而且要考虑经济合理，经济方面比技术和美观更重要。必须重视技术经济论证，避免盲目建设，以求取得良好的经济效益。

（3）协调规划设计，为项目开工创造条件。规划设计方案确定后，要制订分期出图计划。房地产企业要与规划设计部门签订合同，按质、按量、按时完成设计图纸，积极为项目施工单位开工创造条件。房地产企业不能搞边规划边施工，以免仓促上马、返工浪费。

（4）认真审查并熟悉图纸。房地产企业负责规划设计管理的部门和负责施工的单位，在接到施工图纸后，应认真审查图纸，熟悉图纸和设计要求，以便能按规划设计要求施工，如发现有遗漏或错误，应及时通知设计单位修正补充。

（5）组织现场规划设计。规划设计工作是比较复杂的，现场施工条件也常有变化。为了加强现场规划设计的领导，要组织由房地产企业为首，规划设计、建筑、市政公用、建设等单位参加的现场规划设计。同时，为了避免房地产项目规划设计无人负责的现象出现，房地产企业应与规划设计部门协商，指派一名有职有权的责任规划师，从房地产项目规划开始到建成为止，负责规划设计全过程的定案，并主管解决规划设计的变更问题或施工中出现的各类问题。

2. 房地产开发项目报建流程

（1）房地产开发项目报建，是指在原规划设计方案的基础上，房地产开发企业委托规划设计单位提出各单体建筑的设计方案，并对其布局进行定位，对开发项目用地范围内的道路和各类管线做更深入设计，使其达到施工要求，并提交有关部门审批的过程。用于报建的建筑设计方案经过城市规划、消防、抗震办、人防、环卫、供水、供电等管理部门审查通过后，可以进一步编制项目的施工图和技术文件，再报城市规划行政主管部门及有关专业管理部门审批。

（2）房地产开发项目报建流程。房地产开发项目报建的流程，如图 8-20 所示。

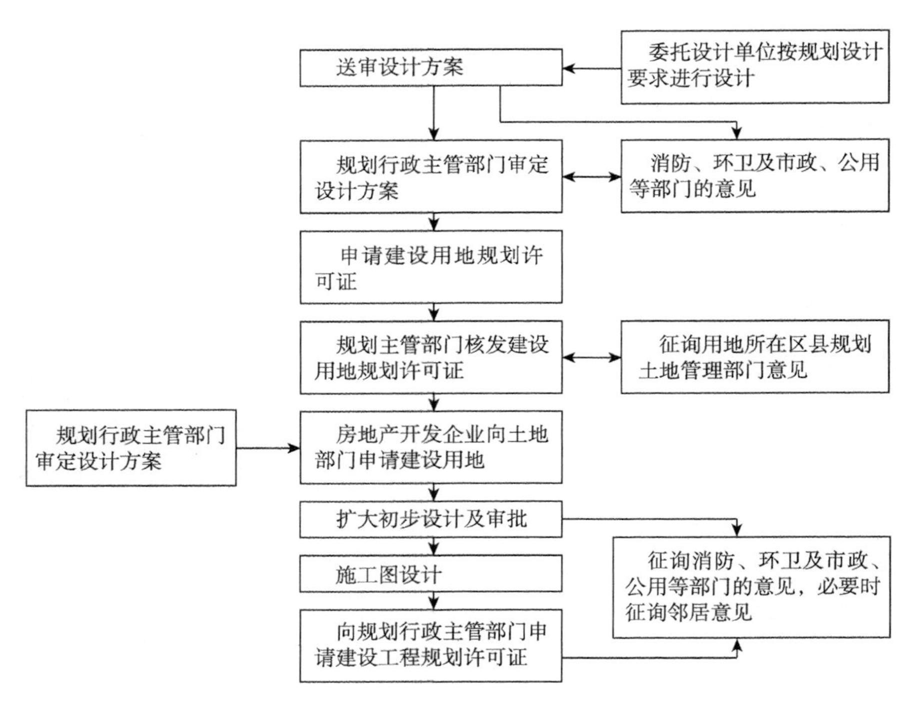

图 8-20 房地产开发项目报建流程

3. 房地产项目规划设计的审批内容及程序

《城乡规划法》关于城市规划实施，对建设项目的审批程序做出了明确规定，即实行选址意见书、建设用地规划许可证、建设工程规划许可证制度，也就是常说的“一书两证”制度，这是房地产项目前期工作的重要内容之一（见表 8-3）。

表 8-3 房地产项目规划设计的审批程序

	审批内容		审批程序
房地产项目规划设计审批	“一书两证”制度	选址意见书制度	（1）提供房地产建设项目的基本情况 （2）提供房地产建设项目选址的依据 （3）核发选址意见书
		建设用地规划许可证制度	（1）现场踏勘 （2）征求意见 （3）提供设计条件——红线图 （4）审查总平面图及用地面积 （5）核发建设用地规划许可证
		建设工程规划许可证制度	（1）建设工程规划许可证申请 （2）初步审查 （3）核发规划设计要点意见书 （4）设计方案审查 （5）核发建设工程规划许可证

（1）选址意见书制度。选址意见书是指房地产建设项目，主要指新建大、中型项目，在立项过程中，城市规划行政主管部门对提出的关于建设项目选择具体用地地址的批复意见等具有法律效力的文件。《城乡规划法》第三十六条规定：“按照国家规定需要

有关部门批准或者核准的建设项目，以划拨方式提供国有土地使用权的，建设单位在报送有关部门批准或者核准前，应当向城乡规划主管部门申请核发选址意见书。”国家对房地产建设项目，特别是大、中型项目的宏观管理，在可行性研究阶段，主要是通过计划管理和规划管理来实现的，规定选址意见书制度是为了保证建设项目有计划并按规划的程序进行建设。选址意见书的内容如下。

1）房地产建设项目的基本情况。主要指项目的名称、性质、建设规模，市场需求预测，所用水源及其他能源的需求量。

2）房地产建设项目选址的依据。主要依据有：经批准的项目建议书，项目所在城市总体规划、分区规划，项目所在城市的交通、通信、能源、市政规划，项目所在城市生活居住区及公共设施规划，项目所在城市的环境保护规划和风景名胜、文物古迹管理规划等。

（2）建设用地规划许可证制度。建设用地规划许可证是由房地产企业或个人提出建设用地申请，城市规划行政主管部门审查批准的建设用地位置、面积、界限的法律凭证。《城乡规划法》第三十七条规定：“在城市、镇规划区内以划拨方式提供国有土地使用权的建设项目，经有关部门批准、核准、备案后，建设单位应当向城市、县人民政府城乡规划主管部门提出建设用地规划许可申请，由城市、县人民政府城乡规划主管部门依据控制性详细规划核定建设用地的位置、面积、允许建设的范围，核发建设用地规划许可证。建设单位在取得建设用地规划许可证后，方可向县级以上地方人民政府土地主管部门申请用地，经县级以上人民政府审批后，由土地主管部门划拨土地。”核发建设用地规划许可证的目的在于确保土地利用符合城市规划，维护房地产企业按照规划使用土地的合法权益，同时也为土地管理部门在城市规划区内行使权属管理职能提供必要的法律依据。土地管理部门在办理征用、划拨土地过程中，若确实需要改变建设用地规划许可证核定的位置和界限，必须与城市规划行政主管部门协商并取得一致意见，以保证修改后的位置和范围符合城市规划的要求。建设用地规划许可证的审批程序分为以下步骤。

1）现场踏勘。城市规划行政主管部门受理了房地产企业用地申请后，应与房地产企业会同有关部门到选址地点进行调查和踏勘。这是一项直观、感性的审查工作，可以及时发现问题。

2）征求意见。在城市规划区安排建设项目占用土地会涉及许多单位和部门。规划行政主管部门在审批建设用地前，会征求被占用土地单位和部门，以及环境保护、消防安全、文物保护、土地管理等部门的意见，须取得大致相同的意见。

3）提供设计条件——红线图。城市规划行政主管部门初审通过后，应向建设单位提供建设用地地址与范围的红线图，在红线图上应当标明现状和规划道路，并提出用地规划设计的条件和要求。房地产企业可以依据城市规划主管部门下达的红线图委托设计单位进行项目规划方案设计。

4）审查总平面图及用地面积。房地产企业根据红线图完成项目规划设计后，应将总平面图及其相关文件报送城市规划主管部门进行审查批准，主管部门根据城市规划设计用地定额指标和该地块具体情况，审核用地面积。

5）核发建设用地规划许可证。总平面图及用地面积经审查合格后，城市规划行政主管部门即向房地产企业核发建设用地规划许可证。

（3）建设工程规划许可证制度。建设工程规划许可证是由城市规划行政主管部门核发的，用于确认建设工程是否符合城市规划要求的法律凭证。《城乡规划法》第四十条规定：“在城市、镇规划区内进行建筑物、构筑物、道路、管线和其他工程建设的，建设单位或者个人应当向城市、县人民政府城乡规划主管部门或者省、自治区、直辖市人民政府确定的镇人民政府申请办理建设工程规划许可证。申请办理建设工程规划许可证，应当提交使用土地的有关证明文件、建设工程设计方案等材料。需要建设单位编制修建性详细规划的建设项目，还应当提交修建性详细规划。对符合控制性详细规划和规划条件的，由城市、县人民政府城乡规划主管部门或者省、自治区、直辖市人民政府确定的镇人民政府核发建设工程规划许可证。”建设工程规划许可证的作用主要表现在：确认建设单位和个人有关建设活动的合法地位；作为建设活动过程中接受监督检查时的法律依据；作为城市规划行政主管部门有关城市建设活动的重要历史资料和城市建设档案的重要内容。建设工程规划许可证的审批程序分为以下5个步骤。

1）建设工程规划许可证申请。房地产企业应当持设计任务书、建设用地规划许可证等有关批准文件，向城市规划行政主管部门提出建设工程规划许可证核发申请。

2）初步审查。城市规划行政主管部门受理申请后，应对申请进行审查，确定建设工程的性质、规模等是否符合城市规划的布局和发展要求，并应征求环境保护、环境卫生、交通、通信等相关部门的意见。

3）核发规划设计要点意见书。城市规划行政主管部门根据对申请的审查结果和工程所在地段详细规划的要求，向房地产企业核发规划设计要点意见书、提出建设高度限制、与城市规划红线的边界限制、与四周已有工程的关系限制等规划设计要求。房地产企业要严格按照规划设计要点意见书的要求，委托设计部门进行方案设计工作。

4）设计方案审查。房地产企业根据规划设计要点意见书完成方案设计后，应将多个方案（应不少于两个）的有关图样、模型、文件报送城市规划行政主管部门。城市规划行政主管部门对各个方案的总平面布置、工程周围环境关系和个体设计规模、层次、造型等进行审查比较后，将核发设计方案通知书，并提出规划修改意见。房地产企业据此委托设计单位进行施工图设计。

5）核发建设工程规划许可证。房地产企业按照设计方案通知书的要求完成施工图设计后，将注明勘察设计证号的初步设计文件，有总平面图，个体建筑设计的平面图、立面图、剖面图、基础图，地下室平面图、剖面图等施工图及相关设计说明，报城市规划行政主管部门审查。经审查批准后，核发建设工程规划许可证。

总之，规划作为房地产开发前期工作的一项重要内容，对整个房地产项目有着重要影响，甚至关系到房地产开发的成败，房地产开发商应该对规划的内容及相关知识有一个充分的了解，并组织好规划设计工作。

案例 8-4

麒麟山庄居住区规划[⊖]

麒麟山庄位于南京东郊的一个农村小镇上。

⊖ 参考麒麟山庄项目有关资料。

麒麟山庄所在麒麟镇的发展定位

麒麟镇是南京东郊的一个农村小镇，总面积61.5平方公里，总人数28 383人，国内生产总值49 320万元，下辖11个村委会。从地理位置看（见图8-21），麒麟镇离绕城公路和沪宁高速收费站约2公里，交通优势明显；从环境看，麒麟镇周围山脉众多，绿色植被茂盛，适宜人类居住。麒麟镇“十一五”规划中，发展定位是坚持统筹发展，发挥区位优势，全力打造南京东郊新型工业集中区、环境优美住宅区、新型商贸发展区和都市农业特色区。3平方公里的麒麟工业集中区是全市17个重点园区之一，是劳动密集型与科技型相结合的新型工业集中区，此外还有若干个村级工业小区。麒麟镇加快城市化进程，尽快融入主城板块，与主城区实现无缝对接，打造南京东郊人与自然和谐共处的环境优美城市化住宅区；建成200亩生态公园，提升集镇形象，完善镇内道路建设，形成外循环、内成网大交通格局；引进南京市自来水，完成步行街文化休闲广场建设，规划建设现代服务业，形成南京东郊新型商贸发展区；继续发挥农业品牌优势，促进奶牛、蔬菜、食用菌三大特色产品的升级提档，建设南京东郊都市农业特色园区。

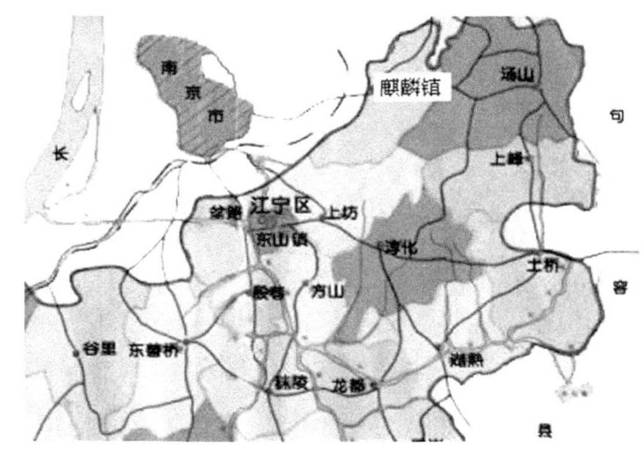

图8-21　江宁麒麟镇行政区位图

麒麟山庄规划设计理念

麒麟山庄位于南京东郊麒麟镇，西临南京市区、东傍汤山风景区、北接宁杭公路、环城公路和沪宁高速公路，南融入冯家村乡间山野。处于山谷之间的麒麟山庄占地502亩[⊖]，总投资约20亿元，总建筑面积约49万平方米，麒麟山庄交通位置图如图8-22所示，有公交车到麒麟镇中心和市区。

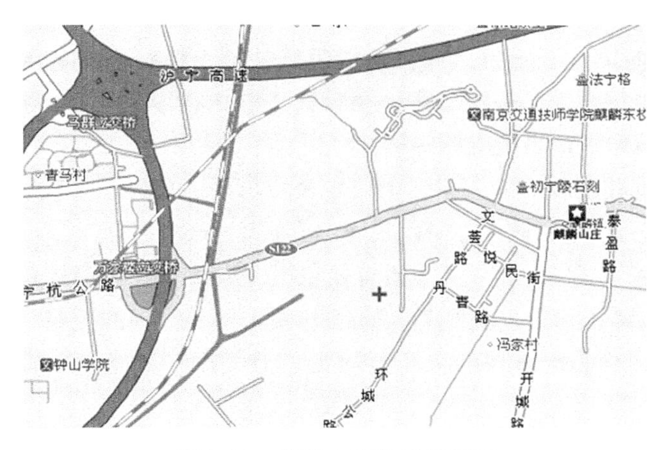

图8-22　麒麟山庄交通位置图

⊖ 1亩=666.6平方米。

麒麟山庄的规划设计紧跟江宁统筹城乡经济社会发展的新形势，采用让每位业主享受到生活的乐趣的设计理念，倡导的是一种全新的生活方式——生活的舞步，自己选，力求使居住的人能够远离尘嚣，回归自然，寻求一种轻松悠闲的生活方式，与家人充分享受生活的乐趣。规划设计尊重南京城乡总体布局，突出麒麟镇特色、突出生态和谐、突出“以人为本”，体现人文关怀，关注城乡居民，建设和谐型居住区。

麒麟山庄规划设计目标

根据麒麟镇发展定位和“让每位业主享受到生活的乐趣”理念，麒麟山庄规划设计：①追求实用，把舒适、卫生、安全放在首位，力求用效能高、品质好的材料部品，打造高性能的住宅，延长住宅的使用年限，用完善的交通、通信、供水、供电、供气、卫生、防灾等现代化基础设施体系，优化生活学习空间；②追求美观，规划设计的绿地覆盖率达到51%以上，布置多样化的建筑小品；③追求经济，规划设计与麒麟镇的经济、生活条件相适应，尽量少用不可再生的资源，坚持节能、节地、节水、节材，少消耗资源，保护环境，降低房屋造价，让低收入者买得起。

测评麒麟山庄内外环境

麒麟山庄所在的南京经济比较发达，是江苏政治中心，文化氛围浓厚、人口多、城镇化程度高、历史传统悠久、自然环境优美，房地产市场比较完善。从麒麟镇的发展定位上可以看出，麒麟山庄地块的城市规划、交通运输条件、住宅市场需求比较好。麒麟山庄地块大，自然地质环境优越，周边配套有麒麟镇中小学、仙林大学城，有苏果超市、华联超市综合商场，有医院、菜场，交通便利，比较适合开发大型居住区。

麒麟山庄规划模式

根据地块内外环境，麒麟山庄结合当地城乡统筹发展情况，改进、完善常见的小区单一模式，采用“居住社区－街坊”组合结构，与周边建筑环境相协调，建设符合现代城市空间的开放性，集生活、工作、休闲、娱乐于一体的大型综合性、混合型居住区，在其中不同阶层的社会群体特别是城市人口、农村人口实现和谐共处。

麒麟山庄规划设计的内容

（1）麒麟山庄地块处于山谷之间，地块起伏狭长，拥有坡地资源。根据总体规划模式，综合考虑技术经济条件，麒麟山庄选择多层、小高层、高层和双拼、联排别墅等多种产品聚合，以满足不同消费者的实际需要。

（2）综合考虑地块面积、容积率、人口规模、日照、通风、美观等要素，麒麟山庄采用“行列式为主，周边式为辅”的混合式建筑布局，服从“居住社区－街坊”规划模式，节约空间，形成半敞开式的住宅院落，所有住宅南北向布置，超高比例的楼间距，最低也达 $1.2h$（25米），保障了每个户型观景视野的开阔和日照时间的充裕，居民能尽情享受大自然的阳光雨露。园林布局重视与大自然配合，把美丽、宁静、舒适的环境带入每一户家中。

（3）建筑风格上，麒麟山庄以新古典主义与现代主义风格相结合的欧陆风格为建筑之基调，建筑外立面清新柔美典雅，建筑造型简约流畅、高贵大方，与社区景观规划、周边自然山景交相辉映，增添了麒麟山庄现代主义的审美情趣，整个山庄充满欧洲园林的开阔与对称之美，又包含了与自然融为一体的东方风情。麒麟山庄独具匠心地加入了一些细微的东方元素，如一层架空减少了传统一楼隐秘感不足的问题，单元错层形成的一梯一户，提升了居住私密感。局部（如屋顶）在直线条的基础上加入了曲线与坡顶的变化，门廊与窗户也部分呈拱形设计，体现了新古典主义的风格。聚合在一起组成的建筑群落营造出稳重不失飘逸的浪漫感觉。麒麟山庄的顶层采用了中空双层设计，这样的设计有效地解决了屋顶漏水这一传统问题，同时中空的设计还提高了屋顶的保温性能。麒麟山庄采用品牌建材，外墙采用高档面砖，窗户均采用高级铝合金窗框及双层中空玻璃，保证了麒麟山庄鲜亮明快的建筑色彩不会随着时间的流逝而黯然失色，延长建筑物的生命周期。

（4）麒麟山庄户型设计考虑当地城乡需求，以“中小户型高舒适度”为主旋律，产品组合主力面积为91平方米的两室两厅和125平方米的三室两厅。其中91平方米的两室，双卧和客厅全部为南向，是名副其实的阳光两居室。还有数量不多的空中花园户型，这是根据小区的特殊地形设计的一款独特的户型，配有设计精巧的露天阳台，在这里可以俯视整个社区，尽情享受周边葱翠的自然山体风光和社区丰富多彩的美景。125平方米的三室两厅不仅拥有方正的阳光露台和工作阳台，其独特镂空的入户花园设计，不仅可多方位地延展室外空间，为业主享受生活、种植花草、品位悠闲惬意的休闲时光提供平台，更体现了一种全新概念的绿色健康生活方式。为适应居住者不同层次的个性与需求，还精心设计了58户双拼和128户联排别墅。麒麟山庄采用了一梯两户的长板式结构、室内错层、入户花园、多方位的阳台和观景飘窗等主流设计元素，每户至少两个房间朝南，客厅开间在4.5米左右，主卧开间在4米左右，户型是彻底的全明通透式设计，采光和通风效果很好，实现了每套房源都是可以让业主享受到生活的乐趣的开发理念。麒麟山庄“居住即享受”的户型设计，还落实在了材质的细节考虑上，让居住的享受不在一时，而是恒久，并通过建筑结构对户型做了进一步的优化，多层产品采用了框架剪力墙结构，相比于砖混结构，产品稳定性增强很多，避免了墙面裂缝、墙面渗水等常见问题，而且这样的结构可以方便业主在装修时拥有充分的改造自由。

（5）道路规划与配套公建不仅要满足居住区内部的功能要求，而且要与城乡总体取得有机的联系，与城市公共服务设施规划相结合。道路结合地形布置，社区共有5个出入口，与麒麟镇有机相连。中部是主入口，北面和南面各有两个次入口，社区每个入口都设有休闲广场，从进入社区起，就展现社区无处不在的优美景观和配套公建。社区主干道宽7米，两边各设宽1.5米的人行道和1.2米的绿化带。小区次干道宽4～5米，配置宽1.5米的单边人行道，凡尽端式支路均设置回车场。入户道宽约3.5米，整个小区将实行人车分流，提高了生活的安全性、舒适性和人性化。生活设施配套南北两大会所，会所内设有健身房、游戏室、多功能房、桌球室、乒乓球、图书馆、阅览室、电脑室、咖啡厅、音乐室、酒廊、餐厅、卡拉OK等休闲娱乐设施，是健身、聚会的好场所，社区居民足不出户即可享受在市中心才会有的多重休闲设施。麒麟山庄还有商业街，形成小区步行购物中心，可满足社区居民的各种日常生活所需。此外，社区内部规划一座现代化的幼儿园，设有图书馆、音乐室、室内游戏室和健身房，可满足小区住户孩子的入托问题，也为外界服务。麒麟山庄整体的车位比为1∶1，基本满足了每家每户都有车位的需求。

（6）麒麟山庄三面环山，地势呈“凹”字形，是中国风水学上最推崇的“聚财宝地”，山庄中部地势最低。麒麟山庄依托自然地貌的原生态进行规划，整体景观设计以人工湖为中心，形成南北轴线，贯穿社区，共分为中心水体景观、组团绿化、入口广场三大类。气势磅礴的中心水景是整个社区景观的灵魂。中部大型人工湖泊，建有三个大型人工半岛，同时架设湖畔长廊景观道，共同组成气势磅礴的水域景观。除了中心水域，由社区北入口起，楼间湖泊和楼间溪流与喷泉、叠水，以及亲水台阶、栈道、小桥共同组成了一个层次分明的社区水世界，映衬于果树林园、水畔赏花庭院、楼间主题绿地之间，彼此交相辉映，在山谷与远山的衬托下，整个社区建筑与大自然的美景浑然天成地融合在一起，充满了江南水乡的动人韵味。麒麟山庄绿地面积已超过整体一半，别墅的私家花园、组团绿地、中央景观及湖畔长廊、房前屋后绿地、小高层的首层架空花园、半地下室车库顶花园、顶层露台及屋顶花园，各式各样的景观小品，共同组成了完备的绿化生态系统，让所有建筑完美地隐匿在自然之间，在增强社区功能的同时，将社区点缀得更加丰富多彩，达到了“天人合一”的境界。麒麟山庄规划设计效果见图8-23至图8-27。

麒麟山庄共分四期开发，主要技术经济指标如下：

建设用地面积：334 011.50平方米

总建筑面积：489 996.31平方米

建筑覆盖率：25.76%

绿地率：51%

容积率：1.255

计入容积率的建筑面积：419 038.91平方米

其中：

1）住宅建筑面积：407 085.54平方米

- 高层、小高层建筑面积：240 135.80平方米
- 多层住宅面积：128 216.58平方米
- 联排住宅面积：24 530.35平方米
- 双拼住宅面积：14 202.82平方米

2）商业建筑面积：4 374.93平方米

3）会所建筑面积：4 558.21平方米

4）幼儿园建筑面积：3 020.23平方米

总户数：2 851户

- 高层、小高层：1 787户
- 多层：878户
- 双拼：58户
- 联排：128户

绿地面积：170 345.865 平方米

地下室及车库建筑面积：70 957.4 平方米

总停车位：2 626 个

- 别墅室内停车位：261 个
- 地下车库位：2 079 个
- 地面停车位：286 个

图 8-23　麒麟山庄规划总平面效果图

图 8-24　麒麟山庄道路与绿化效果

图 8-25　景观效果

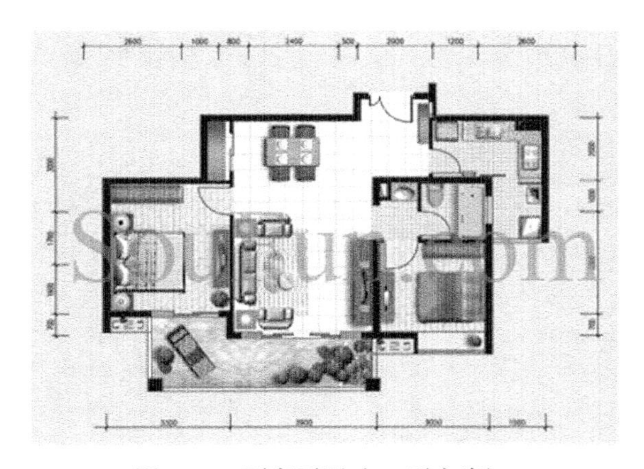

图 8-26　两室两厅（91 平方米）

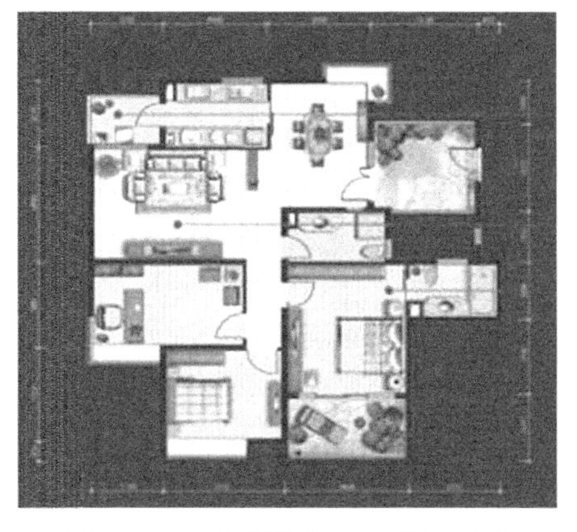

图 8-27　三室两厅（125 平方米）

麒麟山庄规划设计的绩效评价

麒麟山庄在统筹城乡发展的背景下在规划设计中更多地融入了人文关怀，提倡新的生活方式、生活形态及生活品位，为消费者提供了一个不单单是生活上的舒适家园，更是一个全新的社交空间，充分体现“现代人居的超舒适生活”的居住理念。同时，麒麟山庄注重节能、节地、节水、节材，全面执行建筑节能设计标准，由于项目在运用节能材料、节能措施及施工工艺等方面的突出表现，在2008年7月18日由南京市建设委员会、南京市建筑工程局组织召开的“关于建筑节能检查通报及勘察设计评优表彰会”上，麒麟山庄得到全市的特殊表彰，这也是南京唯一一个获得“节能环保”表彰的商品房项目。

思考题

1. 房地产项目规划设计的基本原则如何体现在项目中？
2. 如何整体把握建筑规划、道路规划和绿化规划？

第 9 章

产品策划与项目招标

学习目标

1. 了解房地产基础设施建设与管理。
2. 熟悉房地产招投标管理与流程。
3. 熟悉房地产项目产品策划的基本原则。
4. 掌握房地产项目产品策划的方法。

技能要求

1. 能够从事一般的房地产招投标管理。
2. 能熟练运用房地产产品策划方法。
3. 能够编写房地产项目产品策划方案。
4. 养成积极思考问题、主动学习的习惯。

案例 9-1

金牛湖三地块综合项目产品策划

一、项目概况

金牛湖三地块综合项目的概况，见案例 2-1

二、项目的开发与经营环境分析

见案例 4-1。

三、项目市场分析与预测

见案例 5-1。

四、项目的投资风险与机会分析

见案例 6-1。

五、项目开发定位

见案例 7-1。

六、项目规划设计

见案例 8-1。

七、项目产品策划

1. 产品类型

根据金牛湖三地块综合项目目标客户群的需求和数据分析，整个小区将建设 83 栋楼，其中恒馨苑 A 区 5 栋、恒馨苑 B 区 5 栋、恒馨苑 C 区 6 栋、恒馨苑 D 区 14 栋、恒馨苑 E 区 6 栋、恒馨苑 F 区 8 栋、恒馨苑 G 区 7 栋、恒馨苑 H 区 8 栋、恒馨苑 K 区 15 栋，9 栋为小高层房源，其余均为多层房源。产品组合如表 9-1 所示。

表 9-1 金牛湖三地块综合项目产品组合

序号	产品	数量	备注
1	住宅总户数	3 892 户	户均面积 112.4 平方米
2	商业建筑面积	133 422 平方米	38 000 平方米五星级酒店 95 422 平方米缤纷商业街
3	总停车数 地下车库 地面停车	4 437 个 4 200 个 237 个	车位住户比为 1:1.14

2. 产品户型

金牛湖三地块综合项目是超大地块项目，恒大开发该项目命名为恒大养生谷。恒大以最专业的经验与最前沿的研究，通过反复验证，设计每一款房型。项目设计有多种户型，有一室户型、两室户型、三室户型和四室户型，面积从 58 平方米到 150 平方米不等，可以满足用户多样化需求，其中有代表性的户型有五种，其他户型与这五种户型比较类似。

（1）主要户型。

①两室户型。最具代表性的两室两厅一卫户型有 A 户型 74.18 平方米和 B 户型 83 平方米（见图 9-1）。

②三室户型。最具代表性的三室两厅两卫户型有 S81-1 户型 122 平方米和 S81-2 户型 113 平方米（见图 9-2）。

③四室户型。最具代表性的四室两厅两卫户型有 S28-1 户型 144 平方米（见图 9-3）。

（2）主打户型的特点。

项目户型设计在变化中求统一，景观资源分配均匀，突出对居住者生活品质的关怀。各个房间均方正实用，便于家具布置，体现追求生活化、以人为本的特征。

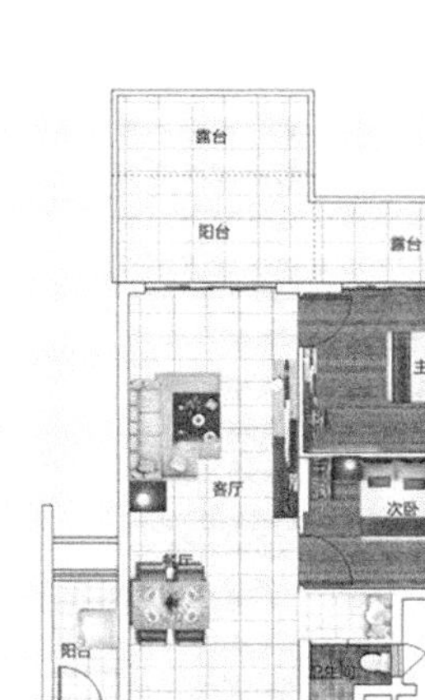

a) A 户型，74.18 平方米　　b) B 户型，83 平方米

图 9-1　两室两厅一卫

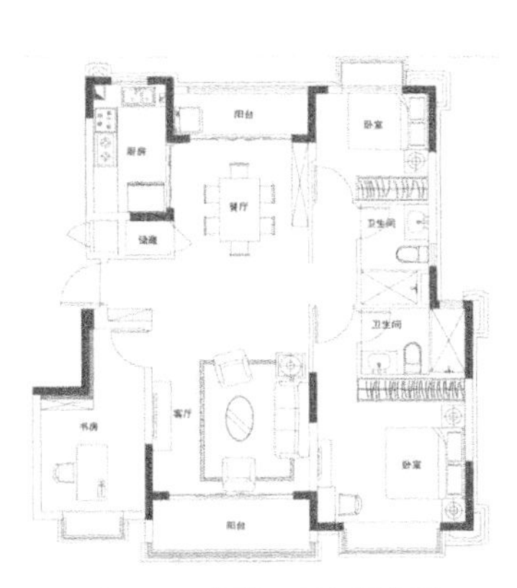

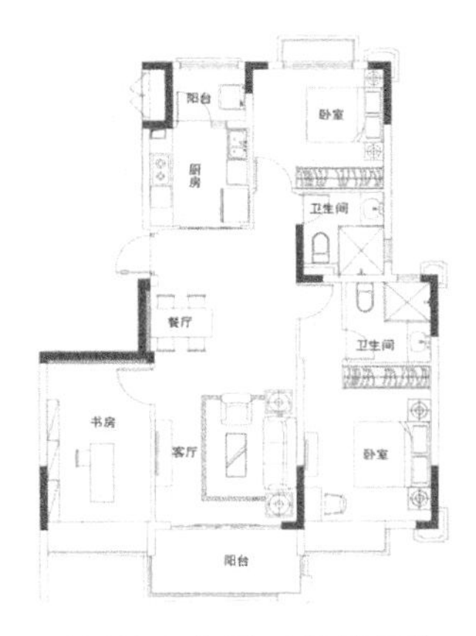

a) S81-1 户型，122 平方米　　b) S81−2 户型，113 平方米

图 9-2　三室两厅两卫

图 9-3　四室两厅两卫（S28-1 户型，144 平方米）

①两室两厅一卫。

优点：户型合理，紧凑实用；各个房间方正，利用率高；动静分区也较为明显，居住舒适度较高。

缺点：卫生间只有一个，人多时使用会不方便；次卧面积较小。

②三室两厅两卫。

优点：房间数较多，使用灵活方便；整个户型空间布局合理，做到了干湿分离、动静分离；超大阳台，整个空间全明通透，采光良好，无论是晾晒还是采光都极为便利，同时利于居住空间通风；整体户型方正，活动区域开阔，居住舒适度高。

缺点：S81-1 户型书房形状不方正，有面积浪费；S81-2 户型餐厅北面采光弱。

③四室两厅两卫。

优点：房间数较多，使用灵活方便；户型方正，整个户型空间布局合理，做到了干湿分离、动静分离；南北双阳台，客厅餐厅阳台一体，空间感强，格局开阔；四开间朝南，室内明亮，无论是采光还是晾晒都很方便；双卫设计，避免洗漱拥堵；客厅 3.9 米大开间，外接大阳台；厨房外接阳台，270 度开阔观景视角；卧室主卧套间设计，生活更方便，朝南带飘窗，阳光充足，视野佳，居住舒适度极高。

缺点：厨房和卫生间分离，使得冬日热水无法即刻到达；走道较多，面积有浪费。

以上三类户型不可避免的有一些瑕疵，但并不影响它们整体的优良品质，三类户型能够满足不同人口数的家庭，这也恰恰印证了恒大养生谷全年龄阶段购房的宗旨。

资料来源：根据南京工业职业技术大学朱赫、谢庆月同学的调研报告整理。

案例 9-2

万科金域蓝湾项目产品策划

金域蓝湾项目在产品规划设计过程中，尽力规避项目弱势及威胁因素，产品设计做到扬长避短，争做江宁最好的公寓，公寓类终极住宅。经过调查，项目产品的主题概念确定为“河域、水湾”。目前人们对项目小区周围的环境要求很高，该项目外秦淮河、牛首山相拥，是项目最有价值之处，“河域、水湾”成为项目发挥的最好题材。

1. 产品类型

金域蓝湾项目一期为高层住宅；二期为 6 层（多层）+ 高层 + 联排（三联排）别墅的产品组合。产品组合如表 9-2 所示。

表 9-2　金域蓝湾项目产品组合

序　号	产　品	数　量	备　注
1	总户数	5 254 户	户均居住面积 99.37 平方米
2	高层	5 174 户	面积 506 101.32 平方米
3	别墅	80 户	面积 16 000 平方米
4	商业建筑面积	21 500 平方米	
5	总停车位	5 886 个	车位住户比为 1∶0.9

（续）

序　　号	产　　品	数　　量	备　　注
6	地下车库位	5 174 个	
7	地面停车位	712 个	
8	地下室及车库建筑面积	65 709.8 平方米	

2. 产品户型

金域蓝湾一期高层公寓提供五款经典户型，通过每一款房型的反复设计与验证，通过对每一户业主的满意度与舒适度研读，万科以最专业的经验与最前沿的研究，全线服务成长家庭筑巢计划。

（1）主要户型。①两室两厅一卫，78 平方米（见图 9-4a）。②三室两厅一卫，90 平方米；三室两厅一卫，113 平方米；三室两厅两卫，128 平方米。③花园洋房两室三厅三卫，156 平方米；三室两厅两卫，158 平方米（见图 9-4b）；三室三厅两卫，168 平方米；三室两厅两卫，262 平方米。

a) 两室两厅一卫（78 平方米）　　b) 三室两厅两卫（158 平方米）

图 9-4　主要户型

（2）主打户型的特点。项目户型设计在变化中求统一，景观资源分配均匀，突出对居者生活品质的关怀。各个房间均方正实用，便于家具布置，使之具有追求生活化、以人为本的特征。

1）两室两厅一卫。两室在设计的同时考虑到住户的居住感受，把功能房设置成既是书房又是朋友来访的休息场地；干湿分离，一个卫生间的功能布局满足了住房需求。附带约 13 平方米的入户花园，让住户归家的过程中有一个良好的过渡，同时有效地连接了室内与室外的空间，洋房品质生活，居家自然惬意；附赠约 10 平方米双南向花园平台，自然景观一目了然；全明设计，优越采光；南北通透，利于通风；户型方正，功能空间布局合理。

2）三室两厅两卫。格局方正，南北通透；附赠约 11 平方米的花园平台，让住户拥有自由发挥的空间，在欣赏窗外美景的同时，也呼吸着大自然带来的清新气息，既可以是运动空间，又可以是与朋友聚会的茶室，随心所欲。巧妙的入户玄关鞋柜设计，既不浪费空间，又让居家井井有条。厨房洗菜盆上方的窗口，让住户在煮饭的同时还能够欣赏窗外的风景。4.4 米的大开间，让客厅的采光更加充分。主人房留有可设置步入式衣橱的空间，附带明亮卫生间，私密空间尊贵。

3）别墅。独特高厅设计，结合灵动空间布局模式，营造全新类别墅生活体验。多卧室设计，满足三代居住家庭不同成员的需求。生活阳台、景观阳台，一个都不少，享受与阳光的亲密接触。高效利用有限的南向景观面，巧妙设置入户花园，户内动静分区，提高空间利用率。更多灵活空间，自由 DIY，延伸更多生活可能。舒适电梯洋房，惬意生活更便捷。

资料来源：根据万科金域蓝湾项目有关资料整理。

案例讨论

你认为上述两个项目开发的产品各有什么特色？

学习任务

做 NO.2010G06 地块的产品设计方案。

9.1 项目的产品策划

产品策划，以人为本。房地产项目的产品策划必须以项目的市场定位、总体规划设计为前提，策划出好的产品。

1. 项目产品策划原则

（1）人与自然的和谐。设计住宅就是设计生活，搞规划设计的人必须有文化，必须懂生活，这样才可能使楼盘真正做到有品位，人性化。产品策划要围着业主转，做到人文居住与绿色景观和谐统一，营造出现代人理想的居住环境，如图 9-5 所示。

图 9-5 人与自然的和谐

（2）产品策划应与目标客户定位相吻合。不同的消费群体对应着不同的产品，目标客户的定位虽然涉及客户的年龄、生活习俗等各个方面的基本情况，但追根究底取决于客户的收入水平和消费观念，反映到产品上，便是房屋的总价区别。总价的设定其实是产品规划和目标客户定位最根本的一条标准。

在设定的总价下，产品设计要尽量满足消费者的需要，房地产的规格、类型、档次、配置、设计风格要注意适应目标客户意愿的变化。

（3）产品策划应顺应和引导消费时尚。产品设计要与目标客户相吻合，并不是简单地迎合和迁就客户，而应该善于挖掘和满足客户的潜在要求。同样，为了使产品能脱颖而出，推出一些与众不同的产品配置是必不可少的，虽然投入要高一些，但由于不同的产品配置满足了不同消费者的需求，在区域条件相当的情况下就能受到更多消费者的青睐。因此，产品策略应着眼于顺应和引导消费者的时尚潮流。例如，若目标客户是一些30～40岁、文化层次高、思想新潮的雅皮士，就可以从居室的设计风格、户型外墙等方面强调“现代”特征，采用一些科技含量高的建筑材料、节水洁具、高速电梯、智能化管理等，而不是把钱花在昂贵的大理石、金碧辉煌的水晶吊灯上，以符合雅皮士“简约、时尚、高质量”的生活品位。现代都市人的工作压力大，竞争激烈，他们对居室及周边的环境可能会有一些特殊的要求，比如空间、绿化、设施的完备、交通的便捷、网络化的完全管理，这些都是项目通过产品策划争取市场优势的强有力保证。

（4）注重客户体验，突出产品差异化策略和品牌策略。加大户型的设计创新，走差异化竞争道路。创新应由客户参与，更要注重与消费个性鲜明的“90后”潜在客户互动，共同参与产品创新。产品创新的方向：一是向智能家居方向延伸，适应物联网时代的居住要求，精装智能互联家居是下一个改变生活方式的方向，尤其对于擅长精装的开发商来说，机会不容错过；二是向社区生活服务方向延伸，未来的健康社区、教育社区、文化与社群社区的构建就是对生活服务的比拼，像“途家”“泰福医疗”“蓝卡健康”这些先行者近年发展迅猛，未来在社区生活服务上将会诞生更多的新品牌，这也是地产产品创新的契机；三是向社群文化与社交社区方向延伸，像小米公寓就是一种青年社群社区文化。在互联网时代，社群文化社区是一个成熟且不可逆的地产开发市场，创新是唯一的出路。

2. 项目产品组合设计

（1）产品组合策略内涵。房地产产品组合是房地产企业向市场提供的全部物业的结构或构成。项目产品组合是决定房地产项目开发成败的重大因素。产品组合策略是房地产企业根据开发与经济能力和市场环境做出的关于企业产品品种、规格及其生产比例方面的决策。一般是从产品组合的广度、长度、深度和黏度等方面做出决定（见图9-6）。

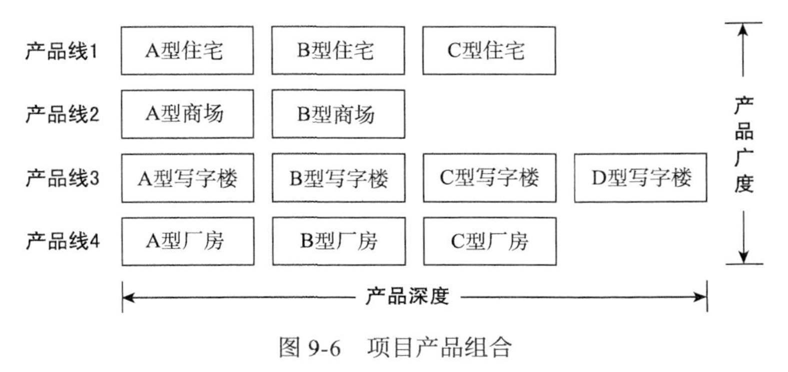

图9-6 项目产品组合

1）产品广度，是指房地产产品的种类多少，如住宅、商铺等，其中住宅又可分为公寓式住宅、花园式住宅、商住住宅和酒店式住宅。

2）产品长度，是指产品的某一类分项中不同形式的总和，如住宅可分为多层、高层、塔式、板式等，或者分为平层住宅、错层式住宅、复式住宅、跃层式住宅和退台式住宅。

3）产品深度，是指每种产品所提供的款式、建筑风格的多少，如普通住宅、豪华住宅、别墅（独院式、并联式和联排式）。

4）产品黏度，是指各产品之间在最终用途、开发建设条件、销售渠道或其他方面的相互关联程度。

房地产某个具体项目的产品组合策划，一般重点考虑产品长度和深度。

（2）产品组合设计内容。一个项目楼盘只有具备适当的有针对性的面积、格局配比的产品组合，才能形成丰富的产品品种系列，满足市场的苛刻需求。

1）面积配比，指的是各种面积范围内分布的单元数在整个楼盘单元总数中所占的比例，或在某个销售单位的单元总数中各自所占的比例。

2）格局配比，指的是两室两厅、三室两厅等各种形式格局的单元数在整栋楼房或某个销售单位的单元总数中所占的比例。品种单一，供目标客户选择的余地就窄，不能满足不同年龄层次和家庭结构层次消费者的需求。一个楼盘在产品组合设计中，如果有一室一厅、两室一厅、三室一厅，相互比例有一个适度的变化，面积范围为70～150平方米，则产品就会有机地分解成好几个层次，可以满足不同客户对产品的合理需求，客户挑选的余地就大，市场抗风险能力也就强。格局配比如同面积配比一样，都对应着一个总价市场，但它所反映更多的是消费者生活需求结构的某种状况。例如，以青年夫妇为对象的产品，一般面积不需要很大，但考虑到日后小孩的出生，格局也多以两室一厅为主。

（3）产品组合表。项目产品组合可以用表格的形式展示出来（见表9-3）。从表中可以看出，产品金牌户型有：A户型“一室一厅一卫”，57.84平方米；B户型“两室两厅一卫”，73.12平方米；C户型“三室两厅一卫”，100.18平方米；D户型“三室两厅一卫”，127.30平方米；E户型“三室两厅两卫”，156.54平方米；F户型为200平方米别墅。

表9-3 某房地产项目的产品组合表

编号	名称	户型	面积（平方米）	档次	数量	面积小计（平方米）
Z1	住宅	A	57.84	高档	658	38 058.72
Z2	住宅	B	73.12	高档	1 378	100 759.36
Z3	住宅	C	100.18	高档	1 618	162 091.24
Z4	住宅	D	127.30	高档	1 120	142 576
Z5	住宅	E	156.54	高档	400	62 616
Z6	别墅	F	200	高档	80	16 000

（续）

编号	名称	户型	面积（平方米）	档次	数量	面积小计（平方米）
合计						522 101.32
S1	商铺	G	200	高档	12	2 400
S2	商铺	H	300	高档	8	2 400
S3	商铺	I	400	高档	8	3 200
合计						8 000
C1	车位	J	12.7		5 174	65 709.80
合计						65 709.80

3. 项目产品组合设计优化

项目产品组合设计优化就是，一方面选择最能适应市场需要的、盈利又最好的企业产品品种结构；另一方面根据市场的变化，不断调整产品结构，开发新产品，改进老产品，使本企业的产品适销对路。主要做法有如下几种。

（1）精心设计房型。人对生活的需求千变万化，反映到居住空间的设计上，也就有了千变万化的特点，有居住类别的不同，有建筑风格的不同，有环境主题的不同，有建筑细节的不同，有文化蕴涵的不同，有使用功能的不同，凡此种种，无不是对应着人的需求、市场的需求、社会的需求，其中良性的、有机的组合就构成了“成功项目”的基础。

1）住宅户型常规设计指标。

- 一居、两居户型都要有，至少应该有一个，三居至少有两个卧室是面朝南向。
- 卧室的建筑面积：主卧应该不小于 15 平方米，次卧不小于 12 平方米，儿童房或书房不小于 8 平方米。一居、两居的主卧室开间应该不小于 3.3 米，三居的主卧室开间应该不小于 3.6 米，一居、两居的次卧开间应该不小于 2.7 米，三居的次卧开间应该不小于 3 米。
- 客厅的开间，一居、两居应该不小于 3.6 米，三居不能小于 3.9 米。
- 厨房必须可独立封闭，且面积不小于 5 平方米。
- 卫生间至少应有一间的面积不小于 4.5 平方米。开间在 1.8～2 米。

2）开发商要推出目前市场欢迎的套型，即：

- 户型整体精巧实用，功能完善；
- 动静分区，干湿分离；
- 大面宽，短进深；
- 明厨明卫、明客明卧，通透采光；
- 空间利用率高；
- 最好 50% 以上楼前有水系。

3）为了适应居住者不同层次的个性与追求，要精心设计出多种空间形态供购房者选择：

- 50 平方米以下的一居室小户型；
- 60～99 平方米的两室一厅或两厅小夫妻型，如图 9-7 所示；
- 100～130 平方米的三室两厅小康型；
- 140～220 平方米的空中 TOWNHOUSE、200 平方米以上别墅等豪华型。

4）房型设计要与时俱进。要紧随不同地区房型结构特点和外形、功能的演变而变化。例如，新时代办公用房的阳台设计：多年以来，办公用房的设计沿革的特点是不设计阳台，理由是居家生活需要阳台，而办公不需要这个空间。时光流转到了今天，“办公房”已经变成了“写字楼”，在写字楼里办公的人与之前的上班族相比，品位、需求都不一样了，也就是面对的市场也不一样了，应运而生的商住楼、SOHO、LOFT 等各具特点的项目都是为满足社会需要的，办公楼的阳台是随着新的变化产生的。现代商业社会节奏快，在写字楼里上班的人群工作压力很大，现代的人性化的公司意识到，释放紧张压力可以更好地提高工作效率，于是出现了个性化的装修、个人空间的自由处理，甚至专设了舒适的休息区，但实际上都无法使上班族真正脱离工作环境，解决与工作环境相伴而生的压力。阳台作为建筑物室内工作氛围与室外自由氛围连接的空间，恰恰可以解决这个问题。从设计的角度讲，阳台给建筑立面带来的活力也是非同寻常的。人性化的阳台设计获得了社会的认同。

图 9-7 两室两厅（90 平方米）

（2）产品 e 化。计算机网络的迅速发展引起社会结构及人们生活方式、思维方式的变革。作为一种新媒介，计算机网络的迅速发展给我们的工作和生活方式带来了巨大的变化。推动房地产信息化工作，要依靠先进的设备和科学管理，利用计算机及相关的高新技术，如自动化控制技术以及信息传输技术等，对房屋的使用功能进行信息化管理，可以节约能源，降低成本，提高物业管理、安防、信息服务的自动化程度，为业主提供安全、舒适、方便、快捷的工作或居家环境。要有重点地应用“四新”成果，按照住宅产业化六大技术体系要求，结合“康居示范工程”“智能化技术示范工程”和“住宅小区信息化”工作，以提高功能质量为核心，重点应用具有节能、节水、节材、节地特性，符合环保要求，以及经济实用的智能化技术系列的“四新”成果。随着信息技术的发展，信息技术广泛地应用到房地产的最终产品中，一些旧的楼宇也要进行网络化的升级，产品 e 化（全面数字化将拥有网络核心）后成为网络的终端。水泥钢筋的建筑在网络中获得充分的信息，功能将更加人性化。依靠科技的创新、进步，提高科技对住宅开发效益的贡献率，促使新建住宅小区和部分已建住宅小区向多功能发展。

| 实践案例 |

某市 DF 城的产品

DF 城在社区智能化、网络化方面进行了有益的探索。DF 城的销售人员描述了 DF 城中的数字化生活（e-living）。当你入住 DF 城时会出现以下情景：早晨起来，你可以通过电脑查看社区服务中心提供的图文并茂的早餐供应表，然后确定所需要的早餐；在等待送餐的时间里，你可以通过互联网收看世界各大电视台的新闻节目；用完早餐后你乘坐高速电梯直达地下停车场，开着你的爱车到自动化洗车场，把车清洗如新；到办公室之后，你突然想起自己没有关灯，没关系，你可以通过办公室的电脑把家里的灯等关掉；同样，下班之后你可以通过电脑进入“社区沙龙”同邻居“面对面”地聊天，或同远在天边的一个素不相识的人进行游戏大战；还可以通过电脑查看股市行情、金融信息。不知不觉到了夜里 12 点，如果仍无睡意，你可以通过视频点播系统收看想看的某部影片或某场足球赛；如果你突然想起第二天要去中国香港出差，可以通过电脑网络订购机票和目的地的酒店，并查看那里的天气情况；假如你有睡前读书的习惯，还可以通过网络图书馆阅读各类书籍。

（3）推出精装修房。通过配套的房屋装修能实现房屋的增值，把开发商的人文关怀真正落实到位，装修房是现代家居设计理念的最直接和直观的反应。毛坯房是半成品，装修房才是成品房，交给业主精装修房能完美地体现开发商的人文关怀。建造最人性化的住宅是眼下房产界的一项不可逆转的潮流，开发商可以给业主提供高质量的菜单式装修，关注细节，体现人性化。装修是成熟发展商和成熟客户共同的选择，从装修费用看，开发商批量采购装修材料、统一施工，比买房人自己购买材料、请施工队要便宜很多。同时，购房人不可能每个人都是工程、装修材料方面的专家，一家一户地自行装修，有时可能是一种破坏性的装修，私拆乱隔会给整栋楼体及左邻右舍带来极大的危害。而且，在各家各户按自己的时间表进行装修时，会产生大量的垃圾和噪声干扰。

| 实践经验 |

在细节上体现人性化

某住宅采用适老精装细节来满足老年人身体状况的特殊需要：

- 一切地面消除高低差，防止跌倒；
- 浴缸上沿、马桶离地距离 45 厘米，以方便老年人坐用；
- 浴缸、马桶旁的位置安装防滑扶手等，完全为老年人及其子女免除了诸多后顾之忧。

案例：万科推出的精装修房型特色

方正三室 100.2 平方米——阳光鲜氧，三个人的温暖小窝。

（1）幸福入户系统：

- 入户穿衣镜，方便使用，伴您开启一天的优雅生活；
- 玄关特设换鞋镜，老人孩子都可轻松换鞋；
- 玄关柜装有贴心挂钩，给钥匙、零钱包找个小家。

（2）幸福厅房系统：

- 方正布局，主次卧、客厅南向设计，通风更佳、采光效果好；
- 创意多功能房，灵动空间，幸福生活更多可能；
- 低台面飘窗，开阔视野，畅享小区美景；
- 防拽门把手设计，妈妈般用心保护家人。

（3）幸福餐厨系统：

- L 形台面，科学设计，有效提高烹饪效率；
- 低噪声抽油烟机，即刻去烟，烹饪"静"享受；
- 整体橱柜，碗碟拉篮、调味篮齐备，乐活生活、拒绝琐碎；
- 阻尼抽屉设计，使用方便，细微之处给宝宝安全保护。

（4）幸福卫浴系统：

- 镜柜、浴柜、置物隔板，多重收纳系统，卫浴空间更清爽；
- 硬币紧急旋转门锁，避免被反锁在浴室内，老人孩子洗澡更安全；
- 预留卫洗丽插座，贴心呵护全家健康。

（5）幸福家政系统：

- 阳台预留洗衣机位，进一步是美景，退一步是生活；
- 客厅设计家政插座，最合适的位置，方便吸尘器等清洁工具的使用。

4. 加大研发能力，不断开发高附加值产品

精益求精，开发"三近""三快""三好"产品，以不变应万变。现在老百姓买房，不一定考虑如何大，更多考虑以下几点。

- 三近：医院近不近，学校近不近，地铁、公交近不近。
- 三快：快递能不能送得到，快餐能不能送得进，快销品能不能买得到。
- 三好：好房子，好服务，好社区。

如果具备这"三近""三快""三好"，住宅往往就能增加附加值，避免库存带来的积压和风险。

🕮 案例 9-3

上城风景的产品策划

1. 舒适型，102.86 平方米（见图 9-8）。

特点：

- 全明通透，功能分配合理，动静相宜；

- 四个飘窗，空间自然延伸，近揽美景；
- 双储藏室，双南卧室，彰显舒适生活。

2. 简约型，86.69 平方米（见图 9-9）。

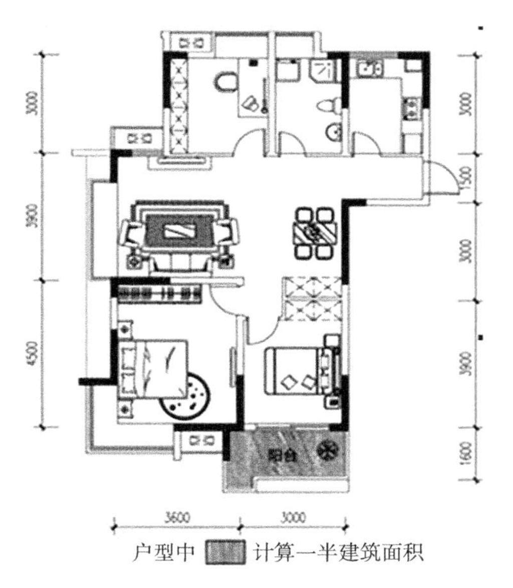

图 9-8　三室两厅一卫（102.86 平方米）

图 9-9　三室两厅一卫（86.69 平方米）

3. 经济型，96.42 平方米（见图 9-10）。
4. 超值型，91.05 平方米（见图 9-11）。
5. 精致型，89.92 平方米（见图 9-12）。

图 9-10　三室两厅一卫（96.42 平方米）

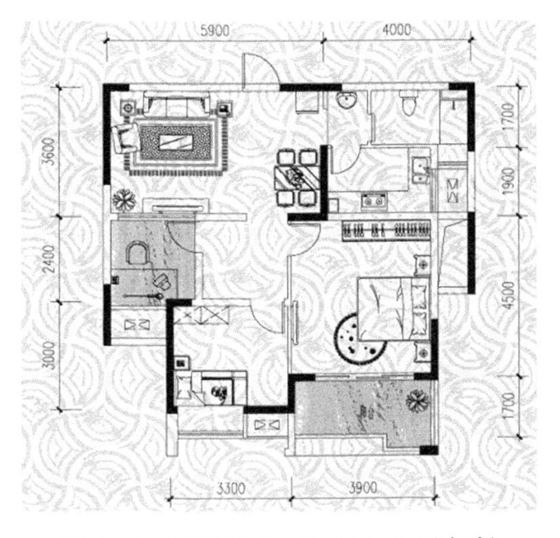

图 9-11　三室两厅一卫（91.05 平方米）

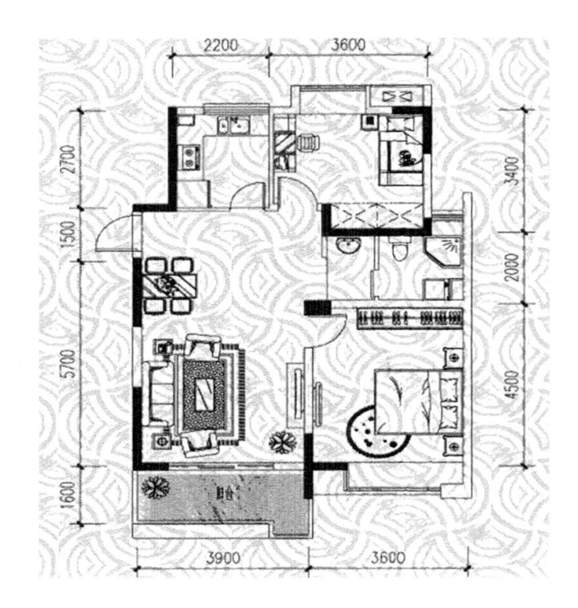

图 9-12 两室两厅一卫（89.92 平方米）

资料来源：根据上城风景项目有关资料整理。

9.2 项目的基础设施建设与管理

房地产开发项目基础设施，是指红线以内房地产项目服务的各种设施，包括锅炉房、变电站、高压水泵房、煤气调压站以及水、电、气、供热等各种地下管线。房地产开发项目基础设施具有工程量大、施工层次分明、隐蔽工程多、配套性强等特点，所以必须统一开发建设。

1. 基础设施建设的内容

基础设施建设主要包括管线工程和道路工程两方面的内容。

（1）管线工程。居住区内的管线工程一般包括给水、排水、煤气、供热、供电等，这些管线的布置与房屋道路和绿化等关系密切，应互相配合，同时必须符合城市总体规划的要求。要将各单项管线工程的规划设计进行综合安排，以解决它们之间在平面、空间与建设时间的先后及施工维修等方面的矛盾。基本要求是尽量使管线线路短捷，充分利用原有管线，并且要与人防地下工程相结合，以节约投资。

（2）道路工程。房地产项目的道路工程是指，在项目建设过程中和工程完成后居住小区内使用的道路及与之配套的其他工程。它由车行道、人行道、分车带和方向岛、街道绿化、道路的排水设备、道路的地上设备和辅助性交通设备、路下的各种管线等几个部分组成。此外，还有道路交叉口、交通广场、停车场和公共交通车辆的停靠站台等。

2. 基础设施建设与管理

（1）服从整体。房地产项目基础设施是城市基础设施的组成部分，一定要服从城市总体规划的统一布局和管理，决不能与城市总体规划相抵触、相脱节。要与城市基础设施相衔接，使房地产项目的自我循环服从城市的总体循环，不能超过城市主干工程的总负荷，要严格控制水耗、能耗。

（2）综合设计。房地产项目基础设施的建设工作很多，是一项系统工程，应统一规划，综合设计。开发商需要认真调查居住区内部和周围基础设施的现状，根据居住区的需要，合理确定道路布置，确定管道和线路的埋设和定向，准确测算交通运输和电、气、热、水的用量及排污量的需求，及早提出设计方案。

（3）统筹施工。基础设施建设涉及面广，专业又多，工作千头万绪，必须加强组织协调，使各部门之间、规划与计划之间、综合与专业及各专业之间的关系协调好，确保各项建设和管理工作的分工与密切配合。要根据统一规划的设计方案，按先地下后地上，先深层后浅层的施工顺序统筹安排，制订施工计划，组织协调市政、公用、电业、电信等部门的施工单位，有计划地进入施工现场，分批施工建设，按期完成。

（4）全面配套。房地产项目基础设施配套要齐全，凡应该“通”“平”的项目应一次建成，坚决防止出现配套不全，建设步调不一致，挖了填、填了挖的重复施工，重复破坏、重复投资情况。

（5）讲究效益。首先，要保持居住区基础设施与固定资产投资及其内部结构的合理比例，既要满足当前需要，也要考虑到未来的发展，如车库建设；其次，在时间上要坚持基础设施超前建设，在空间上坚持先地下，后地上，按基建程序办事；最后，要处处精打细算，力求少花钱多办事，同时加强对基础设施投资概算的审查，及时纠正偏差。

3. 正确控制基础设施与住宅建设的比例关系

基础设施与住宅建设是相互联系、彼此制约、密切结合的复杂综合体，它们之间既存在空间关系，又存在数量比例关系。

（1）实物量比例关系，是指每平方米住宅建筑面积需要提供的水、电、气等相应配套设施的具体数量，其指标为每平方米住宅建筑面积所需基础设施的实物量，即每平方米建筑所需自来水、排放污水、电、煤气等，计算公式为

$$每平方米住宅建筑面积基础设施实物量 = 基础设施实物量 / 住宅建筑面积$$

（2）价值量比例关系，通常用基础设施投资与住宅建设投资的比例和每平方米住宅建筑面积基础设施投资量来表示。配套基础设施的项目和标准取决于住宅建筑标准、居住区规模及城市基础设施的发展水平，应该从实际需要和可能条件出发，合理科学地设置基础设施与住宅建设的比例。

9.3　项目招投标管理与流程

房地产经营的招投标则是指房地产企业设定“开发项目建设”这一标的，招请若干个建设单位进行秘密报价竞争，从中选择优胜者，并与之达成协议，签订合同，按合同

实施。房地产企业通过招标方式发包工程，其目的在于选择适当的承建单位。对于众多的投标者，只能按照一定标准，如技术先进、质量最佳、工期最短、造价最低等方面综合考虑选择中标者。除工程施工可以通过招标发包外，项目设计、设备供应、材料供应等均可通过招标发包。

1. 房地产项目招标方式

在国际市场上，招标方式主要有公开招标、邀请招标和议标 3 种。《中华人民共和国招标投标法》（简称《招标投标法》）则规定，招标的方式只有两种，即公开招标和邀请招标。房地产企业可结合项目的建设规模、复杂程度等具体情况选择其中某种方式。

（1）公开招标。公开招标是指房地产企业本身或委托招标单位，通过海报、报刊、广播、电视等手段，在一定范围内，如全市、全国、全世界，公开发布招标公告，或直接将招标通告寄给具有投标潜力的某些公司，通知具备相应条件而又愿意参加的一切单位前来投标。

1）公开招标的优点。公开招标使房地产企业有较大的选择范围，可以在众多的投标单位之间选择报价合理、工期短、信誉良好的承包商。这种公开竞争的方式会促使承包商努力提高开发项目的建设质量，缩短工期并降低成本造价。

2）公开招标的适用项目。公开招标通常适用于工程项目规模较大、建设周期较长、技术复杂的开发项目建设。房地产企业不易掌握确定的造价和控制工期，可以通过公开招标方式，从中选择提供标价合理、工期较短的承包单位。

3）公开招标的基本过程。在公开招标时，房地产企业应在招标文件中规定开标日期、时间和地点，并在评标委员会和投标人在场的情况下当众开标。开标后，各投标人的报价和投标文件的有效性均应公布，并由房地产企业或委托招标单位负责人在承包商的每份标书上的报价总表上签字，从此时到授标，任何人不得修改报价。公开招标应遵循规定的程序，房地产企业的评标准则应当公开合理。在评标期间，房地产企业与评标组织可以要求投标人回答或澄清某些含糊不清的问题，但不能要求投标者调整报价。房地产企业若希望调整价格，只能在评选出中标者后，在议标和签订合同时，通过双方协商，适当调整最后的合同价。按常规，如果最低报价者的标价是合理的而且能够实现，房地产企业公开招标项目应授标给最低报价者。

总之，公开招标可以在较大范围内选择最有竞争力的承包商，是目前房地产市场所通行并应大力推行的招投标方式，房地产企业应尽量采用该方式发包开发项目的建设任务。但由于申请投标人较多，资格审查、评标的工作量都较大，所需招标时间长、费用高，小项目一般不宜采用。

（2）邀请招标。邀请招标也称选择性招标，是由房地产企业或其委托的招标单位向所信任的、具有相应资格的承包商发送招标通知书或招标邀请函，要求其参加开发项目建设投标竞争的一种发包方式。

1）邀请招标者。房地产企业或其委托招标单位可以在自己熟悉的承包商之间进行选择，或者在一定范围发布通知，邀请承包商报名，经过资格预审后再选定邀请对象。

被邀请参加投标的单位通常在5～7家。

2）邀请招标的优缺点。由于被邀请参加竞争的投标单位有限，房地产企业不仅可以节省招标费用，而且可以提高招投标工作的效率，节省时间。但是，这种招标方式限制了竞争范围，房地产企业的选择余地小，把许多可能的竞争者排除在外了。

3）适用项目。邀请招标方式一般适用于那些工程性质比较特殊，要求有专门经验的技术人员和专用技术，只有少数承包商能够胜任的小建设项目；或者是公开招标的结果未产生出中标单位，以及由于工期紧迫或保密的要求等原因而不宜公开招标的建设工程。房地产企业大项目较少采用邀请招标方式。

（3）议标。议标也称谈判招标或指定招标。它是由房地产企业直接选定一家或几家承包商进行协商谈判，确定承包条件与标价的方式。它的特点是节约时间，容易达成协议，迅速开展工作，但无法获得有竞争力的报价。该方式适用于工期紧、工程总价较低、专业性强的工程，或房地产企业与某些承包商是长期合作伙伴关系，有良好的合作基础。我国《招标投标法》排除了议标的方式，对房地产这类涉及公共利益、公众安全的项目必须采用公开招标或邀请招标的方式选择承包商。

2. 招标流程

招标人和投标人都必须按照招投标法律和法规的规定进行招标投标活动。按照招标人和投标人参与程度，可将招标过程粗略划分成4个阶段：招标准备阶段→资格预审阶段→投标阶段→决标成交阶段。

（1）招标准备。招标准备阶段的工作由招标人单独完成，主要工作有3项。

1）选择招标方式。按以下步骤：①根据项目特点和招标人的管理能力确定发包范围；②依据项目建设总进度计划，确定开发项目建设过程中的招标次数和每次招标的内容；③按每次招标前项目的准备工作完成情况，选择合同的计价方式，如总价合同、单价合同；④综合考虑，最终确定招标方式。

2）办理招标备案。招标人向建设行政主管部门办理申请招标手续。招标备案文件应说明招标工作范围，招标方式，计划工期，对投标人的资质要求，招标项目的前期准备工作的完成情况，自行招标还是委托代理招标等内容。获得认可后才可以开展招标工作。

3）编制招标有关文件。这些文件大致包括：招标广告、资格预审文件、招标文件、合同协议书以及资格预审和评标的方法。

（2）资格预审。资格预审是工程招标过程中的第一个重要步骤，其目的是确定有资格的投标者名单，淘汰不合格的投标者，减少评标阶段的工作时间和评审费用，为选择一个优秀的投标者打下良好的基础，排除将合同授予不合格的投标者的风险。

1）资格预审的程序。资格预审按以下步骤进行。

a. 编制资格预审文件。一般小型房地产企业委托咨询公司或设计单位编制，或由房地产企业直接组织有关专业人员编制。资格预审文件的主要内容有：项目简介、对投标者的要求、各种附表等。

b. 刊登资格预审公告。在有关媒体上发布资格预审公告，邀请有意参加投标的承包商申请资格审查。资格预审通知一般应包括：房地产企业和项目的名称、所在位置、概况、招标范围；资格预审文件的发售日期、时间、地点和价格；项目预期的计划，如授予合同的日期、竣工日期及其他关键日期；招标文件颁发和提交投标文件的计划日期；申请资格预审须知；提交资格预审文件的地点及截止日期、时间；最低资格要求等。

c. 出售资格预审文件。在指定的时间、地点出售资格预审文件。

d. 对资格预审文件的答疑。在资格预审文件发售后，购买文件的投标者可能出于各种原因，对资格预审文件提出各种疑问，投标者应将这些疑问以书面形式提交给房地产企业，房地产企业应以书面形式回答，并同时通知所有购买资格预审文件的投标者。

e. 报送资格预审文件。投标者应在规定的截止日期之前报送资格预审文件，已经报送的文件在规定的截止日期后不得修改。

f. 资格预审文件澄清。房地产企业可就报送的资格预审文件中的疑点要求投标者进行澄清，投标者应按实际情况回答，但不允许投标者修改资格预审文件中的实质内容。

g. 资格预审文件评审。房地产企业组成资格预审评审委员会，对资格预审文件进行评审。

h. 向参加者通知评审结果。房地产企业以书面形式向所有参加资格预审的投标者通知评审结果，在规定的时间、地点向通过资格预审的投标者出售招标文件。

2）资格预审的主要审查内容。主要从以下几个方面对投标者资格能力进行判断。

a. 财务状况。将依据资格预审申请文件中提交的财务报表，以及银行开具的资金情况报告来判断。其中特别需要考虑的是承担新工程所需的财务能力，未完工程合同的数量及其目前的进度，投标者必须有足够的资金承担新的工程。

b. 施工经验和过去履约情况。投标者应提供在过去几年中所完成的具有相似的类型、规模以及复杂程度的工程项目的施工情况。此外，资格预审时还要考虑投标者过去的履约情况，是否诚信。

c. 人员情况。投标者不能派出有足够经验的人员将导致其资格审查不合格。投标者应认真填写拟选派的主要工地管理人员（项目经理）、技术人员以及监督人员的姓名及有关资料供审查。

d. 设备情况。投标者应清楚地填写拟用于该项目的主要施工设备，设备的类型应适合工程项目的具体情况，数量和能力应满足工程项目施工的需要。

（3）投标。

1）发售招标文件。招标人根据招标项目的特点和需要编制招标文件。它是投标人编制投标文件和报价的依据，因此应当包括招标项目的所有实质性要求和条件。招标文件应对有资格的投标人进行发售活动。招标文件通常分为投标须知、合同条件、技术规范、图纸和技术资料、工程量清单几大部分内容。

2）现场考察。招标人在投标须知规定的时间组织投标人自费进行现场考察。设置此程序的目的，一方面是让投标人了解工程项目的现场情况、自然条件、施工条件及周围环境条件，便于编制投标书；另一方面也是要求投标人通过自己的实地考察确定投标的原则和策略，避免合同履行过程中投标人以不了解现场情况为由推卸应承担的合同责任。

3）解答投标人的质疑。投标人研究招标文件和进行现场考察后会以书面形式提出某些质疑问题，招标人应及时给予书面解答。招标人对任何一位投标人所提问题的问答，必须发送给每一位投标人，保证招标的公开和公平，但不必说明问题的来源。回答函件作为招标文件的组成部分，如果书面解答的问题与招标文件中的规定不一致，以函件的解答为准。

（4）决标成交。从开标日到签订合同这一期间称为决标成交阶段，是对各投标书进行评审比较，最终确定中标人的过程。

1）开标。公开招标和邀请招标均应举行开标会议，以体现招标的公平、公正和公开原则。在投标须知规定的时间和地点由招标人或委托的招标代理单位主持开标会议，所有投标人均应参加，并邀请项目建设有关部门代表出席。开标时，由投标人或其推选的代表检验投标文件的密封情况，确认无误后，工作人员当众拆封，宣读投标人名称、投标价格和投标文件的其他主要内容。所有在投标致函中提出的附加条件、补充声明、优惠条件、替代方案等均应宣读，如果有标底也应公布。开标过程应当记录，并存档备查。开标后，任何投标人都不允许更改投标书的内容和报价，也不允许再增加优惠条件。同时，也不得再更改招标文件中说明的评标、定标办法。

2）评标。评标是对各投标书优劣的比较，由评标委员会负责评标工作，以便最终确定中标人。

a. 评标委员会。由招标人的代表和有关技术、经济等方面的专家组成，成员人数为5人以上单数，其中招标人以外的专家不得少于成员总数的2/3。专家人选应来自国务院有关部门或省、自治区、直辖市政府有关部门提供的专家名册，或从招标代理机构的专家库中以随机抽取方式确定。为保证评标的公平和公正，与投标人有利害关系的人不得进入评标委员会，已经进入的应当更换。

b. 评标工作程序。大型开发项目的评标通常分成初评和详评两个阶段。

第一是初评。评标委员会以招标文件为依据，审查各投标书是否为响应性投标，确定投标书的有效性。检查内容包括：投标人的资格、投标保证有效性、报送资料的完整性、投标书与招标文件的要求有无实质性背离、报价计算的正确性等。出现差错的标书将作为废标处理。

第二是详评。评标委员会对各投标书实施方案和计划进行实质性评价与比较。评审时不应再采用投标文件中要求投标人考虑因素以外的任何条件作为标准。设有标底的，评标时应参考标底。详评首先对各投标书进行技术和经济方面的审查，评定其合理性，以及若将合同授予该投标人在履行过程中可能给招标人带来的风险。评标委员会认为必要时可以单独约请投标人对标书中含义不明确的内容做必要的澄清或说明，但澄清或说明不得超出投标文件的范围或改变投标文件的实质性内容。澄清内容也要整理成文字材料，作为投标书的组成部分。在对标书审查的基础上，评标委员会依据评标规则量化比较各投标书的优劣，并编写评标报告。详评中，由于开发项目的规模不同、各类招标的标的不同，评审方法可以分为定性评审和定量评审两大类，对于标的额较小的中小型工程评标可以采用定性比较的专家评议法。

3）定标。招标人应该根据评标委员会提出的评标报告和推荐的中标候选人确定中标人，也可以授权评标委员会直接确定中标人。中标人确定后，招标人向中标人发出中标通知书，同时将中标结果通知未中标的投标人并退还他们的投标保证金或保函。中标通知书发出后的 30 天内，双方应按照招标文件和投标文件订立书面合同，不得做实质性修改。招标人不得向中标人提出任何不合理要求作为订立合同的条件，双方也不得私下订立背离合同实质性内容的协议。招标人确定中标人后 15 天内，应向有关行政监督部门提交招标投标情况的书面报告。中标通知书对招标人和中标人具有法律效力，招标人改变中标结果或中标人拒绝签订合同的应承担相应的法律责任。

思考题

1. 如何编写房地产项目的产品策划方案？
2. 房地产项目开发中，哪些内容需要招标？

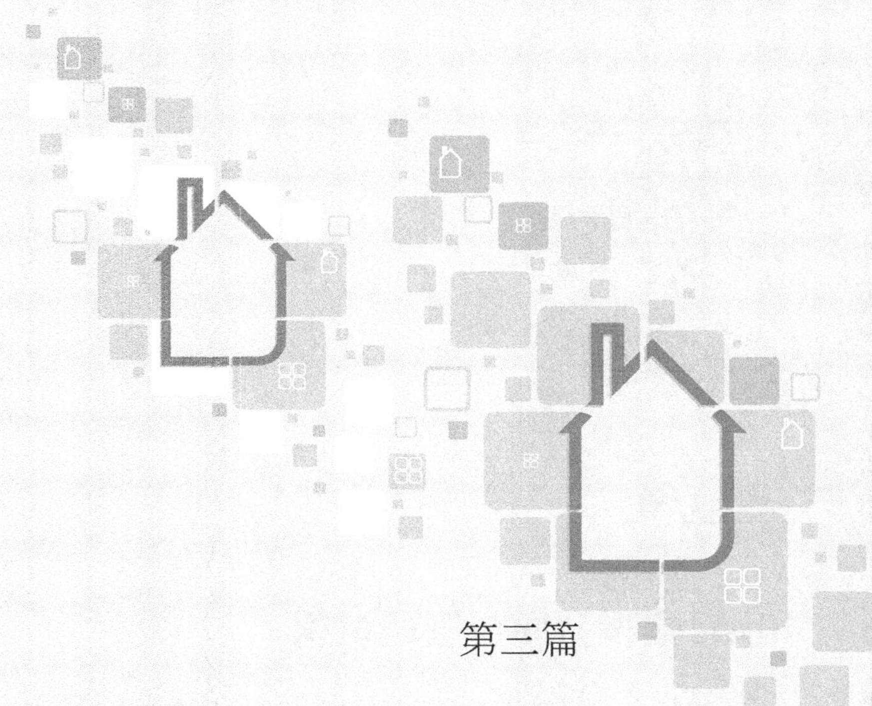

第三篇

房地产开发与经营中期工作知识与技能

本篇是房地产开发与经营中期工作知识与技能模块。

1. 项目建设合同与管理组织，主要介绍了项目合同管理、项目管理的组织等内容。
2. 项目的建设管理与验收，主要介绍了项目管理的目标、项目投资（费用）控制与措施、项目质量控制与措施、项目进度控制与措施、项目验收管理内容、项目验收的工作程序、项目竣工决算、资料与质量保证书等内容。

第 10 章

项目建设合同与管理组织

学习目标

1. 熟悉房地产项目合同的形式。
2. 掌握房地产项目合同的主要条款。
3. 掌握房地产项目管理的常用组织构架。

技能要求

1. 能够搭建一般房地产项目的组织构架。
2. 能够起草简单的房地产项目合同。
3. 能够培养良好的团队合作精神，乐于助人。

案例 10-1

锋尚用科技建设精品公寓

项目概况

锋尚国际公寓项目位于南京市中心明城墙下护城河畔小桃园公园内、“狮子山－清凉门”风光带中段，南接风光秀丽的秦淮河、东临保存完好的具有 600 多年历史的古城墙，北临狮子山和绣球公园，隔着护城河、古城墙和八字山相望，山上长满了多年古树，绿树成荫、枝繁叶茂，是南京市内具有“山水城林”景观的第一流的几块绝版地块之一。项目用地总面积为 197 431.8 平方米，其中建设用地 53 290 平方米，其余约三倍于建设用地的面积为绿化和河道保护用地。

公寓项目科技

锋尚以建设“告别空调、暖气”的节能环保房屋为宗旨，利用可再生能源，使夏季制冷不用传统电力。

锋尚推崇精制建造，卫生间的瓷砖全部是整砖并与卫生洁具对中；除精装修品质外，在建筑科技上还设有卫生间墙排水系统（根除卫生间异味）、健康置换式新风系统（预防空调病）、垃圾处理系统等八大子系统。

南京锋尚国际公寓的项目定位是“零能耗、六星级、国际大宅”品质楼王，用汽车来做比喻，就是要做房地产行业的“宝马”；用酒店来做比喻，就是建设的国际公寓要超过五星级酒店的舒适、节能、环保和精装修标准。

别墅采取现场定制方式，即根据客户要求在开发商提供的图纸中选定后再施工。目标客户定位为社会最高端的成功人士，针对这一类人群的需求提供软硬件设施和服务，特别关注健康和服务反应时间。例如，使用的装修材料全部经过卫生防疫部门监测，会所设计主要以健身为主；备有豪华进口游艇两艘，供客户租赁，体现项目定位和满足住户健身娱乐及社交需求。

锋尚独有的生活方式包括：SeaDoo 游艇租赁 / 酒店电话呼叫系统 / 私家保姆集中宿舍 / 洗衣送餐上门服务等，以节约业主宝贵时间。室内置换式新风和户均享有的不小于 0.2 公顷林木覆盖面积使人健康长寿。

资料来源：南京房地产网 http://www.e-njhouse.com/。

案例讨论

开发中小房地产项目应该从锋尚国际公寓项目中学习什么？

学习任务

做 NO.2010G06 号地块的建设合同与开发组织方案。

项目管理（project management）是项目管理者根据项目的特性，按照客观规律的要求，运用系统工程的观点、理论和方法，对项目发展的全过程进行组织管理的活动。项目管理对开发项目的成功与否起着关键性的作用，本章详细地讨论了房地产项目的合同管理和组织形式等内容。

10.1　项目合同管理

市场经济也是合同经济，在房地产开发经营管理中，合同管理是一项重要内容。重视合同管理，主要是对各类合同的依法订立过程、履行过程和档案的管理，包括合同文本的选择，合同条件的协商、谈判，合同书的签署，合同履行、检查、变更和违约纠纷的处理，总结评价等，从而使开发项目实施具备良好的基础。

1. 合同形式

房地产企业合同，是房地产企业（发包方）与承建单位（承包方）为了完成一定的建设工程任务而签订的一项旨在明确双方权利和义务的有法律效力的协议。合同的形式和类别非常多，不同种类的合同，有不同的应用条件，有不同的权利和责任的分配，有不同的风险。

（1）按计价方式的不同划分。房地产项目承包合同一般分为总价合同、单价合同和成本加酬金合同 3 类。

1）总价合同，又可分为 2 种。

a. 固定总价合同，就是按照商定的总价签订的承包合同。其特点是以图纸和工程说明书为依据，明确承包内容和计算标价，并一笔包死。在合同执行过程中，除非房地产企业要求变更原定承包内容或设计图纸，承包单位一般不得要求变更包价。根据实践经验，房地产企业不易采用固定总价合同。固定总价合同发包方式，对房地产企业而言，由于操作较为简单，因而受到欢迎；对承包商而言，如果设计图纸和技术说明书相当详细，市场上材料价格稳定，并能据此比较精确地推算造价，那么这种承包方式也是可以接受的。但是，由于固定总价合同对图纸和说明书不够详细，或因工程量、设备、材料价格、工资等变动和气候条件恶劣等原因引起的费用增加或减少，合同双方都不得提出对合同总价调整的要求，这就意味着承包商要承担实物工程量变化、单价变化等因素带来的风险。因此，承包商必然会在投标时对可能发生的造成费用上升的各种因素进行估计并包含在投标报价中，使报价中的不可预见费加大。这样，往往会导致合同价更高，并不能真正降低工程造价，这对房地产企业是不利的。针对这种情况，房地产承包合同大多采用可调总价合同。

b. 可调总价合同，就是在固定总价合同中增加一些必要的条款，由房地产企业分担建设期的部分风险，从而降低承包商的不可预见费用，使总包价下降。这样做对房地产企业与承包商双方都是非常有利的。增加条款的种类很多，大致可归纳为以下 3 种形式。

一是重大涨价的调整条款，就是材料、设备和能源涨价幅度达到某一百分比时，房地产企业才给予补偿。小额风险由承包商承担，大额风险由双方分担或完全由房地产企业承担。

二是按日计价的增价条款，就是在合同签字日或投标报价日之后的任何价格增长，由房地产企业对承包商给予补偿。房地产企业应当对合同签字日或投标报价日与实施施工安装时的材料、设备和能源成本的差异进行部分或全部补偿。

三是延期的增价条款，就是在某一规定时间内的合同价格虽然是固定不变的，但如果超出这一规定时间，承包商可以得到该延误期间的价格增长和超支费用的补偿。但是，若上述工期延误是因为承包商的失误造成的，则承包商不但得不到补偿，相反还会被罚款。所以在制定本条款时应写明完工日期，以及误工责任的划分与罚款。

以上 3 种形式的增价条款，房地产企业应慎重选择。一般情况下，不采用第二种增价条款，因为按照该条款房地产企业承担风险过多，而采用“重大增价的调整条款”和“延期的增价条款”较好。如果房地产企业对工程建设中的不可预见因素把握良好，则订立增价条款是合适的，也是有益的。

2）单价合同，就是按照商定的单价签订的承包合同。当准备发包的项目内容和设计指标一时不能完全确定下来，或是工程量可能出入较大时，则采用单价合同形式为宜。这样可以避免由于工程量的不精，而使得合同任何一方承担过大的风险。单价合同又分为 3 种形式。

a. 纯单价合同。在设计单位还来不及提供施工详图，或虽有施工图，但由于某些原因不能比较准确地计算工程量时采用这种合同。招标文件只向投标人给出各分项工程内的工作项目一览表、工程范围及必要的说明，而不提供工程量，承包商只要给出表中各项目的单价即可，将来施工时按实际工程量计算。有时也可由房地产企业一方在招标文件中列出单价，而投标一方提出修正意见，双方磋商后确定最后的承包单价。

b. 估算工程量单价合同。它是以工程量表中所列工程量和承包商所报出的单价为依据来计算合同价的。通常房地产企业在准备此类合同的招标文件时，委托咨询单位按分部分项工程列出工程量表并填入估算的工程量，承包商投标时在工程量表中填入各项的单价，据此计算出总价作为投标报价。但在每月结算时，以实际完成的工程量结算。在工程全部完成时以竣工图进行最终结算。采用这种合同时，要求实际完成的工程量与原估计的工程量不能有实质性的变化。因为承包商报出的单价是以招标文件给出的工程量为基础计算的，工程量大幅度的增加或减少，会使得承包商按比例分摊到单价中的一些固定费用与实际严重不符，要么使承包商获得超额利润，要么使得许多固定费用收不回来。所以，有的单价合同规定，如果最终结算时实际工程量与工程量清单中的估算工程量相差上下超过 10% 时，允许调整合同单价。不论如何调整，在签订合同时必须写明具体的调整方法，以免以后发生纠纷。

c. 单价与包干混合式合同。以单价合同为基础，但对其中某些不易计算工程量的分项工程，如施工导流、施工便道，采用包干办法，而对能用某种单价计算工程量的，采用单价方法，按实际完成工程量及合同中的单价结账。很多大型工程都采用这种方式。对房地产企业而言，单价合同的主要优点是可以减少招标准备工作，缩短招标准备时间，能鼓励承包商通过提高工效等手段从成本节约中提高利润，房地产企业只按工程量表的项目开支，可减少意外开支，结算程序比较简单。但房地产企业存在的风险是，直到工程结束前工程的总造价都是个未知数，特别是当设计师对工程量的估算偏低，或是遇到了一个有经验的善于运用不平衡报价的承包商时，风险就会更大，所以设计师比较正确地估算工程量和减少项目实施中的变更，可为房地产企业避免大量的风险。对承包商而言，这种合同避免了总价合同中的许多风险因素，比总价合同风险小。

3）成本加酬金合同。这种承发包方式的特点是：按工程实际发生的成本，包括人工费、材料费、施工机械使用费、其他直接费和施工管理费及各项独立费，加上商定的总管理费和利润来确定总包价。这种合同方式主要适用于开工前对工程内容尚不十分清楚的情况，如边设计边施工的紧急工程或较为特殊的开发项目。成本加酬金的具体做法有以下几种。

a. 成本加固定酬金。工程成本按实际发生情况，完全由房地产企业承担，但酬金事先商定一个固定的数目。该酬金数目通常按照预估工程成本的一个百分数来确定。这种承包合同方式虽然不能使承包商努力降低成本，但从尽快取得酬金出发，承包商将尽力缩短工期，这对房地产企业早日出售、出租、开发物业是有利的。房地产企业还可以根据工程质量、工期和成本降低的情况给予奖励，以充分调动承包商的积极性。

b. 成本加固定百分率酬金。计算公式为

$$C=(1+R)C_F$$

式中 C ——总包价；

C_F——实际发生成本；

R ——固定酬金百分率。

这种计算方式对房地产企业来说是不利的，因为酬金与实际发生的成本成正比，不能鼓励承包商降低成本。

c. 成本加浮动酬金。事先商定工程成本和酬金的预期水平，如果工程完工后，实际成本恰好等于预期水平，工程造价就是成本加酬金；如果实际成本低于预期水平，则增加酬金；如果实际成本高于预期水平，则减少酬金。这种承包方式对承包、发包双方都没有太大的风险，同时又能促使承包商关心降低成本、缩短工期，因而对双方都有好处。但实际上估算成本较为困难，要求双方都要具有丰富的经验。

（2）按照合同所包括的工程范围及承包关系的不同划分。合同又可分为独立承包合同、总承包合同以及房地产企业直接发包的专业承包合同。

1）独立承包合同。如果工程项目较小，技术要求较为简单，房地产企业可采用独立承包的合同方式发包，将开发项目的建设任务发包给一家承包商独立完成。这种承包方式对房地产企业的管理工作是有利的。

2）总承包合同。如果开发项目较大，则承建单位往往不止一个。房地产企业可采取总包合同形式，由总承包商负责分包。总包就是把一个建设项目的全过程或某个阶段的全部工作由一个承包商负责组织实施，据此签订的合同称为总包合同。在这种情况下，由总承包商负责将若干专业工作分包给专业承包单位，并统一协调和监督它们的工作。房地产企业只与总承包商直接联系而与各分包商不发生直接联系，这种总包合同形式便于开发商对项目建设进行管理和监督，降低工作量，有利于减少现场管理人员。在总承包条件下，分包商可由房地产企业指定或由总承包商自行选择，但都是与总承包商签订分包合同。

3）直接发包的专业承包合同。在同一开发项目上，房地产企业直接把工程分包给各承包商，并由此签订正式合同。在这种情况下，房地产企业直接与各承包商联系，现场协调工作较为复杂。如果房地产企业工作人员较多且具备此能力，则可由房地产企业自行负责，否则这样的合同管理模式对房地产企业是极为不利的，大量的协调管理工作会带来大量的索赔风险。

（3）按是否包料划分，可划分为 3 类。

1）包工包料合同。包工包料就是由承包商负责施工所用的全部人工和材料设备。通常情况下，这种方式是较为普遍的，但不容易控制材料质量。

2）包工部分包料合同。承包商只负责施工的全部人工和一部分材料，其余部分由房地产企业自己提供。如果开发项目的建造标准很高，如星级宾馆、高级公寓等，部分材料与配套设备需要进口，则这些材料和设备可由房地产企业自行负责提供，其余普通材料可由承包商负责提供。外商往往采取这种方式。

3）包工不包料合同，即劳务合同。在这种合同中，承包商仅提供劳务而不提供任何建筑材料，所有建筑材料均由房地产企业自行解决。这种合同方式在房地产开发建设中很少使用，因为采购工作量太大。

房地产项目的发包合同方式是多种多样的，房地产企业应结合项目的具体特点灵活选择。

2. 项目承包合同的一般条款

合同要有具体的条款加以约束，有关房地产项目承包合同的一般条款有如下内容。

（1）一般义务。一般义务条款主要是笼统地规定承包商应承担的职责，具体内容包括以下几个方面。

1）承包人责任。根据合同规定，承包人应努力进行施工与维修。

2）履约保函。为了保证合同能够按期履行，在签订合同时，承包人应提供银行或保险公司开出的保函，保函所担保的金额以投标函中规定的数额为准。

3）总进度计划。承包人在中标后应提交一份建议进行该工程步骤顺序的总进度计划。

4）工程满意。承包人应严格按合同规定，以及图纸和技术说明进行工程施工和维修，使房地产企业或其委托的监理感到满意。

5）竣工。在工程竣工时，承包人应从现场清除、拆除并运出一切施工设备、剩余材料、垃圾和各项临时工程，并保持整个现场和工程清洁整齐。

（2）合同文件。合同文件管理是房地产企业的一项基本而又非常重要的管理工作。

1）合同图纸、投标书和合同条款。这些文件承包人和监理人各持一份，以备随时查阅。

2）合同条文、标书，两份规范，两份补充大样图。这些房地产企业应向承包人免费提供，建筑工程完工后上述图纸及文件都应交还房地产企业。

（3）开工、竣工时间及工期。合同中应明确规定开工、竣工时间及相应的工期。

1）工程的开工。承包人在接到房地产企业或其监理工程师有关开工的书面命令后，应在规定的期限内在现场开工，开工后应迅速且毫不拖延地继续施工，以免拖延工期。

2）竣工期限的延长。如果由于额外或附加工程量，或者是由于合同中规定的原因，以及异常的恶劣气候条件、其他特殊情况造成竣工期限的拖延，则监理工程师应批准并确定该项延长期限，并通知房地产企业和承包人。

3）施工进度。如果工程实际进度落后于计划进度，不能在预定的工程竣工期限内完工时，则承包人应采取必要的措施，以便加快工程的施工进度，使工程能在预定的工期内竣工。但是，承包人无权要求增加为采取这些措施而支付的附加费用。

（4）材料及设备供应。材料及设备若是由房地产企业自己提供，则应在合同中规定供货时间，以便承包人安排施工进度计划；若材料及设备由承包人提供，则应在合同中规定相应的规格、等级、品质。承包人在购买材料与设备之前应按照工程监理人员的要求，在制造加工地点、现场或在合同可能规定的地点进行检验。对于材料，也可提供样品，以供检验。提供样品的费用及检验费用由哪一方承担，应在合同中明确规定。

（5）变更与增减。在合同中应规定变更和增减的条目及处理办法。

1）变更。若房地产企业或其委托监理工程师认为有必要，可以对工程或其任何部分的形式、质量或数量做出变更。这些变更包括：①增加或减少合同中所包括的工作数量；②取消某类工作；③改变某类工作的性质、质量及种类；④改变工程任何部分的标高、基线、位置和尺寸；⑤完成工程竣工所必要的某些附加工作。

2）对变更的估价。对于额外或追加的工作，或已取消的工作，应以合同中规定的单价予以估价。如果合同中未规定用于该项额外或追加工作的单价，应由合同双方协商确定。

（6）转让与分包。房地产企业工程承包合同一般不允许转让；建设项目的分包也需经房地产企业同意。分包人可由房地产企业指定、推荐，或者由总包人自己选定，房地产企业认可。

（7）竣工验收与维修。竣工工程验收应以国家颁布的施工验收规范、质量检验标准及施工图为依据。在验收时，承包商应提供隐蔽工程验收记录，中间交工验收记录及竣工图纸。当项目验收后，由房地产企业（住宅住户也要参与验收）签发工程竣工证书。合同中还需规定维修期，一般从竣工证书签发之日起算为1年。在合同规定的维修期内，如果工程出现缺陷，则承包人应负责修复。如果该缺陷被判定是由于承包商所采用的材料、施工工艺不符合合同要求，或由于承包商的疏忽造成的，则由承包商承担此项维修费用。如果该缺陷是由其他原因造成的，那么对维修费用应进行核实，并作为附加工作由房地产企业付款。

（8）付款方式。工程款的支付一般按时间大致划分为4个阶段。

1）预付款。预付款用来支付承包商初期费用。支付时间一般在签订正式承包合同后的一个限定时间内，由承包商提供一笔相当数额的履约保函之后，房地产企业即可支付现款。预付款一般在以后的工程进度中扣除，但扣除的进度可协商确定，也可以按月等分扣回，并记入合同。

2）工程进度付款。这一款项随着工程的实施按月支付。工程进度款包括当月完工的工程价款，如果还需包括运到现场的合格材料与设备，则应在合同中明确规定。如果是固定总价合同，工程进度款可按完工工程占工程全部的百分比予以支付；如果是固定单价合同，则应按已完成的单位工程数量和单价计算支付；如果是成本加酬金合同，可按发生的直接费用加规定的百分比的管理费和利润支付。承包商月末编报每月的工程进度付款单，并经监理工程师认可后方能得到进度款。

3）结算付款。结算付款指工程完工的最终付款。当工程竣工并签发竣工证书后，房地产企业应付清全部工程合同价款中尚未付清的款项。如果合同中规定了缺陷责任期，则保留金在缺陷责任期满后退还。

4）退还保留金。保留金也叫质量保证预留款，是房地产企业从每次工程进度款中扣留的一定金额，用于质量缺陷修复。保留金在质量保证期满后，如无缺陷责任应全部退还。

（9）风险与保险。工程建设过程中不可避免地存在着风险，对应“意外风险”对工程造成的破坏、毁损，承包商不承担责任，由房地产企业承担。所谓“意外风险”，是指战争、敌国入侵、国内暴乱或军事政变等政治因素，或者纯属工程设计的原因，或者是有经验的人也不能预见或适当预防的自然灾害等。除了“意外风险”，其他风险应由承包商承担并负责保险。为避免风险，应该投保，保险内容包括以下几方面。

1）工程的保险。承包商应以房地产企业和承包商的联合名义对除“意外风险”之外的任何原因引起的，按合同规定应由承包商负责的一切损失或损坏进行保险。对目前施工的工程，按其现行合同估算价连同按其重置价计算的现场材料费用进行投保。对承包商运至现场的施工机械设备与其他物品，则按其重置价投保。

2）工人人身保险。承包人应为工程中雇用的工人连续办理保险，直至工程竣工，否则违反《中华人民共和国劳动法》。如果承包人未进行该项保险，则房地产企业可代其投保，但在支付工程进度款时将扣除这笔保险费。

3）第三方保险。在工程开工之前，承包商应就其工程施工中所造成的，对包括房地产企业或其工作人员在内的任何人的财产损坏、损失或损伤所负的责任进行保险。

（10）中断合同。中断合同分两种情况，即房地产企业中断合同和承包商中断合同。

1）房地产企业中断合同。当房地产企业遇到下列情况时，有权要求中断合同：①承包商未按合同要求施工或中途无故停工；②不能连续施工或不能按正常速度施工；③不按监理人员的指示工作，工程质量、建筑材料不合格；④承包商公司破产，或者虽尚未破产，但因资金周转慢，不能连续施工。遇到上述情况，房地产企业要书面通知承包商，若在规定时间内承包商仍不改正，房地产企业可单方面中断合同，因中断合同而对房地产企业造成的经济损失，应由承包商负责赔偿。

2）承包商中断合同。当承包商遇到下列情况时，有权要求中止合同：①房地产企业不按时支付工程款；②监理工程师要求长期停工，又一直不给予复工通知；③施工过程中发生意外事故，如地震、火灾等；④监理工程师要求停工，影响了整个工程成本；⑤图纸等技术资料不清、不全，要求房地产企业提供，但要求未能得到满足而无法施工；⑥房地产企业破产或将地产、房产转卖给他人。遇到上述情况，承包商要书面通知房地产企业，若在规定时间内房地产企业仍不改正，承包商可单方面中断合同，因中断合同而对承包商造成的经济损失，应由房地产企业负责赔偿。

（11）经济责任。经济责任条款中规定奖罚办法。

1）由于承包商责任未按合同规定的日期竣工，以竣工验收合格日期计算，则承包商应向房地产企业支付合同中规定的误工违约金。

2）由于房地产企业提出提前竣工要求，承包商又采取措施提前竣工时，房地产企业应付给合同中规定的奖励金额。

3）合同双方均不得借故拖欠各种应付款项，如拖期不付，则责任一方必须支付违约金。违约金的计算方法应在合同中明确规定。

（12）争端的解决。本条款中规定解决争端所适用的法律及处理办法。有协商解决、仲裁解决和法院解决 3 种方式可以选择。

以上简要介绍了房地产项目合同的一般内容，我国有现行的建设工程承包合同示范文本供参照使用。

3. 合同管理内容

房地产项目合同的管理工作，主要是对承包合同的签订、履行、违约、变更、解除等进行监督、检查，对合同双方的争议进行有效解决，以保证合同的全面、适当履行。房地产开发项目的合同管理工作主要有以下几项。

（1）建立合同目录、编码和档案。合同资料的管理是合同管理的基础工作。合同目录和编码是采用图表方式进行合同管理的很好的工具，它为合同管理自动化提供了基础，使计算机辅助合同管理成为可能。建立合同档案可以把合同条款分门别类地加以存放，为查询、检索、分析合同条款提供方便。

（2）合同分析。合同分析是对合同各类条款进行分门别类地认真研究和解释，找出合同的缺陷和容易引起争议的内容，并提出解决的思路。同时，对可能引起合同变化的事件进行分析研究，以便采取相应的对策。合同分析对促进合同各方履行义务和正确行使合同赋予的权利，对监督工程的实施，对解决合同争议，对预防和处理索赔等工作非常必要。

（3）合同履行的监督、检查。通过检查发现合同执行中存在的问题，并根据法律、法规和合同的规定加以解决，以提高合同的履约率，使开发项目能够顺利建成。合同监督、管理就是要常念“合同经”，以促使承包商能够严格地按照合同要求实现工程进度、工程质量和费用要求。合同监督需要经常检查合同双方往来的文件、信函、记录、纪要等，以确认其是否符合合同的要求和分析其对合同的影响，以采取相应的对策，保护企业的权益。

（4）索赔。索赔是合同管理工作的重中之重，因为它是关系合同双方切身利益的问题。开发项目的索赔管理，一方面是要认真做好合同要求的各项工作，并通过各种预防措施，尽可能避免索赔事件的发生；另一方面，对一个大型的房地产项目，索赔事件是不可能完全避免的，作为项目管理者应正确对待承包商的索赔，以合同为依据，公平合理地处理索赔，变被动为主动。

10.2　项目管理的组织

开发房地产项目需要相应的管理组织来具体实施。在房地产开发商确定了项目的具体目标，并对实现目标的途径做了大致的计划之后，为了使人们能够有效地工作，还必须设计和维持一种相应的组织结构。管理组织包括组织机构、职务系统和相互关系。

1. 组织的基本内容

组织，一是指组织机构，即按一定的领导机制、部门设置、层次划分、职责分工、规章制度和信息系统等构成的人的结合体；二是指组织行为，即通过一定的权力和影响力，对所需资源进行合理配置，以实现一定的目标。组织作为一个系统，一般包含目标、人员与职务、职责与职权、信息四个要素。组织是房地产开发项目管理的基本职能之一，其基本内容包括几方面。

（1）组织设计。选定一个合理的组织结构，划分各部门的权限和职责，制定各种基本的规章制度。

（2）组织联系。规定组织机构中各部门的相互关系，明确信息流通和信息反馈渠道，以及各部门之间的协调原则和方法。

（3）组织运行。规定各组织单元的工作顺序和业务管理活动的运作过程，按分担的责任完成各自的任务。要做到人员配置恰当、业务明确、信息反馈及时有效。

（4）组织调整。根据工作需要及环境的变化，分析现有组织系统的缺陷、适应性和有效性，对现有组织系统进行调整或更新组合，有组织形式的变化、人员的变动、规章制度的修订或废止、责任系统及信息系统的调整等。

2. 组织设计的原则

组织结构的好坏对组织的成功具有举足轻重的作用。设计和建立合理的组织结构，根据组织内外部要素的变化适时地调整组织机构，其目的都是为了更有效地实现组织目标。房地产项目组织设计一般应遵循以下基本原则。

（1）目标同一性。房地产项目组织与既定的项目开发目标有密切关系。为此，要层层分解组织目标，层层建立机构，直到每个人都了解自己在总目标的实现中应完成的任务，这样建立起来的组织机构才是一个有机整体，才能为保证房地产项目目标的实现奠定基础。

（2）分工协调。分工就是按照提高管理专业化程度和工作次序的要求，把组织的目标分成各级、各部门以至各个人的目标和任务，使组织各个层级、各个部门、每个人都了解自己在实现组织目标中应承担的工作职责和职权。有分工就必须有协调，协调包括部门之间的协调和部门内部的协调。组织结构的设计和组织形式的选择应能反映实现组织目标所必需的各项任务和工作的分工，以及彼此间的协调。

（3）权责一致。权责一致就是职权和职责必须相等。既要明确规定每个管理层次和各个部门的职责范围，又要赋予完成其职责所必需的管理权限。职责与职权必须协调一致，没有职权或权限太小，则其职责承担者的积极性、主动性必然会受到束缚，实际上也不可能承担起应有的责任；相反，只有职权而无任何责任，或责任程度小于职权，将会导致权力滥用，产生官僚主义等。

（4）精干高效。设计房地产项目组织结构必须将精简放在重要地位，在服从由组织目标所决定的业务活动需要的前提下，力求加大管理幅度、减少管理层次，精简管理机构和人员，充分发挥组织成员的积极性，提高管理效率，更好地实现项目开发目标。

（5）稳定性与适应性相结合。组织结构要有相对的稳定性，不要总是轻易变动，但又必须随组织内外部条件的变化，根据长远目标做出相应的调整，以适应房地产项目的建设与管理。

（6）任务均衡。在房地产项目组织中同一级岗位人员之间在工作量、职责、职权等方面应大致平衡，不宜偏多或偏少。苦乐不均、忙闲不均等都会影响工作效率和人员的积极性。若任务过多，要将一部分工作分配给其他人员或部门去做；在任务过少的情况下，要加大任务量或进行部门、岗位合并。

3. 组织结构的类型

组织结构多种多样，但都是由一些基本的类型组合而成的。下面介绍几种常见的组织结构类型。

（1）直线型组织结构。这种组织结构是最早出现的、最简单的一种组织结构形式。其特点是组织中各种职务按垂直系统直线排列，各级主管人员对所属下级拥有直接的一切职权。其优点是结构比较简单，权力集中，责任分明，命令统一，联系简捷；其缺点是在组织规模较大的情况下，所有的管理职能都由一人承担，往往由于个人的知识及能力有限而感到难以应付，顾此失彼，可能会发生较多失误，而且部门间的协调比较差。这种组织结构形式只适用于小型组织，或者是现场的作业管理。

（2）职能型组织结构。组织内除直线主管外还相应地设立了一些组织部门，分担某些职能管理的业务。这些职能部门有权在自己的业务范围内，向下级单位下达命令和指示。它的优点是能够适应现代组织技术比较复杂和管理分工较细的特点，能够发挥职能机构的专业管理作用，减轻上层主管人员的负担。其缺点是妨碍了组织必要的集中领导和统一指挥，形成了多头领导，使基层无所适从，容易造成管理的混乱。

（3）直线职能型组织结构。其特点是设置了两套系统，一套是按命令统一原则组织的指挥系统，另一套是按专业化原则组织的管理职能系统。直线部门和人员在自己的职责范围内有决定权，对其所属下级的工作进行指挥和命令，并负全部责任；职能部门和人员仅是直线主管的参谋，只能对下级机构提供建议和业务指导，没有指挥和命令的权力。它的优点是职能的高度集中、职责清楚、秩序井然、工作效率较高、整个组织有较高的稳定性。缺点是下级部门主动性和积极性的发挥受到限制，部门间互通情报少，容易产生矛盾，整个组织系统缺乏弹性，对新情况不能及时做出反应。这种组织结构形式对中小型组织比较适用。

（4）事业部制组织结构。这种组织结构是在总公司领导下设立多个事业部，各事业部有各自独立的产品和市场，实行独立核算。事业部内部在经营管理上拥有自主性和独立性。这种组织结构形式最突出的特点是“集中决策，分散经营”，即总公司集中决策，事业部独立经营。它的主要优点是组织最高管理层摆脱了具体的日常管理事务，集中精力做好战略决策和长远规划，提高了管理的灵活性和适应性，有利于培养管理人才。它的缺点是机构重复，造成了管理人员的浪费；各个事业部独立经营，人员互换比较困难，相互支援较差；各事业部主管人员考虑问题往往从本部门出发，有时会忽视整个组织的利益。这种组织结构多适用于规模较大的一些公司，如图 10-1 所示。

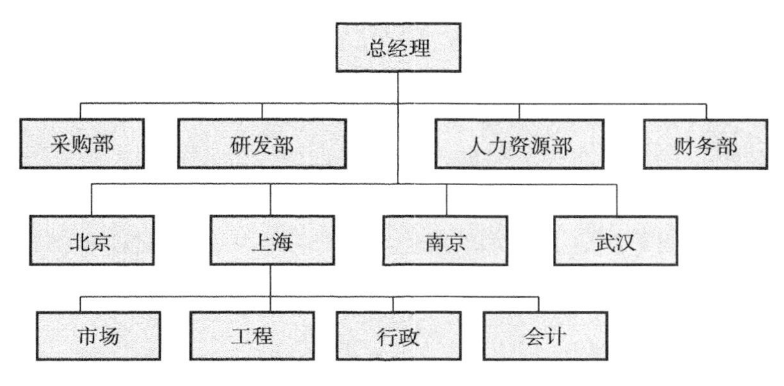

图 10-1 某企业集团事业部组织结构

（5）矩阵型组织结构。它又称规划 – 目标结构，其实质是把按职能划分的部门和按产品、项目或服务划分的部门结合起来组成一个矩阵，使同一个员工既同原职能部门保持组织与业务的联系，又参加产品或项目小组的工作。为了保证完成一定的管理，每个项目小组都设负责人，在组织的最高主管直接领导下进行工作。这种组织结构形式的特点是：打破了传统的一个员工只有一个上司的命令统一原则，使一个员工属于两个甚至两个以上的部门（见图 10-2）。

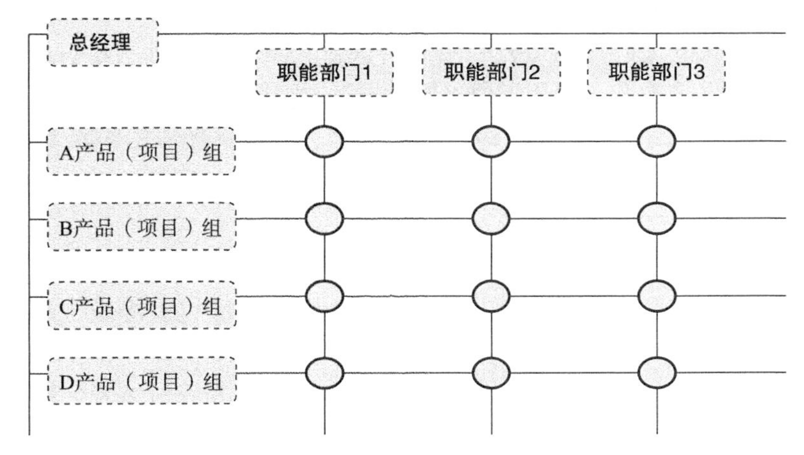

图 10-2 矩阵型组织结构

矩阵型组织结构的优点是：①加强了横向联系，具有较大的机动性和适应性，能够克服职能部门相互脱节、各自为政的现象；②实行了集权和分权的较优结合，专业人员和专用设备能够得到充分利用；③具有较大的机动性，任务完成即解散，各回原来的部门；④各行各业人员互相启发，有利于人才的培养，克服“近亲繁殖”的危害。其缺点是：①由于这种组织形式是实行纵向、横向联合的双重领导，处理不当，会由于意见分歧而在工作中造成扯皮和矛盾；②组织关系复杂，对项目负责人的要求较高。克服缺点的办法是授权项目负责人的全面职权、独立预算、项目负责人与职能部门负责人共同制定进度与确定重点，如有矛盾，提交上一级解决。

4. 选择适用于房地产开发项目的组织结构

组织结构和组织形式的选择必须有利于组织目标的实现。鉴于房地产开发项目的特殊性质，目前比较典型和理想的房地产项目组织形式有 3 种。

（1）矩阵型组织结构。这是充分体现了开发项目管理特点的组织系统，开发项目经理由公司任命，职能管理人员由项目经理与各职能部门协商聘用，在项目工作期间接受职能部门和项目经理双重领导。开发项目完成后，所有人员均回到各自原来的职能部门或转移到新的开发项目中去。这充分体现了开发项目管理层次较少，人员精干、管理直接和富于弹性流动的特点。

（2）事业部组织结构。随着开发项目规模不断扩大，产品多样化，地区分散，更多的房地产集团公司建立起事业部组织结构。房地产企业成立事业部必须具备 3 个要素：①各事业部具有自己特点的开发项目或地区；②各事业部以经济效益为中心，实行独立核算；③各事业部是相对独立的分权组织，实行自主经营。房地产企业采用事业部制要注意以下两点：一是事业部应与地区、开发项目同寿命，没有开发项目时，应予以撤销；二是一个地区只有一个开发项目且没有后续项目时，一般不宜设立地区事业部，以免出现机构重叠。

（3）网络型层级组织结构。在互联网时代，层级结构的条件发生了变化：市场的频繁变化要求企业活动的内容和方式及时调整；个性化的消费需求要求生产组织更具有弹性；活动内容与方式的适应性调整要求相关的权力从管理中枢向下分散。所以，需要对层级结构进行网络化的改造，即用网络结构来补充层级结构，而不是完全取代。未来的组织是“网络型层级组织”，组织结构趋于扁平化。层级支持着组织活动的有序性，网络则促进着组织的适应性。其特点是：集权与分权的统一；稳定与变化的统一；一元性与多元性的统一（见图 10-3）。

网络型层级组织将是房地产企业组织结构的最佳选择。互联网出现以后，纵横交错的计算机网络改变了信息传递的方式，各项指令和决策可以直接传达给执行者，而不需要过多的中间层。互联网的技术使我们每个成员成为网络中的节点，每个节点能够直接与其他的节点交流而不需要通过一个等级制度安排的渗透。等级优势逐渐被知识优势所替代，职位权威逐渐被知识权威所替代。传统结构中分割各个职能部门的边界趋于模糊，纵向为主的信息交流逐渐转换为横向为主的信息交流，不同部门并行工作将取代原先的顺序活动，一体化和系统的观点与方法将取代原先分割和孤立的观点与方法，相

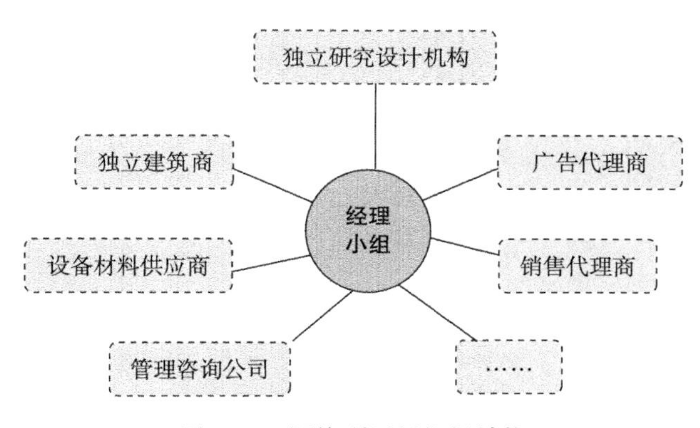

图 10-3　网络型层级组织结构

互合作与知识共享将取代原先的相互牵制与信息封锁。于是，管理的幅度增大，管理的层级减少，高耸型的组织结构逐渐趋于扁平，直至网状，或者叫作“比萨饼”的平面组织结构——其结构的形状是圆形的，领导者在中心位置、线路向外辐射到不同的外缘端点。组织的扁平化只是一种表征，隐藏在这一表征后面的实质是从根本上对组织的人员和职能之间关系的重新界定。人员是围绕着任务和工作而组织起来的，任务与任务之间、部门与部门之间都不再是固定的、相互排斥的独立王国，而是别人可以获得的资源。在网络经济条件下，同级水平的跨组织地沟通成为必要，这种沟通必然要求组织结构形式发生与此相适应的变革。房地产企业组织结构的扁平化，对企业领导者的决策能力、领导水平提出了更高的要求，企业的经营风险在一定程度上比以往也增多，企业的经营和管理水平正面临着极大的挑战。

房地产企业项目复杂多变，网络型层级组织将是房地产企业组织结构的最佳选择，该种组织简化了机构和管理层级，可以为房地产开发企业实现全世界范围内的资源整合，降低管理成本，提高管理效益。

思考题

1. 房地产开发项目的合同管理要点。
2. 最适合房地产项目的组织结构类型有哪些？

第 11 章

项目的建设管理与验收

◴ 学习目标

1. 掌握项目管理的目标。

2. 熟悉项目质量控制、进度控制、投资（费用）控制与措施。

3. 熟悉项目验收管理内容、验收常见质量问题与对策、项目竣工决算、资料与质量保证书。

4. 掌握项目验收方法与分户验收管理。

技能要求

1. 能够从事一般房地产项目的合同管理和信息管理。

2. 能够编写一般房地产项目建设过程管理方案。

3. 能够识别一般的房地产项目质量问题。

4. 能够做一般的房地产项目建设竣工验收管理方案。

案例 11-1

碧水园项目建设管理

项目概况

碧水园地块来源于公开拍卖，地价 9.7 亿元，项目规划占地面积约 39.7 万平方米，容积率 1.1，建筑面积约 43.7 万平方米。主要产品结构有 TOWNHOUSE、宽景 HOUSE、情景花园洋房、透天小高层、LOFT；主要户型有四室、三室。

项目建设管理

（1）项目组织采用矩阵型组织结构，建立碧水园项目分公司。项目开发采用分期开发形式，共分 6 期，总开发时间为 4 年。

（2）严格选择施工单位和监理公司，选择了获得过“鲁班奖”“精品工程奖”“省、市优质工程奖”的南通建筑公司为施工单位，同时选择两家工程监理公司进行监理。但中途发现监理工程师与承包单位串通一气，开发商便立即更换了一家监理公司。

（3）严格选择建材和设备，在订货阶段就向供货商提供检验的技术标准，并将这些标准列入订购合同中。工程建设中确立了设备检查和试验的标准、手段、程序、记录、检验报告等制度，坚决杜绝使用“三无”产品，对违反相关规定的责任人予以解聘。

（4）紧盯“三控”目标不放松。为使开发项目的整体效益达到最优，项目分公司对项目的成本费用、质量和工期进度三个方面进行有效控制，确立了项目建设过程中的具体控制措施。对各项施工设备、仪器进行检查，保证在测量、计量方面不出现严重误差，控制混凝土质量。对砌筑工程、装饰工程和水电安装工程等制定具体有效的质量检查和评定办法，以保证质量符合合同中规定的技术要求。科学编制工程进度计划，确保项目每个节点的工期。

（5）若出现质量问题，要严厉处罚。具体做法：工程项目要求确保优良品率（市级标准）达到 95% 以上，力争做到 100% 的优良品率。若优良品率未达到 95%，将分别扣除项目负责人 30% 的年终奖、工程部经理 20% 的年终奖、主管副总经理 10% 的年终奖。房屋每渗漏一处，施工单位赔款 3 万元，由此给业主造成的一切损失均由施工单位承担；对项目负责人处以 2 000 元罚款，对工程部经理处以 1 000 元罚款，对主管副总经理处以 500 元罚款；如果出现多处渗漏且比较严重，追加处罚直至解聘。

资料来源：根据碧水园项目资料整理。

案例 11-2

阳光雅居项目验收交付标准

阳光雅居项目验收交付标准

- 标准装修：分户防火防盗两用门，安居成为保障。
- 全封闭的物业管理，全方位服务，生活安全舒心。
- 电信宽带网，轻松实现数字化生活。
- 主卧室及客厅各预留有线电视及电话线接口一个，房间均预留空调机隔板及排水管。
- 单元入口安装可视对讲电子防盗门。
- 电话入厕。

房屋交付现场

阳光雅居销楼部，如图 11-1 所示。

图 11-1 阳光雅居销楼部房屋交付现场

资料来源：南京房地产网 http://www.e-njhouse.com。

案例讨论

1. 如果你是项目经理，你如何实施碧水园项目的管理?
2. 你认为交付标准取决于什么?

学习任务

1. 从互联网上考察当地房地产开发项目的管理过程。
2. 做 NO.2010G06 地块的竣工验收方案。

11.1 项目管理的目标

“高起点规划、高水平设计、高质量施工、高文化品位、高标准管理”是新世纪房地产质量的要求和保证。“高起点规划、高水平设计、高文化品位”要靠高质量施工来实现，因此房地产企业不能忽视项目建设管理。开发项目建设过程管理的最终目标是以最短的工期、最低的成本实现最优的工程质量。房地产开发项目实施管理的主要内容概括为：“三控”“两管”“一协调”。

1.“三控”

从本质上讲，开发项目的管理就是对项目投资（或成本费用）、质量、进度（或工期）3 个目标进行有效控制，以使开发项目的整体效益达到最优。

（1）投资控制。投资（或成本费用）控制的基本任务是，在施工前认真、深入地审查施工组织设计，进行详尽的技术、经济分析比较，选定最优施工方案；施工中，慎重、细致地办理投资动态结算，严格按规定程序确定工程变更价款，及时、合理地处理承包单位之间的索赔事项。同时，将合同投资额、资金使用计划作为开发项目的投资目标，按项目划分和进度定期将实际成本支出费用与计划目标值进行比较，分析两者之间存在的偏差及其产生的原因，采取切实有效的纠偏措施。

（2）质量控制。质量控制的主要任务是，要通过建立健全有效的质量监督工作体系，来确保工程质量达到合同规定的标准和等级要求。根据项目质量形成的时间，施工阶段的质量控制又分为质量的事前控制、事中控制和事后控制。其中，质量的事前控制应是工作的重点。销售的关键在于产品的本身，产品的本身就是最好的营销策划，现在的策划在使产品变成商品的过程中，只不过是锦上添花的作用而已，企业本身要练好内功，做好产品质量是最根本的事情。

（3）进度控制。进度（或工期）控制是根据合同工期要求，通过合理安排和优化资源配置对施工阶段的工作内容、工作程序、持续时间和衔接关系编制计划并监督实施。实施中，按计划要求及时落实施工条件，经常检查进度状况。如果实际进度与计划进度出现偏差，及时采取补救措施，调整、修改原计划，确保项目进度目标的实现。

“三控”目标有了，但在实践中要正确认识和处理房地产项目三大控制目标之间的关系，以取得最佳开发效益。三大目标两两之间存在既对立又统一的关系。

（1）三大目标之间的对立关系。一般来说，如果对开发项目建设的功能和质量要求较高，就需要采用较好的工程设备和建筑材料，需要投入较多的资金。同时，还需要精工细作，严格管理，这不仅增加人力的投入，而且需要较长的建设时间。如果要加快进度，缩短工期，则需要加班加点或适当增加施工的机械和人力，这往往会打乱原有的计划，使开发项目建设实施的各个环节之间产生脱节现象，增加控制和协调的难度，不仅有可能欲速不达，而且会对工程质量带来不利的影响或留下工程质量隐患。如果要降低投资，就需要考虑降低功能和质量要求，采用较差或普通的工程设备和建筑材料；同时，只能按费用最低的原则安排进度计划，整个工程需要的建设时间就较长。由此可见，三大目标之间存在对立的关系，所以不能奢望投资、进度、质量三大目标同时达到“最优”，既要投资少，又要工期短，还要质量好，“鱼”和“熊掌”兼得几乎是不可能的。

（2）三大目标之间的统一关系。需要从不同的角度分析和理解，比如加快进度、缩短工期虽然需要增加一定的投资，但是可以使整个开发项目建设提前投入使用，从而提早发挥投资效益，还能在一定程度上减少利息支出。如果提早发挥的投资效益超过因加快进度所增加的投资额度，则从经济角度来说，加快进度就是可行的。如果提高功能和质量要求，虽然需要增加一次性投资，但是可能会降低工程交付使用后的运行费用和维修费用，从全寿命费用分析的角度看则是节约投资的。此外，如果在实施过程中进行严格的质量控制，保证实现工程预定的功能和质量要求，则不仅可减少实施过程中的返工费用，而且可以大大减少投入使用后的维修费用。严格控制质量还能起到保证进度的作用，如果在工程实施过程中发现质量问题并及时进行返工处理，虽然需要耗费时间，但可能只影响局部工作的进度，不影响整个工程的进度，或者虽然影响整个工程的进度，但是比不及时返工而酿成重大工程质量事故对整个工程进度的影响要小，也比到使用阶段才发现工程质量隐患而不得不停止使用进行修理所造成的时间损失要小。在确定开发项目建设目标时，不能将三大目标割裂开来，分别孤立地分析和论证，更不能片面强调某一目标而忽略其对另外两个目标的不利影响，必须将三大目标作为一个系统统筹考虑，反复协调和平衡，力求实现整个目标系统最优。

2.“两管”

“两管”即合同管理和信息管理。只有通过有效的合同管理，才能最终实现项目目标。同时，工程建设过程中会产生大量的信息，没有有效的信息管理，就不会有有效的项目管理。因此可以说，合同管理、信息管理是贯穿于项目管理全过程、实现项目目标必不可少的内容。

（1）合同管理。第 10 章 10.1 节已经介绍。

（2）信息管理。它是项目目标控制的基础，主要任务就是及时、准确地向项目管理的各级领导、各参加单位及各类人员提供所需的信息，以便在项目进展的全过程中，动态地进行项目规划，迅速正确地进行各种决策，并及时反馈决策执行结果，反映暴露出的各类问题，为项目总目标控制服务。信息管理工作蕴含于合同管理、投资控制、质量控制、进度控制和组织协调之中。

3.“一协调”

“一协调”即组织协调。一个房地产开发项目是不可能独立于社会而孤立存在的，项目实施过程中必须与有关各方，如水、电、煤气、道路、当地政府、居民等，要不断协调，否则内部管理得再好，项目也很难顺利完成。组织协调要求项目管理者对项目实施各阶段、相关的层次、相关的部门之间存在着的复杂关系和矛盾，予以“联结、联合、调和”，予以沟通联系，化解矛盾，使各方协同一致，齐心协力、顺利实现项目总目标。

11.2 项目投资（费用）控制与措施

“价廉、物美、有特点”是商品畅销的三大基本原则，成本控制是确保“价廉”的根本。项目投资（或称成本费用）控制是监督工程费用、降低工程造价的重要手段。房地产企业的利润来自销售收入和总开发费用的差值，而工程费用又是总开发费用的主要组成部分，所以降低费用就能增加利润。

1. 项目费用控制思路

在项目建设实施过程中，要按预算费用分阶段、分部位进行费用控制。具体来讲，是首先编制费用计划，根据工程进度计划可以编制费用计划，因为工程费用是随着工程进度逐期发生的。为了便于管理，费用计划可分解为 5 个方面：①材料设备费用计划；②施工机械费用计划；③人工费费用计划；④临时工程费用计划；⑤管理费用计划。

根据上述成本计划的总和，即能得出成本控制总计划。在工程实施中，应严格按照费用计划实施，对于计划外的一切开支，应严格控制。如果某部分项目有突破费用计划的可能，应及早提出警告，并及时采取措施控制该项费用。

2. 监理工程师控制

（1）监理机构委派的监理工程师的工程费用控制的主要任务是：通过工程付款控制、

新增工程费控制、预防并处理好费用索赔、挖掘节约投资潜力等，来努力实现实际发生的费用不超过计划投资。

（2）监理工程师应做好以下工作：制订本阶段资金使用计划，做到不多付、不少付、不重复付；严格控制工程变更，力求减少变更费用；研究确定预防费用索赔措施，及时处理费用索赔并协助开发商进行反索赔；根据有关合同要求，做好工程计量工作；审核施工单位提交的工程结算书，协助开发商完成相关工作。

3. 多方面控制措施

为了取得目标控制的理想效果，通常可以采用以下 6 种有效措施。

（1）组织措施。组织措施是从组织管理方面采取的措施，如落实目标控制的组织机构和人员，明确各级目标控制人员的任务和职能分工、权力和责任、改善目标控制的工作流程等。组织措施是其他各类措施的前提和保障，而且一般不需要增加什么费用，但运用得当可以收到良好的效果，应给予足够的重视。

（2）技术措施。它不仅对解决开发项目建设实施过程中的技术问题是必不可少的，而且对纠正目标偏差也有重要的作用。任何一个技术方案都有基本确定的经济效果，不同的技术方案就有着不同的经济效果。因此，运用技术措施纠偏的关键，一是要能提出多个不同的技术方案，二是要对不同的技术方案进行技术经济分析。

（3）经济措施。经济措施是最易为人接受和采用的措施。经济措施决不仅是审核工程量及相应的付款和结算报告，还需要从一些全局性、总体性的问题上加以考虑，往往可以取得事半功倍的效果。另外，不要仅仅局限在已发生的费用上。通过偏差原因分析和未完工程投资预测，可发现一些现有和潜在的问题可能会引起未完工程的投资增加，对这些问题应加以主动控制，及时采取预防措施。由此可见，经济措施的运用绝不仅仅是财务人员的事情。

（4）合同措施。除了拟定合同条款、参加谈判、处理合同执行过程中的问题、防止和处理索赔等措施之外，还要确定对目标控制有利的开发项目建设组织管理模式和合同结构，分析不同合同之间的相互联系和影响，对每个合同做总体和具体的分析等。这些合同措施对目标控制更具有全局性的影响，作用也就越大。

（5）信息管理。项目的实施管理是离不开信息的，在项目实施管理活动中对所需要的或产生的各种信息进行收集、整理、处理、存储、传递、应用等一系列的工作，总称为信息管理。在项目的实施过程中，管理者要不断预测或发现问题，要不断地进行规划、决策、执行和检查，做好这些工作都离不开相应的信息，进行目标控制同样是以信息为基础，任何控制只有在信息的支持下才能有效地进行。

（6）协调管理。工程项目内部关系与外部关系的协调一致是工程项目顺利进行的必要条件，具体协调工作有施工活动与政府有关部门之间的协调；房地产企业与承包商之间的协调；工程施工生产要素，如劳务、材料、设备、资金供应等方面的协调；项目各施工单位、各施工工序在时间、空间上的配合与协调等。

11.3 项目质量控制与措施

房地产企业应该实行“质量优先”战略，提高产品质量优良率，否则无法在激烈的市场上取得竞争资格。质量控制是指项目管理机构以合同中规定的质量目标、国家标准、相关规范为依据所进行的监督与管理活动。质量控制的任务主要是在施工过程中及时发现施工工艺是否满足设计要求和合同规定，对所选用的材料和设备进行质量评价，对整个过程中的工作质量水平进行评估，将取得的质量数据和承包商履行职责的程度，与国家有关规范、技术标准、规定进行比较，并做出评判。工程质量控制工作主要包括以下几个方面。

1. 严格选择施工单位和监理公司

（1）施工单位选择。具备省级颁发的三级以上资质的建筑施工单位方可选用；近三年来获得过“鲁班奖”“精品工程奖”“省、市优质工程奖”的施工单位优先选用；顶替、挂靠其他具有施工资格企业的单位不予选用。

（2）监理公司选择。不得选择资质等级低于乙级的监理公司，成片开发时应引入竞争机制，选择两家以上工程监理公司进行监理。

2. 严格选择建材

材料质量的好坏直接影响项目的质量，因此，为了保证材料质量，应当在订货阶段就向供货商提供检验的技术标准，并将这些标准列入订购合同中。有些重要材料应当在签订购货合同前取得样品或样本，材料到货后再与样品进行对照检查，或进行专门的化验或试验。未经检验或检验不合格的材料切忌与合格的材料混装入库。

3. 严格选择设备

工程建设中应确立设备检查和试验的标准、手段、程序、记录、检验报告等制度，对主要设备的试验与检查，可考虑到制造厂进行监督和检查。工程所用一切设备，必须由总经理组织有关人员进行核查，选择知名品牌，列出明细，作为施工合同的附件。如果发现使用“三无”产品，对责任人予以解聘。在各种设备安装之前均应进行检验和测试，不合格的要避免采用。

4. 确立施工中控制质量的具体措施

施工中控制质量的措施主要包括如下几个方面。

（1）保证测量、计量精度。对各项施工设备、仪器进行检查，特别是校准各种仪器、仪表，保证在测量、计量方面不出现严重误差。

（2）控制混凝土质量。混凝土质量对建筑工程的安全有着极其重要的影响，必须确保混凝土浇筑质量。要有控制混凝土中水泥、砂、石和水配比的严格计量手段，应当制定混凝土试块制作、养护和试压等管理制度，并且有专人监督执行；试块应妥善保存，以便将来的强度检验。在浇灌混凝土之前，应当有专职人员检查挖方、定位、支模和钢筋绑扎等工序的正确性。

（3）严格质量检查。对砌筑工程、装饰工程和水电安装工程等制定具体有效的质量检查和评定办法，以保证质量符合合同中规定的技术要求。

5. 发挥建设监理机构作用

按照我国政府倡导推行建设监理制的要求，建设监理机构现已成为房地产开发项目“三大控制”实施的主要力量。在质量控制中监理机构委派的监理工程师应按合同要求协助房地产开发商做好施工现场准备工作，为施工单位提交质量合理的施工现场；确认施工单位资质；审查确认施工分包单位；做好材料和设备检查工作，确认其质量；检查施工机械和机具，保证施工质量；审查施工组织设计；检查并协助搞好各项生产环境、劳动环境、管理环境条件；进行质量监督，行使质量监督权，认真做好质量签证工作，行使质量否决权；协助做好付款控制；组织质量协调会，做好中间质量验收准备工作；做好项目竣工验收工作；审核项目竣工图等。如果发现监理工程师与承包单位串通一气，则房地产企业有权立即更换建设监理机构。

6. 建立有关质量文件的档案制度

汇集所有质量检查和检验证明文件、试验报告，包括分包商在工程质量方面应提交的文件。

11.4　项目进度控制与措施

项目的进度控制是施工现场管理最为重要的工作。工程进度控制包括：对项目建设总周期目标进行具体的论证与分析，编制项目的进度计划，编制其他配套进度计划；监督建设项目进度计划的执行，施工现场的调研与分析等。

1. 科学编制工程进度计划

科学编制工程进度主要按以下步骤进行。

（1）工程内容分解。将全部工程内容分解和归纳为工程单项或工序，单项或工序分解的细致程度，可以根据工程的规模大小和复杂程度确定。一个房地产建设项目首先可分为房屋建设工程、室外道路、各种室外管线工程等较大的子项工程，而后每一子项工程又分为土方工程、基础工程、钢结构制作与安装工程、屋面工程、砌筑工程、地面工程、其他建筑工程、设备安装工程等。

（2）统计计算每项工程内容的工作量。一般情况下用工程量表中的计量单位来表示工作量。例如，土方工程和混凝土工程用立方米表示，管道工程用延米表示，钢筋加工用吨表示。另外，工程进度也可用完成的投资额占总投资额的比例来表示。

（3）计算每个单项工程工作量所需时间，可用天数表示。工作时间是指按正常程序和施工总方案中所选用的施工设备的水平，以熟练工人正常工效计算确定。

（4）排列施工先后次序。按正常施工的各个单项工程内容的逻辑顺序和制约关系，从每项施工工序的可能最早开工时间推算下去，可以得出全部工程竣工所需的周期。再逆过来，从上述竣工日期向前推算，可以求出每一施工工序的最迟开始日期。如果最早可能开工日期早于最晚开工日期，则说明该项工序有可供调节的机动时间。该项工序只要在最早开工和最晚开工时间之间任何时候开工，均不会影响项目的竣工日期。

根据上述工作内容，即可绘制一份保证竣工日期的工程进度计划。

2. 进度计划管理及调整

进度计划管理通常采用横道图法和网络图法，下面做一简单分析。

（1）横道图法。这是一种用直线线条在时间坐标上表示出单项工程内容进度的方法。由于横道图制作简便，简明易懂，因而我国各行各业的进度管理中普遍采用该方法。对一些并不十分复杂的工程，采用这种图表是比较合适的，具体如图 11-2 所示。

时间 项目	2	4	6	8	10	12	14	16	18
土方									
基础									
结构									
装修									

图 11-2　某小型项目工程进度计划横道图

以图 11-2 为进度计划，在工程实际进行中，可以把实际进度用虚线表示在图中，与计划进度做一对比，以便调整工程进度。横道图的缺点是：从图中看不出各项工作之间的相互依赖和相互制约的关系，看不出一项工作的提前或落后对整个工期的影响程度，看不出哪些是关键工作。

（2）网络图法。如图 11-3 所示，首先应用网络形式来表示计划中各项工作的先后顺序和相互关系；其次是通过计算找出计划中的关键工作和关键线路，在计划执行过程中进行有效的控制和监督、保证合理地使用人力、物力、财力，完成目标任务。

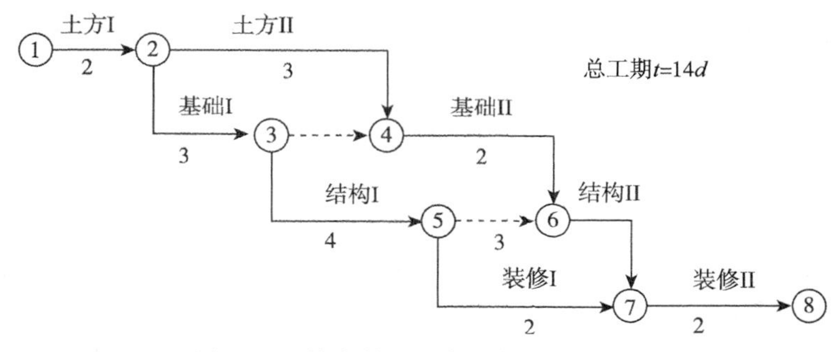

图 11-3　某小型项目施工进度网络计划

注：1. 该工程分为两段，即 I 段、II 段；

2. 施工为 4 个工序：土方工程、基础工程、结构工程、装修工程。

3. 配套进度计划

除了工程进度计划外，还有其他与之相关的进度计划，如材料供应计划、设备周转计划、临时工程计划等，这些进度计划的实施情况影响着整个工程的进度。

（1）材料供应计划。根据工程进度计划，确定材料、设备的数量和供货时间，以及各类物资的供货程序，制订供应计划。

（2）设备周转计划。根据工程进度的需要制订设备周转计划，包括模板周转、起重机械、土方工程机械的使用等。

（3）临时工程计划。临时工程包括工地临时居住房屋、现场供电、给排水等。在制订了工程进度计划后，也应制订相应的临时工程计划。

4. 关注进度控制中的影响因素

影响工程进度的因素很多，需要特别重视的有以下几方面。

（1）材料、设备的供应情况。包括各项设备是否按计划运到；各种材料的供货厂商是否落实、何时交货、检验及验收办法等。

（2）设计变更情况。设计的修改往往会增加工作量，延缓工程进度。

（3）劳动力的安排情况。工人过少会完不成进度计划中规定的任务，而工人过多则会由于现场工作面不够而造成窝工，因而也完不成任务，所以要适当安排工人。

（4）气象条件。应时刻注意气象条件，天气不好（如下雨、下雪），则宜安排室内施工（如装修）；天气晴朗时，加快室外施工进度。

5. 发挥监理工程师的作用

监理机构委派的监理工程师的进度控制的主要任务是：通过完善项目控制进度计划、审查施工单位施工进度计划，做好各项动态控制工作，协调各单位关系，预防并处理好工期索赔，以求实际施工进度达到计划施工进度的要求。监理工程师应当做好以下工作：根据工程招标和施工准备阶段的工程信息，进一步完善项目控制性进度计划，并据此进行施工阶段的进度控制；审查施工单位施工进度计划，确认其可行性并满足项目控制性进度计划要求；制订开发商材料和设备供应进度计划并进行控制；审查施工单位进度控制报告，督促施工单位做好进度控制；掌握施工动态，研究制定预防工期索赔的措施并及时处理索赔；做好对人力、材料、机具、设备等的投入控制及转换控制工作；做好信息反馈和对比纠错工作，做好进度协调工作，及时协调有关各方关系，使工程得以顺利进行。

11.5　项目验收管理内容

竣工验收是项目建设程序的最后一个环节，是全面考核项目建设成果、检查设计与施工质量、确认项目能否投入使用的关键步骤。房地产开发项目经过建设施工、设备安装及配套设施建设，达到设计文件要求的质量和使用功能后，就要进行竣工验收。竣工验收是开发项目在施工单位自我评定的基础上，参加建设的有关单位共同对分批、分部、分项和单位工程的质量进行抽样复检，根据相关标准以书面形式对项目是否合格进行确认。由于开发项目的竣工验收是一项涉及开发建设有关方面的十分复杂的工作，因此在正式验收前，房地产开发企业、设计单位、承包商、监理机构、材料及设备供应商等应分别做验收准备。根据竣工验收的要求、依据和工作程序等来开展工作，协调一致地顺利完成竣工验收工作。

1. 竣工验收的范围

凡新建、扩建、改建的房地产开发建设项目，按批准的设计文件和合同规定的内容建成。对住宅小区的验收还应验收土地使用情况和单项工程、市政、绿化及公用设施等配套设施。符合验收标准的，必须及时组织验收，交付使用，并办理固定资产移交手续，交给产权人。

2. 竣工验收的条件

房地产开发建设项目竣工验收应当具备 5 个条件：①完成建设工程设计和合同约定的各项内容；②有完整的技术档案和施工管理资料；③有工程使用的主要建筑材料、建筑构配件和设备的进场试验报告；④有勘察、设计、施工、工程监理等单位分别签署的质量合格文件；⑤有施工单位签署的工程保修书。

3. 竣工验收的依据

竣工验收主要依据有经过审批的项目建议书、年度开工计划、施工图纸和说明文件、施工过程中的设计变更文件、现行施工技术规程、施工验收规范、质量检验评定标准以及合同中有关竣工验收的条款。工程建设规模、工程建筑面积、结构形式、建筑装饰、设备安装等应与各种批准文件、施工图纸、标准保持一致。

4. 竣工验收的一般标准

竣工验收的一般标准主要有 5 项：①工程项目按照工程合同规定和设计图纸要求已全部施工完毕，且已达到国家有关规定的质量标准，能满足使用要求；②交工工程达到窗明、地净、水通、灯亮，有采暖通风的项目，应能正常运转；③设备调试、试运转达到设计要求；④建筑物四周 2 米以内场地整洁；⑤技术档案资料齐全。

11.6 项目验收的工作方法与分户验收管理

1. 竣工验收方法

竣工验收一般有如下方法。

（1）全面鉴定工程质量。在组织竣工验收时，应对工程质量的好坏进行全面鉴定。工程主要部分或关键部件若不符合质量要求会直接影响使用和工程寿命，应进行返修和加固，然后再进行质量评定。

（2）单项工程竣工验收。在开发小区总体建设项目中，一个单项工程完工后，根据承包商的竣工报告，房地产企业首先进行检查，并组织承包商和设计单位整理有关施工技术资料（如隐蔽工程验收单，分部分项工程施工验收资料和质量评定结果，设计变更通知单，施工记录，标高、定位、沉陷测量资料等）和竣工图纸。然后，由房地产企业组织承包商、设计单位、客户（使用方）、质量监督部门，正式进行竣工验收，验收合格开具竣工证书。

（3）综合验收。综合验收是指开发项目按规划、设计要求全部建设完成，并符合竣工验收标准时，即应按规定要求组织综合验收。验收准备工作，以房地产企业为主，组织设计部门、承包商、客户（使用方）、质量监督部门进行初验，然后邀请城市建设有关管理部门，如建委、计委、建设银行、人防、环保、消防、开发办公室、规划局等，参加正式综合验收，验收合格签证验收报告。对已验收的单项工程，可以不再办理验收手续，但在综合验收时应将单项工程的验收单作为全部工程的附件并加以说明。

（4）分户验收。分户验收是指由客户参加的一户户地验收过关，体现了房地产开发以市场为导向，客户利益至上，让客户满意。如果客户不满意，则一票否决，工程不能通过验收。

2. 分户验收管理

（1）分户验收。分户验收，即“一户一验”，是指住宅工程在按照国家有关标准、规范要求进行工程竣工验收时，对每一户住宅及单位工程公共部位进行专门验收，并在分户验收合格后出具工程质量竣工验收记录。这项措施的出台，就等于给每个购买住房的老百姓都把住了质量关，避免了整体验收和抽检所造成的遗漏，也就避免了交付使用后的“扯皮”现象。

（2）分户验收管理的组织。分户验收的执行主体是监理方和总承包商，在分户验收实施之前必须让项目参与各方对分户验收有足够的了解。为了保证分户验收的顺利实施，需要构建以业主方为战略指导，项目管理单位为实施核心，监理单位和总包单位为有力支撑的组织结构。由于业主方对分户验收非常重视，要在所有新开发的项目上推行分户验收制度。业主负责对所有项目的分户验收进行指导和技术支持，而业主代表则负责整个项目分户验收的总体控制和协调，物业管理公司则是在项目细部检查阶段参与质量检查。

分户验收的具体管理工作由项目管理部执行。项目管理经理作为分户验收的总负责人，其日常工作接受业主代表的领导，负责单个项目的土建和机电的技术协调，承担分户验收的具体实施和项目质量管理工作，包括组织质量评估和检查，跟踪质量问题的解决，并直接向业主代表汇报现场分户验收及质量检查和控制工作情况。

（3）分户验收基本流程。分户验收基本流程如图 11-4 所示。

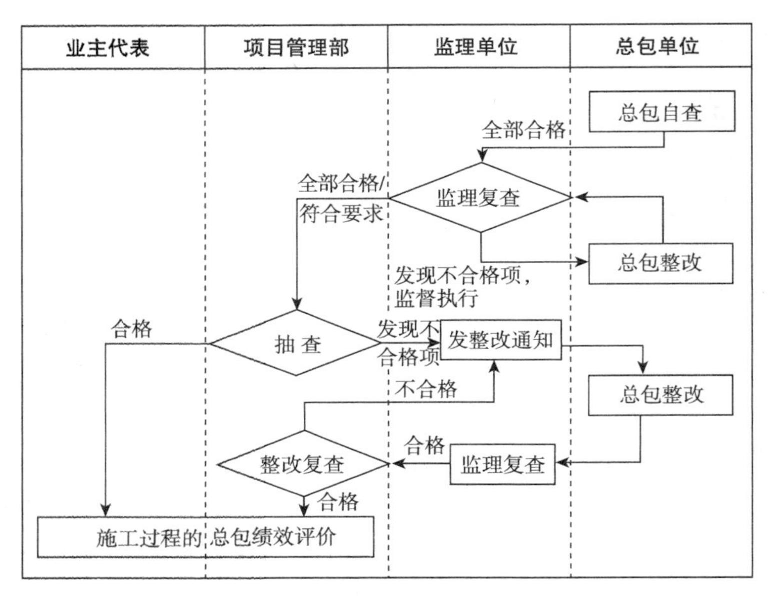

图 11-4 分户验收基本流程

分户验收的流程包含质量检查并发现问题，整改，然后再复查一直到质量合格的过程。首先是总包单位自查，合格后向监理单位申请复查，监理单位复查合格后再向项目管理部申请抽查，抽查合格后分户验收，业主验收后方告完成。

11.7 项目验收常见质量问题与对策

1. 房地产项目常见质量问题

房地产项目常见质量问题比较多，以商品住宅来说，其整体质量包括住宅的工程质量、功能质量、环境质量和服务质量，验收时，常见的质量问题如下。

（1）工程质量。工程质量又可称为施工质量、建筑质量。工程质量水平表示住宅作为产品使用的可靠性。从住宅使用者的反映来看，投诉最多、带有普遍性、多发性的是一般性质量问题，如施工粗糙、屋里渗水、外墙渗水、涂料开裂、铝合金门窗渗水严重、管道滴漏、墙地壳开裂、砌体及抹灰工程质量差等。这类问题会影响住宅的使用功能，但不足以造成重大伤亡事故，且不容易在事前察觉，往往要通过使用才能发现。

（2）功能质量。住宅功能指住宅满足居民日常生活使用要求的机能，其质量的高低即对生活使用要求的满足程度之优劣。用经济学语言来表达，它指住宅本身满足消费者偏好、提供效用的能力，即住宅本身使用价值的大小。厨房和卫生间是家庭活动的重要场所，是设备密集之地，与人的日常生活需要密切相关，因此厨卫功能状况最能体现住宅功能的质量水平，故被称为“住宅的心脏”。目前，厨卫的主要问题表现在以下两个方面。

1）功能单一，不够完整。有的是位置不当，厨房被挤上了阳台，或者卫生间门对着餐厅门，或者厨房作为进出卫生间的通道，导致使用功能的混乱与干扰。有的是功能设施不齐，厨房没有足够的贮藏柜和电插座，厨卫中各专业工程的管线和计量表具定位设备混乱的现象也十分普遍，使用上不方便。有的通风或采光差，造成异味在室内难以排出。

2）面积过小，功能质量水平低。这种问题的出现使得住宅不仅使用上没有舒适感，而且影响了使用功能的扩展。厨房功能的横向扩张和纵向深化现已成为当代国际住宅功能质量发展的一个重要趋势，即一方面厨卫设备、装修水平不断提高，另一方面新的使用功能又在不断引入，形成了所谓的“厨卫文化”。厨卫功能质量水平的落后，已成为住宅功能质量水平低的突出问题，需认真加以解决。

（3）环境质量。住宅的环境质量，指住宅与自然、社会环境的和谐状况，实际上是指以住宅为媒介的人和自然、社会的关系问题。商品房环境质量较差主要表现在以下4个方面。

1）空间环境质量不高。从室内空间来看，许多住宅都未能真正做到动静、内外、洁污“三分区”；从室外空间来看，电杆电线纵横交错，阳台搭建杂乱无章，晒衣铁架层层出挑，遮阳篷五花八门，无法给人以美的享受。

2）生活环境质量较低。许多住宅区缺乏必要的公建配套设施，生活服务设施的布点位置不够合理。很多小区道路的设计欠妥，外部人流、车辆畅通无阻，对住户干扰很大，无法形成安静的居家环境。

3）文化环境质量很差。住宅区的文化、教育和娱乐健身设施不足，普遍缺乏文化气息；建筑外观千楼一貌，毫无个性与风格；公建和绿化敷衍，毫无文化品位；智能化网络设计不足，无法适应新技术进入家庭的需要。

4）生态环境质量较差。绿化面积极少，空气污染严重。加上容积率偏高，人口密度较大，以及小区道路沿街为市场，餐馆排列、烟噪扰民现象相当严重，致使住宅区生态失衡。

（4）服务质量。服务是产品使用价值的延伸。住宅的服务质量是住宅这一产品的附加产品部分，其质量和整体产品的质量是统一的。住宅产品的服务也是一种售后服务，但一般按专业分工，分为售后保修服务和物业管理服务，前者由开发商承担，后者通常由物业公司提供，其作用就在于弥补工程质量的不足，提高功能质量和环境质量水平。服务质量差体现在3个方面。

1）重建轻管。重建轻管，主要是指轻视售后服务作为房地产销售一项重要内容的意义；轻视物业管理促使物业增值、回报和吸引置业者的重大作用；忽视房地产售后服务工作的复杂性、艰巨性与长期性。

2）建管脱节。建管脱节，指没有按规定提供前期物业管理，使建与管未能紧密衔接，导致管理工作的先天不足。

3）服务水平低下。群众的反映是：管道不通无人修，公建侵占无人管，住户失窃无人理，垃圾成堆无人问。对开发公司最大的意见是：维修不及时，返修不彻底，配套不齐备，反映无人理，售房前的许诺不兑现，产权证老拖着不办。

2. 提高项目质量问题的对策

造成商品住宅质量问题的原因，主要是政策不完善、监管不到位、维权难等方面。解决商品住宅质量问题主要有如下对策。

（1）转变三个观念，提高自身素质。观念决定行动。形成商品住宅质量不高的内在原因，首先在于房地产商的许多观念未能适应形势要求的变化而转变。

1）变“甲方”观念为“用户”观念，以住户的住房需求为导向。只有具备了“用户观念”，真正站在住户的位置上抓设计和工程质量，住宅的质量才有可能提高。

2）变“质量效益对立”观念为“质量就是效益”的观念。提高质量必然会提高成本，因此不少公司把住宅的质量控制与开发效益对立起来，以降低质量为代价来减少成本，结果因小失大，损害了自己的长远利益。

3）对住宅的理解，要把建筑由空间概念扩大为环境的观念，高度重视住宅的整体质量，认真抓好住宅的配套设施及环境的设计与建设。

在树立这些新观念的同时，房地产业的从业人员还必须下苦功来提高自身业务素质与文化修养。现在，产品质量的竞争已成为市场竞争的主要竞争形式，而产品的质量首先决定于生产者的素质。如果说观念是软件的话，那素质就是硬件，只有这两方面结合，以正确的开发观念为指导并切实地贯彻执行，才能提高住宅产品的质量。

（2）抓住规划龙头，高度重视设计。住宅质量是一个涉及方方面面的综合性大课题，但这个大课题的龙头在于规划，关键在于建筑设计。

1）城市功能分区时要处理好居住区与其城市功能区域的关系，根据本市总体发展方针和远近期结合的原则，规划应为居住区建设的发展留有适当余地，合理划分不同层次的住宅区域，同时要把塑造“绿色、生态、文明”作为社区环境规划永恒追求的目标。

2）设计时要体现绿色环保和新型的节能建材使用、智能安全和消防系统的设计，预留前瞻性。设计时还应考虑以下几个方面。

- 有足够的朝阳面和采光面，应选择大开间、小进深平面的布置。
- 卫生间尽可能开窗（明卫）。明卫的采光和通风远强于暗卫，尤其是通风，对卫生间而言十分重要，“非典”和“新冠”时期的经历更说明了这一点。
- 功能布局紧凑，走道面积或功能不确定的面积应尽可能少，不要浪费空间。
- 塑造建筑风格的个性和特色。
- 减少不能过渡的错层。从建筑质量看，一错再错对结构的稳定性影响大，在地震多发地段，危险性增大。

（3）选好施工队伍，严格实施监理。

（4）抓好“四新”应用，增加住宅的科技含量。

（5）提高物业管理水平，规范物业管理经营行为。

11.8　项目竣工验收监测与政府验收管理办法

1. 项目竣工验收监测

人们的生活好了，对自己生存、居住的环境提出了更高的要求。那么，对于住宅小区，包括所有的房地产项目，都应该从环保的角度遵照《建设项目竣工环境保护验收暂行办法》，对其实施竣工验收监测。

（1）房地产项目竣工验收需要监测。一直以来，竣工验收监测谈得最多的是工业企业项目，由于历史等多方面的原因，房地产开发商从意识上还不是很愿意接受这一监测，在它们的概念里，认为只有工业企业才要进行环保验收，房地产项目又没有对外界造成什么污染，没有必要进行验收监测。从这种认识上，我们看到了两点：第一，开发商有一定的环保意识，知道污染排放与环保的关系；第二，开发商的环保意识还不够，怕花钱。所以，很有必要进一步让开发商了解房地产项目竣工验收监测的重要性。房地产项目竣工验收监测的出发点是保护群体的居住环境，在喧闹的城市中保留一片净土，让人们有一个比较好的生活场所。

（2）监测内容。根据建设项目的规模、建设区域的环境现状，主要监测的仍然是具有代表性的水、气、声三项指标。

1）废水的监测。首先要了解的是整个项目废水来源、排放方向，有几个排放口，是否已纳入市政管网。当然，项目的性质决定其废水来源以生活废水为主。然后根据已有的排污情况确定监测因子，主要指标有PH、SS、CODcr、BOD5、LAS、动植物油。最后制订监测方案，进行监测。废水监测一般会遇到下面两种情况：一种是已纳入市政管网，那么只要找到项目总排水口，即可进行采样；一种是未纳入市政管网，这类排放口比较复杂，这种情况一般出现在城市的周边地区，大多明排，没有集中排放口。那么，在监测时，认真了解周围环境状况，有针对性地设置采样点，要求该项目设有一定的排放防治措施，以达到保护该项目及周边环境的目的。

2）空气质量的监测。城市的空气质量可以说随时都在监控当中。然而，局部污染的产生，气象条件变化带来的影响，对于整个城市空气质量的评价可能算不了什么，但是，房地产项目大多都是住宅小区，从保护群体居住的外环境上非常有必要进行局域空气质量监测。而且，这项监测不仅仅是对小区空气质量的了解，也是对该小区周围空气质量的调查，从而发现有无周边污染源，在肯定该区域环境质量的同时，又为管理部门预防纠纷事件发生、处理污染纠纷提供了历史依据。为便于空气质量的评价，监测因子与空气日报的监测项目相同，有SO_2、NO_2等。对于设有发电机房等设施的项目，针对其发电机组的油烟排放，进行无组织排放的监测；对于固定污染源，如锅炉等，应进行污染源废气监测。

3）声环境的监测。居住区的声环境相对于前面提到的废水及大气环境，可以说是一个更为敏感的问题，也是最能马上反映出来的问题，监测单位在这项工作上也是做得最多的。针对不同的建设项目，分为以下几种情况进行监测：①未发现噪声源的项目，在小区东、西、南、北及中心区域设监测点，进行环境噪声监测；②小区周围有噪声源，在距声源最近的住宅楼或住户窗外1米加设敏感点，进行环境噪声监测；③小区内有发电机房或水泵房的（一般项目中有小高层或高层建筑的均设有发电机房和水泵房），这类项目的监测内容相对复杂一些，首先要搞清发电机房、水泵房的位置，是在地下室还是在地面上，发电机进、出风口的位置等，了解清楚情况后，进行布点、监测；④小区内如果设有其他诸如箱式变压器之类的产生噪声的设施，则在距离其最近的住宅楼前1米加设敏感点，进行开机前后的比对监测。

2. 政府验收管理办法

各地政府的验收管理办法大致相同，这里介绍山东省政府2019年11月发布的《山东省房地产开发项目竣工综合验收备案管理办法》。

山东省房地产开发项目竣工综合验收备案管理办法

第一条 为规范全省房地产开发经营，保障购房群众合法权益，根据《山东省城市房地产开发经营管理条例》等法规，按照《山东省人民政府关于印发山东省优化提升工程建设项目审批制度改革实施方案的通知》（鲁政发[2019]9号）等政策要求，结合工作实际，制定本办法。

第二条 在山东省城市、县城、镇城镇开发边界内的国有建设用地上从事房地产开发经营的，均应执行本办法。

第三条 省住房城乡建设厅负责指导各城市房地产开发项目竣工综合验收备案管理工作。

设区的市、县（市）人民政府按照职责分工，明确具体部门（以下简称主管部门）负责本规划区范围内房地产开发项目竣工综合验收备案办理、业务管理、执法检查等工作。因职能划转有关工作不在同一部门的，应明确职责、分工负责。

第四条 房地产开发项目建设单位（以下简称开发企业）对所开发建设的房地产开发项目竣工综合验收负主体责任。

第五条 房地产开发项目分期开发的，可以分期进行竣工综合验收。

第六条 房地产开发项目综合验收应当主要包括以下内容：

1. 是否按照经审批的用地范围、规划条件、规划设计方案、土地出让合同或划拨决定书的要求开发建设；

2. 是否按照《房地产开发项目建设条件意见书》开发建设，明确移交的是否完成产权（使用权）移交或签订产权（使用权）移交协议；

3. 单体工程是否符合国家规定的工程质量验收标准，质量验收备案手续是否完备；

4. 红线内市政基础设施（道路、绿化、路灯、环卫、排水等）是否按照要求建设，并达到使用条件；

5. 红线内水、电、气、暖等基础设施是否按照有关要求建设，达到使用条件且已交由专业经营单位负责运营管理；通信基础设施是否按照有关要求建设并达到使用条件；

6. 首期住宅专项维修资金是否按照要求交纳；

7. 工程技术档案和施工管理资料是否完整。

第七条 开发企业应在项目竣工综合验收合格后15日内，持竣工综合验收报告到项目所在地主管部门办理竣工综合验收备案手续。主管部门应采取查验资料的方式对开发企业提交的材料进行核实，符合备案条件的，应在1个工作日内予以备案；不符合备案条件的，应一次性将不合格内容书面通知开发企业，待整改合格后重新核实。

第八条 房地产开发项目竣工综合验收报告应附下列材料：

1.《房地产开发项目竣工综合验收备案申请表》。

2.《建设工程竣工规划核实合格证》。

3. 房屋单体工程《建设工程竣工验收备案证》。

4. 市政基础设施(道路、绿化、路灯、排水等)验收合格证明材料。

5. 专营单位组织实施供水、供电、供气、供热等专营设施建设的，提供建设合同、合同价款结清证明或专营设施配套费缴清证明；暂未按《山东省物业管理条例》规定，将住宅小区内的专业经营设施设备建设资金统一并入城市基础设施配套费，由开发企业自行组织实施专营设施建设的，提供专营单位的专营设施验收合格或接收手续证明材料。通信基础设施竣工验收合格证明。

6. 按规划及建设条件，配套的社区党群服务和政务管理、物业服务、教育、养老、卫生等公共服务设施建设完成并移交或签订移交协议等证明材料。

7. 落实《建设条件意见书》中关于建筑(住宅)产业化技术要求的证明材料。

8. 督促协调已预售房屋业主在房屋交付使用前交纳首期住宅专项维修资金的承诺书，已交纳未售出商品房首期住宅专项维修资金的证明材料。

9. 建设工程档案验收合格证明或移交证明。

10. 其他按《房地产开发项目建设条件意见书》要求建设或移交完毕的证明材料。

以上材料，行政审批一窗受理时已经提交，或主管部门能通过部门间信息互通共享获取相关信息的，不得要求开发企业重复提供。

第九条 县（市）级以上住房城乡建设、自然资源规划、城市管理（市政公用)、教育、民政、卫生健康、审批服务等有关部门和项目所在街道办事处（镇)，以及供水、供电、供气、供热、通信等有关单位应当按照各自职责，在省、市要求的相关办理时限或合同约定时限内，做好房地产开发项目综合验收涉及的各单项竣工验收和设施移交接收工作，并出具验收意见或接收使用证明材料。

第十条 开发企业在组织竣工综合验收的过程中，按省、市有关建设项目审批制度改革规定，申请联合验收的，依据申请内容，实行规划、土地、消防、人防、档案及建设条件落实等事项全部或部分限时联合验收，牵头组织实施联合验收的部门统一出具验收意见。联合验收包含内容满足竣工综合验收条件的，联合验收合格，即达到竣工综合验收备案要求。各地应当不断完善信息平台建设，实现信息互通共享，推动竣工综合验收效率不断提高。

第十一条 开发企业应当交纳的首期住宅专项维修资金，可从监管的商品房预售资金中划转。

第十二条 房地产开发项目竣工综合验收合格并取得备案手续后，方可交付使用，方可申请终止商品房预售资金监管。

第十三条 开发企业交付商品房时，应当在交房现场醒目位置公示房地产开发项目竣工综合验收备案证明。

主管部门可对房地产开发项目的实际交付条件和公示情况进行抽查。

第十四条 开发企业在延续、核定开发资质等级时，应以房地产开发项目竣工综合验收备案证明作为开发经营业绩的认定依据。

第十五条 参加房地产开发项目各项竣工验收及设施移交工作的单位和个人，必须对其出具的工程质量鉴定意见、竣工验收结论及接收证明材料负责。

第十六条 供水、供电、燃气、热力、排水、通信等市政公用基础设施的报装提前到开工前办理，住宅小区项目公用基础设施的报装提前到建筑设计阶段，与建筑物同步进行设计和施工图联审，竣工验收后直接办理接入事宜。

第十七条 专营单位组织实施红线内供水、供电、供气、供热等专营设施建设的，在开发企业缴清红线内城市基础设施配套费或全额支付委托合同价款后，专营单位对相应专营设施规划建设要求、建设质量、工程进度负责，并组织竣工验收。暂未按《山东省物业管理条例》规定，将住宅小区内的专业经营设施设备建设资金统一并入城市基础设施配套费，由开发企业组织实施专营设施建设的，开发企业对专营设施规划建设要求、建设质量、工程进度负责，并在设计、土建工程施工、隐蔽工程施工等中间环节以及竣工时及时报请专业经营单位检查，由专业经营单位开展验收。

第十八条 开发企业违反本办法规定，不办理项目综合验收备案手续的，由主管部门责令限期整改、补办手续。不整改或逾期整改不到位的，记入信用档案，依法依规实施失信联合惩戒。

第十九条 开发企业未取得房地产开发项目竣工综合验收备案手续，擅自交付使用的，由主管部门依据《山东省城市房地产开发经营管理条例》等法规予以处罚，并记入信用档案。

第二十条 各地应根据本办法规定，结合当地实际，制定具体实施细则。

第二十一条 本办法自2020年1月1日起施行，有效期至2024年12月31日。省住房城乡建设厅印发的《山东省房地产开发项目竣工综合验收备案办法》（鲁建发[2009]11号）同时废止。

附件：房地产开发项目竣工综合验收备案表(示范文本)

11.9　项目竣工决算、资料与质量保证书

1. 竣工决算

（1）竣工决算，是指在项目竣工验收交付使用阶段，由建设单位编制的建设项目从筹建到竣工验收、交付使用全过程中实际支付的全部建设费用。竣工决算是整个建设工程的最终价格，是作为建设单位财务部门汇总固定资产的主要依据。竣工决算是反映项目实际造价的技术经济文件，是房地产企业进行经济核算的重要依据。决算前，承包商先要编制竣工结算报告。每项工程完工后，承包商在向房地产企业提供有关技术资料和竣工图纸的同时，都要编制工程结算、办理财务结算。工程结算一般应在竣工验收后一个月内完成。

（2）建设项目的竣工决算是由房地产企业在竣工结算的基础上进行编制的。它是在整个建设项目竣工结算的基础上，加上从筹建开始到工程全部竣工，有开发建设的其他工程费用支出。

2. 编制竣工档案资料

开发项目竣工后，要认真组织技术资料的整理和竣工图的绘制工作，编制完整的竣工档案，并按规定分别移交给使用者和城市档案馆。

（1）技术资料的内容。①前期工作资料：开发项目的可行性报告、项目建议书及批准文件、勘察资料、规划文件、设计文件及其变更资料，地下管线埋设的实际坐标、标高资料、征地拆迁报告及核准图纸、原状录像、照相资料、征地、拆迁安置的各种许可证和协议书、施工合同、各种建设事宜的请示报告和批复文件等。②土建资料：开工报告、建（构）筑物及主要设备基础的轴位定线、水准测量及复核记录、砂浆和混凝土试块的试验报告，原材料检验证明、预制构件、加工件和各种钢筋的出厂合格证和实验室检验合格证、地基基础施工验收记录、隐蔽工程验收记录、分部分项工程施工验收记录、设计变更通知单、工程质量事故报告及处理结果，施工期间建筑物或构筑物沉降测定资料，竣工报告和处理结果，竣工验收报告。③安装方面的资料：设备安装记录，设备、材料的验收合格证，管道安装、试漏、试压和质量检查记录，管道和设备的焊接记录，阀门、安全阀试压记录，电气、仪表检验及电机绝缘、干燥等检查记录，照明、动力、电信线路检查记录，工程质量事故报告和处理结果，隐蔽工程验收单，设计变更及工程资料，竣工验收单等。

（2）绘制竣工图。竣工图是真实地记录各种地下、地上建筑物、构筑物等详细情况的技术文件，是对工程进行验收、维护、改建、扩建的依据。因此，房地产企业应组织、协助和督促承包商、设计单位认真负责地把竣工图编制工作做好。竣工图必须准确、完整，如果发现绘制不准确或遗漏时，应采取措施修改和补齐。

技术资料齐全，竣工图准确、完整，符合归档条件，这是工程竣工验收的条件之一。

3. 竣工验收中的其他有关问题

（1）在验收中，由于施工原因质量不符合要求，需要返工的分部分项工程，双方要确定部位、数量、处理办法及维修期限，经复验合格后再签订竣工验收证书。

（2）由于房地产企业原因造成的甩项工程，应视为符合交工标准、办理竣工验收证书。

4.《住宅质量保证书》和《住宅使用说明书》

房地产开发企业须在商品房竣工验收、交付使用时，向购买人提供《住宅质量保证书》和《住宅使用说明书》。《住宅质量保证书》须列明工程质量监督单位核验的质量等级、保修范围、保修期和保修单位等内容，并承担保修责任。保修期内若因开发企业进行维修时造成房屋使用功能受到影响，给购买人造成损失的，须依法承担赔偿责任。

（1）《住宅质量保证书》包括以下内容。①工程质量监督部门核验的质量等级。②地基基础和主体结构在合理使用寿命年限内承担保修。③正常使用情况下各部位、部件保修内容与保修期：屋面防水 3 年；墙面、厨房和卫生间地面、地下室、管道渗漏 1 年；墙面、顶棚抹灰层脱落 1 年；地面空鼓开裂、大面积起砂 1 年；门窗翘裂、五金件损坏 1 年；管道堵塞 2 个月；供热、供冷系统和设备 1 个采暖期或供冷期；卫生洁具 1 年；灯具、电器开关 6 个月；其他部位、部件的保修期限，由房地产开发企业与用户自行约定。

（2）《住宅使用说明书》内容，应当对住宅的结构、性能和各部位（部件）的类型、性能、标准等做出说明，并提出使用注意事项。一般应当包含以下内容：①开发单位、设计单位、施工单位，委托监理的应注明监理单位；②结构类型；③装修、装饰注意事项；④上水、下水、电、燃气、热力、通信、消防等设施配置的说明；⑤有关设备、设施安装预留位置的说明和安装注意事项；⑥门、窗类使用注意事项；⑦配电负荷；⑧承重墙、保温墙、防水层、阳台等部位注意事项的说明；⑨其他需说明的问题。住宅中配置的设备、设施，生产厂家另有使用说明书的，应附于《住宅使用说明书》中。房地产开发企业在《住宅使用说明书》中对住户合理使用住宅应有提示。因用户使用不当或擅自改动结构、设备位置和不当装修等造成的质量问题，开发企业不承担保修责任；因住户使用不当或擅自改动结构，造成房屋质量受损或其他用户损失，由责任人承担相应责任。

思考题

1. 如何查验与检测一般的房地产项目质量问题？
2. 如何处理验收不合格问题？
3. 房地产项目目标管理的逻辑关系如何。

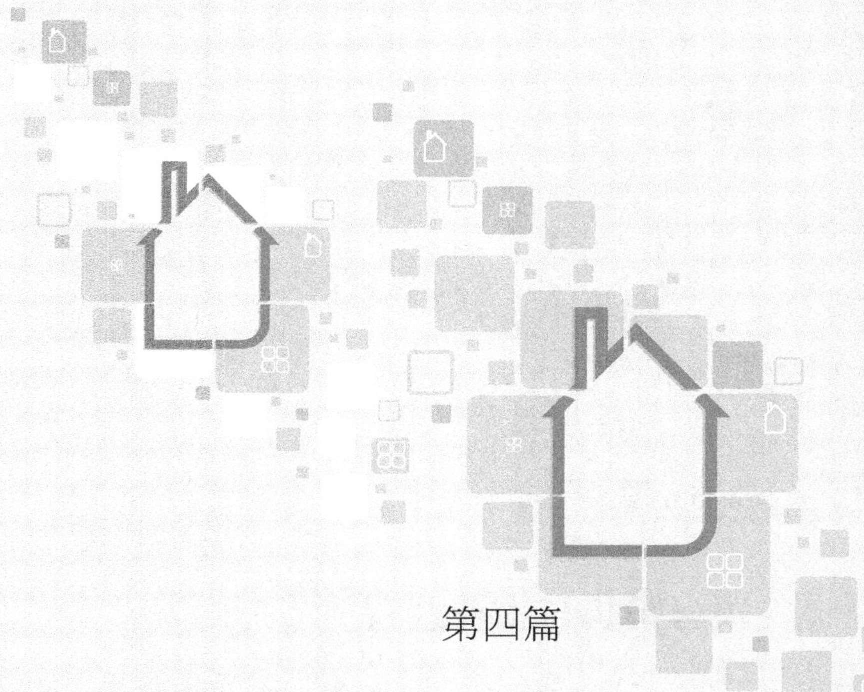

第四篇

房地产开发与经营后期工作知识与技能

本篇是房地产开发与经营后期工作知识与技能模块，主要内容为以下两方面。

1. 项目销售与物业经营，主要介绍了房屋销售价格、项目促销、销售管理与房屋买卖合同，售后物业管理介入与物业管理程序、房屋租赁经营与程序、房屋的抵押与程序以及物业其他交易经营方式。
2. 项目经营分析与后评价，主要介绍了房地产经营收支分析、房地产经营成本分析、房地产经营资产分析、房地产经营利润分析，并介绍了房地产开发项目的后评价。

第 12 章

项目销售与物业经营

学习目标

1. 熟悉房屋买卖的原则与程序。
2. 掌握项目定价方法、促销、销售管理与房屋买卖合同。
3. 熟悉售后服务——物业管理程序。
4. 熟悉物业经营的内容和程序。

技能要求

1. 能够进行一般房地产项目的销售推广。
2. 能够写一般房地产项目的销售方案。
3. 能够配合售后物业管理介入工作。
4. 能够学会物业经营方案策划，培养相关的开发与经营能力。

案例 12-1

LC 项目销售

项目背景

LC 项目紧邻淮安市核心区，北接翔宇大道，西临解放东路，总面积 30 万平方米（土地面积）。

销售思路

LC 项目致力于树立第一楼盘品牌形象。让整盘的知名度“新城市运动旗舰”的概念传播在短期内迅速完成，依托核心价值一步到位地树立“淮安第一楼盘”品牌形象；项目一期顺势汇聚人气，以现实中的学校配套、运河、会所、钵池山公园等为主卖点，结合板块潜力争取开盘热销，变品牌知名度为客户口碑美誉度，实现长期旺销的目的；项目二期依托一期较为成型的景观、会所等配套，在一期基础上倡导理想化居住；项目三期作为登顶之作，利用整个楼盘在淮安已经享有的知名度和美誉度，打造上档次、上流化的高尚社区。

销售方案

（1）定价策略。本楼盘采用中价策略，采用“低开高走”定价策略。

（2）开盘策略。在整个价格策略中，开盘定价是第一步，也是最为关键的一步。本楼盘采用“低价开盘”策略。

（3）销售进度。推盘时机采用分批次强力诉求。鲜明、有力地宣传第一批产品的特点，制造销售高潮。从媒体投放、活动到现场包装，第一批次产品的推出要达到整个“LC”前期推广的最高潮，具体见下图。

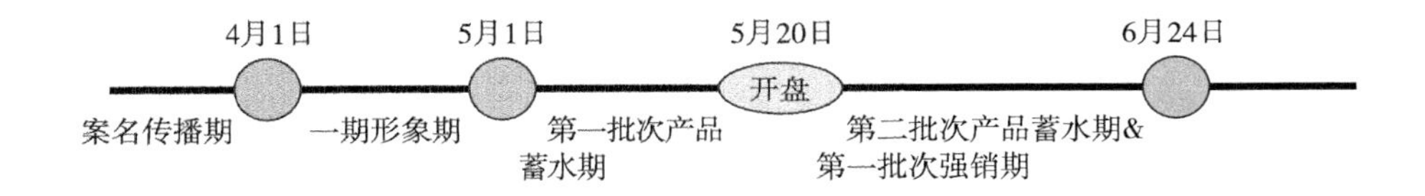

- 案名传播期。在这一期间，需要关注整体销售模型、3D动画、户型图到位；现场及卖场包装到位；整体形象楼书、产品折页制作；强势广告媒体投放（尤其是户外广告）；体现整案主题的Events活动（针对潜在新客户）。
- 一期形象期。这期主要是一期核心价值理念的传播，形成广告的USP（独特的销售主张）；进行密集、立体、深入的广告传播；开始“住宅”产品手册的修正和其他销售物料的准备；吸引新客户和巩固老客户的活动并举；为现场售楼处正式开放做好充分准备。
- 第一批次产品蓄水期。这一期间的重点在于传播第一批次产品的USP，即其独特卖点和价值；开盘前进行强势广告投放，甚至达到“媒体垄断”；确定促销方法并快速传播，锁定客户。
- 第二批次产品蓄水期&第一批次强销期。这一期间主要工作集中于第一批次产品“热销”信息传播；软新闻“一期热销”现象宣传、透析；制定促销方法，拿下观望客户；第二批产品卖点传播……

楼盘推广广告

（1）整盘推广期广告：关键词——新城市运动；推广总精神——谁动了城市的心？要探讨的是如何才能改变城市的理念，重塑城市的思想，成就城市的未来。这是一个自身包含了答案的问题，当然只有有思想高度、有专业眼光、有雄厚实力的群落才能让城市动心，让城市改变，而这一切非本项目莫属。

- 系列广告主标题

谁动了城市的心？ Touch City's Heart

谁在激城市的情？ Embrace City's Passion

- 副标题

新城市运动旗舰 · 40 万平方米（建筑面积）复合大盘

（2）一期营销期广告。关键词——规划、学校、公园、运河；推广总精神——“终身充电”全家欢乐总动员，终身充电含义源于现代人生规划理念，指的是从小到老，人一生都应该坚持学习充电，以跟上时代潮流，享受丰富充实的人生。导入“终身充电”理念有两大意义：①体现本项目适合各年龄层人士，社区文化广泛多元；②体现本项目“买点”丰富，值得用一生去探索、发现和享受。

“终身充电”与一期卖点对位举例：

- 孩子在学校充电——周边学校配套；
- 孩子在自然中发现奥妙——钵池山公园；
- 父母在社区里学健身——会所配套；
- 奶奶在家门口学交谊舞——运河风景广场；
- 爷爷在社区里切磋太极——中央景观；
- 爷爷在家学上网——小区智能化配置；
- 奶奶学怎么管好家——物业服务。

媒体策略

（1）核聚变策略。采用密集广告投放策略，化零为整，在最短时间内快速占领市场制高点，引起社会及舆论关注，树立广泛而牢固的楼盘知名度。

（2）哑铃策略。采用一头硬广告、一头软广告的哑铃策略，虚实结合，做到既有概念形象高度，又有信息传达深度，实现市场独大。

（3）集中主流。淮安城市发展水平低，媒体发行和影响面有限，广告必须集中投放在主流媒体上，才能发挥效果。

（4）户外为王。由于平面和电视媒体影响有限，采用户外媒体是最佳途径。

（5）媒体预算。由于本项目量体庞大，一期承载着销售开局和树立楼盘知名度、美誉度的重大使命，因此建议一期媒体预算费用为总销售额的 2%，预计约 400 万元。推广费用分摊比，如图 12-1 所示。

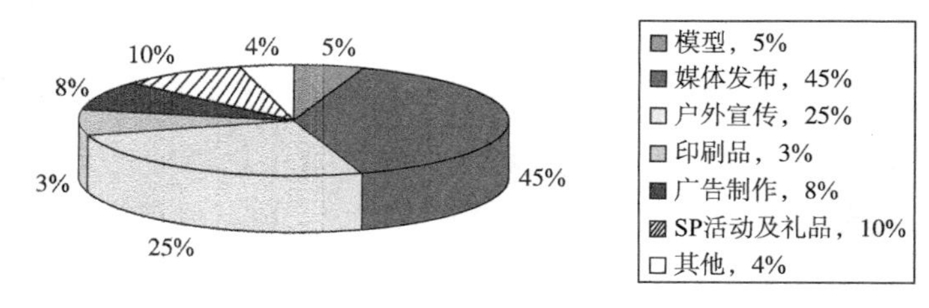

图 12-1 推广费用分摊比

资料来源：南京工业职业技术学院房地产专业毕业生李灿同学。

🕮 案例 12-2

中国物业经营领军企业——万达商业地产的招商模式

大连万达集团董事长王健林先生曾发表题为“万达商业地产模式与企业创新”的演讲，在演讲中提到万达招商的 4 大原则。

第一是要招品牌企业，品牌企业租金低但是风险小，租金给付能力高。

第二是要招主力店，如超市、百货、家电、溜冰场等，这些主力店面积大，可以很好地充实项目，而且抗风险能力强，不像中小店铺只能同甘不能共苦。

第三是要低租金和高租金的业态相互搭配，零售业态原则上不能超过 50%。电影院、溜冰场、电玩、健身中心、酒楼等都是低租金业态，但是能提升人气，带来高人流，从而使场子稳定。

第四要考虑相当比重的餐饮业态，万达购物中心 20%～25% 的面积要招餐饮。餐饮放在最高的楼层，在商场经营中形成瀑布效应。

万达目前的确已经形成了相对比较成熟的招商或者说商业地产的操作模式，以上的 4 个原则是它们很多经验教训积累的成果。首先来看，万达购物中心本身是区域购物中心，超市、百货、院线、餐饮服务这些主力业态在其中都是存在的，从这个模式本身来讲，区域购物中心也不会有什么特别神奇的东西出来，万达其实在关注它的差异化。例如，2006 年以前，万达购物中心中的超市都是沃尔玛，百货是百盛做主打，院线是时代华纳（当然现在变成了万达院线）。就目前来讲，万达具体项目中的超市、百货、院线，其主力的合作商也有一定的差异化。最大的差异化其实体现在商家。同样是沃尔玛，同样是百盛，在不同的城市，这些店的商品组合会有一定的调整。所以，区域购物中心相对来讲是一个比较清晰的模式化的架构，但是从自身的特色来讲，这些区域购物中心的特点在于这些商家的商品组合，无论是专卖店还是餐饮，这些非主力商招商之外的个性化和差异化，从建筑和设计上会有很多自己的特点。

解读万达商业地产模式

目前国内持续升温的商业地产实际上还处于“成长期”。作为商业地产的领军企业，万达模式一直是大家学习的榜样，在商业地产领域占据显赫的地位。万达商业地产模式的招商有 4 大原则。

（1）良好的政府关系和银行信用资源。商业地产的价值首先在地段。万达前期通过地产和足球经营建立起来的品牌影响力，使万达在各地的投资招商会上，能够拥有竞争对手不具备的优势，加之万达在商业地产选址上的敏锐眼光，万达几乎在每个城市的商业地产项目都能独占最具商业价值的黄金地段。有了当地政府的支持，有了核心的商业地段，在项目投资开发上，万达凭借多年良好的银行信用记录而获得银行资金的大力支持，自然就是顺理成章了。可以说，政府的支持和银行的扶持是万达在商业地产上获得成功的重要因素。

（2）国际商业资源的深度挖掘和多方整合能力。万达一开始就与国际零售巨头沃尔玛、百安居、百胜等结成了战略合作的伙伴关系，形成了万达独特的“订单地产”模式。“订单地产”模式是万达的独特优势。“订单地产”模式开发至少为万达带来3个方面的好处：一是项目号召力的提升；二是项目商业价值的提升；三是投资开发风险的减小。另外，尽管万达在与这些国际巨头的结盟合作过程中，在租金上做出了很大的让利甚至牺牲，但通过沃尔玛巨头们的良好经营和品牌影响力，万达在获取有限租金之外，最大限度地获得了资产升值，从而使万达的资本实力日益增强，为其持续发展奠定了坚实的基础。

（3）强大的营销能力。我们几乎在每个城市都能看到占据核心商圈的万达项目围板上震撼人心的广告牌，以及当地媒体上富有冲击力的广告语。铺天盖地的广告，将万达“订单地产”中的国际巨头商家的品牌号召力、万达自身的品牌影响力以及项目的地段优势发挥得淋漓尽致，做足了卖点，极大地促进了项目的销售。尽管万达商铺的售价高出当地同质商业物业许多，但仍然阻挡不了商户的投资购买热情。万达不仅自己成为商业地产中的明星项目，而且也极大地抬高和拉升了当地其他商业楼盘的销售价格。万达强大的营销能力是其他投资商所不能及的。

（4）连锁经营模式。万达凭借其实力和品牌号召力，一开始就高举连锁经营的大旗，在全国各地攻城略地，连锁开发经营万达购物广场，使万达商业地产真正实现规模化开发、连锁化经营。连锁化发展和经营反过来又进一步加强了万达在政府、银行心目中的分量，巩固了万达与沃尔玛国际巨头们的结盟。

资料来源：根据百度文库资料整理。

案例讨论

1. LC项目的销售方案有何不足？
2. 万达广场的招商模式能否被复制？

学习任务

1. 编写2010G06号地块项目的销售方案。
2. 编写2010G06号地块项目的物业管理介入方案。

房地产企业是靠交易经营来实现投资回报的，房地产销售是房地产交易的重要组成部分。本章详细讨论了与房屋销售有关的内容。

12.1 房屋销售价格

房地产企业经营的效益在很大程度上取决于房地产销售价格。因此，房地产企业都希望自己所开发的房屋有一个理想的销售价格。

1. 定价原则

房地产的价格虽然在很大程度上受政治、经济及非经济等诸多因素相互作用的影响，但是如果仔细分析房地产价格形成的过程，就可以发现房地产作为一种特殊的商品，仍然摆脱不了支配一般商品价格变化的基本经济法则，这些经济法则直接或间接地影响着房地产价格的波动。

（1）供需原则。房地产市场调节机制能有效地调整房地产的供给与需求，使之达到均衡状态，从而完成房地产资源的有效配置，其方法就是根据价格信号调整供给量和需求量，使之达到平衡。但是，在实践中发现，虽然一般商品的供需原则同样适用于房地产，但由于房地产商品本身的一些特性，房地产市场的价格调节机制又有自身的一些特点：①房地产资金密集，交易金额巨大，且不属于多次性消费品，参与交易的买卖双方人数较少，供需弹性小；②房地产由于供给量受土地供给量的限制，不可能随意增加，从一定时期来看，某种紧缺房屋的供给会相对不足，因此交易者投机的因素较大；③房地产市场严格说来是一种区域性的市场，没有两宗物业的特点是完全一样的，比如位置就不可能完全相同，因而效用也不可能完全一样；④房地产建设周期较长，因此供给调节较为缓慢，即使房地产市场出现供不应求的现象，要增加供给量，也存在着一定时期的滞后现象。房地产价格因为受上述各因素的影响，必须经过长期的逐步调节才能达到均衡，因此房地产市场从短期来看可能是经常处于不均衡状态之中的。

（2）替代原则。效用相似的房地产，其价格也应相近。效用相似是指属于同一供需圈中，使用用途相同、地理位置、环境状况、基础设施情况都相似的房地产。例如，一般的住宅区中的房地产就具有较强的替代性作用，除非特殊情况，否则同一住宅区内的房地产不同单元之间的价格不会相差太大；但在商业区内临近街道的店面位置稍微不同，在经营方面就有千差万别的效益，所以替代性比较低，很难找到效用相似并可替代的产品，因此其价格的差异就很大，有可能相差好几倍。

（3）收益递减原则。在一定的生产技术水平之下，将劳动力和资本（如建筑材料等）投资于土地之上，当每个单位的投资额继续增加时，总收益会随之增加，但当单位投资额递增到最大收益点或称为最有效使用点之后，其边际收益将呈现递减现象。例如，开发商如果盖30层大楼能达到最佳收益，即在30层以内，从开发商开始挖地基、盖一层、二层、三层……一层一层发展，这时总收益会不断增加，但超过30层以后，建造成本会大幅度增加，比如要增加给排水规模和电容量等，都会大大抬高成本，因此总收益会随着楼层的继续增高而递减。

（4）贡献原则。贡献原则是指房地产的某一部分对该不动产的整体收益有什么贡献。例如，在建筑物的地下室如果增添停车场设备予以出租和出售，则可使总收益增加，由贡献原则可以知道建筑物是否应追加投资。如果追加投资能使不动产整体使用效率提高且增加的效益可以抵偿投资成本并有富余，则该投资就属于有利投资。一般而言，在楼房的地下室设立停车场，既可以从停车场本身获得效益，同时也能增加对顾客的吸引能力，使整个大楼提高总体效益。

（5）适合原则。适合原则是房地产资源的最佳使用原则，又称土地最佳使用原则。如果不做最佳使用规划，则无法获取满意的收益，甚至有可能亏本。适合原则除了土地的用途要与该地区环境相配合以外，房屋建筑与该地段的地价或环境要求还要相配合。如果开发商在支付了昂贵的地价之后，在繁荣商业区盖一些低档的建筑，则很难获取满意的收益。

（6）竞争原则。目前房地产业具有所谓相当多的超额利润，使得众多投资人蜂拥而入，我国的房地产开始面临相当激烈的竞争。投资者的趋利性使得大量资金、人力和物力投入到房地产，其结果必然会造成房地产总供给量增加，价格降低，从而使得畸高的超额利润减少，房价逐渐趋于合理。

（7）预期原则。房地产的价格受居民预期心理及未来可预期的收益影响很大，因此投资于有收益性的不动产是在预测该不动产未来能产生较大收益的情况下进行的，即通常投资者所熟记的口诀：能产生潜在增值收益的投资品是最富有魅力的投资品。这种预测有时是理性的，有时则是非理性的，但对买者心理的影响很大，从而会大大影响房地产交易的价格。

2. 定价方法

价格的确定关系到房地产企业能否收回成本、能获取多少利润。但是，价格是在市场中形成的，价格的确定必须考虑市场供求情况。定价不仅为买家所关注，同时也因此而确定了房地产开发商能从该物业赚多少钱，是否达到其预期的利润等。在房地产行销过程中，最敏感也最为买家感兴趣的，就是房地产开发商对其产品的定价，买卖双方达成协议的最根本的问题就是价格问题。房地产不管如何定价，最后都必须符合市场原则，接受市场的最后检验。如何制定最适当的价格，获取最大的利润，是房地产投资者最感兴趣的事情。下面介绍房地产开发经营过程中常用到的几种定价方法。

（1）成本加成定价法。这主要是按房屋造价加一定的提成定价。该方法是先计算出房地产产品的全部成本，然后再加上一定比例的利润，比如40%，就得到房地产出售时的定价。这种方法的特点是先得出成本，规定一个合理的预期盈利比率，两者相加就得到售价。举例来说，如果某套房屋成本价为100万元，预期利润率为40%，则该物业出售时可定价140万元。成本加成定价法虽然比较简单，但仍必须考虑房地产市场行情及市场竞争的激烈程度，若市场竞争激烈，则预期盈利比率要下调。

（2）竞争价格定价法。这主要是按当前市场竞争情况决定价格。价格主要根据相近产品或附近地段房地产市场竞争的状况而制定。当竞争激烈时，条件相当的两工地，即使价格相差幅度很小，比如只差总价格的3%，房地产买家也会倾向于购买价格相对便宜的房地产。当房地产市场处于行情看涨的高潮时，先上市物业可能定价稍微低于市场可接受的价格水平，而后上市的物业即使与先上市物业的产品性质、地段、繁荣状况都相似，也可以定出比较高的价格。在竞争性市场上，可能有一些物业不是因为其成本价格高，而仅仅因为开发公司的“牌子”响亮而定出比相似物业更高的价格，这也是可以理解的，这实际上是普通消费者购买“名牌”产品的虚荣心在物业购买上的反映。总之，能比竞争者推出价格较高的项目，往往不以“价廉”取胜，而是以“物美”取胜，主要靠公司信誉卓著、建材高档、设计精巧独特等，如万科公司的楼盘。

（3）加权点数定价法。这主要是按朝向差价、楼层差价、采光差价、面积差价、视野差价、产品差价、设计差价等综合因素制定价格。在制定预售房屋的价格时，通常收集一系列同类物业交易的价格等相关资料，运用市价比较法，分析房地产市场行情，然后根据房屋面积、朝向、视野、楼层、市场繁荣程度等情况，分别给出不同的价格，根据这些价格来用加权平均法计算出整个物业出售时的合理价格水平，这种价格水平综合了各种不同情况，并对物业各相关部位的利弊进行了平衡，因而是一种平均的、折中的价格，容易为购买者所接受。实践证明，房屋差异决定房屋差价。加权点数定价法主要有 7 种情况。

1）朝向差价。一般而言，根据我国独特的地理环境和文化背景，南北朝向的房子价格较贵，东西朝向的房子价格相对便宜，单向朝北的房屋则更便宜。

2）楼层差价。对多层楼房而言，一般三、四层较贵，而高层则相对便宜。对高居公寓而言，一般层越高价格越高。

3）采光差价。如果房屋两边采光，则价格要贵，一边采光价格次之，而常年无阳光的房屋最为便宜。

4）面积差价。由于人们在不同面积的房屋中生活的舒适感觉程度完全不一样，因此房屋面积需确定一个适度规模，面积太大或太小（不配套）的房屋每平方米单价都不可能太贵，而以最适宜人们生活的尺寸（目前在 80～140 平方米）的房屋每平方米单价较贵。

5）视野差价。如果房屋面临公园、湖泊，视野较佳，是所谓的景观房，人生活在里边会感到轻松自然，这样的房屋一般价格较贵；如果房屋面临闹市区、垃圾场，视野较差，即使在同一栋楼的同一楼层，价格也会比视野较好的房屋便宜。

6）产品差价。房地产是由建筑材料构成的，建筑材料有许多档次，从外墙到屋内建材价格差异很大。例如，木质、铝质门窗和铜铸大门、高级铝门窗价格相差很大；外国进口的厨房设备、卫生设备也比国内产品贵好几倍。建材高档则价格较贵。

7）设计差价。室内格局、大小公共设施的配备都会影响房地产价格。另外，如开放空间、休闲空间的设计也会因提高居住品质而提高房地产的价位。所以，选择出色的规划设计单位很重要。

（4）顾客感受定价法。这主要是让顾客先看房，对于房屋有一个较为直接的感受，后面通过拍卖或与顾客直接谈判来定价。当购房者对开发商的牌子和信誉有信心时，即使该产品价格稍高于其他同类产品，购房者也会乐于购买；当购房者对开发商不具有信心时，即使该产品定价低于其他同类产品，购房者也会犹豫再三甚至怀疑其产品质量，大大影响房屋的销售。所以，开发商定价时要周密考虑。房地产定价最后都得经过市场检验，如果购买者乐于接受，则该产品行情看涨，否则行情不妙。房地产与其他许多商品一样，产品品牌和开发商信誉能主导消费者的消费欲望。但是，房地产定价也不能太离谱，要参考成本价格，如果定价超过顾客所能承受的价格，销售反而会不利。总之，房地产定价是一门艺术，里面有许多技巧和策略，一方面是针对同行的竞争，另一方面则是面对消费者，其最重要的是把握消费者心理，使房地产价格乐于为消费者所接受。离开了这一点，任何技巧和策略都是空谈。“消费者是上帝”这句行销格言在房地产定价时必须牢牢记在心里。当前惯用的“低开高走”定价法就很好地把握了顾客的感受，满足了其房子买了就升值的“买赚了、买对了”心理。

（5）单个产品定价法。每套房屋的价格都不一样，即普遍采用的“一房一价”。

（6）分批定价法。按每次开盘时间不同定价，一批比一批价格更高或更低，同批次房屋价格基本相同。

（7）时点定价法。以销售价格为基准，根据不同的销售情况给予适当调整各出售单位价格的策略，大致有折扣和折让定价策略、用户心理定价策略。

（8）分市场定价法。按低、中、高不同的市场需求档次定价。

3. 开盘价格策略

在整个价格策略中，开盘定价是第一步，也是最为关键的一步。事实证明，好的开端往往意味着成功了一半。通常用得较多的开盘价格策略有以下两种。

（1）低价开盘策略，指楼盘在第一次面对消费者时，以低于市场行情的价格公开销售。若一个楼盘面临的是以下一个或多个情况，低价面世将是一个比较明智的选择：产品的综合性能不强，没有什么特色；项目的开发量体相对过大；绝对单价过高，超出当地主流购房价格；市场竞争激烈，类似产品多。上述情况下的低价开盘是一个好的策略，但不是绝对的保证。正如任何决定都有它的利弊两面一样，低价开盘也不例外。低价开盘的有利点是便于迅速成交促进良性循环，便于日后的价格调控，便于资金回笼；它的不利点是首期利润不高，楼盘形象难以很快提升。

（2）高价开盘策略，指楼盘第一次面对消费者时，以高于市场行情的价格公开销售。采取高价开盘策略多半是源于一些非销售因素的考虑：具有别人所没有的明显楼盘卖点；产品的综合性能佳；量体适合，公司信誉好，市场需求旺盛。和低价开盘对应，高价开盘的利弊正好与之相反，主要好处是便于获取最大的利润，但若价位偏离主力市场，则资金周转会相对缓慢；便于树立楼盘品牌，创造企业无形资产，但日后的价格直接调控余地少。

总之，无论是低价开盘，还是高价开盘，它们都有各自的实施条件和利弊因素，但相对于市场行情的开盘，它们都更具有一层积极进取的意味，企业需要不断主动适应千变万化的市场，才能最终在市场上创造良好的售楼业绩。

12.2 项目销售渠道与促销推广

1. 销售渠道

销售渠道就是项目产品从开发公司进入客户消费的途径，选择商品住宅销售渠道是住宅销售的基本组成部分。目前，我国的商品住宅主要有以下销售渠道。

（1）开发公司销售部门直接销售。

（2）房地产中介公司代理销售。

（3）交易所代理销售等。

开发公司选择销售渠道主要应根据市场条件和销售量来决定。当市场为卖方市场时，商品住宅供不应求，开发企业销售人员完全可以坐等顾客上门，在这种情况下寻求其他渠道不但浪费人力、物力、财力，而且还会影响企业的经济效益。但在买方市场条件下，开发企业就必须寻求多个销售渠道。如果待售的数量不是很多，企业自身的销售又很强，那么开发企业也可以采取直接销售的形式，否则就应该委托房地产中介机构代理销售。无论采用哪一种销售渠道方式，都要充分利用网络销售渠道。

2. 树立品牌形象打造 VI 系统

（1）品牌形象定位。提炼品牌核心基因“概念”，以突出“概念”为内容定位品牌形象。

（2）产品 VI 系统打造。一是产品视觉形象的基础部分，包括案名、案标、色彩等，如图 12-2 所示；二是产品视觉形象的应用部分，包括工地包装、售楼处包装、样板房包装、城市包装、媒体宣传、销售资料、销售道具、办公环境、人员形象等。

图 12-2　春水苑案名案标

资料来源：南京房地产网 http://www.e-njhouse.com。

3. 促销推广

项目整体市场促销推广，就是用最专业实效的广告形式、最有创意的文案和设计、最经济的广告预算、最佳的媒体资源整合传播，在最短的时间内，最大限度地彰显物业的价值，为项目找到最有潜力的目标消费者，从而达成销售目标的有效实现。

（1）广告策略。广告是最常用的推销手段，用于商品住宅推销的广告可以是企业广告——专门介绍企业名称、规模、主要产品、地点、总经理及主要业绩等；也可以是商品广告——重点介绍待销售的商品房地产、面积、装修水平、售价等。要分阶段来制定广告的内容、投放方向和投放力度、频率以及对广告效果的要求。比如售前的形象品牌广告，要表达什么内容，如何表达，向谁表达，要表达多少次以及采用什么语言风格，用什么图案、什么颜色等都要一一安排妥当。

根据实践经验，广告不是万能的营销推广。房地产的营销推广，绝非广告量越大，效果就越好，也不是指广告越有创意，就能卖掉越多的房子。产品推广，不仅仅只是“广告”那么简单。广告不是营销的全部，做实效的广告比一味强调创意的广告更有市场，要做就做以合理的广告投入实现房屋价值升值的广告。房地产因其不可移动性和金额庞大，故此客户的购买行为需要一个较长的思考分析过程才能发生，绝不是凭一两个广告就可以奏效的，最重要的是帮助买方建立对企业和物业的信心。物业的价值也可以分作硬价值和软价值两种，硬价值就是成本加利润，它没有弹性，而软价值就是目标客户对物业的承认，它的弹性很大，比硬价值更重要。产品推广就是利用各种手段让目标客户从对物业的良好印象开始逐步到欣赏到信任，最后到购买，这期间需要传播大量的信息，从多方位多角度包围目标客户，帮助他们去除种种顾虑下决心购买。

| 实践经验 |

好广告是优秀的营销员

广告不是演员，而是商人，是宏观层面的营销员。做广告千万别干起演员的行当，去追求掌声，而忘却了自己真正的追求——销售成果。真正好的广告，着眼点一定是促销。在一定意义上，广告就是纸上推销术。开发商一定要用推销员的标准而不是娱乐的标准去衡量广告。当然，广告中的创意并不是不重要，高水平的广告往往有着很好的创意，但这种创意更多的是体现在“表现”方面的，而且是在正确的广告观指导下进行的。没有正确的广告观指导，很多创意纯属“瞎创意”“莫名其妙的创意”“消费者看不懂的创意”，因而也是无效的创意。一些开发商投了许多钱做广告，销售却无大的起色，以为是广告没有用，其实并非如此。很多情况下，这主要是因为弄不清广告的真谛，走偏了道。房地产广告要尽量使自己的楼盘成为购房者“想买并且能买”的贴近广大百姓的住宅楼房。从诉求方式、诉求内容、投放媒体等多方面都要体现出一种人文关怀。在诉求方式上，要有充满人情味的感性诉求，宣传内容要以亲切的生活画面为主，以此来增强与客户沟通的亲和力。在诉求内容上，“物业管理”“智能化服务”“社区文化氛围”“健康空间”“人性化设计”“数字化技术”等是新近出现的新颖的诉求点。广告说辞如“为爱找一个温馨家园”“为每个梦想设身处地”“超越所有期待，让生活充满阳光”等都能体现开发商对消费者的人文关怀（见图 12-3）。

图 12-3 华汇康城宣传广告

资料来源：南京房地产网 http://www.e-njhouse.com。

（2）媒介策略。媒介策略是指开发企业与新闻传媒单位建立良好的社会关系以实现企业与项目的辅助性宣传效果。和传媒建立关系就是和记者、编辑们建立关系。媒介关系有着难以估量的作用，媒介传递信息迅速，传播面广，可信度高，如果几大媒体同时报道某企业的业绩佳、信誉好，无疑就是帮该企业在公众心目中树立了良好的形象，而且其效果要比广告好得多。最高明的媒介策略是善于"制造新闻"。制造新闻有一个基本原则，那就是决不能弄虚作假，它应该是建立在真实的基础之上，经过策划者的巧妙挖掘，经由记者采访报道并在各大媒体上进一步推广。

（3）媒体策略。媒体策略，即媒体选择和组合策略。由于媒体的多样性和复杂性，因此策划者首先应该对众多媒体要有相当的认识。媒体是信息的传播工具，凡能在广告主与广告对象之间发挥媒介作用的物体都可称为广告媒体，不论广告的创意多么巧妙，它最终必须依靠媒体才能传达到目标视听众。不同的媒体具有不同的特点，不同的刊播时间具有不同的效果，因此，选择什么媒体，在什么时间刊播就很有讲究。媒体可分报纸、杂志、电视、广播、户外广告、网络等大众媒体，以及宣传画册、售楼书、人际传播、直邮广告、礼品广告、现场布置、通信等特殊媒体两种，此外还有自媒体，每种媒体都有其优缺点。

根据实践经验，按目标客户的行为习惯来选择媒体效果较好。不同的客户接触媒体的类型、时间、地点、方式、态度都是不一样的。有效的传播途径必须和目标客户对待媒体的接触习惯尽量统一，媒体选对了，时间也要对，时间对了，地点也要对，只有不断精确我们的媒体选择，我们的广告才能实现预期的效果，"钱要用在刀刃上"。例如，同样是报纸、电视，也存在一个选择的问题。就拿南京来说，哪份报纸效果最好，哪家电视台效果最棒，这是不能一概而论的，应该根据目标客户的行为习惯来取舍，有些项目并不一定非要通过报纸或电视才能达到好的推广效果。对于面向本地市场的住宅项目，选择发行量大的地方综合性报纸和收视率高的电视台是正确的，但是哪天刊播效果最好，这又要看目标客户的行为习惯。对于打工一族来说，周末下了班买份晚报回去轻轻松松地读，次日早上买份日报边看边喝早茶，这是这群人的行为习惯，因此星期五的晚报和星期六的日报是住宅广告的黄金时段；周末晚上的电视节目比较精彩，一家人聚在一起看电视，此时的住宅广告正好可以让一家人一起议论，其效果较之报纸更好，如果此时此刻出现写字楼的广告就显得有些不识时务，因为与写字楼相关的业务一般是公司的事。写字楼的目标客户一般都是企业，尽管企业也订有综合性报纸，但通常企业在正常工作时间是不允许员工看的，但对经济类报纸和专业报纸则允许甚至鼓励有关人员看，这是工作需要，包括老总自己也会更加注意经济类和专业性报纸，因为这和他的生意有关。因此，写字楼的促销广告，选择经济类报纸和专业性报纸，其效果往往更好，而且费用要比综合性报纸低得多。写字楼的推广，最好是准备好一套完整详细的资料后，派人直接送上门去。对于个体经营者来说，周末生意兴旺，一周就靠那两天赚钱，让他去看报纸岂不是断了他的财路，因此，如果你的目标客户是他们，那么周一至周五随你选哪天。如果你想让人接受你的信息，切忌三点：一是不能使人紧张，想让人聚精会神地听你说不太可能；二是不能费解，让人半天也想不明白的话应该跟哲学家去说；三是不能啰唆，喋喋不休的话谁也没耐心听。这就是当今人们的普遍心态。

（4）派员销售。一般适用于总价值大的房屋销售，就是由房地产企业经营销售部门人员或专职销售人员直接找到客户进行商品住宅销售。它与广告销售互为补充，具体做法是根据市场预测尽可能地掌握潜在客户的信息，摸清楚可能的买主，派人主动上门介绍本企业及商品房情况，促成买卖成交。推销技巧有以下三种。①摸透人心。购买者往往对质量和价格比较关心，应重点介绍本公司所开发住宅的质量和价格。②理解他人。站在对方立场看问题，对一般购买者来说常常存在购房款不足的问题，所以，如果适当的话，可在价格和付款方式方面下功夫，如价格优惠、分期付款等。③旁门先入。一般说，购买住宅者往往有多方面的困难，如就医、孩子入托和上学等，如果有条件在这些方面为购买者解决困难，那么购房者一般会立即购买。

| **实践经验** |

销售“成交三部曲”

售楼人员与客户进行交易，要技巧性地诱导顾客下定购买决心，用自信和韧性促使成交。当你向客户详尽地讲解完楼盘的概况并回答完客户疑问后，就要主动提出成交的要求。“马先生，您看，2 号楼 503 室各方面都符合您的要求，要不就定这套吧?”这是一种假设成交的技巧。如果客户没提出不同意见，就意味着订单到手了。但往往刚开始提出成交要求时，出于对自我利益的保护，在客户没有完全明白购买行为中能得到什么利益点之前，他会用最简单的方法——拒绝购买来保护自己。因此，不要在客户提出拒绝后就与此顾客“拜拜”。面对顾客的拒绝，我们可以装作没听见，继续向客户介绍楼盘的新“利益”点，在顾客明白这一利益点后，再一次提出成交的要求。

第一步：向客户介绍楼盘最大一个利益点。

第二步：征求客户对这一利益的认同。

第三步：当客户同意楼盘这一利益点的存在时，向客户提出成交要求。

这时会出现两种结果：成交成功或失败。如果失败，你可以继续装聋作哑，对客户继续装着没听见，继续向客户介绍一个新的利益点，再次征得客户的认同和提出成交的要求。有时甚至提出四五次成交要求后，客户才最终肯签约。经验表明，韧性在售楼的成交阶段是很重要的。甚至，在向客户几次提出成交要求遭到客户的拒绝，眼看成交无望后，仍不要气馁。成交的关键是六个字：主动、自信、坚持。具体来说，首先，售楼员要主动请求客户成交。许多售楼员失败的原因仅仅是他没有主动开口请求客户落定。不向顾客提出成交要求，就像看中了姑娘却没有勇气求爱一样，最终没有达到预期的效果。其次，要充满自信地向顾客提出成交要求。自信具有感染力，售楼员有信心，客户会受到影响，客户有了信心，自然能迅速做出购买行动。如果售楼人员没有信心，会使客户产生疑虑：现在就落订合适吗？最后，要坚持多次向客户提出成交要求。事实上，一次成交的可能性会很低的，但事实证明，一次成交失败并不意味着整个成交工作的失败，客户的“不”字并没有结束售楼工作，客户的“不”字只是一个挑战书，而不是阻止售楼员前进的红灯。

资料来源：根据南京房地产网 http://www.e-njhouse.com 上资料改写。

（5）营业推广。营业推广也称“销售促进”或“销售推广”（sales promotion，SP），是一种适宜于短期推销的促销方法。房地产营业推广是房地产企业为鼓励购买、销售产品而采取的除广告、公关和人员推销之外的所有企业营销活动的总称。营业推广有赠送促销、折价券、抽奖、现场展示、会议促销等形式。

（6）活动策略。推广活动多种多样，企业常用的有召开新闻发布会、公益活动、酒会、座谈会、参观活动和庆典活动等。召开新闻发布会效果很直接。一些地区成片的商品房建成后由于销售量很大，或一些专门对外商、港台人员销售的住宅，可采取新闻发布会的方式，开会同时发放印刷品，可在较短的时间内，利用多种渠道，尽量扩大宣传。这种方法集视听、文字材料及与潜在客户面对面介绍情况于一身，往往影响较大。企业参加公益活动体现了企业的社会责任感。由于房地产经营其社会效应非同小可，一个富有社会责任感的房地产企业会使公众联想到其所开发的物业是值得信赖的。在适当的时候，举办一些酒会、座谈会，邀请社会各界人士和部分目标客户出席，有助于企业和社会各界建立良好的关系，以及加强与目标客户的沟通，为项目的推广积累社会基础。参观和庆典活动是在特定时期举行，如竣工、周年庆等，企业可以邀请新闻单位和部分已购房客户、目标客户到公司和工地参观采访，让外界和目标客户及时把握项目进度，增强对项目的信心。此外，与已购房者保持感情联络非常重要，一个已购房客户很可能会再引进一个甚至多个购房客户。有计划地安排企业参加、举办一些社交活动，将有助于提高企业在公众心目中的形象，促进项目的推广进度。

| 实践经验 |

“佳邻有约”鸡尾酒会

世代雅居在一期交房时，隆重推出了“佳邻有约”鸡尾酒会的活动。近200名客户陆续到场，在置业顾问的相互介绍下，业主们认识自己的佳邻，并在融洽的酒会气氛中开发商也从工程进展、物业管理及收费、会所等多个方面向客户传递出社区人文关怀的信息，共同憧憬美好的未来。会后，很多业主自然成为最有力宣传广告，为项目第二阶段的顺利推广奠定了有力的基础。

12.3　项目销售管理

1. 销售预备工作

（1）房产项目合法的审批资料预备。房产项目应准备《建设工程规划许可证》《国有土地使用权证》。预售商品房要准备《商品房预售许可证》，现房销售应准备《商品房销售许可证》等资料。假如委托中介机构代理销售，还应准备正式的《代理销售委托书》。

（2）销售资料准备。①宣传资料的准备，包括楼书、折页、宣传单等房产销售的宣传资料；②客户置业计划准备，就是楼盘在推向市场时，不同的面积单位、楼层、朝向、总价等都不会相同，因此应事先制订出完善的客户置业计划，这样客户可以了解自己的选择范围；③认购合同准备；④购房须知准备；⑤价目表与付款方式一览表准备；⑥其他相关文件，具体可根据项目自身来确定，如办理按揭指引、须交税费一览表、办理进住指引等相关文件或资料。

（3）销售人员准备。为保证销售工作能顺利完成，必须保证销售人员的数目与素质。对招聘的销售人员，要进行系统的售前培训工作，以提高其素质和能力。

（4）销售现场准备。有意向购买的客户接到楼盘销售的信息后，会来到现场参观，现场状况将直接影响其购买行为。售楼现场应做好以下几点。①售楼处设计布置。售楼处应设在目标客群常常容易出入的区域附近，同时又较易到达工地，便于客户看房；销售处的设计、门面装修也很重要；内部的布局最好有展示区、接待区及销控区，不要混杂，内部的色彩基调宜用暖色，易使人产生暖洋洋的感觉。②销售道具设计制作。包括：模型——规划沙盘、立面模型、剖面模型；效果图——立面透视效果、鸟瞰效果、中庭景观效果、单体透视效果；墨线图——小区规划墨线——楼层平面墨线——家具配置墨线等；灯箱片——把效果图、家具配置等翻拍成灯箱片；裱板——把楼盘最重要的优点用文字、图表的方式制成裱板，挂在销售中心的墙上，便于销售员解说。③样板房精装修、看楼通道的安全畅通与包装、施工环境美化。④一些户外广告牌、灯箱、导示牌、彩旗等，以营造现场喜庆的氛围。

一般而言，销售前的准备时间应在40～60天。

2. 销售实施工作程序

为确保销售工作有序、快捷、准确地进行，通常销售工作根据如下程序开展。

（1）客户接待与谈判。该项工作由销售人员负责，此项工作销售人员必须按照有关规定进行。其他财务、工程及物业管理方面的专业人员，可在销售经理指示下及销售人员的请求下协同工作。

（2）定金收取及认购合同签订。该项工作由销售人员与财务人员配合完成，认购合同由财务人员统一保管，在使用前由销售人员按顺序号领用，然后才能通知收取定金。

（3）交纳首期房款，签订正式楼宇买卖合同。

（4）交纳余款或办理按揭。

（5）其他售后服务，包括已购房顾客回访、顾客提出有关申请的跟进与落实、项目进停止续的协助办理等。在这些服务过程中，销售人员必须树立“一次生意、终生客户”的宗旨，将顾客发展成为忠实顾客，为以后创造新的销售机会，同时还可以树立企业良好的形象。

此外，还有售楼处的人员排班、考勤、卫生、销售档案等日常办公管理。

3. 销售进度控制

销售进度控制（简称“销控”）是销售过程中一项重要的工作内容，好的销控能确保房屋均衡销售、资金均衡回笼，从而能保证开发建设均衡施工，避免房地产开发出现忽高忽低难以控制的局面。

（1）楼盘销控的含义。在整个楼盘营销过程中，应该始终保持有好的房源，要分时间段根据市场变化情况，按一定比例面市，这样可以有效地控制房源，而且后期的好房源面市时，正处于价格的上升期，还可以取得比较好的经济效益，这就是销售进度控制。

（2）主要销控措施有以下几种。①时间控制。房地产销售阶段的时间控制如表 12-1 所示。②价格与房源控制。要设置价格阶梯，均衡推出房源。但是，销售不可能一帆风顺，难免会有卡壳现象，所以需要有卖点储备与挖掘。及时推出新卖点，可以缓解销售卡壳现象，确保销售过程均衡化。③禁止虚假的不合规的销控做法。不合规的做法有假销控表、雇托炒房、人为惜售、虚假合同、拖延审批、延后预售许可等，人为制造房价上涨假象。不合规的做法会人为导致房地产价格非理性上涨，加剧普通百姓购房负担甚至导致有需求者买不起房，政府主管部门会严令禁止。

表 12-1　房地产销售阶段控制

阶　　段	时　　间	累计销售量
预售期	开盘前第 1～3 个月	5%～10%
强销期	开盘后第 1～2 个月	40%～60%
持续销售期	开盘后第 3～6 个月	70%～90%
尾盘期	开盘后第 7～12 个月	90%～100%

4. 商品房预售操作管理

（1）商品房预售，是指房地产开发企业将正在建设中的房屋预先出售给承购人，由承购人预付定金或房价款的行为。《城市房地产管理法》规定商品房预售实行预售许可。

（2）商品房预售的条件。①已交付全部土地使用权出让金，取得《国有土地使用权证》；②持有《建设工程规划许可证》和《建筑工程施工许可证》；③按提供预售的商品房计算，投入开发建设的资金达到工程建设总投资的 25% 以上，并已经确定施工进度和竣工交付日期；④开发企业向城市、县人民政府房产管理部门办理预售登记，取得《商品房预售许可证》。

（3）商品房预售许可。①含义。房地产开发企业进行商品房预售，应当向房地产管理部门申请预售许可，取得《商品房预售许可证》。未取得《商品房预售许可证》的，不得进行商品房预售。开发企业进行商品房预售时，应当向求购人出示《商品房预售许可证》。②申请商品房预售许可。房地产开发企业应当向城市、县人民政府房地产管理部门提交下列证件及资料：商品房预售许可申请表；开发企业的营业执照和资质证书；土地使用权证、建设工程规划许可证、施工许可证；投入开发建设的资金占工程建设总投资的比例符合规定条件的证明；工程施工合同及关于施工进度的说明；商品房预售方案，包括商品房的位置、面积、竣工交付日期等内容，并应当附商品房预售分层平面图。③房地产管理部门做出的准予商品房预售许可的决定，应当予以公开，公众有权查询。

（4）商品房预售合同登记备案。房地产开发企业取得《商品房预售许可证》，可以向社会预售其商品房。商品房预售人应当在签约之日起30日内持商品房预售合同到县级以上人民政府房产管理部门和土地管理部门办理登记备案手续。禁止商品房预购人将购买的未竣工的预售商品房再转让。

5. 商品房现售操作管理

（1）商品房现售，是指房地产开发企业将竣工验收合格的商品房出售给买受人，并由买受人支付房价款的行为。

（2）现售必须符合以下条件：①出售商品房的房地产开发企业应当具有企业法人营业执照和房地产开发企业资质证书；②取得《土地使用权证》或使用土地的批准文件；③持有《建设工程规划许可证》和《建筑工程施工许可证》；④已通过竣工验收；⑤拆迁安置已经落实；⑥供水、供电、供热、燃气、通信等配套设施设备具备交付使用的条件，其他配套基础设施和公共设备具备交付使用的条件或已确定施工进度和交付日期；⑦物业管理方案已经落实。

6. 商品房交付使用管理

（1）房地产开发企业应当按照合同约定，将符合交付使用条件的商品房按期交付给买受人。未能按期交付的，房地产开发企业应当承担违约责任。因不可抗力或者当事人在合同中约定的其他原因，需延期交付的，房地产开发企业应当及时告知买受人。商品房建成后的测绘结果与合同中约定的面积数据有差异的，商品房交付时，开发商与购房人应根据合同约定对面积差异进行结算。

（2）房地产开发企业应协助购买人办理土地使用权变更和房屋所有权登记手续。房地产开发企业应当在商品房交付使用之日起60日内，将需要由其提供的办理房屋权属登记的资料报送房屋所在地房地产行政主管部门。同时，房地产开发企业还应当协助商品房买受人办理土地使用权变更和房屋所有权登记手续，并提供必要的证明文件。

12.4 房屋买卖程序与合同

1. 房屋买卖原则

房屋买卖是指买方支付房价，向卖方取得房屋的所有权。房屋买卖是一种民事法律行为，应遵守以下主要原则。

（1）平等自愿。在房屋买卖关系中双方当事人的地位是平等的，都是具有民事权利能力和民事行为能力的主体，取得一定权利必须承担相应的义务，反之亦然。当事人在房屋买卖中意志上是独立的，不受对方当事人意图的支配，在房屋买卖关系中是自愿的，自主地表达自己的真实意图，有选择对方当事人和处分自己权利的自由。

（2）协商一致。当事人在房屋买卖关系中，必须充分协商达成一致，不能把自己的意志凌驾于他人意志之上，强迫对方接受自己的意志。协商不一致则不成交。

（3）公平合理。当事人买卖房屋的行为应该公平合理，并有益于双方，在房屋买卖关系中要按照市场价值规律的要求等价交换，一方取得房屋的所有权，必须支付房价，另一方取得房价，必须让出房屋的所有权。同时，不得损害国家、社会和第三人的利益。

（4）履行法定手续。房屋是大宗商品，当事人在买卖房屋时必须履行法定的手续，要办理房屋所有权过户手续、缴纳税费等，这是国家对房产交易实施监督的必要手段，当事人必须按规定办理。

2. 房屋买卖经营程序

（1）确认资格。私人买卖房屋必须提供身份证；单位买卖房屋必须持有单位营业执照和单位法人的身份证。经查验后，确认其具有买或卖房屋资格，再行商谈买或卖房屋事宜。

（2）签订买卖合同。房地产企业或授权的房地产经纪人，在通过种种广告宣传和推销策略，使得消费者表示愿意购买房屋之后，必须订立房屋买卖合同。房屋买卖合同订立的目的，是约束买卖双方必须共同遵守当时双方一致达成的协议。由于协议是在一种特定条件下签订的，因此有必要对合同的条件、交易双方的基本情况及各自的权利和义务加以清楚地说明。房屋买卖合同是进行房屋产权登记时，证明产权来源的有效证明材料，不得弄虚作假。

（3）付款成交。买卖双方在签订房屋购买合同后，买方应按合同规定的日期支付购房款，卖方在收到买方的购房款后，应将所售房屋的钥匙和图纸资料一起移交给买方，房屋买卖正式成交。

（4）房地产过户。房屋买卖正式成交后，根据房屋买卖合同所约定的时间和条件，持必备的产权证明等文件，到当地房地产管理部门办理产权转移登记手续。经房管部门审查确认产权，并按规定缴纳有关税费之后，由房管部门核发产权证书，此时房地产的产权所属就从卖方转移到买方。房地产管理部门的产籍档案中，该房屋产权就归属于买方。到此为止，房地产买卖过程才圆满结束，并受到国家法律保护。

房地产交易过程如图 12-4 所示。

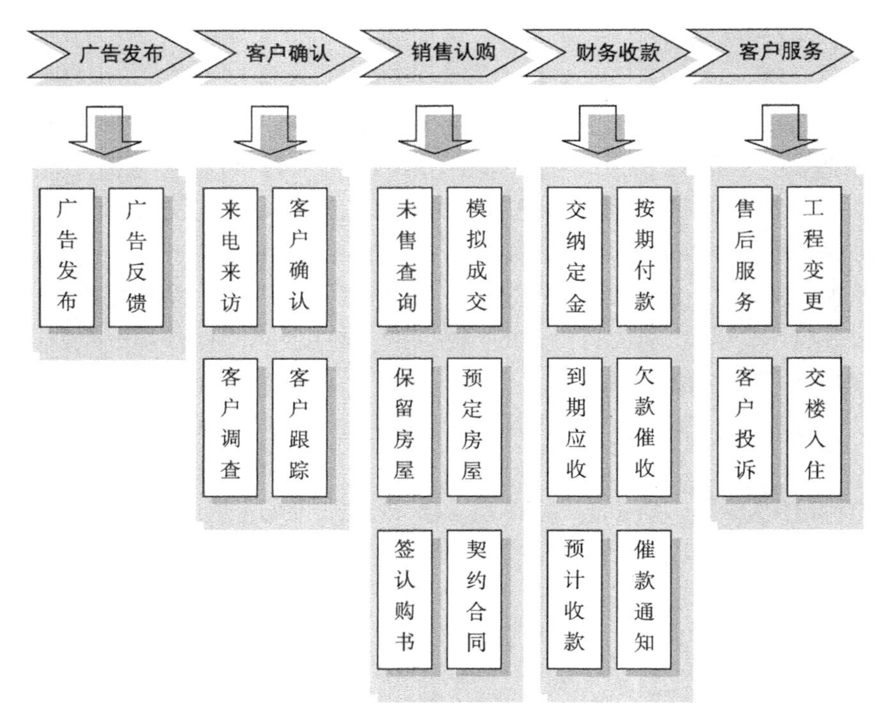

图 12-4 房地产交易过程

3. 房屋买卖合同

房屋买卖合同是指房屋所有人将房屋交付他方所有，对方接受房屋并支付房屋售价的协议。

（1）房屋买卖合同的法律特征。房屋买卖合同是一种财产买卖合同，具有财产买卖合同的一般特征。但是，房屋作为我国法律允许买卖的唯一不动产，房屋合同又有自身的特点，其主要法律特征如下。①房屋买卖合同的标的物是不动产。不动产具有不可移动性，一旦移动就会丧失其用途。这就要求房屋买卖合同的履行必须在房屋所在地，而不能像其他商品一样，可以由一地运往他地。同时，房屋是不可替代的特定物，履行的标的必须是合同约定的房屋，不能用其他房屋代替。②房屋买卖合同是有偿合同，是以当事人双方一方交付房款取得房屋所有权，另一方转让房屋所有权收取房款为内容的合同，双方当事人平等互利，等价有偿。③房屋买卖合同是要式合同。签订房屋买卖合同必须采用书面形式，合同的有效成立还必须以房屋管理部门办理房产过户手续为要件。

（2）房屋买卖合同的内容。一般来讲，房屋买卖合同与一般经济合同有类似之处。房屋买卖合同（契约）是双方当事人就房屋买卖达成的协议，是确定当事人权利和义务的重要依据。房屋买卖合同要条款全面、内容具体、语言精确，这样有利于合同的顺利履行，减少纠纷。房屋买卖合同有如下主要条款。

1）标的。标的是指双方当事人权利和义务共同指向的对象，房屋买卖合同的标的就是房屋。在房屋买卖合同中，应该明确房屋的地点（包括门牌号、朝向等）、类型（住宅或商用房)、结构（建筑房屋使用的材料)、质量（房屋的新旧程度、使用状况)、附属设施等。

2）数量。房屋买卖合同要写明建筑面积或使用面积、楼层数等。

3）价款。房屋的价款是房屋买卖合同的最重要条款，由双方当事人自由协商确定。

4）期限。期限包括合同签订及生效期限、价款的支付期限、交付房屋期限等。

5）交付办法。交付方法包括支付价款办法和交付房屋办法。支付价款办法应该确定是一次性付款还是分期付款；是现金支付、贷款按揭，还是转账、汇兑或信用证支付。买受人在接管房屋时，应对房屋进行验收，并按房产交易程序到房管部门办理房屋产权过户手续，交纳税金和费用，领取房屋产权证明。

6）违约责任。违约责任是指房屋买卖合同当事人违反合同规定，不履行自己的义务所应承担的责任，即支付违约金并赔偿损失。合同中应写明违约金的数额或计算违约金的办法，没有规定的，按法律规定支付对方2%～5%的违约金。

上面几项是房屋买卖合同必须具备的条款，除此之外，当事人一方要求在合同中予以规定并经对方同意，也可以有补充条款。目前我国大都采用由当地房地产管理部门印制的格式合同为主，包括下列主要内容。

1）买主姓名、联系地址、电话及签约日期。

2）房屋所在地理位置、地形图及产籍号。

3）定金支付情况，最后达成的物业成交价格。

4）卖方提供产权证明，包括房产所有权和土地使用权证明。如有疑虑，应该到当地房地产管理部门核实。

5）规定买卖双方应分摊的、应该缴纳的各种税费，如契税、交易管理费等。

6）付款方式。有一次性付款或分期付款。一次性付款可用现金，也可贷款按揭。如果不能按合同约定付款，应承担相应法律责任。

7）规定产权过户的交接日期。过户手续一旦完成，买方即占有物业，同时确认与物业一起出售的固有物和设备。过户前，买方有权检查物业的性能及使用的基本情况，有权要求卖方履行相应的修理义务。过户手续前的一切损失，均应由卖方承担。

8）附加条款。买卖双方就合同未包括但已达成协议的内容，构成协议的附加条款。

9）买卖双方签字。房屋买卖合同经双方签字盖章后生效。有关的经纪人、公证人、律师等都要签名。

12.5　售后服务——物业管理程序

1. 售后物业管理

（1）物业管理是售后服务的重要内容。房地产企业搞好售后服务就是要提供高品质物业管理。物业管理作为房子的售后服务，已经成为房地产市场中一个极为重要的竞争要素，中国楼市已经进入一个比服务、比品质的阶段，没有较好的售后服务的房产最终将无法在市场上立足。

（2）售后物业管理的意义。良好的地段、宜人的环境固然重要，但如果没有一个好的售后服务即物业管理，那么所购的房产依然算不上一个好的物业，更谈不上保值增值了。如今人们在购（租）房时，对楼房物业管理的关注度越来越高，认为物业管理对以后的居住极为重要。不少开发商也已经意识到物业管理的重要，并适时推出物业管理营销概念。不少楼盘广告已经把物业管理作为一个实实在在的卖点来宣传。

| 实践案例 |

金域蓝湾专属物业服务内容及标准

服务主题——“高尚物业，精致管理”

精诚尽力的服务态度、细致入微的品质意识。

服务模式——“O.N.E”模式

“O”亲切（obligingly）：真诚服务，亲近互助，睦邻相融，和谐共生。

“N”高尚（noble）：新贵品位，崇尚文化，体现个性，超越价值。

“E”便利（easeful）：便捷之城，效率时代，触手可及，驾驭时空。

2. 物业的早期介入

物业管理的早期介入，是指开发企业邀请拟从事物业管理的有关人员，参与该物业项目可行性研究，包括小区的规划、设计、施工等阶段的讨论，提出一定的建议。一般是从物业管理和运作的角度为开发企业提出小区规划、楼宇设计、设备选用、功能规划、施工监管、工程竣工、验收接管、房屋销售、房屋租赁等多方面的建设性意见，并制订物业管理方案，以便为以后物业管理工作打下良好的基础。但是，有些楼盘在完工后，物业管理公司才进入管理，往往矛盾很多。

根据实践经验，物业管理早期介入好处多，具体表现在以下几方面。

（1）可以减少使用后遗症。物业管理的基本职能是代表和维护业主的利益，对所委托的物业进行有效管理。然而在物业管理的实践中，一些物业的先天缺陷一直困扰着物业管理企业，如物业质量、设备性能、设施配套及综合服务等，这些均不取决于物业管理企业，而往往在于物业的开发商和建筑承包商。要改变这一状况，把一些以往长期难以得到解决的问题尽可能在物业管理过程中使之限制在最小范围内，就必须开设物业的前期管理，使前期管理同规划设计、施工建设同步或交叉进行，由物业管理企业代表业主，从管理者的角度对所管物业进行一番审视，从而把那些后期管理中力不从心或返工无望的先天缺陷争取在物业竣工之前，逐项加以妥善解决，减少后遗症。

（2）可以全面了解所管物业。物业管理行为的实质是服务。然而要服务得好，使业主满意，就必须对物业进行全面的了解。如果物业管理企业在物业交付使用时才介入管理，就无法对土建结构、管线走向、设施建设、设备安装等物业的情况了如指掌。因此，必须在物业的形成过程中就介入管理，才能对今后不便于养护和维修之处提出改进意见，并做好日后养护维修的重点记录。唯有如此，物业管理企业方能更好地为业主服务。

（3）可以为后期管理做好准备。物业管理也是一项综合管理工程。通过物业管理把分散的社会分工集合为一体并理顺关系，建立通畅的服务渠道，以充分发挥物业管理的综合作用。此外，在对物业实体实施管理之前，还应设计物业管理模式，制定相应的规章制度，并协同开发商草拟有关文件制度，筹备成立业主管理委员会，印制各种证件，以及进行机构设置、人员聘用、培训等工作。这些均应在物业的前期管理阶段安排就绪，以使物业一旦正式交付验收，物业管理企业便能有序地对物业实体进行管理。

早期介入的工作内容主要有 6 大方面。

（1）物业管理公司接洽物业管理业务。有 3 项具体工作：①物业管理费用测算及草拟总体管理方案；②洽谈、签订物业管理合同；③选派管理人员运作物业前期管理。

（2）建立同业主或住用人的联络关系。有 3 项具体工作：①听取业主或住用人对物业管理的要求、希望；②了解业主或住用人对物业使用的有关事宜；③参与售房单位同业主或住用人签约，提供草拟的住户公约、车场管理办法、管理费收缴办法及大楼综合管理办法等。

（3）勘察工程建设现场。有 4 项具体工作：①审视土建工程结构、管线走向、出入路线、保安系统、内外装饰、设施建设、设备安装的合理性，察看消防安全设备、自动化设备、安全监控设备、给排水设备、通信设备、公用设施、电气设备、交通运输及电梯设备、服务设备等设施情况；②对建设现场提出符合物业管理需要的建设方案，磋商解决办法；③在建设现场做出日后养护、维修之用的要点记录；④参与工程竣工验收工作，进行器材检查、数量检查、外观检查、性能检查、功能测试、标牌检查，按照整改计划督促整改。

（4）设计管理模式及草拟和制定管理制度。有 3 项具体工作：①筹建管理委员会；②草拟管理委员会组织章程、住户公约、装修施工管理办法、停车场管理办法、管理费用收缴及使用办法，以及大楼综合管理办法等；③制定总干事、办公室、财务部、门卫、保洁、电梯操作、停车场管理、养护维修、绿化养护等人员的工作制度及工作标准。

（5）建立服务系统和构筑服务网络。有 3 项具体工作：①保安、保洁、养护、维修、绿化、美化队伍的选择、洽谈及合同的订立；②同环卫、治安、供电、供水、煤气、通信、街道等部门的联络、沟通；③构筑各种服务项目网络。

（6）办理移交接管事宜。有 3 项具体工作：①拟定移交接管办法；②成立管理委员会；③办理移交接管事项。

3. 物业的接管验收

（1）接管验收的意义。物业管理公司的接管验收，是指接管开发公司、建设单位或个人托管的新建房屋或原有房屋等物业，以主体结构安全和满足使用功能为主要内容的再检验。它是物业管理过程中必不可少的一个重要环节。物业的接管验收包括对房屋本体自用部位及设施、房屋本体共用部位及设施、公用设施设备、公共场所（地）的验收，具体包括主体建筑、附属设施、配套设备以及道路、场地和环境绿化等内容。

（2）接管验收的作用。物业接管前必须进行验收，物业管理公司不仅要尽早地介入物业的建设，并且要充分利用其在接管验收中的地位严格把关。如果在接管验收中马虎从事，得过且过，物业管理公司就只能遭受损失。因为一旦合同生效，物业管理公司就必须承担合同中规定的义务和责任，所以物业管理公司应该充分重视接管验收。接管验收的作用体现在以下几个方面。①明确在物业接管验收中交接双方的责、权、利。交接双方是两个独立的经济体，通过接管验收，签署一系列文件，实现权利和义务的同时转移，从而在法律上界定清楚交接双方的关系。②确保物业的使用安全和正常的使用功能。物业的接管验收有其相应的标准，通过这一过程促使施工企业及开发企业依据相应的标准组织规划设计和施工。否则，物业将作为不合格产品不允许进入使用阶段。③为实施专业化、社会化、现代化物业管理创造条件。通过对物业的接管验收，一方面可以使工程质量达到标准，减少管理过程中的维修、养护费用；另一方面，根据接管物业的有关文件资料，可以摸清物业的性能与特点，预期管理过程中可能出现的问题，计划安排好各管理事项，建立物业管理系统，发挥专业化、社会化、现代化管理的优势。④提高物业的综合效益。住宅小区的接管验收，不是简单的房屋验收，而是组成住宅小区各部分的综合验收。通过综合验收，使住宅小区注重配套设施的建设，使其综合效益得到不断提高。⑤促进建设项目的及时投产，发挥投资效益，总结建设经验。物业接管验收工作既是其进行投产、发挥效益的前提，也是其正常运营的保证。同时，接管验收实际上还是一项清理总结的过程，既会发现建设过程中存在的问题，以便及时纠正解决，也会取得一些好的建设经验，为以后的建设提供借鉴。⑥维护和保障业主的利益。一方面，大多数业主不熟悉物业的有关技术和政策；另一方面，物业具有很高的价值，这就决定了接管验收对业主的重要性。通过对物业的接管验收，可以使业主的利益得到保障。

（3）接管验收中应注意的事项。物业管理企业通过接管验收，即由对物业的前期管理转入到对物业的实体管理之中。物业的接管验收是直接关系到今后物业管理工作能否正常开展的重要环节，应注意以下几个方面：①物业管理企业应选派素质好、业务精、对工作认真负责的管理人员及技术人员参加验收工作。②物业管理企业既应从今后物业维护保养管理的角度进行验收，也应站在业主的立场上，对物业进行严格的验收，以维护业主的合法权益。③接管验收中若发现问题，应明确记录在案，约定期限，督促开发商对存在的问题加以补齐、整修，直至完全合格。④落实物业的保修事宜，根据建筑工程保修的有关规定，由开发商负责保修，向物业管理企业交付保修保证金，或由物业管理企业负责保修，开发商一次性拨付保修费用。⑤开发商应向物业管理企业移交整套图纸资料，包括产权资料和技术资料。⑥物业管理企业接受的只是对物业的经营管理权及政府赋予的有关权利。⑦接管验收符合要求后，物业管理企业应签署验收合格凭证，签发接管文件。当物业管理企业签发了接管文件，办理了必要的手续以后，整个物业验收与接管工作即完成。

4. 楼宇交付

楼宇交付就是把房屋交给购房者，购房者（业主）领取钥匙，收房入住。当物业管理公司的验收与接管工作完成以后，即物业具备了交付条件后，物业管理公司就应按程序进入物业的交付手续的办理阶段。物业管理公司应及时将收房通知书、收房手续书、收房须知、收费通知书一并寄给业主，以方便业主按时顺利地办好入住手续。由于物业的交付阶段是物业管理公司与其服务对象业主接触的第一关，这一阶段除了大量的接待工作和烦琐的交付手续外，各种管理与被管理的矛盾也会在短时期内集中地暴露出来。为此，这一阶段通常也是物业管理问题最集中的阶段，所以物业管理公司应充分利用这一机会，既做好物业管理的宣传、讲解工作，又要切实为业主着想办事，以树立起物业管理企业良好的“第一印象”，取得广大业主的信赖。楼宇交付的程序与工作有如下几项。

（1）业主的工作。业主的工作主要有5项：①察看房屋、设备及设施；②按时办理收房手续、及时付清房款及有关费用；③仔细阅读“住户手册”，弄清楚管理单位的有关规定、收费情况和入住应办理的手续；④签订“管理协议”，遵守各项管理制度；⑤办理装修申请手续。

（2）物业管理公司的工作。楼宇交付是物业管理环节上最重要的一步，这一阶段业主频繁地出入会产生秩序混乱，甚至发生违章、损坏公共设施等现象。物业管理公司要提供良好的管理和服务，必须有过细的组织措施，在这时一般应做好以下工作。①清洁卫生。动员物业公司全体人员共同努力，打扫好室内外的卫生，清扫道路，使业主（或住户）接受一个干净的物业。②制定管理制度。向业主（或住户）发入住通知书，明确搬入时间，并定出入住须知、收费标准、入住验收手续、入住人员登记、交钥匙登记、装修报审、管理规定等。③物业移交。物业管理公司直接参与了物业的接管验收，因而能对施工质量有清楚的了解，完全能负责地向业主进行物业的移交。物业移交是物业管理公司和业主共同管理、相互监督的开始，移交时双方须完成一系列的交接手续（钥匙交接好、签订交接书），交接涉及的是双方的权利和义务。物业管理公司要有计划地、分批地有秩序安排业主（或住户）入住。④加强治安和服务质量。物业管理公司应提供较多的值班、保安及劳务服务人员，提供保安及劳务服务，及时疏导发生的纠纷。⑤保持道路通畅，为保障入住业主（或住户）的人身及财产安全地搬入住房，一定要保证通道的畅通。⑥装修报审。物业管理公司要对业主（或住户）的装修提供方便条件，并重视装修垃圾的及时清理，坚持装修的报审制度，要避免违章现象出现。

（3）签订契约。在业主或租住户办理手续时，公司应把“住户手册”及时送到业主或租赁户手中，让住户了解辖区管理的有关事宜，并及时签署《公共契约》或《入住契约》。《公共契约》是一份协议、合同的契约，管理单位与业主（或住户）应遵守，并应符合政府颁发的管理办法，以保证签署的“公共契约”的有效性，不能搞霸王条款。

5. 物业的综合管理

物业在竣工验收并投入使用后，物业管理公司要按照《物业管理合同》和《公共契约》规定，为住户提供全方位的服务，对物业实施专业化的管理。物业管理的宗旨是服务，寓管理于服务之中，在服务中体现管理。为了更好地完成物业管理，必须建立一个有明确任务、职责、权限和互相协作、互相促进的质量管理有机体系。在物业管理中，可用“PDCA”循环法来具体落实各项服务的管理目标。PDCA是计划（plan）、实施（do）、检查（check）、处理（action）的缩写，是全面质量管理中一种常用的、行之有效的科学工作方法，它的每次循环可以分为4个阶段8个步骤，逐步提高服务质量，让业主满意放心。

另外，要推行国家通行的物业服务准则——SERVICE服务概念：

- S（smile）微笑，要求员工对每一位业主提供微笑服务；
- E（excellent）出色，要求员工将每一项微小的服务都做得非常出色；
- R（ready）准备好，要求员工准备好随时为业主服务；
- V（viewing）看待，要求员工把每一位业主视为需要提供特殊服务的对象；
- I（inviting）邀请，要求员工每次服务结束时，都真诚地告诉业主愿意随时提供服务；
- C（creating）创造，要求每一位员工始终用热情好客的目光关注业主，预测需求，制订服务方案，使业主时时感到员工在关心自己。

总之，物业管理作为房子的售后服务，将成为今后房地产市场中一个极为重要的竞争要素，没有较好服务的房产，最终将无法在市场上立足。

12.6 房屋租赁的经营与程序

房屋租赁就是房屋使用权与租金的相互交换过程。若从房产所有权人的角度来看，是指为获得经济收入而出让房屋的使用权；从实际使用人的角度来看，房屋租赁则是为使用房屋而以协商租金为计价向所有人承租房屋。房屋租赁的核心问题是确定租金。房屋出租实际上是房地产企业或房屋所有权人将房屋零星出卖的一种形式。不同的是，房屋出售是所有权的转移，并一次性收回房屋建设的投资；房屋出租则是使用权的让渡，分期分批收回建房投资。房屋租金就是房屋租赁价格的简称，是房屋承租人为取得一定时期的房屋使用权，而向房屋所有者支付的经济补偿，因而是一种特殊形式的出售价格。房屋租赁与房屋买卖区别很大。房屋买卖是房屋所有权的转移，而房屋租赁则不发生房屋所有权的转移，房屋所有权仍由房屋所有人即出租人享有，承租人只取得房屋的使用权、收益权。房屋买卖，买受人取得房屋所有权，可以自由处分该房屋；房屋租赁，承租人则不享有房屋的处分权，只能按照租赁合同的规定合理使用房屋，并在租期满后，将房屋交还给出租人。

1. 房屋租赁的基本原则

（1）所有权和使用权分离。房屋的租赁关系一经确立，房屋所有权和使用权即告分离，即房屋所有权人（房地产企业）对出租的房屋不再实际占有和使用，实际占有和使用房屋的是承租人。

（2）权利和义务相一致。在房屋的租赁契约中，必须充分体现租赁双方权利、义务相一致的原则，任何一方都不能只享受权利而不承担与之相应的义务。

（3）合理商定房屋租金。房屋租金主要由双方根据租赁市场行情共同协商一致解决，要公平合理，防止欺诈。在我国，房管部门对房屋买卖管理较严，房屋买卖必须办理房屋所有权的转移手续，房屋租赁则只需到房管部门备案就可以了。

2. 租赁双方的权利与义务

（1）承租方的权利与义务。

1）承租方的权利，有如下4项。①按照租约（或使用证）所列的地址、房间号、规定的用途，承租方对该项房屋在租约有效期内有合法的使用权。租约到期前，除因国家建设需要必须迁移，由房管部门收回或另行安排住所外，不得强迫租户搬迁。与签约人同居的直系亲属有继续承租该项房屋的权利。②有要求保障房屋安全的权利。房屋及附属设备如果有非人为的自然损坏，有要求房地产企业维修，保证其有效使用的权利。③房屋出卖时，承租方有优先购买权。④对房产经营部门执行国家政策有进行监督、建议的权利。

2）承租方的义务，有如下4项。①有按期缴纳租金的义务。房屋租金是承租人取得房屋使用权的价格。付出租金，才能取得房屋的使用权。因此，按期缴纳租金是承租方首要的义务，不得以任何借口拖欠租金。②对所使用的房屋设备有妥善保管、爱护使用的义务。不得私自转租、转让他人。对所使用的房屋和附属设备如果因用户的责任事故造成损坏时，用户应照价赔偿或修复。因国家建设需要，有按房管部门另行安置的住所迁居的义务。③有维护原有建筑的义务。不得私自拆建、改建或增建违章建筑，更不得拆卖设备，如有上述情况发生，所造成的损失由承租人负责赔偿，情节严重者，依法处理。④在使用房屋期间有遵守国家有关住房法令、政策的义务。

（2）出租方的权利与义务。

1）出租方的权利，有如下4项。①有按期收取租金的权利。租金收入是实现房屋价值和房屋修缮资金的来源，因此收取租金是出租方的基本权利。对租金拖欠者，要收取滞纳金；同时随着房屋条件和租金标准的变动，对其租金额有权进行调整。②有监督承租方按租赁契约的规定爱护使用房屋的权利。承租人在使用房屋的过程中，如果有擅自拆改、私搭乱建、损坏房屋结构和装修设备等情况，出租方有权要求其恢复原状或赔偿经济损失。③有依法收回出租房屋的权利。对不按契约规定的用途使用房屋和利用承租的房屋进行非法活动，以及无故拖欠租金的，出租方有权要求终止契约，收回房屋。承租方拒不执行的，可以诉请人民法院处理。因国家建设或特殊需要，必须腾让房屋时，有权终止租约，对承租方按有关规定另行安置。④有向承租方宣传贯彻执行国家房屋政策的权利，有权制止承租方在租用期间违反国家和地方政府有关房屋管理规定的行为。

2）出租方的义务，有如下 4 项。①有保障承租人对房屋合法使用的义务。②有保障承租人居住安全和对房屋装修设备进行正常维修的义务。③有组织住户管好房屋，调解用户纠纷的义务。④有接受监督、倾听意见，不断改进工作的义务。

3. 房屋租赁契约

房屋租赁契约又称房屋租赁合同，即以房屋为租赁标的的合同。房屋的出租方将房屋的使用权交于承租方，承租方按照双方约定的期限和数额向出租方缴纳租金，明确双方的权利和义务，并在合同终止或合同期限届满时将承租的房屋完整无损地退还出租方。房屋租赁的内容应明确规定租赁房屋的坐落地址、建筑结构、层次部位、间数、面积、装修、设备、用途、租赁期限、月租金额、租金缴纳期和方法，以及其他约定事项和违约责任等。

（1）制定契约的原则。制定房屋租赁契约，一般应遵循以下原则。

1）符合国家法律和政策。房屋租赁契约是经济行为，也是法律行为，会受到国家强制力的保护。如果契约的条款与国家的法律和政策相抵触，与社会公共利益相抵触，则这种契约是无效的。

2）平等互利、协商一致的原则。在协商的过程中，双方当事人的法律地位平等。在平等互利的基础上，进行充分协商，任何一方不能把自己的意志强加给对方，任何组织和个人，不得进行非法干预，如果当事人双方不能自由地表达自己的意志，不能取得一致的协议，契约就不能成立，或者是无效的。

（2）租赁契约的建立和终止。

1）租赁契约的建立。签订房屋租赁契约是正式建立租赁关系的凭证。如果有保留租金、合用厨房、厕所或其他另有协议的内容，要在租约的附记栏内填写清楚，以免造成租赁纠纷。在用户进住房屋时，出租人要会同用户到房屋现场进行核对房屋装修设备，并向用户点交。核对点交无误后填写“装修设备保管单”，用户进住后自己又安装的设备不计在内。房屋租赁契约一式两份，双方各执一份，经立约人双方签字盖章后生效。如有未尽事宜，双方应另订协议；如双方同意，也可办理公证。起租日期按照进住的不同情况确定。承租人应与产权人直接建立租赁关系，以免上当受骗。

2）租赁契约的终止。合同到期，或承租人因迁往外地或其他原因需要终止租赁契约时，应在搬家的 7 日（按合同约定）之前通知出租人。出租人应清查有无欠租，如有欠租，应如数偿还。在承租人搬家时，出租人必须到房屋现场清点房屋及装修设备，如有丢失或损坏，应按合同规定要求承租人修复或赔偿。一切手续办理结束后，才能解除租赁契约。无故解除合同的一方，要按合同约定赔偿另一方损失。

（3）契约纠纷的调解和仲裁。经济合同发生纠纷时，当事人应及时协商解决。协商不成时，任何一方均可向国家规定的合同管理机关申请调解或仲裁，也可以直接向人民法院起诉。

1）协商。如果发生纠纷，首先应该通过协商解决。

2）调解。当协商不能解决纠纷时，由契约管理机关主持，在查明事实、分清责任的基础上，进行调解。通过调解使当事人划清是非界限，达到互相谅解、消除纠纷的目的。

3）仲裁。经调解无效的，由契约管理机关进行调查，根据仲裁条例，做出有约束力的裁决。仲裁机关对契约纠纷的裁决是一种行政手段，它是对那些既不认真履行契约条款，又不接受调解的当事人采取的一种强制性措施。对此，《中华人民共和国经济合同法》(简称《经济合同法》) 规定："仲裁作出裁决，由国家规定的合同管理机关制作仲裁决定书。当事人一方或双方对仲裁不服的，可以在收到仲裁决定书之日起十五天内，向人民法院起诉；期满不起诉的，裁决即具有法律效力。"

4）诉讼。由契约纠纷的一方当事人，向人民法院提出诉讼状，请求依法处理，由人民法院根据事实进行调解，或依法做出判决或裁定。

| 实践资料 |

房屋租赁合同

出租方（甲方）：湖北 ×× 有限责任公司

承租方（乙方）：武汉 ×× 饮食服务有限责任公司

根据国家有关法律、法规和武汉市的有关规定，甲、乙双方在平等、自愿、互利的基础上，经协商一致，就乙方承租甲方的房屋一事，订立如下条款：

一、房屋的坐落、面积

1-1. 甲方将其合法拥有的坐落于本市____路____号____大厦第二、三层产权房（商业用房）出租给乙方使用。

1-2. 甲方出租给乙方使用的该房屋的建筑面积共为 2 736 m^2。

二、租赁用途

2-1. 乙方租赁该房屋作为餐饮使用。在租赁期限内，乙方不得擅自改变该房屋的使用用途。甲方如果出租一楼做餐饮，则乙方有优先承租权。

三、租赁期限

3-1. 该房屋的租赁期为 10 年，2008 年 7 月 18 日起至 2018 年 7 月 17 日止。

3-2. 租赁期期满，甲方有权收回该房屋，乙方应如期归还。乙方如要求续租，则应在租赁期满前 3 个月提前向甲方提出书面意向，在同等条件下，甲方应优先租赁给乙方，双方重新签订租赁合同。

四、租金及付款方式

4-1. 该房屋的日租金为每平方米 2.4 元，年租金总计为 2 395 408 元。以上租金 3 年内不变，从第 4 年开始按物价变动指数调整租金（每年每平方米最多上浮不超过 2.4 元的 3%)。

4-2. 付款方式：

（1）本合同签订后，乙方即付定金 300 000 元（该项定金在乙方开业后作为预付租金，只能在合同期结束前两个月冲抵房租)。

（2）本着先付租金后使用房的原则，乙方必须在每月15日前支付下月租金199 618元。逾期支付的，每逾期支付一天，则乙方需按月租金的万分之二支付滞纳金。

4-3. 特殊情况：如遇不可抗力因素造成乙方不能经营，双方协商房租减免事宜。

五、其他费用

乙方按照物业公司的协议规定，按时交纳相关费用。

六、甲方权利和义务

6-1. 甲方于2008年5月18日前交付该房屋给乙方，如有延期，则前3-1条所述租期相应顺延。交付该房屋逾期超过30天，则视为甲方不履行本合同，甲方退还两倍定金。

6-2. 甲方负责定期对房屋及其附属设施进行维修、保养（乙方自行装修的部分除外）。甲方在维修房屋及其附属设施时，应提前10天书面通知乙方，乙方应积极予以协助和配合，因乙方的原因不能进行按时维修而产生的后果，则甲方不负责。

6-3. 在租赁期限内，因甲方的原因而不按时进行维修、保养给乙方造成损失的，甲方应负责赔偿乙方的损失。

6-4. 在租赁期限内，乙方有下列行为之一的，甲方有权终止本合同，收回该房屋，由此给甲方造成损失的，甲方有权要求乙方赔偿：

（1）未经甲方的书面同意，擅自将该房屋转租、转让、转借他人或调换使用的；

（2）未经甲方书面同意，擅自改变房屋结构、用途，且经甲方书面通知，在限定的期限内仍未纠正并恢复的；

（3）乙方没有合法经营，利用该房屋进行违法犯罪活动的；

（4）拖欠租金达30天的。

6-5. 因不可抗力的原因，导致房屋损坏造成乙方损失的，甲方不承担责任。

6-6. 甲方向乙方提供本大楼原消防证书、产权复印件等权证文书，负责协助乙方办理开业相关证件。

七、乙方权利和义务

7-1. 在租赁期限内，乙方应合理使用该房屋及其附属设施，如因乙方使用不当造成该房屋或设施损坏的，乙方应按实际价值负责赔偿。

7-2. 乙方如要求对房屋进行装修或变更原有设施的，应事先征得甲方的书面同意，按规定向有关部门办理申报手续的，须办妥有关手续后，方可进行。租赁期满，乙方拆除添置的设施时，不得损失房屋的原有结构，经甲方验收认可后，方可办理退租手续。乙方的装修必须取得消防、环保、卫生防疫、安全等有关部门的许可（甲方协助），方可开业。

7-3. 在租赁期限内，乙方未经甲方同意，中途擅自退租的，定金不退、预付的租金不退；若定金和预付的租金不足抵偿甲方损失的，乙方还应补偿甲方的损失。

7-4. 因不可抗力的原因，导致房屋损坏造成甲方损失的，乙方不承担责任。

八、合同的变更和解除

8-1. 在租赁期限内，非下列情况之一的，不得变更或解除本合同：

（1）甲方和乙方因有特殊原因，经甲、乙双方协商一致的；

（2）因甲、乙双方任何一方违反本合同的约定，经对方提出后15天内未予纠正且双方协调不成的，则另一方有权变更或解除本合同；

（3）因不可抗力的原因，导致本合同不能继续履行的。

8-2. 在租赁期限内，甲方如因特殊的情况需要解除本合同的，应提前3个月通知乙方，并商定好损失补偿事宜。乙方如因自身原因需要解除合同，应提前3个月通知甲方，甲方不退定金和预付租金，不赔偿乙方装修损失。

8-3. 合同解除和终止时，乙方自身增加的设备归乙方。

九、其他事项

9-1. 租赁期间，乙方可优先购买该房屋，价格均价在每平方米18 000元左右。

9-2. 甲方协调一楼大厅装修、电梯使用及2、3楼通风、排烟，以图纸为准。

9-3. 本合同经甲、乙双方签字盖章、支付定金后生效。

9-4. 未尽事宜，经甲、乙双方协商一致，另行签订补充协议。

9-5. 在履行本合同的过程中，如果发生争议，甲、乙双方应协商解决，协商解决不成的，应向房屋所在地的人民法院起诉。

9-6. 本合同一式肆份，甲、乙双方各执贰份。

附件

（1）房屋平面位置图、水电图、中央空调图、上下水图；

（2）土地使用证书和房屋产权证书复印件；

（3）双方营业执照和法人证书。

出租方（甲方）：（盖章）　　承租方（乙方）：（盖章）

法定代表人：　　法定代表人：

地址：　　地址：

电话：　　电话：

委托代理人：　　委托代理人：

签约时间：　　年　月　日

12.7　房屋的抵押与程序

房产抵押是指房产所有权人以房契为借款担保，向银行或其他资金拥有者取得借款建立借贷关系。房产抵押借贷关系一经确立，在房产抵押期间房产的所有权证明文件——房契，应由房产登记机关注明已经被抵押，但房屋仍由房产所有权人占有、使用或管理。抵押权人只能按期收息而无房屋的实际使用权和管理权。房产所有权人按期归还借款本息，抵押权人应及时到房产登记机关解除房产抵押，至此房产抵押即告终结。若房产所有权人不能按期偿还借款本息，抵押权人有权处分抵押的房产，并从其中优先享受偿还贷款。房产抵押是一种政策性较强、法律责任明确的经营活动，因此在具体实施时应该手续齐备、法律责任明确。

1. 设定抵押权

抵押权一般是通过抵押人和抵押权人之间签订的抵押合同而设定。

房产抵押时，抵押的房产必须经抵押权人认可，抵押人提供抵押的房产必须是归其所有，房屋坐落的土地归其使用，设定抵押权时房产应随同该房屋坐落的地块的土地使用权同时抵押。在设定抵押权时应注意以下几点。①多人共有的房产设定抵押权时，需征得房产共有人的书面同意，全民所有制企业用其使用的房产设定抵押权时，需经主管部门批准；联营企业内一方以其房产设定抵押权时，需经联合他方与联营管理机构的同意；外商投资企业或外商投资企业的中方以其房产设定抵押权时，需经原审批机关同意。②抵押人就其出租、发包的房产设定抵押权时，需书面通知承租人、承包人，原租赁、承包合同继续有效，发生抵押房产被处分时，原租赁、承包合同应依法变更出租人、发包人。抵押权人依法处分抵押的房产时，租赁、承包合同的任何一方不得以租赁、承包的争议事由对该处分提出异议。③抵押价和抵押贷款的数额由双方当事人商定，抵押当事人应对抵押的房产进行估价。④依法应就登记而未登记的房产或存在产权争议的房产不能设定抵押权。⑤原出租的房产，租赁期满后房产所有权自动转到承租人的房产，不得以其设定抵押权。

2. 房产抵押贷款合同

房产抵押必须签订房产抵押贷款合同，房产抵押贷款合同在签订时应当写明下述内容：①抵押人、抵押权人的名称或姓名、住所、营业场所、银行账户、所有制性质；②借款的金额、币别、用途、期限、利率、支付方式、归还本金利息的方法和日期；③抵押房产的坐落位置、楼层、房号、面积、抵押价、所有人及权利和义务情况；④抵押房产的占有方式、保管责任、收益归属及意外毁损的风险承担；⑤抵押房产的保险情况与保险权益；⑥违约责任与争议解决方式；⑦签约的日期、地点。

3. 抵押登记

凡进行房产抵押，房产抵押贷款合同签订之后，抵押人应当依照法律和国务院的规定到市、县房地产管理部门、土地管理部门办理登记手续。抵押人、抵押权人办理房产抵押登记时，应向登记机关交验下列证明文件：①抵押申请书；②房产抵押贷款合同；③抵押人、抵押权人的身份证明；④证明抵押人对房产享有所有权或经营管理权的文件；⑤其他有关的证明文件。

4. 抵押房产的占有、保管

房产抵押贷款的当事人，应当对其占有、保管的房产的安全完整负责，并随时接受对方的监督。抵押房产的占有、保管一般应遵循下列原则：①抵押的房产由抵押人占有，抵押房产的房契与其他证明文件交由抵押权人保管；②同一房产设定多个抵押权时，房契及其他证明文件，由第一顺序抵押权人保管；③抵押房产需要保险时，由抵押人向抵押房产所在地的保险机构投保，并将保险单交给抵押权人保管；④出售、赠予抵押房产时，必须取得抵押权人的书面同意，并明确偿还债款本金和利息的责任与方式；⑤抵押人出租、发包抵押物时，应当取得抵押权人的同意。

5. 抵押房产的处分

当发生下述情况时，抵押权人方可依法处分抵押的房产：①房产抵押合同期满，抵押人未偿还借款本金和利息；②抵押人死亡，无继承人或受遗嘱人，或继承人、受遗赠人放弃继承和遗赠的。抵押房产处分必须经公证机关公证，可以采用拍卖或变卖的方式处分，拍卖应当在当地的拍卖机构进行，无拍卖机构的地方，可由当地房产交易所在有关部门的监督下进行变卖。抵押权人不得优先购买。抵押房产拍卖或变卖的价金首先支付拍卖或变卖费用和有关的税费，然后偿还抵押人所欠借款的本金和利息。价金不足偿还的，抵押权人有权向抵押人另行追偿。价金偿还有余的，应返还给抵押人。

12.8　物业其他交易经营方式

1. 房屋典当

典和当实际上是两个不同的法律术语，“典”是以不动产为标的物；“当”则是以动产为标的物，但由于两者的法律关系相似，因此以房屋作为标的物的典当关系，我们习惯上称为“房屋典当”。房屋典当是指房屋承典人支付一定的典金，占有出典人的房屋，并进行使用和收益，在典期届满时，由出典人偿还典金，赎回所典房屋。占用、收益房屋，并支付典金的一方当事人为典权人；取得典金并在典期届满时收回房屋的一方当事人为出典人。

（1）房屋典当法律关系，是指出典人和典权人基于房屋典当产生的权利和义务关系。在我国，房屋典当主要发生在公民之间，集体所有制和全民所有制单位作为典当法律关系的主体不多，其客体是房屋，出典的房屋必须为出典人享有所有权或经营管理权的房屋，房屋典当法律关系的内容是指承典人和出典人的权利和义务。房屋典当法律关系具有以下特征。①房屋典当以转移房屋的占有为要件。房屋出典后，出典人即应将房屋转移给典权人即承典人占有，此时，承典人有使用、收益房屋的权利，这是房屋典当与房屋抵押的主要区别之一。②房屋典当是有偿的民事法律关系。当事人双方均享有一定权利并承担相应义务，房屋典权人必须支付一定的典金才能取得对房屋的占有、使用及收益的权利，出典人必须转移房屋的占有以换取典权人的典金，典金的多少由当事人协商确定，但典金一般不高于房屋的实际价值。③房屋典当一般都有典期即回赎期，在典期内出典人不能回赎。典期的长短由当事人双方约定，也可以不约定典期。当事人未约定典期的，出典人可随时要求回赎。

（2）双方权利义务。房屋典当是有偿的民事法律行为，承典人和出典人均享有一定的权利和义务。

1）承典人的权利和义务，主要有以下内容。

a. 承典人的权利：承典人对典当房屋享有占有、使用和收益的权利，承典人支付典金的目的就是要实现对典当房屋的占有、使用和收益，这是他的一项最主要的权利。承典人在典期内有转典房屋的权利，有出租该房屋的权利，但承典人行使这些权利时不得侵犯出典人对房屋的所有权，不影响出典人在典期届满时回赎房屋。在典期届满出典人不回赎房屋时，承典人享有取得房屋所有权的权利。

b. 承典人的义务：承典人应合理地占有、使用和收益房屋的义务，不得侵犯出典人的房屋所有权。承典人有支付典价的义务；在典期届满时返还房屋的义务；在取得房屋所有权时，补足典价与房屋价值差价的义务。

2）出典人的权利和义务，主要有以下内容。

a. 出典人的权利：出典人在房屋典当关系存续期间享有房屋所有权，出典人有出典房屋只是部分权能的转移，不影响出典人的所有权，出典人有收取出典房屋典金的权利。在典期届满时，出典人有赎回房屋的权利；在典期届满无力回赎房屋时，要求承典人支付典价与房屋价值差价的权利。

b. 出典人的义务：将出典房屋按时交付承典人，保证承典人对房屋的占有、使用和收益的义务；在规定的典当期间内，不得要求回赎出典房屋的义务。

房屋典当是民事法律行为，房屋典当应由当事人双方签订房屋典当合同，并到当地房屋管理部门备案。

2. 房产入股

房产入股是以房产作为资本与他人合作合资参与其他经营活动。房产入股参与其他经营活动，使房地产企业能以一业为主开展多种经营，使房产经营的道路越走越宽，可以使房屋所有权人获得更多的经济收益。房产入股应做好以下几项工作。

（1）进行房产估价。以房产入股，入股的房产必须经房产交易所或专业房产评估人员进行价格评估。按评定的价格估算股金。

（2）签订房产入股经营协议。房产入股参与其他经营活动，应签订房产入股合作合资经营协议书。在协议书中应明确以下内容：①合作合资各方的姓名或名称，合作合资经营企业的名称；②入股房产的坐落位置、楼号、楼层、房号、房产的面积，入股的作价，在合作合资企业中所占的股份比例，入股房产的用途。③合作合资各方在合作经营中各自所占的股份和任务、责任，以及经济收益分配或风险承担；④房产入股的合作期限。房产入股经营协议的其他内容根据经营情况，依据《经济合同法》的要求办理。

思考题

1. 如何开展房地产项目销售？
2. 房地产开发与物业经营的关系。
3. 如何搞好物业经营？

第 13 章

项目开发经营分析与后评价

学习目标

1. 了解房地产经营资产分析。
2. 熟悉房地产经营收支分析。
3. 掌握房地产经营成本分析。
4. 掌握房地产经营利润分析。
5. 掌握房地产开发项目后评价。

技能要求

1. 能够做房地产项目的经营收入分析。
2. 能够写房地产项目的开发成本分析。
3. 能熟练编写具体项目开发经营分析报告。
4. 能够对房地产项目进行后评价。
5. 能够培养良好的团队合作精神。

案例 13-1

G78 号地块项目开发经营分析

G78 号地块项目总用地面积 60 116.86 平方米，出让面积 51 071.64 平方米，出让价格 215 000.000 0 万元。项目开发指标如表 13-1 所示。

表 13-1 地块项目开发指标

产　品	数量（平方米）	销售收入（万元）	均价（万元 / 平方米）
住宅面积	132 900.0	305 670.000 0	23 000
商铺面积	15 300.0	61 860.000 0	40 431
车库数量	2 964（位）	49 891.200 0	
销售收入合计		417 421.200 0	

G78 号地块项目开发经营分析，如表 13-2 所示。

表 13-2 地块项目开发经营分析

编　号	建筑成本类型	项目开发经营分析（万元）
1	住宅工程建安费（造价、含设备）	33 225.000 0
2	商业房工程建安费（造价、含设备）	3 060.000 0
3	车库工程建安费（造价、含设备）	7 113.600 0
	建安费合计	43 398.600 0
4	土地成本	215 000.000 0
5	资金成本（含利息、融资成本）	20 671.888 0
6	前期费用	3 037.902 0
7	基础设施建筑费	5 107.200 0
8	公共商业配套建筑费	889.200 0
9	其他工程费用	1 084.965 0
10	不可预见费	1 735.944 0
11	开发期税费、房修基金	4 174.212 0
12	管理费及间接开发费	2 000.000 0
	开发成本小计	297 099.910 0
13	银行借款	97 099.911 0
14	销售收入	417 421.200 0
15	销售费用	16 696.848 0
16	营业税	20 871.060 0
17	城建税	1 460.974 2
18	教育附加税	83.484 2
	开发经营总成本	336 212.277 4
19	毛利润	81 208.922 6
20	企业所得税	20 302.230 6
	净利润	60 906.691 9
	项目开发收益	60 906.691 9

资料来源：教育部 2015 年房地产经营与估价专业国培项目。

案例讨论

栖霞建设是如何进行经营的？

学习任务

做 2010G06 号地块项目开发经营分析报告。

房地产经营分析，就是利用各种核算资料和其他相关资料，分析房地产企业的生产、经营和财务活动，检查各项经济指标完成情况，总结经验，揭露矛盾，找出差距，采取改进措施，不断提高房地产企业的经营管理水平。经营分析是房地产企业经营管理的一项重要工作。本章主要介绍房地产经营收支分析、成本分析、资产分析、利润分析，以及房地产开发项目整体经营分析与后评价。

13.1　房地产经营收支分析

收支分析是房地产企业经营分析的一项基本工作，房地产商可以从其分析结果中知道企业项目经营情况，是否达到了预期盈利目的，最终盈利多少或亏损多少。

1. 收入分析

房地产经营收入主要有土地使用权转让收入、房地产出售收入、房租收入和其他业务收入等。房地产企业的主要任务之一就是要管理好这些收入，做到应收应尽，才能保证经营管理的各项支出和房地产再开发的需要。

（1）地产出售、出租收入的主要指标有 7 个。

1）商品房计划出售完成率，指报告期商品房实际出售额占计划出售额的百分比。

2）商品房出售收入增长率，指报告期商品房出售收入与前期商品房出售额差值占前期商品房出售收入的百分比。

3）商品房出售合同完成率，指报告期商品房实际出售量占合同规定出售量的百分比。

4）出租率，即房地产已租房屋占全部应租房屋的百分比。

5）租金收缴率，即房地产租金已收租金额占应收租金额的百分比。

6）陈欠租金收缴率，即收回本年度以前拖欠租金额占本年度以前拖欠租金额的百分比。

7）欠租发生率，即拖欠租金户数占应收租金户数的百分比。

（2）房地产出租、出售及土地使用权有偿转让收入分析。

1）商品房出租收入 S_1。

$$S_1=\text{出租单价}\times\text{出租面积}\times\text{租金收缴率}$$

2）商品房出售收入 S_2。

$$S_2=\text{出售单价}\times\text{出售面积}$$

3）建筑地块使用权转让收入 S_3。

$$S_3=\text{转让单价}\times\text{转让面积}$$

4）房地产经营收入，就是上述各项收入之和。

$$S=S_1+S_2+S_3$$

在房地产出租、出售和土地使用权转让中需要注意的是，不同规格、不同标准、不同位置的房屋、地块，其出租、出售单价往往是不一样的。这时应分类型分别计算，并以加权平均法计算出总的平均售（租）价。目前国内商品房定价过程一般是先确定并报批总的平均售价，然后按不同朝向和楼层确定其售价系数，售价系数与平均价之积便是该楼层、该朝向房屋的售价，土地转让价也是如此。由于每一套房屋的销售价格都不一样，所以精确的出售收入只能根据实际销售情况统计得出。

（3）其他业务收入。其他业务收入，如车库收入、会馆收入等，是房地产经营管理中不可缺少的一个组成部分，是房地产经营管理企业内部形成的一种经济来源，也是房地产经营收入的补充来源，它也直接影响着房地产企业的经济效益和经营成果，因此其他业务收入分析对房地产企业经营成果同样具有重要意义，其分析方法与上面所介绍的收入分析类同，这里不再详细介绍。

2. 支出分析

房地产经营支出是房地产经营企业在经营活动中所发生的各项支出，它包括建筑安装费、经营管理费、折旧费、修缮费、税金、资金占用费和其他业务费支出等项。

（1）建筑安装费。对房地产开发企业来说，建筑安装费是其支出的大项，包括土建费用和安装费用。做好开发项目定位与规划设计，选好建筑承包单位，控制好开发过程，可以大大降低建筑安装费。

（2）经营管理费。经营管理费是指房地产经营企业从事经营管理业务所支出的各种费用，该费用支出是反映房地产企业在一定时期内各种管理费用的一项重要财务指标。指标的高低，直接影响着房地产经营管理企业开发、养房、维修的投资比例和经济效益。因此，房地产企业必须精打细算，节约开支，精减房地产管理人员和行政机构，以保证按计划开支，获取最大利润。

1）经营管理费支出内容。经营管理费支出包括：①工作人员工资和工资附加费；②工作人员办公费和差旅费；③固定资产使用费和工具用具使用费等；④劳动保护费；⑤试验检验费；⑥上级和外单位管理费；⑦其他费用。

2）经营管理费支出分析。经营管理费支出分析就是根据实际和计划之间的差距，分析该费用支出节约（或超支）的原因，以采取必要措施，加强管理，节约费用支出，以实现节支的目标，节支便是增效。

（3）业务费。业务费是指房地产经营企业从事房地产经营等有关业务所支出的各种业务费用，也就是房地产经营管理中，除经营管理费、修缮费支出以外所应支出的各项业务费用，其费用项目应包括以下几种。

1）房产税，指按国家规定税率和实际销售收入应计征的房产税。

2）设备购置费，指经批准的各种设备购置费用。

3）业务发展支出，指为适应房地产管理业务的发展需要拨给新成立或扩大基层单位所需的部分支出等。

4）劳保支出，指离退休人员工资、医疗费、抚恤费、劳动保险费支出等。

5）上缴能源、交通建设基金，指按国家规定应上缴的能源、交通建设基金。

6）其他业务费用，指不同于上述各项支出的其他费用，如大宗宣传印刷费、代扣租金手续费、赔偿住户损失费等。

业务费支出分析与经营管理费支出分析相同，这里不再详细介绍。

（4）修缮费。为了保证经租房产在使用年限内正常发挥其使用价值，适应人们居住生活的需要，保证人们居住安全，提高房产经营的经济效益和社会效益，必须对经租房产进行维修和保养，支付修缮费用。修缮费支出一般按工程性质分为三大类：大修工程、中修工程、小修养护工程费用。修缮费支出指标，反映房地产经营管理企业所收取的房租是否达到国家规定的用于房产维修投资的比例和按大、中、小维修筹备类养护工程性质所占的比重，通过各种工程性质比较，可以分析投资的效果和房屋完好率是否提高，以及有没有浪费投资挪作他用的现象，从而为预测提高房屋完好率和房屋修缮改造等提供完整、准确的资料，以促进房产经营管理工作。

3. 收支结余

房地产企业最终经营的成败，就是要看收支结果，是结余还是超支，结余多少或超支多少。房地产企业的财务工作，除了正确、及时地进行日常的业务管理与核算外，还必须准确、及时地反映经营成果。房地产经营收支结余，是房地产企业在一定时期内，以经营收入抵偿支出后的结余或超支，也是综合反映房地产企业全年收支计划执行的结果。结余多则说明房地产企业经营的好，超支多则说明房地产企业经营的差。

13.2　房地产经营成本分析

经营成本分析是房地产企业控制成本、用好投资、提高经营效益的重要工作。房地产经营成本分析包括成本预测分析、成本控制分析和成本总结分析。

1. 成本预测分析

成本预测是在编制成本计划前，对成本的变动趋势进行预测，然后根据预测资料编制成本计划。房地产经营成本的形成中有许多经济因素起着影响作用，而且经营成本和影响因素变化有一定的因果关系。因此，通过科学的方法对房地产经营成本的变动趋势进行预测，可以掌握其变动的经济规律，利用规律办事，降低成本。成本预测包括制订计划阶段的成本预测和计划实施过程中的成本预测。

（1）编制计划时的成本预测。主要是通过确定企业计划期的目标成本和达到目标成本的措施来预测，预测的步骤如下：

1）确定预测的目标，明确预测范围、期限和方法。

2）收集和分析历史资料与数据，所收集的数据要完整、准确、可靠并具有代表性。

3）建立成本预测模型，利用模型和所收集的数据进行预测。

4）预测结果分析，即比较各种方案在不同状态下的成本，从中选出最满意的方案。

编制计划时的成本预测方法一般以上一年度的实际成本资料作为测算的主要依据。

按客观存在的成本与工作量的依存关系，把成本分为固定成本和变动成本两大类，再分析研究上年度固定成本和变动成本的情况，结合房地产企业计划期实际情况及要采取的技术组织措施，确定计划年度固定成本和变动成本水平，并预测计划期在一定工作量下的最优目标成本。固定成本是在一定范围内不随工作量变化而变化的相对稳定成本，如房地产企业的经营管理费等。变动成本则是随工作量的变化而变化的成本，如房地产开发中的材料费，开发工程量越大，则材料费越高。

（2）计划实施过程中的成本预测。房地产开发经营活动中有些成本项目，单位时间一般是均衡发生的，如每季度的经营管理费、房屋维修费、税金等，此时可按平均发生额对未来成本费用进行估算。但是，有些成本项目在单位时间内却不是均衡发生的，如大修费，此时就得按工程进度进行测算。现以第四季度成本预测为例，说明计划实施过程中的成本预测。

1）成本费用发生较均衡时，采用平均成本法。

第四季度平均单位成本＝前三季度实际成本总额 / 前三季度实际完成工程数量

第四季度成本总额＝第四季度平均单位成本 × 第四季度计划完成工程数量

将前三季度实际成本加上预测的第四季度成本与全年计划成本相比较，就可知道成本计划执行的预计结果。

2）成本费用发生不均衡时，可采用项目比较法进行分项测算和分项比较。

第四季度某项成本费用余额＝该年度成本费用年度计划值
－前三季度该项成本实际发生额

第四季度某项成本费用需要额＝该项成本费用的单位成本
× 该项工程第四季度应完成工程数量

比较所计算出来的余额和需要额，就可预先判断成本计划的执行情况。

2. 成本控制分析

成本控制分析的目的是及时控制成本，增加效益。房地产经营成本控制分析是指在房地产经营成本的形成全过程中，定期对成本开支情况所进行的分析。成本控制分析的主要内容是严格按照定额和费用标准使用人力、物力、财力，控制各种消耗。对费用开支不仅要从数量上进行控制，使其符合规定，而且要从开支时间、用途等方面进行控制，使其在最有利的时机开支，取得最大的经济效果，以达到降低成本的目的。房地产经营成本控制分析包括以下两个阶段。

（1）计划阶段成本控制分析。

1）目标成本的确定。目标成本即经营成本在计划期内应达到的预计水平。目标成本是衡量实际成本节约（或超支）的标准，其确定的方法有预算法及定额法。目标成本要适中，既不能太高，太高浪费大；也不能太低，太低完不成，导致偷工减料。

2）责任成本的控制分析。实施责任成本制的企业，应在成本形成过程中对责任成本的发生实行有效的控制。责任成本控制应在公司的协调和指导下，着重从各责任单位内部入手，因而责任成本控制应包括公司调控与各责任单位自控两部分的控制分析。

a. 公司对责任成本的控制。其工作内容包括：

- 推行以质量、成本、产量三大指标为核心的经济责任制；
- 制定内部结算价格，保证责任成本核算的正确性；
- 设立责任成本统计核算管理机构；
- 设立内部仲裁机构，及时、合理地调停与裁决各责任单位之间责、权、利方面的纠纷；
- 制定各责任单位评价、考核标准与奖励办法，加强责任成本执行效果的考核与控制。

b. 责任单位对责任成本的控制，其工作内容包括：

- 结合房地产企业特点和本企业实际，制订切实可行的成本降低计划及相应的成本降低措施；
- 制订成本降低计划和成本降低措施的考核指标与标准；
- 及时兑现责任成本完成情况，奖罚分明。

3）责任成本控制方法。

a. 定额法。按国家和有关部门制定的定额为标准进行成本控制，该方法适合于物资供应和劳动工资的责任成本分析。

b. 预算法。按预算费用为标准进行成本控制。

c. 分析法。对比实际成本与计划成本，进行差异分析，找出差异产生的原因进行成本控制。

（2）实施过程中成本控制分析。

1）成本开支的监督和控制。它主要是对项目实施过程中成本开支范围和成本开支标准的监督和控制。房地产企业应以目标成本、各责任单位分摊的责任成本为依据，建立与健全责任成本制、成本开支审批制和材料限额领料制等制度，对经营成本超定额消耗、超标准开支、超成本开支范围、超目标成本等进行全面监督和控制，必要时给以严惩。

2）成本计划执行控制分析。成本计划编制固然重要，然而更重要的还是成本计划的付诸实施和执行。

a. 材料成本项目分析。在房地产开发活动中，材料费占开发总成本的比重比较大，因此材料成本消耗分析在房地产开发与经营中显得尤为重要。材料消耗成本分析要以定额为标准，按不同类型的消耗定额与实际消耗进行比较，分析研究材料消耗超定额的原因或节约的因素，作为改善材料成本消耗的依据。材料的消耗量直接关系到材料成本，同时材料价格变动也会影响材料成本。所以，在进行材料成本消耗分析时，应计算材料消耗的节约额或超支额，进行计划成本与实际成本的比较分析。从总体上看，材料成本的节约或超支可用下式表示

材料成本节约或超支＝材料预算成本－材料实际成本

＝材料预算单价×材料计划用量

－材料实际单价×材料实际用量

由于材料用量减少（或增加）和材料价格变动而产生的材料成本的节约（或超支），可以用下面的公式计算

材料成本节约（或超支）＝（预算单价－实际单价）×材料实际用量
+预算单价×(材料计划用量－材料实际用量)

从上式可以看出，降低材料成本的途径是降低材料实际用量和降低材料的实际采购价格。要坚决做到比质比价采购，杜绝吃回扣抬高材料价格现象。

b. 工资成本项目分析。房地产企业工资成本项目分析要结合房地产企业所实行的工资制度和工资分配方法来进行。目前除房地产开发公司在开发商品房过程中大多是采用计件工资制外，许多不具备开发施工能力的房地产公司都采用计时工资或计时工资加奖励工资的制度，企业的工资是按生产工时消耗的比例分配计入每种产品成本的。因此，单位成本中工资费用的高低，将取决于单位产品的工时消耗量和小时平均工资两个因素。对计件工资制，工资成本则取决于计件单价的变动，劳动生产率不会影响工资成本。

c. 间接费用项目分析。间接费用是指房地产企业的企业经营管理费、固定资产折旧等。间接费用项目分析主要是采用差异分析法。差异包括耗用差异、数量差异和效率差异。耗用差异是反映实际间接费用与计划间接费用的差额。对不具备房屋开发和房屋修缮能力的房地产经营企业，间接费用项目分析一般只包括耗用差异分析。

3. 成本总结分析

房地产企业经营成本总结分析，是在计划期末对本计划期成本计划完成情况的总结和分析，主要包括报告期末企业总成本分析、单位成本分析以及与同行业企业成本水平的比较分析。

（1）企业总成本分析。企业总成本分析是分析企业在计划期末成本计划的执行情况。通过实际发生成本额与计划成本额比较，分析总成本差异，找出主要影响因素，总结经验和教训，以便今后提高企业成本分析和控制水平。

1）总成本分析方法。总成本分析一般采用对比分析法，即实际成本与计划成本相对比。

2）总成本分析内容。为了便于分析引起成本节约或超支的原因，找出其中的主要因素，房地产企业总成本分析应根据不同的目的和需求，按项目、对象、基层单位分别进行。其具体内容包括以下两个方面。

a. 房地产开发总成本分析。依据房地产企业已完成的房地产开发项目成本表进行。表 13-3 中列出了开发项目计划开发总成本和实际开发成本。

表 13-3 反映了房地产企业在报告期内完成的房地产开发项目成本计划的执行情况，表中计划开发总成本是根据各个开发项目预算成本和降低成本要求，结合企业实际情况而确定的项目成本控制额，是控制成本支出和成本计划执行中检查的主要依据。

表 13-3　完工开发项目成本表　（单位：千元）

项　目	计划开发总成本	实际开发成本			
		实际开发成本总额	土地征用及拆迁补贴	前期工程费	……
××楼					
××楼 ××住宅小区 ……					
合计					

b. 出租房产总成本分析。根据计划期内企业房产出租情况及各种支出项目的租金成本和实际成本资料，确定企业在一定时期内全部出租房产成本降低或超支的程度，分析影响因素，以查明各个成本项目降低或超支的原因。

（2）单位成本分析。总成本分析只能反映房地产企业总的综合情况，以此说明总成本计划完成情况。单位成本分析就是对单位工程数量（如每平方米）的开发成本、单位房产面积的租赁成本分析。通过单位成本的计划值、实际值、预算值对比分析，查明成本降低额和成本降低率计划的完成情况，研究引起成本节约或超支的原因，进一步寻找降低成本的具体途径。

1）房产租赁单位成本分析的指标主要有：①计划单位成本，反映房产计划出租单位面积的成本支出费用；②实际单位成本，反映房产出租实际单位面积的成本支出费用。

2）房地产开发单位成本分析主要有：①预算单位成本，反映按预算定额计算开发房屋单位面积的成本支出费用；②计划单位成本，反映房地产计划开发单位面积的成本费用支出，其计算方法同租赁计划单位成本；③实际单位成本，反映房地产实际开发单位面积的成本费用支出，其计算方法同租赁实际单位成本。

（3）房地产企业与同行业企业成本水平比较分析。可以学习先进经验，改进企业自身缺点，促进企业赶超先进水平；与国外房地产同行业先进水平相比较，可以看到我国房地产企业成本与先进房地产企业成本存在的差距，激励我们提高我国房地产企业成本管理水平。进行企业间成本水平分析的步骤如下：

1）收集本企业与同行业企业的成本资料，资料要有可靠性；

2）利用差额分析法计算成本项目差额；

3）分析产生差距的原因；

4）制定对策，采取措施，降低本企业产品成本，以实现更多的利润，达到同行业先进水平。

13.3　房地产经营资产分析

资产是企业利润的源泉。资产是企业拥有或者控制的能以货币计量的经济资源，包括各种财产、债权和其他权利。加强企业资产分析，是促使房地产企业不断优化企业资金调度，改善资产结构，充分发挥资产的潜在能力，提高资产使用效果的主要方法。房地产企业资产按其性质，可分为流动资产、长期投资、固定资产、无形资产、递延资产和其他资产等。对房地产企业资产分析的内容，就应包括对以上诸项资产的分析，也就是根据房地产企业资产构成特点，研究分析其规律性，以便更好地发挥各类资产的作用，为实现房地产企业生产经营目标服务。

1. 流动资产分析

流动资产是指可以在一年或超过一年的一个经营周期内变现或耗用的资产，包括现金、各种存款、短期投资、应收及应付款项、存货等。流动资产对房地产企业来讲是资产中一个重要的组成部分，这是因为流动资产在房地产企业资产总额中占有相当比重，资产使用的好坏在一定程度上取决于流动资产的使用效果，同时流动资产直接参与（如商品房流转），为企业资产带来增值，形成企业的留利和上缴国家的税金。因此，房地产企业在资产分析中要着重对流动资产进行分析。

（1）流动资产的概括分析。流动资产分析主要是对流动资产的结构、结构变动和增减速度的分析。

1）流动资产结构，是指各组成部分的金额占流动资产总额比重的分布情况，其中存量房（货）应占总额的绝大比重，而货币资金和应收应付款项应占较小比重。

2）结构变动，是指通过实际和计划或本年与上年的对比，各组成部分比重的变动情况。一般来讲，存货的比重应该增加，货币资金与应收应付款的比重减小，是流动资产结构变动的好趋势。

3）增减速度分析，是指流动资产及其各部分的增减速度与产（商）品销售净额的增减速度相比较，如果流动资产及各部分的增长速度低于产（商）品销售净额的增长速度或两者增长速度相适应，则说明企业用较少的流动资产负债实现了较大的产品销售净额，企业流动资产使用效果好。

（2）货币资金的分析。货币资金是企业在房地产生产经营过程中停留在货币形态的那部分资金，包括现金、银行存款和其他货币资金等，货币资金一般被称为无法产生盈余的资产。但是企业在生产经营过程中又必须保持一定数量的货币资金，用以支付工资、奖励、福利等方面的开支；购买原材料、商品、固定资产的开支；进行大修理，更新改造等需支付的款项等。因此，要进行货币资金分析，使这部分资金既能满足生产经营需要，又能得到充分利用，加速资金周转、降低费用消耗，提高效果。

1）现金分析。现金是最具流动性的资产，是一种直接的支付手段，具有普遍的可接受性。加强对现金的管理和分析，对保证现金的安全、完整、防止现金的流失，遵守现金的管理制度，维护财经纪律，具有重要意义。现金分析的主要内容有现金使用范围的检查与分析，现金库存定额的执行情况，销售收入是否及时送存银行等。

2）银行存款分析。银行存款是企业存入银行和其他金融机构的各种存款。新的会计制度打破了企业内部的资金界限，企业资金可以统筹使用。银行存款多少适宜，主要取决于房地产企业生产经营规模和一定时期企业其他方面对货币资金的需要量。根据企业连续经营的货币资金动态资料，考虑未来市场和企业的发展变化情况，大致可以确定一个额度范围。进行银行存款分析时，可收集银行存款的支出项目资料，进行前后期的比较，结合企业的实际情况分析评价。

3）其他货币资金的分析。其他货币资金是指企业除现金、银行存款以外的各种货币资金。这部分货币资金具有存放地点不同和具有特定用途的特点，其中包括企业汇往采购地银行的外埠存款；企业为取得银行汇票、银行本票而按规定存入银行的存款；企业同所属单位之间和上下级之间的汇、结款而形成的在途货币资金。应着重分析这些只有特定用途的资金的兑现期。所谓资金使用的兑现期，是指外埠银行存款从存入外埠银行到支付采购货款的时间；银行汇票、银行本票从取得汇票、本票到有效支付使用的时间；汇、结款形成的在途货币的在途时间。一般来讲，资金的兑现期越短，使用效果越好，越有利于资金的周转。反之，则会对企业资金的周转产生不利的影响。因此，这部分资金的存入时间，要严格掌握，在不影响企业生产经营的前提下，尽可能地减少这部分资金的占用。

（3）存货分析。存货是指企业为销售或耗用而储存的各种资产。由于它们经常处于被销售或被耗用的地位，也就是说它们随时可以改变自身的形态，具有鲜明的流动性，因此存货属于企业流动资产的范畴。房地产开发企业的存货一般可以分为以下几类。①原材料存货，指用于开发房地产产品的必要储备，如库存材料、库存设备及委托加工材料等。②在产品存货，指备做销售、尚未完工的开发产品（工程），它们是企业为销售之目的，并已在其上投入人力、物力和财力正在开发的产品。在正常情况下，这些产品只需进一步加工，便可制出产成品予以销售。③产成品存货，指企业各种已完成开发产品，包括土地、房屋、配套设施和代建工程，以及采取分期收款方式售出或出租的商品房等。④开发用品存货，指开发经营活动中所必需的各种用品，如库存材料中的机械配件、其他材料、低值易耗品等。存货及其构成对企业损益有直接的影响，它影响着企业货币资金的流入和流出。因此，在企业流动资产分析中，应着重对存货进行分析。对存货的分析主要侧重于存货的周转速度、存货的构成以及存货控制和存货定额分析等。下面重点介绍前两者。

1）存货周转率分析。存货周转率是反映存货周转速度的指标，包括存货周转次数和存货周转天数两个指标。①存货周转次数，是指在一定时期内存货周转了多少次，是周转速度的正指标，数值越大，表明存货周转速度越快。②存货周转天数，是指存货周转一次所需要的天数，是周转速度的反指标，数值越大，表明存货周转速度越慢。存货周转率指标是反映存货使用效果的重要指标，是企业财务管理水平的综合反映。存货周转率的分析方法主要采用因素分析比较法。

2）存货的构成分析。存货的构成是指存货中各项资产占存货总额的比重。由于存货的各项目在房地产经营中所处的环节各不相同，所起的作用各异，比重的大小和流动性也不相同，所以存货的构成决定着存货使用效果的好坏。如果产品存货占了大比重，则说明该企业开发量中在建工程较多，产成品存货增加，则需进一步开展促销业务，否则将造成大量资金积压，影响企业再生产的顺利进行；如果原材料存货占了小比重，则说明后续生产有困难，随时可能停产，应该积极准备原材料。

（4）应收及预付款分析。应收及预付款是指在生产经营中企业与其他单位发生的经济往来，由于各种原因尚未进行货款结算或已支付货款、尚未结清的各种款项，包括应收账款、应收票据、其他应收款、预付账款、待摊费用等。应收及预付款的大量存在和增加，对企业财务状况会产生不利的影响，会使企业资金呆滞、周转不灵，如果长期拖欠，不能及时收回，则不仅占压资金，还可能形成坏账，使企业财产遭受损失。因此，在财务管理中，要求尽量减少这部分资金占用。通过应收及预付款分析，查明各种款项的变动及其造成的原因，促进企业经常清理各种账款，及时收回，加强管理，以减少应收及预付款项的占用。要在概括分析的基础上，根据企业的实际情况，对其中影响比较突出的主要项目进行较详细的分析，以便进一步发现其中存在的问题，用好房地产企业流动资产。

2. 固定资产分析

（1）使用情况分析。使用情况分析包括固定资产结构分析、固定资产新旧程度分析和固定资产增减变动分析。

1）固定资产结构分析。固定资产结构是指各类固定资产的原值在全部固定资产原值中所占比重。可见，固定资产结构是建立在固定资产分类基础上的。

a. 按经济用途分类：可分为生产经营用固定资产和非生产经营用固定资产。这种分类便于通过对企业中生产经营用和非生产经营用的固定资产结构变动分析，促使房地产企业合理配置固定资产，兼顾企业经营和职工福利的需要，合理安排好投资。其中生产经营用固定资产应当占较大比重，这是因为生产经营用固定资产直接参与企业生产经营业务过程。生产经营用固定资产的增加，有利于扩大生产和商品流通规模，提高固定资产使用效率。非生产经营用固定资产应占较小比重，如果非生产经营用固定资产比重增加，应进行具体分析，如果是在不断提高经济效益、增加企业留利的基础上，不断改善职工的生活福利设施是合理的。分析时可以通过动态对比，了解和分析这两类固定资产的变化趋势。

b. 按使用情况分类：可分为使用中固定资产、未使用固定资产和不需用固定资产。这种分类可以长时间反映企业固定资产的利用情况，提高企业固定资产的利用效果，便于正确计算固定资产的结构。显然，使用中固定资产应占绝大比重，未使用和不需用固定资产应占较小比重，如果比重不合理，应及时查明原因，制定措施，适时进行调整，以利于企业今后的发展，要及时处理不需用固定资产。

2）固定资产新旧程度分析。通过对固定资产新旧程度的分析，可以了解房地产企业各类固定资产的新旧状况，为有计划地更新固定资产和进行大修理提供依据。固定资产新旧程度可利用固定资产磨损率和固定资产净值率进行分析。其计算公式为

$$固定资产磨损率=（固定资产累计折旧额/固定资产原值）\times 100\%$$

$$固定资产净值率=（固定资产净值/固定资产原值）\times 100\%$$

3）固定资产增减变动分析。企业增加固定资产的途径主要有购建固定资产、调入固定资产和接受投资的固定资产等。企业减少固定资产的原因主要有清理报废固定资产、调出固定资产和对外投资固定资产。分析固定资产增减变动时，应主要查明固定资产的增加或减少是否适应业务发展的需要，购建、调入、接受投资的固定资产是否手续完备，报废清理的固定资产是否经过审核批准等。分析固定资产增减变动，还需要计算固定资产的更新率和退废率，以便反映固定资产的更新和退废，其计算公式为

固定资产更新率＝（本期新增固定资产原值 / 期末固定资产原值）×100%

固定资产退废率＝（本期退废固定资产原值 / 期初固定资产原值）×100%

需要注意的是更新率分母使用了期末数而不是期初数，其原因是新增数包括在期末数中而不包括在期初数中。退废率分母使用的是期初数也是因为退废数包括在期初数中而不包括在期末数中。具体分析时还可以按下列公式计算固定资产的增长率，以此反映企业固定资产的增长情况。

固定资产增长率＝［（本期固定资产原值增加数－减少数）/ 期初固定资产原值］×100%

（2）利用效率分析。房地产企业固定资产的利用效率，是指在一定时期内固定资产为房地产开发和经营所发挥作用取得的经济成果。加强对固定资产利用效率的管理和分析，可以及时发现固定资产使用中存在的问题，不断提高固定资产的使用效果。固定资产利用效率的分析指标主要有以下两个。

1）固定资产占用率，是企业一定时期的固定资产原值与商品房销售额的比率，它反映年度每百元商品房销售额占用的固定资产原值，占用的数额越少，说明企业固定资产的利用效率越好。计算公式为

固定资产占用率＝（固定资产平均原值 / 年度商品房销售额）×100%

2）固定资产利用率，是固定资产占用率的反指标，反映年度固定资产占用完成商品房销售额，指标数值越大，利用效率越好。计算公式为

固定资产利用率＝1/ 固定资产占用率

固定资产占用率和利用率指标分析时，可以在本企业进行动态比较；也可以与同类企业、先进企业进行横向比较，评价本企业固定资产的利用效率，发现问题，及时制定措施，加以改进，不断提高本企业固定资产的管理水平，盘活固定资产，发挥最大效益。

3. 无形资产分析

（1）无形资产作用。无形资产是指企业长期使用而没有实物形态的资产，具体包括专利权、非专利技术、商标权、著作权、土地使用权、商誉等。实际上，无形资产是没有形体，但能为企业在较长时期内取得经济效益的一种非流动性资产。它通常代表企业所拥有的一种法定权或优先权，或者是企业所拥有的高于一般水平的获利能力。例如，万科品牌的无形资产，使万科公司的获利能力远高于同行平均水平。

（2）无形资产种类。无形资产按能否辨认划分，可分为能辨认的无形资产，如专利权，以及不能辨认的无形资产，如商誉；按期限划分，可分为有限期的无形资产，如专

利权和商标，以及无限期的无形资产，如商誉。

（3）无形资产分析。对无形资产的分析主要应侧重于两个方面。一是对无形资产的计价、转让、投资和摊销等管理方面的分析。分析的方法是依据《企业财务通则》及其他有关规定，对照实际情况，检查分析上述各项活动是否符合有关制度的规定，如有违反制度的现象，应及时予以纠正。二是无形资产使用效益分析。分析的方法可设计无形资产利用率指标，其计算公式为

无形资产利用率＝（获取无形资产增加的收入 / 获取无形资产的成本费用）×100%

上述指标反映了单位无形资产的成本费用所能获得的收入。该指标取值越大，无形资产提供的经济效益越好。房地产企业要用好无形资产。

4. 递延资产及其他资产分析

（1）递延资产分析。递延资产是指不能全部计入当年损益，应在以后年度分期摊销的各项费用。包括开办费、租入固定资产的改良支出，以及摊销期限在一年以上的固定资产修理支出等其他待摊费用。对递延资产的分析，应侧重于递延资产项目是否符合财务规定，摊销的方法是否合理。

1）开办费，是指企业在筹建期间实际发生的各项费用。开办费包括企业在筹建期内人员工资、办公费、培训费、差旅费、印刷费、注册登记费以及不计入固定资产和无形资产购建成本的汇兑损益和利息支出。不应计入开办费的费用应包括：①为取得各项资产、无形资产所发生的支出；②企业在筹建期间应计入资产价值的汇兑损益、利息支出；③应当由投资者负担的费用支出等。开办费的摊销，财务上规定按照不短于5年的期限平均摊销。

2）以租赁方式租入的固定资产改良工程支出。租赁作为筹资和运转资金的一个重要途径，是通过支付租金在一定时期内取得租赁物使用权的一种财务活动，可分为经营租赁和融资租赁两类。由于两者具有不同性质，所以财务处理也不同。①经营租赁。这种租赁是传统租赁形式，特点是租赁期限短，其所有权也没有转移。租赁物也不属于企业财产，企业在租入固定资产上进行各种改良工程，使其增加效用或延长使用寿命则属于企业的投资，该项支出的摊销方法是在租赁有效期限尚存的期限内分月平均摊销。②融资租赁。这种租赁是一种新兴租赁形式，与经营租赁不同，有如下的特点：租赁物不是由出租人储物待租，而是由承租人自选确定，即出租人先垫付购得租赁物的全部支出，以后再以租金形式收回；在租赁期间产权属出租人所有；在租赁期间由承租人负担租赁物的修理、维护和保险等费用，并按合同支付租赁费；在租赁期内出租人以租赁费的名义收回垫付的全部支出。由此可见，融资租赁具有融通资金性质，有利于企业的设备更新改造。由于这种租赁期长，租约不可撤销，期满后承用人有权以很低的名义价格购得租赁物，因而对融资租赁的固定资产应视为企业的财产。

（2）其他资产分析。这是指特准储备物资、银行冻结存款、查封物资和涉及诉讼中的财产等。其他资产对大部分企业来说都很少，所以企业中若发生其他资产，可按有关规定依法处理。房地产企业应该避免出现这种资产。

13.4　房地产经营利润分析

房地产企业都因为追求利润而存在，利润是企业在一定期间的经营成果。

1. 利润构成

房地产开发企业利润总额是由营业利润、投资净收益和营业外收支净额构成的。

（1）营业利润，是指企业有目的地从事开发经营所获取的利润，是企业利润的主要部分，房地产开发企业的营业利润计算公式为

营业利润＝经营利润＋其他业务利润

经营利润＝经营收入－经营成本－销售费用
－经营税金及附加费－管理费用－财务费用

其他业务利润＝其他业务收入－其他业务支出

（2）投资净收益，是指企业对外投资收入减投资损失后的余额，包括对外的长期投资与短期投资。计算公式为

投资净收益＝投资收入－投资损失

（3）营业外收支净额，是指与企业经营无直接关系的各种营业外收入减去营业外支出后的余额。计算公式为

营业外收支净额＝营业外收入－营业外支出

房地产开发企业利润总额计算公式为

利润总额＝营业利润＋投资净收益＋营业外收支净额

利润分析的内容，首先应进行利润的概括分析，包括利润计划任务完成情况分析和利润构成分析。然后对影响企业利润的主要因素进行分析，包括销售收入、销售成本、费用的分析。此外，还应对利润率等指标进行分析。

2. 利润概括分析

利润集中反映了企业生产经营活动的效益，是衡量企业生产经营管理的重要综合指标。在进行房地产利润分析时，先要从总体上进行概括分析，把握房地产经营活动的效益情况。主要分析两个方面。

（1）利润总额计划完成情况的分析。分析目的是检查房地产企业利润的计划执行情况，主要依靠利润表和利润计划完成情况分析表进行。以实际数和计划数对比，判断计划完成情况。

（2）利润构成变动的分析。分析了利润计划完成情况以后，要进一步研究企业利润总额的构成及其变动，以及这些构成内容对利润计划完成情况的影响程度，找出影响利润不能完成的主要因素进行深度分析，采取重点控制措施。

3. 影响利润的主要因素分析

对房地产开发企业来说，影响企业利润总额的主要因素包括商品房销售利润、费用、其他业务利润及营业外收入和支出，其中商品房销售利润是企业利润总额的基本组

成部分，影响因素分析首先应抓住销售利润分析。

（1）销售利润分析，主要是对影响销售利润的因素进行分析。如果企业产品单一，则销售利润主要受5个因素的影响，即销量、销售价、销售成本、销售费用和销售税金及附加。如果企业有多种产品，则还受到产品销售结构的影响。分析时，可就上述指标实际数与计划数比较进行对比分析，寻找差距，挖掘潜力，同时对上述影响因素逐一测定对产品销售利润的影响程度，抓住主要矛盾。

1）产品销售数量的影响。产品销售收入计算公式为

$$产品销售收入=单位售价\times产品销售数量$$

由此可见，产品销售数量是销售收入的影响因素，当然也是销售利润的影响因素。销量与利润是成正比例变化的，楼盘越大则带来的利润越多。

2）产品销售价格的影响。销售价格对销售利润成正向作用，售价越高则利润越多，很多房地产企业都希望房屋卖个高价格。

3）销售成本的影响。产品销售成本也是销售利润的影响因素，两者成反向作用。如果销售成本增加，会使企业利润减少，这是不利的。

4）产品销售费用的影响。产品销售费用对销售利润的影响是反向的。

5）销售税金及附加的影响。销售税金及附加对销售利润的影响也是反向的。

6）产品销售结构的影响。在产品销售结构变动中，如果销售利润率高的产品结构增加，则对销售利润有利；反之，则不利。在实际分析时，还应具体查明以上各因素变动原因，分析数量增减的合理性，总结经验，以不断提高企业的利润水平。

（2）费用分析。费用是企业生产经营过程中所发生的耗费，具体包括成本费用和期间费用。成本费用分析前面已经说明，这里所提及的费用均是指期间费用，对具有施工能力的房地产开发企业来讲，期间费用是指企业从筹资投入到商品房销售过程中所发生的全部费用扣除成本费用以后的余额。按现行会计制度规定，期间费用可分为销售经营费用、管理费用和财务费用。销售经营费用是指企业在销售产品或者提供劳务过程中所发生的各项费用；管理费用是企业行政部门为组织和管理企业生产经营活动所发生的费用；财务费用是指企业为筹集资金所发生的费用。

若按费用与销售收入关系分，可分为直接费用与间接费用。直接费用是指随销售收入变化而变化的一类费用；间接费用是指在企业一定经营规模下基本不随销售收入变化而变比的一类费用。费用分析中基本是按这种分类方法进行分析的。费用分析内容主要包括以下3种。

1）费用计划执行情况分析。通过实际发生的费用与计划费用相比较，得出费用计划执行情况，是超支还是节约。

2）费用的动态分析。费用的动态分析是研究企业费用的变化趋势，其主要指标有

$$费用升降程度=本期费用率-上期（计划）费用率$$

$$费用升降速度=（费用升降程度/上期费用率）\times100\%$$

$$费用节约（超支）额=本期实际销售净额\times费用升降程度$$

上述 3 个指标计算结果为负数时表示费用节约；为正数时表示超支；为零时表示持平。

3）影响费用的主要因素分析。这里主要分析 3 个因素。

a. 销售收入。扩大企业销量是节约费用的重要途径，因为费用中只有直接费用随销售量变动而变动，间接费用不变。这样可增加企业利润，提高经济效益。

b. 产品销售结构。不同产品其费用率有所不同，在产品销售结构中，费用率高的产品结构上升，则引起企业费用增加，反之，则降低。当然如果是利润率很高的产品，尽管费用率高，但销售利润也是增加的，如别墅产品。

c. 库存产品的周转速度。库存产品的周转速度对费用的影响主要表现在两个方面：一是保管费，产品周转快，势必减少保管费；二是利息，周转速度加快，加速资金循环，减少资金占用时间，缩短还贷时间，从而减少利息的支出。

（3）其他业务利润与营业外收支分析。

1）其他业务利润分析。其他业务利润是利润总额的构成部分。企业除开展房地产业务以外，积极开展其他业务活动，如经销建筑材料、生产门窗等。不仅可以及时地出售或出租多余或闲置的材料、物资和设备，还能减少这部分资金的占用，提高资金的使用效果，为企业多创收。房地产企业从事相关多元化经营活动，可以增加企业利润。

2）营业外收支分析。对营业外收入分析，重点是分析各项收入是否合理，尤其是固定资产的盘盈，要查明原因。对营业外支出分析，重点要分析财产损失的原因，是属于经营管理不善，还是属于意外事故，以采取有效措施，克服和防止财产损失。

13.5　房地产开发项目整体经营分析与后评价

1. 房地产开发项目整体经营分析

（1）开发项目的销售收入计算。

1）住宅产品销售额。

$$S_1 = \text{出售单价} \times \sum \text{套出售面积}$$

2）商铺产品销售额。

$$S_2 = \text{出售单价} \times \sum \text{套出售面积}$$

3）车库产品销售额。

$$S_3 = \text{出售单价} \times \sum \text{出售个数}$$

4）房地产开发项目的经营收入，就是上述各项收入之和。

$$S = S_1 + S_2 + S_3$$

（2）房地产开发项目的经营成本分析。房地产开发项目的经营成本分析，可按表 13-4 逐项计算。

表 13-4 房地产开发项目的经营成本分析

编 号	成本分析要素	发生额（万元）
1	住宅工程建安费（造价、含设备）	
2	商业房工程建安费（造价、含设备）	
3	车库工程建安费（造价、含设备）	
	建安费合计	
4	土地成本	
5	资金成本（含利息、融资成本）	
6	前期费用	
7	基础设施建筑费	
8	公共商业配套设施费	
9	其他工程费用	
10	不可预见费	
11	开发期税费、房修基金	
12	管理费及间接开发费	
13	营业税	
14	城建税	
15	教育附加税	
	开发成本合计	

（3）房地产项目开发经营利润分析。房地产开发项目的经营利润分析，可按表 13-5 逐项计算。

表 13-5 房地产开发项目的经营利润分析

编 号	经营利润分析要素	发生额（万元）
1	销售收入	
2	开发成本合计	
3	毛利润	
4	企业所得税	
5	项目开发净利润	
6	项目销售利润率＝（利润 / 销售收入）×100%	
7	项目的资本金利润率＝（利润额 / 资本金总额）×100%	
8	项目的成本利润率＝（利润总额 / 成本总额）×100%	

2. 房地产开发项目后评价及其内容与方法

（1）房地产开发项目后评价。后评价，顾名思义就是事后评价，是对一件工作完成后的事后总结分析。房地产开发项目后评价就是在房地产开发项目经过策划、前期工作、建设管理、经营工作后，对此项目的盈亏数目及其原因所进行的分析，还有对此项目的经济效益、社会效益和环境效益所进行的评价。它是对房地产开发项目进行系统管理的最后一个环节，是房地产综合开发的一项重要内容。

（2）房地产开发项目后评价的内容。后评价内容包括对开发经营的每项具体工作的后评价，但主要的是对房地产开发项目盈亏的后评价和对房地产开发项目综合效益的后评价。房地产开发项目后评价的主要内容有：房地产开发项目经济核算与房地产开发项目效益评价两部分，如图 13-1 所示。

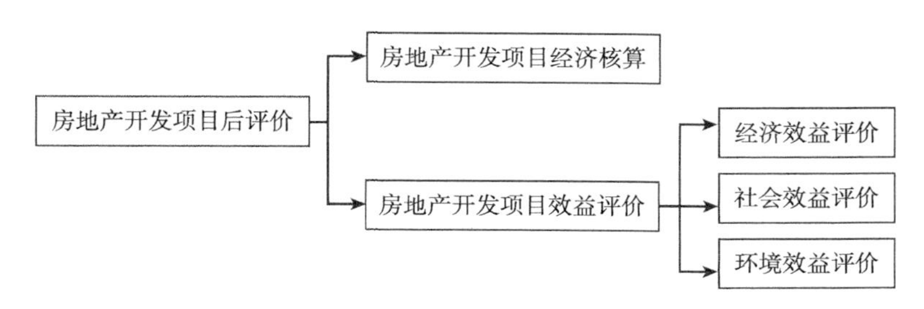

图 13-1　房地产开发项目后评价的内容

（3）房地产开发与经营项目后评价的方法。

1）“前后对比”和“有无对比”评价法。①“前后对比”是将项目可行性研究和评估时所预测的效益与项目竣工投产运行后的实际结果相比较，找出差异和原因，这也是项目过程评价应遵循的原则之一；②“有无对比”是将项目投产后实际发生的情况与没有运行的投资项目可能发生的情况进行对比，以度量项目的真实效益、影响和作用，对比的重点主要是分清项目本身的作用和项目以外的作用。

2）单指标评价法，是指把某个效益指标与该指标相应的对比标准进行比较，来达到评价的目的，制定指标的对比标准有以下两种方法。①定额方法。可参考国家对项目效益特征的定额要求，进行对比分析之后制定房地产企业应达到的效益标准。②同类比较法。以外单位同类开发与经营项目的相应指标或本企业以前开发与经营项目的相应指标为标准，进行一定的系数调整之后制定企业应达到的效益标准。

3）综合评价法，是指把项目整个评价指标体系中的所有指标加以综合，采用一系列方法，形成一定的参数或指数，进行项目效益横向或纵向对比的方法。

3. 房地产开发项目经济核算

房地产开发项目经济核算就是对房地产项目的开发经营过程中的投入和产出所进行的记录、计算、分析、比较和考核。经济核算的目的是以尽可能少的资金投入，取得尽可能多的利润产出。

（1）经济核算的内容。经济核算主要包括收入核算、成本核算、利润核算，通过对房地产开发项目的收入、支出、盈余三个方面的经济核算，来评价房地产开发项目的盈亏问题。

（2）经营收入的核算。经营收入指房地产开发公司因开发经营房地产项目而获取的收入，包括土地转让收入、商品房销售收入、配套设施销售收入、代建工程结算收入和出租房地产的租金收入等。

（3）房地产开发成本的核算，是指企业将开发一定数量的商品房所支出的全部费用按成本项目进行归集和分配，最终计算出开发项目总成本和单位建筑面积成本的过程。成本项目一般包括下列 6 项。

1）土地征用及拆迁补偿费。它主要包括以下内容。

a. 土地征用费：支付的土地出让金、土地转让费、土地效益金、土地开发费，交纳的契税、耕地占用税，土地变更用途和超面积补交的地价、补偿合作方地价、合作项目建房转入分给合作方的房屋成本和相应税金等。

b. 拆迁补偿费：有关地上、地下建筑物或附着物的拆迁补偿支出，安置及动迁支出，农作物补偿费，危房补偿费等；拆迁旧建筑物回收的残值应估价入账，分别冲减有关成本。

c. 市政配套费：指向政府部门交纳的大市政配套费，征用生地向当地市政公司交纳的红线外道路、水、电、气、热、通信等的建造费、管线铺设费等。

d. 其他：如土地开发权批复费、土地面积丈量测绘费等。

2）前期工程费。前期工程费指在取得土地开发权之后，项目开发前期的筹建、规划、设计、可行性研究、水文地址勘查、测绘、“三通一平”等前期费用。它主要包括以下内容。

a. 项目整体性报批报建费：项目报建时按规定向政府有关部门交纳的报批费，如人防工程建设费、规划管理费、新材料基金（或墙改专项基金）、教师住宅基金（或中小学教师住宅补贴费）、拆迁管理费、招投标管理费等。

b. 规划设计费，项目立项后的总体规划设计，单体设计费，管线设计费，改造设计费，可行性研究费（含支付社会中介服务机构的市场调研费），制图、晒图费，规划设计模型制作费，方案评审费。

c. 勘测丈量费：水文、地质、文物和地基勘察费，沉降观测费，日照测试费、拨地钉桩验线费、复线费、定线费、放线费、建筑面积丈量费等。

d.“三通一平”费：接通红线外施工用临时给排水（含地下排水管、沟开挖铺设费用）、供电、道路（含按规定应交的占道费、道路挖掘费）等设施的设计、建造、装饰和进行场地平整发生的费用（包括开工前垃圾清运费）等。

e. 临时设施费：工地甲方临时办公室、临时场地占用费、临时借用空地租赁费以及沿红线周围设置的临时围墙、围栏等设施的设计、建造、装饰等费用。临时设施内的资产，如空调、电视机，家具等不属于临时设施费。

f. 预算编、审费：支付给社会中介服务机构受聘为项目编制或审查预算而发生的费用。

g. 其他：包括挡光费、危房补偿鉴定费、危房补偿鉴定技术咨询费等。

3）基础设施费。基础设施费指项目开发过程中发生的小区内、建筑安装工程施工图预算项目之外的道路、供电、供水、供气、供热、排污、排洪、通信、照明、绿化等基础设施工程费用，红线外两米与大市政接口的费用，以及向水、电、气、热、通信等大市政公司交纳的费用。基础设施费主要包括以下内容。

a. 道路工程费：小区内道路铺设费。

b. 供电工程费：变（配）电设备的购置费、设备安装及电缆铺设费、供（配）电贴费、电源建设费、交纳的电增容费等。

c. 给排水工程费：自来水、雨（污）水排放、防洪等给排水设施的建造，管线铺设费用，以及向自来水公司交纳的水增容费等。

d. 煤气工程费：煤气管道的铺设费、增容费、集资费，煤气配套费、煤气发展基金、煤气挂表费等。

e. 供暖工程费：暖气管道的铺设费、集资费。

f. 通信工程费：电话线路的铺设、电话配套费、电话电缆集资费、交纳的电话增容费等。

g. 电视工程费：小区内有线电视（闭路电视）的线路铺设和按规定应交纳的有关费用。

h. 照明工程费：小区内路灯照明设施支出。

i. 绿化工程费：小区内人工草坪、栽花、种树等绿化支出，绿地建设费。

j. 环卫工程费：小区内的环境卫生设施支出，如垃圾站（箱）、公厕等支出。

k. 其他：小区周围设置的永久性围墙、围栏支出，园区大门、园区监控工程费，自然下沉整改费等。

4）建筑安装工程费。建筑安装工程费指项目开发过程中发生的列入建筑安装工程施工图预算项目内的各项费用（含设备费、出包工程向承包方支付的临时设施费和劳动保险费），有甲供材料、设备的，还应包括相应的甲供材料、设备费。发包工程应依据承包方提供的经甲方审定的“工程价款结算单”来确定。建筑安装工程费主要包括以下内容。

a. 土建工程费。

- 基础工程费：土石方、桩基、护壁（坡）工程费，基础处理费、桩基咨询费。
- 主体工程费：土建结构工程费（含地下室部分）。
- 有甲供材料的，还应包括相应的甲供材料费。

b. 安装工程费。

- 电气（强电）安装工程费：主体工程内的照明等电气设施安装费，有甲供材料、设备的，还应包括相应的甲供材料、设备费。
- 电信（弱电）安装工程费：主体工程内的通信、保安监视、有线电视系统等电信设施安装费。
- 给排水安装工程费：主体工程内的上下水、热水等给排水设施安装费。
- 电梯安装工程费：主体工程内的电梯及其安装、调试费。
- 空调安装工程费：主体工程内的换热站、冷冻站、风机盘管控制、楼宇自控系统等空调设施安装费。

- 消防安装工程费：主体工程内的自动喷洒、消防栓、消防报警系统等消防设施安装费。
- 煤气安装工程费：主体工程内的煤气管线等燃气设施安装费。
- 采暖安装工程费：主体工程内的水暖、汽暖等供热设施安装费。
- 上述各项如有甲供材料、设备，还应分别包括相应的甲供材料、设备费。

c. 装修工程费：内外墙、地板（毯）、门窗、厨洁具、电梯间、天（顶）篷、雨篷等的装修费，有甲供材料的，还应包括相应的甲供材料费。

d. 项目或工程监理费：支付给聘请的项目或工程监理单位的费用。

e. 其他：工程收尾所发生的零星工程费和乙方保修期后应由开发商承担的维修费（零星工程费和乙方保修期后应由开发商承担的维修费能够归类的，应按从属主体原则归类计入上述相应费用中）、现场垃圾清运费、工程保险费等。

5）配套设施费。配套设施费指房屋开发过程中，根据有关法规，产权及其收益权不属于开发商，开发商不能有偿转让也不能转作自留固定资产的公共配套设施支出。该成本项目下按各项配套设施设立明细科目，具体核算内容可区分为以下情况。

a. 在开发小区内发生的不会产生经营收入的不可经营性公共配套设施支出，如建造消防、水泵房、水塔、锅炉房（建筑成本）、变电所（建筑成本）、居委会、派出所、岗亭、儿童乐园、自行车棚、景观（建筑小品）、环廊、街心公园、凉亭等设施的支出。

b. 在开发小区内发生的根据法规或经营惯例，其经营收入归于经营者或业委会的可经营性公共配套设施的支出，如建造幼儿园、邮局、图书馆、阅览室、健身房、游泳池、球场等设施的支出。

c. 开发小区内城市规划中规定的大配套设施项目不能有偿转让和取得经营收益权时，发生的没有投资来源的费用。

d. 对于产权、收入归属情况较为复杂的地下室、车位等设施，应根据当地政府法规、开发商的销售承诺等具体情况确定是否摊入本成本项目。如果开发商通过补交地价或人防工程费等措施，得到政府部门认可，取得了该配套设施的产权，则应作为经营性项目独立核算。

6）开发间接费。开发间接费指房地产开发企业内部独立核算单位为组织和管理开发产品的开发建设而发生的各项费用。开发间接费包括以下内容。

a. 现场管理费用：内部独立核算的、开发项目现场管理的人员工资及福利费、工会经费、职工教育经费、修理费、办公费、办公用水电费、差旅费、市内交通费、运输费、通信费、业务交际费、劳动保护费、低值易耗品摊销、周转房摊销等。

b. 利息并借款费用：直接用于项目开发所借入资金的利息支出、汇兑损失，减去利息收入和汇兑收益的净额。

c. 固定资产投资方向调节税：按规定应计缴的固定资产投资方向调节税。

d. 物业管理基金、公建维修基金或其他专项基金：按规定应拨付给业主管理委员会的由物业管理公司代管的物业管理基金、公建维修基金或其他专项基金。

e. 质检费：包括按规定支付给质检部门的质量检验费，项目发生的材料、设备质量检验费、工程质量自检费、工程竣工验收费等质量鉴定性费用。

f. 其他：项目交付使用后发生的，按规定或协议应由开发商承担、补贴给物业管理公司的水、电、煤气、暖气等价差，以及其他应计入开发间接费的费用。开发企业期间费用的开支范围如下。

营业费用，指在开发产品销售环节发生的各项费用，包括：①已完开发产品销售以前的改装修复费、开发产品看护费及按规定或协议应交物业管理公司的空房物业管理费，根据规定或协议应承担的按单位、面积分摊的空房和自留、自用物业水电费等；②临时样板房、售楼处的设计、建造、装饰等费用；③开发产品销售、转让、出租过程中发生的广告审批费、广告制作费（含资料制作费）、广告宣传费、展览费、销售模型（沙盘）制作费、代销手续费、销售服务费、咨询费、办销售许可证时向政府部门交纳的物业管理启动金、商品房注册登记费、产权交易费（或商品房交易手续费）、房屋面积审核费、房屋评估费、诉讼费、中介佣金、销售许可证、外销费等；④专设销售机构的职员工资、工会经费、福利费、折旧费、修理费、差旅费、办公费、培训费、业务交际费以及其他经费。

管理费用，指企业行政、财务、人事等行政管理部门，为组织和管理房地产开发经营活动而发生的各项费用，包括：①行政管理部门人员的工资、福利费、办公费、差旅费、运输费（包括驾驶员保险费）、折旧费、修理费、低值易耗品摊销、办公用水电费等；②工会经费和职工教育经费；③财产保险费、劳动保险费、待业保险费、医疗保险费、失业保险费；④税金，指按照规定支付的房产税、车船使用税、土地使用税（金、费）、印花税等；⑤审计费、咨询费、聘请中介机构费、诉讼费、业务招待费、董事会费、公司活动费等；⑥无形资产及长期待摊费用摊销；⑦坏账损失及存货盘亏、毁损损失；⑧环境费、支付清洁工的工资、摆花费、租花费等；⑨租金，包括房屋租金、车库租金等；⑩分摊上级管理部门和总部的管理费以及其他管理费等。

财务费用，指企业为筹集开发经营所需资金而发生的各项费用，包括利息净支出（减去利息资本化部分）、汇兑净损失、金融机构手续费（含票据工本费）以及企业筹集资金发生的其他财务费用。

（4）房地产开发项目利润核算。利润指经营收入减去经营成本、经营税金及附加，再减去期间费用后的余额。

1）房地产开发项目销售利润率，指房地产开发项目的利润与销售收入的比值。它说明房地产开发公司销售单位价值的房地产可获取的利润水平。

$$\text{房地产开发项目销售利润率}=(\text{利润}/\text{销售收入})\times 100\%$$

2）房地产开发项目的资本金利润率，指房地产开发项目的利润额与资本金总额的比值。它说明单位资本获取的利润水平。

$$\text{房地产开发项目的资本金利润率}=(\text{利润额}/\text{资本金总额})\times 100\%$$

3）房地产开发项目的成本利润率，指房地产开发项目的利润额与成本总额的比值。

该指标越高，表明企业为取得利润而付出的代价越小，成本费用控制得越好，盈利能力越强。

房地产开发项目的成本利润率＝（利润总额 / 成本总额）×100%

4. 房地产开发项目的效益评价

房地产开发项目的效益评价，是指在项目完成全部计划建设工程，经验收合格，并通过经营活动，全部支付用户使用以及完成整个项目的经济核算以后，由房地产开发企业、单位或社会机构，以该开发项目为对象进行的以其经济效益、社会效益、环境效益以及综合效益为主要内容的全面考核。评价的目的是对该项目的建设效益以及影响效益的各因素进行全面检查，总结经验，为今后的开发活动提供决策依据。

（1）经济效益评价，是指从房地产开发企业出发，对该项目经济状况进行评定，看其在经济方面是否合理，合理程度如何。经济效益评价有如下指标。

1）工程造价指标。①总造价，指某项目的投资总额；②单位造价，指项目总造价与建筑面积的比值；③户均造价，指工程总造价与居住总户数的比值，这个指标适用于住宅开发的情况；④可售单位面积造价。

2）盈利能力指标。①项目开发总利润，指项目总收入扣除项目总支出后的数值，总利润直接反映项目为企业所取得的总盈利水平；②全部投资利润率，指房地产开发项目的利润总额与项目全部投资的比率；③自有资金利润率。

3）建设工期指标。一般指建设项目中构成固定资产的单项工程，从正式破土动工，到按设计文件全部建成，到竣工验收交付使用所需的全部时间。

4）工程质量指标。①工程质量优良率——质量评定为优良的建筑面积与竣工建筑面积的比率，这个比率越大，表示建筑物的质量越好，质量好不仅能延长建筑物的使用寿命，也能减少使用过程中的维修费用，给使用者带来良好的感受，提升项目的社会效益；②房屋返修率。

（2）社会效益评价，是指从整个社会的角度出发，对该项目宏观经济效果的分析与评价，包括对该项目的内部区域环境，以及项目周围环境所产生的影响进行分析，其目的是考评项目从环境角度对使用者的满足程度。

1）国民经济指标。国民经济指标有以下 4 个。

a. 项目开发总产值。项目开发总产值是指房地产开发企业在项目上完成的以价值表现的开发总量。它综合反映了项目的全部生产规模、水平和为社会提供商品建筑使用价值的成果。

项目开发总产值＝各单位工程竣工总产值＋辅助生产产值
＋开发运输产值＋其他开发产值

b. 项目开发净产值。项目开发净产值与项目开发总产值不同，它仅反映开发建设过程中所创造的价值部分，而非开发项目的全部价值。它是衡量开发项目对国民经济影响程度的重要指标。

项目开发净产值＝利润＋税金＋工资总额＋职工福利基金＋利息支出＋其他

c. 项目利税总额。项目利税总额是指整个开发项目上交给国家财政或政府主管机关的税金（费）、留给企业的利润总额。它标志着项目对国家财政的贡献大小。

d. 项目投资利税率。项目投资利税率是指开发项目实现的利税总额与总投资的比率。它从国民经济角度反映了国家国民经济的投资效率。

2）劳动就业指标。房地产开发与经营项目参与人员之多，是其他项目所不能比拟的，该项目的建成与使用将为社会提供大量的劳动岗位，如施工人员、销售人员、物业管理人员等，为缓解社会就业压力做出了一定的贡献。房地产开发与经营项目劳动就业率是指本项目的就业人口与区域总人口的比率，这个比率直接反映着房地产开发与经营项目在劳动就业这一方面的社会效益。

3）提供居住水平指标。可供参考的居住水平有以下 5 个指标。

a. 项目实际安置的居住总人数，即整个住宅开发项目交付使用后实际安置的居民总人数。

b. 项目实际安置的居住总户数，即整个住宅开发项目交付使用后实际安置的居民总户数。

c. 项目实际安置的居民净增总人数，即项目实际居住总人数与拆除的旧居住区内居住人数的差值。它反映项目为整个社会提供净增的居民人数。

d. 项目实际安置的居民净增总户数，即项目实际居住总户数与拆除的旧居住区内居住总户数的差值。

e. 住宅开发总建筑面积以及与原有指标的对比值，即项目的总建筑面积与拆除的旧居住区建筑面积的比值。

4）交通便捷程度指标。居住者总是要在居住区、工作地点、购物区域之间移动，移动效率的高低反映了居住区的交通便捷程度。交通便捷程度高的居住区减少了社会资源的耗费，如交通费用支出的减少、汽车尾气排放量的减少等。交通便捷程度的指标主要包括以下两类。

a. 住宅区内部交通方便程度指标体系，包括住宅内楼梯、电梯、楼道、坡道等交通联系部分的方便程度。

b. 住宅区外部交通方便程度指标体系，包括上下班、购物、上学、托幼、外出乘车的方便程度。

5）住宅区安全程度指标。住宅开发不仅要保证居民正常情况下的生命安全，还要考虑在发生特殊情况时的安全，如防火、防震、防空、交通安全等，针对这些因素选择合适的指标进行评价。以防火方面的指标选择为例，住宅开发要认真执行国家有关部门制定的防火规范，除了在室内设置必要的灭火设施外，在室外还需要设置消火栓，每个消火栓的服务半径为 150 米，因此可以按灭火设施的个数、设置方式来设置相应的分类指标进行评价，另外，还可以选择住宅间距为防火的评价指标之一。

6）住宅区卫生指标。住宅区卫生指标包括以下 3 个指标。

a. 饮用水的标准。水质的好坏取决于集中供水的水质质量，个人是无法选择的，我国卫健委颁布了《生活饮用水卫生标准》，指标包括微生物学指标、水的感官性状和一般化学指标、毒理学指标、放射性指标四大类。

b. 垃圾收集与处理。发达国家城市一般都较注重垃圾的分类收集。目前，城市垃圾处理最主要的方式是填埋，约占全部处理量的 70%；其次是高温堆肥，约占 20% 以上；焚烧量甚微。垃圾收集是否分类、是否定点、是否按时，垃圾处理方式的采用是衡量住宅区环境卫生水平的重要指标。

c. 公共环境卫生的保持。住宅区的公共环境卫生评价主要有：道路清洁程度、绿化是否定期维护，休闲娱乐设施是否定期保养，停车管理是否到位等。

（3）环境效益评价。环境效益评价是房地产开发与经营项目综合效益评价的重要组成部分，也是工作难度最大的一部分。

1）污染控制指标。污染控制包括大气污染、声环境和视环境、废水废渣的处理。

2）环境条件指标。①内部环境条件指标。以住宅小区为例，内部环境条件指标用以衡量住宅内部环境的舒适度，包括住宅面积、绿化面积、容积率、隔声、隔热、日照、通风、用水、环境艺术设计等。②外部环境条件指标，用以衡量项目外部环境条件的优劣性，包括建筑密度、市政设施的完善程度、公共建筑的设置、绿地及公共活动面积及外部环境艺术设计等。

3）自然资源的保护与利用。

4）项目对生态环境的影响。

总的来说，项目的经济效益、社会效益和环境效益三者之间是统一的矛盾体，它们既相互促进又相互制约。

5. 房地产开发项目综合效益评价

综合效益评价，就是房地产开发与经营项目经济效益、社会效益和环境效益评价的综合。

（1）构建综合效益评价指标体系。要求能够全面、客观地反映房地产开发与经营项目的经济、社会和环境效益情况。下面以住宅开发为例，构建综合效益评价指标体系如图 13-2 所示。

以上的三级指标体系，在实际评价过程中还需要细分至第四级甚至是第五级指标，然后按一定的方法收集指标数据，对定性的指标采取一定的量化方法，数据收集应特别注意指标值的真实性。

（2）确定影响程度的权重系数。用来反映各指标因素在综合效益评价分析中的地位，W_i 满足归一化的条件，即 $W_1+W_2+W_3+\cdots+W_n=1$。

权重系数对评价结果的影响很大，W_i 的取值比较困难，没有统一的标准，一般按实际经验和部门要解决的实际问题确定。按实际经验，对影响综合效益较大的指标，如经济效益中的成本降低额、自有资金利润率等，取较高的权重系数；本部门按期要解决的重点问题，如工程质量问题、建设工期问题等，可相应加大有关指标的权重系数。

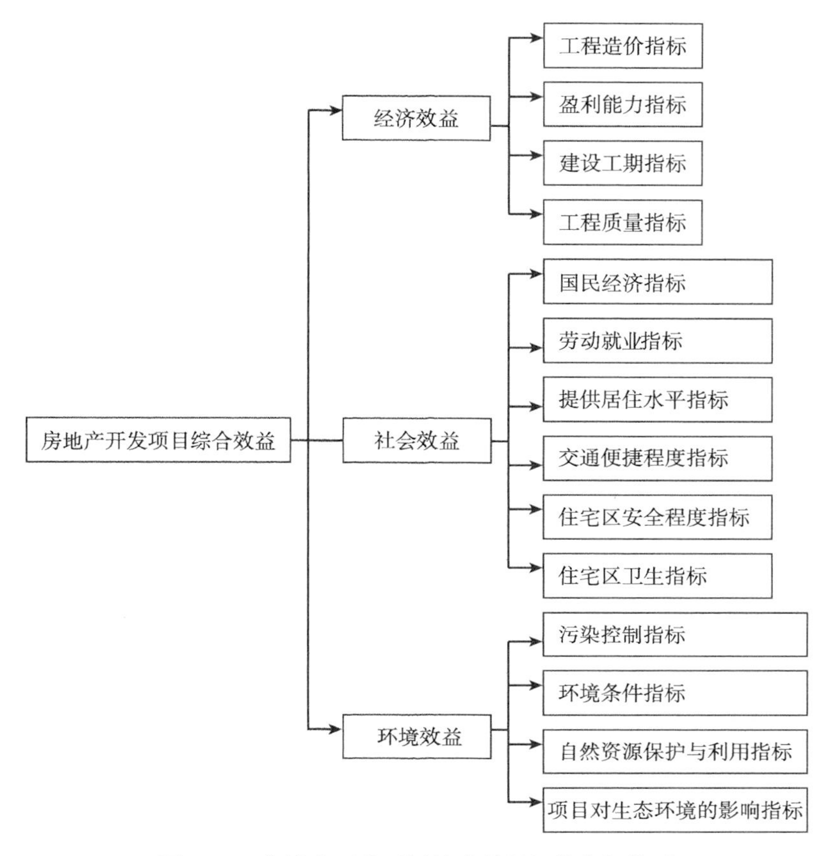

图 13-2　房地产开发项目综合效益评价指标体系

（3）三大效益是矛盾的统一体。如果开发成本增加，经济效益就会减少；如果减少绿化面积、增加容积率，经济效益虽然增加了，但环境影响程度变差。从另一个角度来考虑，如果提高住宅小区内绿化面积、美化居住环境，方便居民生活，楼盘品质得以提升，可吸引更多的消费者，又可以增加项目的经济效益，因此需要对经济效益、社会效益、环境效益进行全面考虑，从而全面系统地对项目的综合效益进行评判。

思考题

1. 如何进行房地产经营收入与成本分析？
2. 如何进行房地产项目开发整体经营分析？

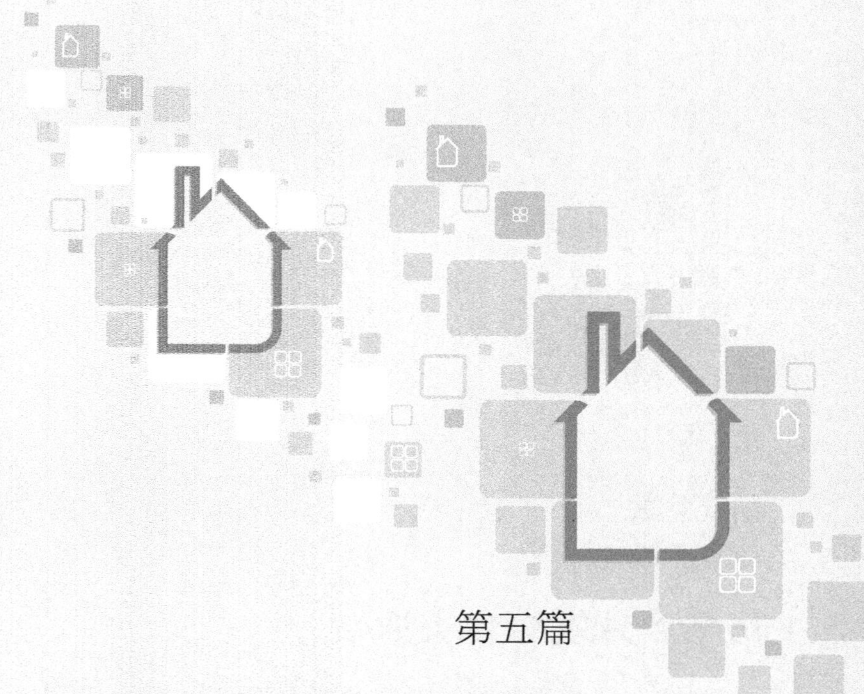

第五篇

房地产开发综合实训与业务技能竞赛

本篇是房地产开发与经营综合实训与业务技能竞赛模块。

1. 房地产开发综合实训，主要介绍了房地产开发综合实训课程的专业定位与教学理念、实训目标、实训内容及流程、实训教学方式与教学组织、实训教学进度计划与教学控制、实训教学文件以及房地产开发综合实训软件功能简介。

2. 房地产开发业务技能竞赛，主要介绍了房地产开发业务竞赛目的，意义和原则，竞赛依据标准与竞赛内容、竞赛规则、竞赛组织以及房地产开发业务竞赛平台功能简介。

第 14 章

房地产开发综合实训

学习目标

1. 掌握房地产地块开发思路与流程。
2. 掌握房地产地块开发经营环境分析、市场分析、投资风险分析方法。
3. 掌握房地产地块开发市场定位、规划与产品设计、建设与验收管理。
4. 掌握房地产地块项目销售与经营分析。

技能要求

1. 能够具有房地产地块开发经营思路。
2. 能够做一个房地产地块项目的开发方案。
3. 能够做一个房地产地块项目的经营分析。
4. 能够从事房地产开发经营方案策划，具有开发与经营能力。

14.1 房地产开发综合实训课程的专业定位与教学理念

1. 房地产开发综合实训课程的专业定位

房地产开发综合实训是房地产经营与估价专业的一门重要的综合性实训课程。通过本课程的学习，可以将房地产专业知识与能力融会贯通，培养学生职业素养。

（1）融会贯通专业知识与能力。将本专业已学习过的专业课程中已掌握的知识、技能与所形成的单项、单元能力通过本综合性实训课程进行融合，使学生了解这些已掌握的知识、技能与所形成的单项、单元能力在完成一个房地产项目开发典型工作任务时所起的作用，并掌握如何运用这些知识、技能与单项、单元能力来完成一个综合性的房地产项目开发业务，激发与培养其从事房地产职业领域工作的兴趣与爱好。

（2）培养职业素养和工匠精神。通过本综合性实训课程，使学生在前期已进行过房地产课程实验的基础上，学习并培养自己完成一个房地产项目开发典型工作任务完整工作过程所需要的专业能力、方法能力与社会能力，养成优秀的职业习惯，特别是促进工匠精神养成。

2. 房地产开发综合实训课程的基本教学理念

（1）以学生为主体、学做合一。教学中通过激发学生的学习兴趣，引导其自主、全面地理解本综合实训教学要求，提高思维能力和实际工作技能，增强理论联系实际的能力，培养创新精神，逐步养成善于观察、独立分析和解决问题的习惯。本课程在目标设定、教学过程、课程评价和教学方式等方面都突出以学生为主体的思想，注重学生实际工作能力与技术应用能力的培养，教师起到引导、指导、咨询的作用，使课程实施成为学生在教师指导下构建知识、提高技能、活跃思维、展现个性、拓宽视野的过程。

（2）多元化的实训教学手段。本课程以实战演练、模拟企业房地产开发活动为主要教学方式，在教学过程中，引导学生通过房地产市场调研与资料的查询、整理和分析，发现企业开发活动中存在的问题，并在团队合作的基础上，完成一个个具体的房地产项目开发业务任务，从而提高分析问题、解决问题的能力和业务技能，真正实现课程实训企业化。

（3）重视学生个体差异，注重提高整体水平。本课程在教学过程中，以激发兴趣、展现个性、发展心智和提高素质为基本理念，倡导以团队为单位自主学习，注重促进学生的知识与技术应用能力和健康人格的发展，以过程培养促进个体发展，以学生可持续发展能力和创新能力的提升评价教学过程。

14.2　房地产开发综合实训目标

1. 总目标

学生在进行房地产开发综合实训时，已经学习了“房地产开发与经营”“房屋建筑学”等课程，具备了房地产开发、房屋建筑等基本理论知识，也经历了相应的企业认知实训。房地产开发综合实训课程的教学总目标是：在房地产开发与经营、房屋建筑、项目管理、造价等能力基础上，进一步将房地产开发的相关课程的单项、单元能力（技能）融合在一起，通过对典型的房地产项目开发业务的调研、市场定位、产品设计、经营分析等开发方案的设计与操作，培养学生具有完成一个房地产具体开发项目实施的综合职业能力。

2. 具体能力目标

（1）专业能力目标。通过实训课程的学习与训练，使学生在前期课程与综合项目训练已掌握房地产开发的研究对象和特点、基本理论、原则与方法，掌握市场开发调研、开发设计、企业具体开发活动的流程、相关报告或方案撰写的要求、格式等的基础上，通过对房地产开发企业具体项目对象进行分析研讨，着重培养学生具有完成一个以典型项目为载体的房地产开发经营活动的专业能力：

- 房地产开发经营环境的分析能力，包括调研能力、信息处理能力、调研报告撰写能力；
- 房地产开发项目市场分析与市场定位的能力；
- 房地产开发项目的风险分析与投融资方案制订能力；
- 房地产开发项目的产品策划与规划设计能力；
- 房地产开发项目的建设管理与销售能力；
- 房地产开发项目的经营分析能力；
- 沟通协调能力；
- 团队合作能力。

（2）方法能力目标。

1）信息的收集方法。通过引导学生围绕本实训项目进行的信息收集、整理、加工与处理，使学生能够针对项目所涉及的房地产行业领域的各种环境因素，利用科学的方法进行清晰的分析和准确的判断，在此基础上提出自己的独立见解与分析评价。

2）调研与方案的制订方法。在完成以上信息收集阶段工作的基础上，学生能根据自己所形成的对本实训项目独立见解与分析评价，提出几种初步的项目实施方案，并能对多种方案从经济、实用等各方面进行可行性的比较分析，通过团队的集体研讨、决策，选定本团队最终项目的实施方案。

3）方案实施方法。在实施方案的基础上，学生能在教师引导下讨论形成方案实施的具体计划，如调研的对象、区域、房地产地块楼盘的定位、产品类型等，并完成活动实施的计划，在此基础上进行团队内的分工。实施过程中，要填写相关的作业文件。

4）过程检查方法。在完成市场调研、产品设计、开发建设、销售等开发活动的方案的过程中，各组成员定期开展总结交流活动，发现问题及时解决，并在教师的指导下不断完善方案内容，填写进度表及其他作业文件。

5）总结评估方法。最后阶段学生能较好地总结自己的工作，与团队成员一道通过研讨交流，评估本项目完成过程中的得失与经验，并就本实训项目学习提出技术与方法等各方面进一步改进的思路与具体方案，分工合作完成项目最终方案报告，以班级为单位进行交流与评价，按照评价标准给予实训成绩。

（3）社会能力目标。

1）情感态度与价值观。在实训的过程中，培养学生严谨认真的科学态度与职业习惯，改变不良的学习行为方式；培养引导其对房地产开发活动的兴趣与爱好，激发他们学习的热情及学习积极性，培养学生的主体意识、问题意识、开放意识、互动意识、交流意识，树立自信的态度与正确的价值观。具体表现在：

- 通过学习养成积极思考问题、主动学习的习惯；
- 通过学习培养较强的自主学习能力；
- 通过学习培养良好的团队合作精神，乐于助人；
- 通过学习养成勇于克服困难的精神，具有较强的忍耐力；
- 通过学习养成及时完成阶段性工作任务的习惯，达到“日清日毕”的要求。

2）职业道德与“工匠精神”素质养成。在实训的过程中，通过开展真实业务活动，实现与企业的真正对接，让学生领悟并认识到敬业耐劳、恪守信用、讲究效率、尊重规则、团队协作、崇尚卓越等职业道德与素质在个人职业发展和事业成功中的重要性，使学生能树立起自我培养良好的职业道德与注重日常职业素质养成的意识，为以后顺利融入社会及开展企业的房地产开发活动，打下坚实的基础。

14.3　房地产开发综合实训内容及流程

1. 综合实训内容

（1）选题范围。房地产开发综合实训项目的选题来源于真实的企业，一般选择学校的合作企业在当地的开发项目作为实训项目。如：南京工业职业技术学院选择合作企业栖霞房地产有限责任公司的“南京仙林大学城2010G58号地块”项目。

（2）内容要求。

1）具有房地产项目开发活动典型工作任务特征，并具有完整任务方案设计与教学要求。

2）能使学生通过本综合实训项目的学习，得到各项能力的训练。

3）项目教学中所形成的各环节教学模式、作业文件与成绩评价明确规范。

4）项目教学中所形成的作业过程与作业文件符合房地产项目开发活动的相关要求。

5）为学生提供的指导和条件能确保学生完成项目所规定的全部工作。

6）融入房地产经纪人、房地产营销师职业资格考证应有的知识与技能点。

（3）典型工作任务、完整工作过程特征描述。栖霞房地产有限责任公司是江苏最大的房地产开发企业之一，开发项目技术含量高、执行规范，其开发项目“2010G58号地块”具有“典型工作任务和完整工作过程”的特点，如图 14-1 所示，可以培养学生的房地产开发职业素养和综合职业能力。

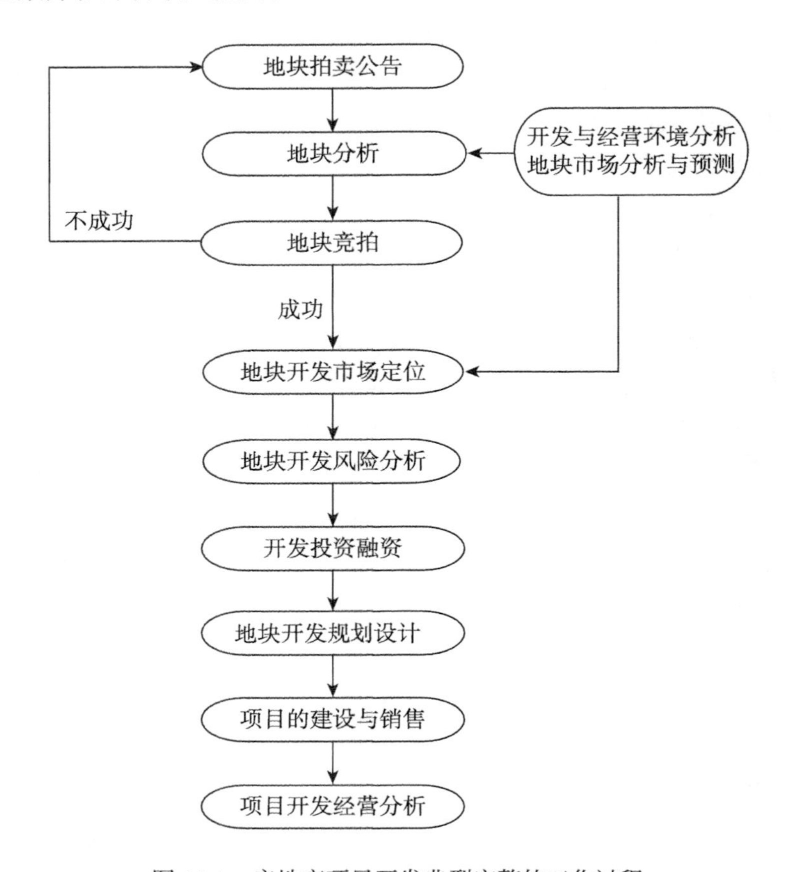

图 14-1 房地产项目开发典型完整的工作过程

（4）功能操作指标。

1）项目地块开发的环境分析与市场分析操作训练。

2）房地产开发地块竞拍操作训练。

3）项目地块市场定位操作训练。

4）项目地块投资分析操作训练。

5）项目地块产品策划与规划设计操作训练。

6）项目地块楼盘销售操作训练。

7）项目地块开发经营分析操作训练。

2. 综合实训流程

房地产开发综合实训流程，如图 14-2 所示。

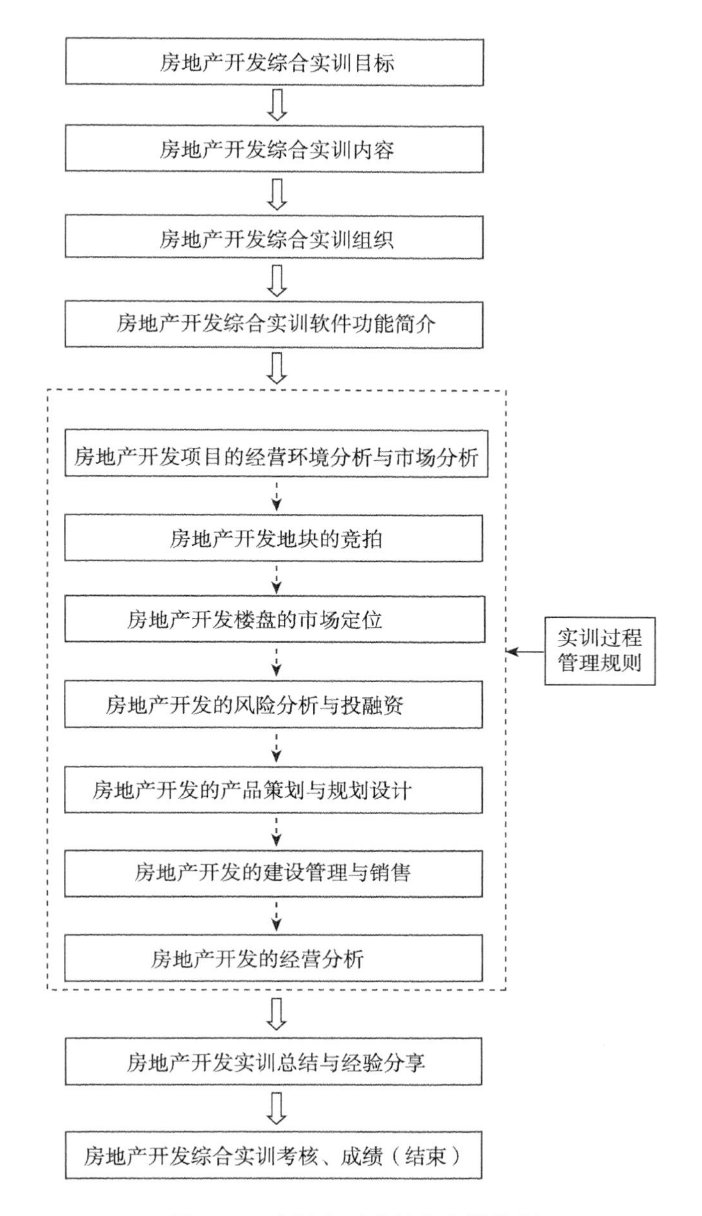

图 14-2　房地产开发综合实训流程

14.4　房地产开发综合实训教学方式与教学组织

1. 实训教学方式

房地产开发综合实训教学方式采用市场调研与企业现场实训、辅助案例与工作经验分享以及软件操作相结合。

（1）房地产市场调研与企业现场实训。组织学生围绕实训项目多次开展房地产市场调研，多次参观学校的合作企业，现场考察该企业的房地产开发项目，与企业员工一起学习、讨论、操作、训练，熟悉房地产项目开发业务操作流程。市场调研与企业现场实训目的：使学生熟悉房地产市场与项目开发过程，便于顺利完成实训项目的学习任务。

（2）辅助案例与工作经验分享。从学校合作企业的房地产开发项目里挑选多个典型的房地产开发项目案例以及房地产开发从业人员的工作经验，进行分析教学。辅助案例与工作经验分享目的：使学生寻找灵感和借鉴，便于顺利完成房地产开发项目实训操作学习任务。

（3）软件操作。根据市场调研、企业现场考察实训和辅助案例分析，把合作企业在本市的房地产开发项目内容录入房地产开发综合实训软件中，按房地产开发业务流程和设计方案进行业务操作，完成实训任务。

2. 实训教学组织

（1）模拟房地产开发公司成立实训教学组织。房地产项目开发综合实训采用在学校合作企业的公司背景下，模拟房地产开发公司做实际业务项目的运作方式，成立学生房地产开发有限公司（作为开发商），下设 6 个项目公司，即阳光一公司、阳光二公司、阳光三公司、阳光四公司、阳光五公司、阳光六公司，每个公司 6～8 人，每个公司推荐 1 名经理（组长），每天任务的分配均由经理组织进行。

（2）实训过程组织。进行实训前，教师要根据“房地产开发综合实训课程教学标准”编写“房地产开发综合实训教学任务书”和“房地产开发综合实训教师指导手册”，向学生说明实训的目的、意义及要求，特别强调实训结束需提交的作业文件，阐明实训纪律，并发放“房地产开发综合实训学生作业文件”，学生在经理的带领下开展实训活动。综合实训的过程要按照企业房地产开发活动的实际情况进行，参加实训的学生等同于在为企业进行项目开发活动，要服从分组安排，在分工的基础上注重团队的合作，遇到问题团队集体讨论、解决。指导教师关心每个小组（公司）的进展，注意业务操作过程，引导学生按业务环节和任务要求进行，督促学生完成作业文件，组织组内、组与组之间项目研讨。项目工作过程完成后，进行考核评比选出优秀公司，并进行方案评比，选出最佳方案展示。

（3）实训组织纪律。严格考勤制度，学生要按照实训计划安排从事实训，请假、旷课要记录在案。缺课 1/3 以上不能取得实训成绩，旷课一天以上，就可以认定缺乏职业道德，一票否决。

3. 实训教学场地

（1）房地产市场。主要用于市场楼盘调研，房地产市场包括住宅市场、写字楼市场、商铺市场等。

（2）开发企业。主要用于现场参观考察和业务实训，要充分利用学校的合作企业资源。

（3）房地产开发实训软件机房。主要用于房地产开发业务流程操作，包括地块竞拍、产品定位与设计、投资分析、销售、经营分析与利润计算等。

（4）非固定场所。主要用于团队研讨和编写实训项目操作方案，非固定场所包括教室、会议室、实训室等。

14.5　房地产开发综合实训教学进度计划与教学控制

1. 实训教学进度计划

房地产开发综合实训教学进度计划，如表14-1所示。

表14-1　房地产开发综合实训教学进度计划

项目名称	完成需要时间	开始	结束	工序	项目验收和作业文件	实训场地
1. 房地产开发项目的经营环境分析与市场分析	1～3天				1. 房地产开发项目的经营环境分析与市场分析报告	
（1）项目开发实训任务研讨与计划				1	题目1：项目地块背景与地理位置图 题目2：当地城市房地产开发环境 题目3：项目市场调研 题目4：项目SWOT分析与市场预测	房地产市场 开发企业 非固定
（2）房地产经营环境分析				2		
（3）房地产项目地块概况描述				3		
（4）房地产项目市场调研分析				4		
（5）房地产项目SWOT分析与市场预测				5		
2. 房地产开发地块的竞拍与土地使用权获取	1～2天				2. 房地产开发地块的竞拍方案	
（1）土地使用权获取方式与土地拍卖程序调研				6	题目5：制订地块竞拍方案 题目6：实训软件土地竞拍拿地	房地产市场 开发企业 软件机房 非固定
（2）制订土地报价方案				7		
（3）计算机实训软件土地竞拍、拿地				8		
3. 房地产地块开发楼盘的市场定位与可行性分析	1～2天				3. 房地产地块开发楼盘的市场定位与可行性分析方案	

（续）

项目名称	完成需要时间	开始	结束	工序	项目验收和作业文件	实训场地
（1）地块开发市场定位：客户定位、品质定位、价格定位				9	题目7：地块开发的市场定位方案 题目8：地块开发的风险分析计算与控制手段 题目9：地块开发的可行性分析 题目10：计算机实训软件录入开发项目的市场定位内容	房地产市场 开发企业 软件机房 非固定
（2）地块开发风险的主要类型分析与控制手段				10		
（3）风险分析计算				11		
（4）地块开发可行性分析				12		
（5）计算机实训软件录入开发项目的市场定位内容				13		
4. 房地产地块开发投资分析与融资	1～2天				4. 房地产地块开发的投资分析与融资方案	
（1）房地产地块开发投资分析				14	题目11：地块开发投资分析方案 题目12：地块开发融资方案	房地产市场 开发企业 软件机房 非固定
（2）房地产地块开发融资				15		
5. 房地产地块开发的产品策划与规划设计	2～5天				5. 房地产地块开发的产品策划与规划设计方案	
（1）产品组合策划：品种组合、产品套型简图、楼型组合				16	题目13：产品组合策划方案 题目14：项目规划设计方案 题目15：项目规划技术经济指标 题目16：计算机软件录入产品组合、规划参数	房地产市场 开发企业 软件机房 非固定
（2）项目规划设计：建筑规划、道路规划、绿化规划、基础设施规划				17		
（3）项目规划技术经济指标				18		
（4）房地产项目规划设计审批“一书两证”制度				19		
（5）计算机软件上录入产品组合、规划参数				20		
6. 房地产地块开发的建设管理	1天				6. 房地产地块开发的建设管理方案	
（1）项目建设招标流程与合同				21	题目17：项目建设招标流程与合同 题目18：项目建设管理与楼盘验收方案	房地产市场 开发企业 非固定
（2）项目的建设实施与楼盘验收				22		
7. 房地产地块开发楼盘销售	1～2天				7. 房地产地块开发楼盘的销售方案	

（续）

项目名称	完成需要时间	开始	结束	工序	项目验收和作业文件	实训场地
（1）制订楼盘产品价格方案				23	题目19：楼盘产品价格方案 题目20：计算机实训软件楼盘销售	房地产市场开发企业 软件机房 非固定
（2）计算机实训软件销售				24		
8. 房地产地块开发项目经营分析	1～2天				8. 房地产地块开发项目经营分析报告	
（1）项目经营收入分析				25	题目21：项目收入分析报告 题目22：项目成本分析报告 题目23：项目经营利润分析报告 题目24：计算机实训软件经营结果分析	软件机房 非固定
（2）项目经营成本分析				26		
（3）项目经营利润分析				27		
（4）计算机实训软件经营分析结论				28		
9. 房地产开发实训总结与经验分享	1天				9. 实训总结与经验分享	
（1）实训总结				29	题目25：实训总结 题目26：实训交流分享	教室
（2）实训交流分享				30		
9+. 实训收尾结束	《房地产开发实训报告（作业文件）》 实训成绩，实训教学文件归档					教室

2. 实训教学控制

（1）实训指导：学生按班级分组（项目组）实训，每个班级一两名指导教师。

（2）实训要求：①每个学生完成实训手册《房地产开发实训报告（作业文件）》；②每个项目组团结协助，提供一两篇房地产项目开发策划方案（电子稿），即电子稿《房地产开发实训报告（作业文件）》；③每个学生利用实训软件完成规定项目开发任务，取得项目经营利润，项目经营利润排行榜作为评定实训成绩的重要依据。

（3）实训时间：2～4周。

3. 实训控制指标

房地产开发综合实训控制指标内容，如表14-2所示。

表14-2　房地产开发综合实训控制指标

实训学习任务（项）	控制指标（个）	实训作业文件（项）	学时
1. 房地产开发项目的经营环境分析与市场分析	（1）项目开发实训任务研讨与计划 （2）房地产经营环境分析 （3）房地产项目地块概况描述 （4）房地产项目市场调研分析 （5）房地产项目SWOT分析与市场预测	（1）房地产开发项目的经营环境分析与市场分析报告	4～12 （1～3天）

（续）

实训学习任务（项）	控制指标（个）	实训作业文件（项）	学时
2. 房地产开发地块的竞拍与土地使用权获取	（1）熟悉土地使用权的获取方式与程序 （2）熟悉土地拍卖市场 （3）制订土地报价方案 （4）计算机实训软件土地竞拍、拿地	（2）房地产开发地块的竞拍方案	4～8 （1～2 天）
3. 房地产地块开发楼盘的市场定位与可行性分析	（1）地块开发市场定位：客户定位、品质定位、价格定位 （2）地块开发风险的主要类型分析与控制手段 （3）风险分析计算 （4）地块开发可行性分析	（3）房地产地块开发楼盘的市场定位与可行性分析方案	4～8 （1～2 天）
4. 房地产地块开发投资分析与融资	（1）房地产地块开发投资分析 （2）房地产地块开发融资	（4）房地产地块开发的投资分析与融资方案	4～8 （1～2 天）
5. 房地产地块开发的产品策划与规划设计	（1）产品组合策划：品种组合、产品套型简图、楼型组合 （2）项目规划设计：建筑规划、道路规划、绿化规划、基础设施规划 （3）项目规划技术经济指标 （4）房地产项目规划设计审批“一书两证”制度 （5）计算机软件上录入产品组合、规划参数	（5）房地产地块开发的产品策划与规划设计方案	8～20 （2～5 天）
6. 房地产地块开发的建设管理	（1）项目建设招标 （2）项目的建设实施 （3）项目楼盘验收管理	（6）房地产地块开发的建设管理方案	4～8 （1～2 天）
7. 房地产地块开发楼盘销售	（1）楼盘产品的价格策略 （2）项目楼盘的价格表 （3）计算机实训软件销售	（7）房地产地块开发楼盘的销售方案	4～8 （1～2 天）
8. 房地产地块开发项目经营分析	（1）项目经营收入分析 （2）项目经营成本分析 （3）项目经营利润分析 （4）计算机实训软件经营结果分析	（8）房地产地块开发经营分析报告	4～8 （1～2 天）
9. 房地产开发实训总结与经验分享	（1）实训总结 （2）实训交流分享	（9）实训总结与经验分享	4 （1 天）
	合计	40～80 （10～20 天）	
实训结束	将 9 项作业文件组合成为《房地产开发实训报告（作业文件）》		

14.6 房地产开发综合实训教学文件

房地产开发综合实训教学文件是开展综合实训的指导性文件，是评价综合实训质量的重要依据。综合实训教学文件主要有“房地产开发综合实训课程教学标准”“房地产开发综合实训教学任务书”“房地产开发综合实训教师指导手册”和“房地产开发综合实训学生作业文件”，由学校专职教师会同企业兼职教师联合编写。参与综合实训的教师和学生分别携带各自对应的文件，随时记录，供考核和备查之用。

1. 房地产开发综合实训课程教学标准

房地产开发综合实训课程教学标准是规定房地产开发综合实训的课程性质、课程目标、内容目标、实施建议的教学指导性文件。房地产开发综合实训课程教学标准内容目录，如图14-3所示。

目　　录

1. 前言
   - 1.1　本课程在相关专业中的定位
   - 1.2　本课程的基本教学理念
2. 课程目标
   - 2.1　课程总目标
   - 2.2　具体目标（课程预设能力目标的阐述）
     - 2.2.1　专业能力目标
     - 2.2.2　方法能力目标
     - 2.2.3　社会能力目标
3. 内容描述
   - 3.1　项目选题范围
   - 3.2　项目内容要求
4. 实施要求
   - 4.1　教学实施要领与规范
   - 4.2　教学方式与考核方法
     - 4.2.1　教学方式
     - 4.2.2　考核方法
   - 4.3　教学文件与使用
5. 其他说明

图14-3　房地产开发综合实训课程教学标准内容目录

2. 房地产开发综合实训教学任务书

房地产开发综合实训教学任务书是规范教学管理、保证教学质量、确保教学任务顺利落实和完成的教学指导性文件。实训教学任务书内容，见陈林杰教授主编的《房地产开发综合实训》教材。

3. 房地产开发综合实训教师指导手册

房地产开发综合实训教师指导手册是规定实训过程中教师应当遵守的教学指导性文件。实训教师指导手册内容，见陈林杰教授主编的《房地产开发综合实训》教材。

4. 房地产开发综合实训学生作业文件

房地产开发综合实训学生作业文件是规定实训过程中学生应当执行的学习指导性文件。学生实训作业文件内容，见陈林杰教授主编的《房地产开发综合实训》教材。

第 15 章

房地产开发业务技能竞赛

学习目标

1. 熟练掌握房地产地块开发流程与地块竞拍。
2. 熟练掌握房地产地块开发市场分析、市场定位方法。
3. 熟练掌握房地产地块开发产品组合设计。
4. 熟练掌握房地产地块项目销售与经营分析。

技能要求

1. 具有熟练的房地产地块开发经营思路，熟练竞拍地块。
2. 能够熟练做竞拍地块的开发方案。
3. 能够熟练做竞拍地块的经营分析。
4. 能够养成积极思考、主动竞争的习惯。
5. 能够培养良好的团队合作精神。

15.1 房地产开发业务技能竞赛的目的、意义和设计原则

1. 赛项目的

（1）对接房地产行业企业需求，提高房地产经营与估价专业学生的核心技能。

（2）推进房地产经营与估价专业“教、学、考、做、赛”五位一体的教育教学改

革，实现房地产职业教育“工学结合、学做合一”。

（3）推进沟通交流，为参赛院校搭建取长补短的平台，推动高职院校房地产经营与估价专业教学能力水平的整体提升。

（4）推进参赛院校房地产实训基地建设，打造高职院校为房地产行业、企业培训员工的平台，提高房地产经营与估价专业服务社会的能力。

（5）展示参赛选手在房地产业务竞赛中表现出的专业技能、工作效率、组织管理与团队协作等方面的职业素养和才华。

（6）吸引房地产行业企业参与，促进校企深度融合，提高房地产经营与估价专业教育教学的社会认可度。

（7）服务参赛学生，提供参赛学生与企业现场沟通的机会。

2. 赛项意义

（1）发挥大赛引领和评价作用，推进高职院校房地产经营与估价专业建设和教学改革。

（2）提升房地产业务技能大赛的社会影响，开创人人皆可成才、人人尽展其才的生动局面。

（3）提升高职房地产经营与估价专业服务经济发展方式转变和产业结构调整的能力。

（4）提升高职房地产经营与估价专业服务房地产企业的能力。

（5）通过房地产业务技能大赛展示教学成果、转化教学资源。

3. 赛项设计原则

（1）以房地产核心业务技能设计竞赛内容。以目标业务要求的技术技能综合运用水平、比赛任务完成质量以及选手素质水平作为评判依据，设计比赛的形式、内容。

（2）对接房地产产业需求。大赛与房地产产业发展同步，竞赛内容和标准对接房地产行业标准和房地产企业技术发展水平。

（3）坚持行业指导、企业参与。以赛项专家组为核心、以房地产行业企业深度参与为支撑，组织赛事，以理实一体的方式体现房地产职业岗位对选手理论素养和操作技能的要求。

（4）采用团体赛。每个参赛队 3 人，比赛包含了对团队合作水平的考察内容。只设置团体奖，不设置个人奖。

（5）现场比赛与体验环节统一设计。赛前 30 天公开发布理论素养测试题库内容，促进选手的理论知识学习。不单独组织封闭的理论考试，将理论素养水平测试融入比赛内容，充分体验房地产经营环境与市场竞争。

（6）大赛项目与房地产综合实训项目融合。不以单一技能作为比赛内容。

（7）公平、公正、公开，保持客观性。比赛邀请行业企业专家观摩，除技能表演外，主要通过计算机软件实现竞赛过程，排除人为干扰因素。

15.2 房地产开发业务技能竞赛的依据标准与竞赛内容

1. 赛项依据标准

房地产开发业务技能竞赛遵循的标准主要是房地产行业、职业技术标准，共有6个方面。

（1）住房和城乡建设部、人力资源和社会保障部联合发布的《全国房地产经纪人职业资格考试大纲（第5版）》。

（2）住房和城乡建设部、人力资源和社会保障部联合发布的《房地产经纪人协理资格考试大纲（2013年版）》。

（3）住房和城乡建设部、国家发展和改革委员会、人力资源和社会保障部联合发布的《房地产经纪管理办法（2011第8号令）》。

（4）人事部、建设部联合发布的《房地产经纪人员职业资格制度暂行规定（2001）》《房地产经纪人执业资格考试实施办法（2001）》。

（5）地产估价师与房地产经纪人学会制定的《房地产经纪执业规则（2013）》。

（6）相关法律。

1）《中华人民共和国城市房地产管理法》；

2）《中华人民共和国土地管理法》；

3）《中华人民共和国城市规划法》；

4）《中华人民共和国住宅法》；

5）《中华人民共和国建筑法》；

6）《中华人民共和国环境保护法》。

2. 竞赛内容

竞赛主要着眼于房地产开发专业人员职业素质测评，主要包括房地产开发基础知识的掌握，房地产开发业务流程的设计与操作，房地产从业人员的职业道德等，全面评价一个团队对房地产职业能力的理解、认识和掌握。同时，竞赛还注重对房地产专业核心技能及相关拓展技能的考核，在考核专业能力的同时，兼顾方法能力、社会能力。房地产开发业务技能竞赛内容主要包括住宅项目、商业项目开发业务的综合技能。具体竞赛知识面与技能点，如表15-1所示。房地产开发业务技能竞赛是在网络计算机上完成，业务竞赛时间是2小时。

表 15-1　竞赛知识面与技能点

竞赛类别与所需时间	竞赛知识面	竞赛技能点
房地产开发业务竞赛 （2小时）	（1）房地产行业与企业 （2）房地产开发项目与流程 （3）房地产经营与管理 （4）房地产开发与经营环境分析 （5）地块市场分析与预测 （6）地块开发风险分析与融资投资 （7）地块开发定位与征地 （8）地块开发规划设计 （9）产品策划、项目招标 （10）项目建设合同与组织 （11）项目的建设实施管理 （12）项目验收管理 （13）项目交易经营 （14）售后物业管理介入与物业经营 （15）项目开发经营分析	（1）居住用地拍卖公告分析、竞拍报价 （2）地块项目开发风险分析、投资估算 （3）地块项目开发方案策划 （4）项目开发规划参数计算 （5）项目开发方案实施 （6）项目开发成本计算与收益分析

15.3　房地产开发业务技能竞赛的规则

1. 竞赛时间安排

竞赛分为两段：①上半段为住宅开发技能表演，技能表演内容围绕房地产开发业务，由参赛队任意选取，时间为8分钟，表演人员仅限于参赛学生和指导教师；②下半段为技能对抗赛，时间为2小时，在网络竞赛平台上完成。

2. 竞赛流程

房地产开发业务技能竞赛流程，如图15-1所示。

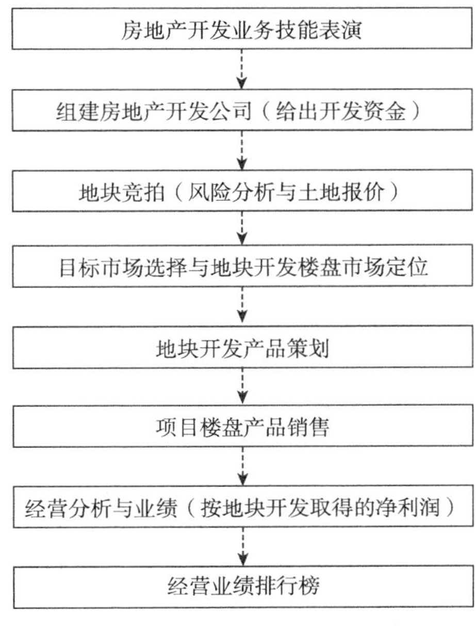

图 15-1　房地产开发业务技能竞赛流程

3. 评分标准制定原则、评分方法、评分细则

（1）评分标准制定原则。计分对象只计团体竞赛成绩，不计参赛选手个人成绩。房地产开发业务综合技能竞赛成绩总分是110分，其中技能表演10分，技能对抗赛100分。

（2）评分办法。①技能表演得分，由评委综合打分，加权平均给出。②技能对抗赛得分，由计算机根据竞赛流程和竞赛规则自动评判。

（3）评分细则。①技能表演评分细则。按表演主题、语言、动作、感染力、难度各占20%打分。②技能对抗赛评分细则。房地产开发业务技能竞赛得分按开发业务取得的净利润金额折算。评分公式为得分＝［（本组净利润－最低净利润）×100］（最高净利润－最低净利润），排行最后（最低净利润）的参赛队得分为0。

4. 参赛选手

（1）参赛选手应认真学习领会竞赛相关文件，自觉遵守大赛纪律，服从指挥，听从安排，文明参赛。

（2）参赛选手请勿携带与竞赛无关的电子设备、通信设备及其他相关资料与用品。

（3）参赛选手应提前15分钟到达赛场，凭参赛证、身份证检录，按要求入场，在指定位置就座，不得迟到早退。竞赛位抽签决定。

（4）参赛选手应增强团队意识，严格执行房地产业务竞赛流程，科学合理分工与合作，预测可能出现的问题并采取相应对策。

（5）在竞赛过程中，如有疑问，参赛选手举手示意，裁判长应按照有关要求及时予以答疑。如遇设备或软件等故障，裁判长、技术人员等应及时予以解决。确因计算机软件或硬件故障，致使操作无法继续的，经裁判长确认，予以启用备用计算机。

（6）参赛队若在规定的竞赛时间内未完成比赛，按实际完成情况计算成绩。

（7）竞赛时间终了，选手应全体起立，结束操作，经工作人员许可后方可离开赛场，离开赛场时不得带走任何资料。

（8）参赛代表队若对赛事有异议，可由领队向大赛组委会提出书面申诉。

5. 申诉与仲裁

（1）申诉。

1）参赛队对不符合竞赛规定的设备、工具、软件，有失公正的评判、奖励，以及对工作人员的违规行为等，均可提出申诉。

2）申诉应在竞赛结束后2小时内提出，超过时效将不予受理。申诉时，应由参赛队领队向大赛仲裁委员会递交书面申诉报告。报告应对申诉事件的现象、发生的时间、涉及的人员、申诉依据与理由等进行充分的、实事求是的叙述。事实依据不充分、仅凭主观臆断的申诉将不予受理。申诉报告须有申诉的参赛选手、领队签名。

3）申诉人不得无故拒不接受处理结果，不允许采取过激行为刁难、攻击工作人员，否则视为放弃申诉。

（2）仲裁。

1）大赛采用仲裁委员会仲裁机制，仲裁委员会的仲裁结果为最终结果。

2）大赛仲裁委员会收到申诉报告后，应根据申诉事由进行审查，3小时内书面通知申诉方，告知申诉处理结果。

15.4 房地产开发业务技能竞赛的组织

1. 竞赛方式

竞赛以团队方式进行，每支参赛队由3名选手组成，其中队长1名。

2. 参赛对象

仅为国内高职院校参加，不邀请境外代表队参赛。参赛选手应为高等学校在籍高职高专类学生，参赛选手年龄限制在25周岁（当年）以下。

3. 组队要求

参加房地产开发业务技能大赛的院校应按竞赛内容组队，每个院校只允许报一个队，参赛队应通过选拔产生。参赛队由指导教师和参赛选手组成。每个参赛队可配1名指导教师（专兼职教师均可）和1名领队。每个参赛队选手3人（不设备选队员），须为同校在籍学生，其中队长1名，性别和年级不限。

4. 奖项设置

只设竞赛团体奖，分为团体一等奖、团体二等奖、团体三等奖。

（1）奖项设置比例。按参赛队比例设置奖项，其中一等奖占参赛队数的10%、二等奖占20%、三等奖占30%（小数点后四舍五入）。奖项评定根据各参赛队竞赛成绩，以得分高低排序，分数相同时可以并列。

（2）获奖证书。①获奖参赛队颁发获奖证书；②获奖参赛队的指导教师颁发优秀指导教师证书。

5. 大赛筹备工作人员及裁判（评委）、仲裁人员组成

（1）大赛筹备工作人员组成。①策划协调1人或2人；②专业技术组：10人左右，由行业、企业专家和学校教师组成，负责竞赛流程研讨、赛项设计、题目设计；③赛务组：6人以上，负责参赛队联络、媒体联络、大赛宣传、竞赛运行环境构建和后勤保障。

（2）成立大赛裁判（评委）委员会，裁判人员由行业、企业专家和学校教师组成，5人左右。

（3）成立大赛仲裁委员会，仲裁人员由行业、企业专家和学校教师组成，3人左右。

15.5　房地产开发业务技能竞赛与综合实训的关系

1. 业务竞赛与综合实训的关系

房地产开发业务技能竞赛是从房地产开发综合实训中提取出来的，比实训特别的地方有6点。

（1）进入业务技能竞赛之前需技能表演。

（2）业务涉及的知识更全面。

（3）时间更紧，完成整个竞赛的时间有严格限制。

（4）资金使用更加紧张。

（5）市场竞争更加激烈，对学生技能要求更高。

（6）要求学生之间的团队配合更和谐、默契。

2. 竞赛过程管理

竞赛过程管理包括对参赛学生、竞赛资源库等进行管理。

（1）参赛学生登录账号管理。

（2）学生分组。

（3）竞赛资源录入。

（4）地块、建设成本及房地产市场信息管理。

（5）竞赛成绩统计。

参考文献

[1] 陈林杰，樊群，蒋丽 . 房地产开发与经营实务 [M].4 版 . 北京：机械工业出版社，2017.

[2] 陈林杰，张家颖，王园园 . 房地产营销与策划实务 [M].2 版 . 北京：机械工业出版社，2017.

[3] 陈林杰，梁慷，张雪梅 . 房地产经纪实务 [M].3 版 . 北京：机械工业出版社，2017.

[4] 陈林杰，贾忠革，朱其伟，易忠诚，王永洁 . 房地产开发综合实训 [M].2 版 . 北京：中国建筑工业出版社，2017.

[5] 陈林杰，周正辉，吕正辉，蒋英，康媛媛 . 房地产营销综合实训 [M].2 版 . 北京：中国建筑工业出版社，2017.

[6] 陈林杰，汪燕，吴涛，吴洋滨，刘雅婧 . 房地产经纪综合实训 [M].2 版 . 北京：中国建筑工业出版社，2017.

[7] 李清立 . 房地产开发与经营 [M]. 北京：北京交通大学出版社，2007.

[8] 任宏，王瑞玲 . 房地产开发经营与管理 [M]. 北京：中国电力出版社，2018.

[9] 刘洪玉 . 房地产开发经营与管理 [M]. 北京：中国建筑工业出版社，2011.

[10] 陈林杰 . 中国房地产战略创新 [M]. 北京：线装书局，2009.

[11] 陈林杰 . 房地产专业实践育人创新创业载体和平台建设研究 [J]. 基建管理优化，2018（1）.

[12] 谢海生，张有坤 . 房地产新领域开拓与服务升级研究 [J]. 建筑经济，2019（9）.

[13] 谢海生，王艳飞，李怡晴 . 我国房地产产品升级路径研究 [J]. 建筑经济，2019（4）.

[14] 陈林杰，周正辉，曾健如，樊群 . 全国房地产业务技能大赛的设计与实践 [J]. 建筑经济，2014（12）.

[15] 陈林杰 . 我国房地产专业人员的职业分类与分级管理 [J]. 产业与科技论坛，2014（18）.

[16] 陈林杰，周正辉 . 我国房地产开发专业人员职业标准研究 [J]. 中外企业家，2015（24）.

[17] 陈林杰，徐治理 . 我国房地产营销师职业标准研究 [J]. 中外企业家，2015（27）.

[18] 陈林杰，韩俊 . 我国房地产经纪人职业标准研究 [J]. 中外企业家，2015（28）.

[19] 陈林杰，樊群，梁慷，张家颖，陈险峰 . 我国房地产置业顾问职业标准研究 [J]. 基建管理优化，2016（2）.

[20] 陈林杰，梁慷 . 验房师职业标准研制与职业能力评价 [J]. 建筑经济，2016（1）.

[21] 陈林杰，曾健如，周正辉，李涛 . 房地产经营与估价人才专科教育现状与发展对策 [J]. 建筑经济，2014（8）.

[22] 陈林杰 . 房地产业务技能大赛引领下的专业教学改革与实践 [J]. 科技视界，2014（27）.

[23] 陈林杰 . 房地产专业教学做赛一体化教学方法改革与实践 [J]. 中外企业家，2014（28）.

[24] 陈林杰 . 聚焦职业标准打造房地产专业技能核心课程群的改革与实践 [J]. 产业与科技论坛，2014（16）.

[25] 陈林杰 . 房地产专业“全渗透”校企合作办学模式的探索与实践 [J]. 中外企业家，2014（25）.
[26] 陈林杰 . 房地产专业订单式培养的课程与教学内容体系改革的探索与实践 [J]. 科技信息，2012（27）.
[27] 陈林杰 . 我国房地产行业发展进入新常态分析 [J]. 基建管理优化，2015（1）.
[28] 陈林杰 . 新常态背景下房地产开发企业的发展策略 [J]. 基建管理优化，2015（2）.
[29] 陈林杰，郭井立 . 中国新兴地产现状及其发展前景 [J]. 基建管理优化，2015（4）.
[30] 陈林杰，郭井立 . 中国新兴商业地产运作策略 [J]. 基建管理优化，2016（1）.
[31] 陈林杰 . 新兴农业地产内涵与农业社区开发模式分析 [J]. 基建管理优化，2016（2）.
[32] 陈林杰 . 房地产大型项目开发理念、流程与模式选择 [J]. 基建管理优化，2014（1）.
[33] 陈林杰 . 我国房地产企业开发风险识别与评价研究 [J]. 南京工业职业技术学院学报，2011（1）.
[34] 陈林杰 . 房地产开发企业核心能力的识别与评价研究 [J]. 基建管理优化，2014（4）.
[35] 陈林杰 . 房地产开发企业的成长策略研究 [J]. 基建管理优化，2014（3）.
[36] 陈林杰 . 商业地产项目运营模式与运作技巧 [J]. 基建管理优化，2012（3）.
[37] 陈林杰 . 统筹城乡发展背景下居住区规划设计研究 [J]. 基建管理优化，2009（2）.
[38] 陈林杰 . 房地产网络营销的特点及方法分析 [J]. 基建管理优化，2016（3）.
[39] 陈林杰 . 房地产电商的类型特点及应用探索 [J]. 产业与科技论坛，2015（11）.
[40] 陈林杰 . 房地产项目一二手联动营销方法及其发展分析 [J]. 基建管理优化，2015（3）.
[41] 陈林杰 . 成本上升背景下我国房地产业发展的战略研究 [J]. 建筑经济，2008（7）.
[42] 陈林杰 . 核心能力识别模型与应用：透视万科集团成长道路 [J]. 建筑经济，2009（s1）.
[43] 陈林杰 . 金融危机背景下我国房地产业的发展战略 [J]. 建筑经济，2009（8）.
[44] 陈林杰 . 我国中小房地产企业发展问题与对策 [J]. 建筑经济，2007（5）.
[45] 陈林杰 . 房地产企业成长能力的识别与评价研究 [J]. 改革与战略，2010（11）.
[46] 陈林杰 . 中国产业自主创新能力评价模型的研究与实证分析 [J]. 改革与战略，2008（11）.
[47] 陈林杰 . 政府在住房保障制度实施中的行为分析 [J]. 上海房地，2011（7）.
[48] 陈林杰 . 房地产企业实施专业化发展战略 [J]. 上海房地，2011（1）.
[49] 陈林杰 . 房地产业发展形势与多种战略选择 [J]. 上海房地，2010（6）.
[50] 陈林杰 . 金融危机背景下房地产业现状与机遇分析 [J]. 上海房地，2009（4）.
[51] 陈林杰 . 统筹城乡发展应规划设计居住区 [J]. 上海房地，2008（12）.
[52] 陈林杰 . 金融危机的影响机理与房地产企业应对战略 [J]. 南京工业职业技术学院学报，2010（1）.
[53] 陈林杰 . 房地产开发中的人文关怀 [J]. 南京工业职业技术学院学报，2005（1）.
[54] 陈林杰 . 创新型房地产业及其经济增长发展模式研究 [J]. 南京工业职业技术学院学报，2009（1）.
[55] 陈林杰 . 房地产企业实施多元化战略的方法研究 [J]. 基建管理优化，2011（2）.
[56] 陈林杰 . 房地产企业战略调整的影响因素与调整方向研究 [J]. 基建管理优化，2010（1）.
[57] 陈林杰，梁慷 . 验房师是守护房地产项目质量的第三方力量 [J]. 产业与科技论坛，2015（12）.
[58] 陈林杰 . 调控住房价格是一项系统工程 [J]. 商场现代化，2007（5）.
[59] 陈林杰 . 中国房地产业自主创新能力评价研究 [J]. 科技与产业，2007（12）.
[60] 张莹 . 房地产行业现状、趋势分析与建议 [J]. 天津经济，2013（3）.
[61] 韩彦峰，苏瑞 . 我国房地产业融资现状研究 [J]. 特区经济，2011（1）4.
[62] 张新生 . 构建我国供需平衡房地产市场的思考 [J]. 商业时代，2013（29）.
[63] 潘金秀 . 论房地产企业的融资方式 [J]. 商业时代，2013（9）.
[64] 宋春华 . 观念 · 技术 · 政策：关于发展“节能省地型”住宅的思考 [J]. 住宅科技，2005（7）.

[65] 宋春华 . 品质人居的绿色支撑 [J]. 建筑学报，2007（12）.
[66] 崔显坤，王全良，邵莉 . 人文社区绿色之城：济南田园新城规划 [J]. 建筑学报，2007（4）.
[67] 王凡 . 房地产企业整合营销战略研究 [J]. 北方经济，2008（1）.
[68] 郝婷 . 房地产品牌战略实施策略探讨 [J]. 科技与管理，2007（3）.
[69] 商国祥 . 房地产企业实施品牌战略需关注的问题 [J]. 上海房地，2007（3）.
[70] 周巍 . 我国房地产品牌战略实施路径 [J]. 山西财经大学，2008（1）.
[71] 田宝江 . 生态和谐：居住区规划设计理念创新 [J]. 城市建筑，2007（1）.
[72] 徐伟，李娟 . 南方地区新农村渐进式规划模式初探：以金坛市沙湖村为例 [J]. 城市规划，2008（4）.

参考网站

[1] 中国房地产行业网 [OL].http://www.cingov.com.cn/index.asp.
[2] 中国建筑经济网 [OL].http://www.coneco.com.cn/.
[3] 中国房地产信息网 [OL].http://www.realestate.cei.gov.cn.
[4] 中国房地产门户网站——搜房地产网 [OL].http://www.soufun.com/.
[5] 房地产门户——焦点房产网 [OL].http://house.focus.cn/.
[6] 南京房地产专业网站 [OL].http://www.e-njhouse.com/.
[7] 南京房地产家居门户网站 -365 地产家居网 [OL].http://www.house365.com/.
[8] 南京市房产局网站 [OL]. http://www.njfcj.gov.cn/.
[9] 南京市国土资源局网站 [OL]. http://www.njgt.gov.cn/.
[10] 江苏土地市场网 [76]http://www.landjs.com.
[11] 恒大地产网站 [OL].http://www.evergrande.com/.
[12] 万科公司网站 [OL].http://sh.vanke.com.
[13] 栖霞建设网站 [OL].http://www.chixia.com/.
[14] 贝壳网 [OL].https://nj.ke.com/.
[15] 房地产经营与管理专业国家教学资源库 https://www.icve.com.cn/njfdcjy.
[16] 房地产开发与经营网上课程：
https://www.icve.com.cn/portal/courseinfo?courseid=viqraaqplfkt48yhf3s7w.

[17] 房地产开发综合实训网上课程：
https://www.icve.com.cn/portal/courseinfo?courseid=db7aaeyq4bvkqucjwpiftw.

普通高等院校
经济管理类应用型规划教材

课程名称	书号	书名、作者及出版时间	定价
商务策划管理	978-7-111-34375-2	商务策划原理与实践（强海涛）（2011年）	34
管理学	978-7-111-35694-3	现代管理学（蒋国平）（2011年）	34
管理沟通	978-7-111-35242-6	管理沟通（刘晖）（2011年）	27
管理沟通	978-7-111-47354-1	管理沟通（王凌峰）（2014年）	30
职业规划	978-7-111-42813-8	大学生体验式生涯管理（陆丹）（2013年）	35
职业规划	978-7-111-40191-9	大学生职业生涯规划与学业指导（王哲）（2012年）	35
心理健康教育	978-7-111-39606-2	现代大学生心理健康教育（王哲）（2012年）	29
概率论和数理统计	978-7-111-26974-8	应用概率统计（彭美云）（2009年）	27
概率论和数理统计	978-7-111-28975-3	应用概率统计学习指导与习题选解（彭美云）（2009年）	18
大学生礼仪	即将出版	商务礼仪实务教程（刘砺）（2015年）	30
国际贸易英文函电	978-7-111-35441-3	国际商务函电双语教程（董金铃）（2011年）	28
国际贸易实习	978-7-111-36269-2	国际贸易实习教程（宋新刚）（2011年）	28
国际贸易实务	978-7-111-37322-3	国际贸易实务（陈启虎）（2012年）	32
国际贸易实务	978-7-111-42495-6	国际贸易实务（孟海樱）（2013年）	35
国际贸易理论与实务	978-7-111-49351-8	国际贸易理论与实务（第2版）（孙勤）（2015年）	35
国际贸易理论与实务	978-7-111-33778-2	国际贸易理论与实务（吕靖烨）（2011年）	29
国际金融理论与实务	978-7-111-39168-5	国际金融理论与实务（缪玉林 朱旭强）（2012年）	32
会计学	978-7-111-31728-9	会计学（李立新）（2010年）	36
会计学	978-7-111-42996-8	基础会计学（张献英）（2013年）	35
金融学（货币银行学）	978-7-111-38159-4	金融学（陈伟鸿）（2012年）	35
金融学（货币银行学）	978-7-111-49566-6	金融学（第2版）（董金玲）（2015年）	35
金融学（货币银行学）	978-7-111-30153-0	金融学（精品课）（董金玲）（2010年）	30
个人理财	978-7-111-47911-6	个人理财（李燕）（2014年）	39
西方经济学学习指导	978-7-111-41637-1	西方经济学概论学习指南与习题册（刘平）（2013年）	22
西方经济学（微观）	978-7-111-48165-2	微观经济学（刘平）（2014年）	25
西方经济学（微观）	978-7-111-39441-9	微观经济学（王文寅）（2012年）	32
西方经济学（宏观）	978-7-111-43987-5	宏观经济学（葛敏）（2013年）	29
西方经济学（宏观）	978-7-111-43294-4	宏观经济学（刘平）（2013年）	25
西方经济学（宏观）	978-7-111-42949-4	宏观经济学（王文寅）（2013年）	35
西方经济学	978-7-111-40480-4	西方经济学概论（刘平）（2012年）	35
统计学	978-7-111-48630-5	统计学（第2版）（张兆丰）（2014年）	35
统计学	978-7-111-45966-8	统计学原理（宫春子）（2014年）	35
经济法	978-7-111-47546-0	经济法（第2版）（葛恒云）（2014年）	35
计量经济学	978-7-111-42076-7	计量经济学基础（ 张兆丰 ）（2013年）	35
财经应用文写作	978-7-111-42715-5	财经应用文写作（刘常宝）（2013年）	30
市场营销学（营销管理）	978-7-111-46806-6	市场营销学（李海廷）（2014年）	35
市场营销学（营销管理）	978-7-111-48755-5	市场营销学（肖志雄）（2015年）	35
公共关系学	978-7-111-39032-9	公共关系理论与实务（刘晖）（2012年）	25
公共关系学	978-7-111-47017-5	公共关系学（管玉梅）（2014年）	30
管理信息系统	978-7-111-42974-6	管理信息系统（李少颖）（2013年）	30
管理信息系统	978-7-111-38400-7	管理信息系统：理论与实训（袁红清）（2012年）	35